卿云文史丛刊

兰闺史踪

曼素恩明清与近代性别家庭研究

卢苇菁　李国彤
王　燕　吴玉廉
编

復旦大學出版社

曼素恩 (Susan L. Mann) 教授，美国中国妇女史和社会性别史研究奠基学者。斯坦福大学亚州语言系博士，先后执教于芝加哥大学远东语言和文明系、加州大学圣克鲁兹分校历史系、加州大学戴维斯分校历史系。2010年荣休。1999年当选为美国亚洲研究学会（Association for Asian Studies）会长，2013年荣任美国艺术与科学院（American Academy of Arts and Sciences）院士。曼素恩教授早年研究清代的商人和地方官僚制度间的关系，1980年代着手妇女史研究，开启清代妇女和性别研究领域。主要著述有*Local Merchants and the Chinese Bureaucracy, 1750-1950*（斯坦福大学出版社，1987）；*Precious Records: Women in China's Long Eighteenth Century*（斯坦福大学出版社，1997），获美国亚洲研究学会列文森奖，中译本有《缀珍录：十八世纪及其前后的中国妇女》（江苏人民出版社，2005）和《兰闺宝录：晚明至盛清时的中国妇女》（左岸文化事业有限公司，2005）；*The Talented Women of the Zhang Family*（加州大学出版社，2007），获美国史学学会费正清奖，中译本《张门才女》（北京大学出版社，2015）；*Gender and Sexuality in Modern Chinese History*（剑桥大学出版社，2011）；*Under Confucian Eyes: Writings on Gender in Chinese History*（与程玉瑛合编，加州大学出版社，2001）。美国史学学会在2014年授予曼素恩教授“终生成就奖”，以表彰她对中国史学研究的重大贡献，指出“曼教授的精湛研究证明，当我们把妇女和性别放在历史考察的中心来研究，我们会改变对整个中国历史的看法”。

卢苇菁，加州大学圣地亚哥分校历史系教授。从事清代性别和家庭研究，获全美人文科学基金 （NEH， 2004—2005）和美国学术团体委员会（ACLS）Frederick Burkhardt Residential Fellowship （2011—2012）资助。普林斯顿高等研究院（IAS）成员（2017—2018）。著有*True to Her Word: The Faithful Maiden Cult in Late Imperial China*（斯坦福大学出版社，2008），获Berkshire Conference of Women Historians首部著作奖（中译本《矢志不渝：明清时期的贞女现象》，江苏人民出版社，2010）；*Arranged Companions: Marriage and Intimacy in Qing China*（华盛顿大学出版社，2021）。

李国彤，加州州立大学长滩分校历史系教授。著有《女子之不朽：明清时期的女教观念》（广西师大出版社，2014）；*Migrating Fujianese: Ethnic, Family, and Gender Identities in an Early Modern Maritime World*（博睿学术出版社，2016）。目前从事17世纪跨区域的人口流动及文化交融的研究，正在完成由卢斯基金会和美国学术团体委员会（ACLS）资助项目A Chinese Muslim Community in Late Imperial Quanzhou。

王　燕，华东师范大学历史学系讲师，从事中国妇女和性别史、海外中国学研究。发表《从“阴阳”到“性别”——现代中国“性”概念的缘起和价值观的转向》、《妇女家庭劳力何去何从？晚清政治经济学新词汇的影响》、《晚清至民国“劳动”观下的妇女家庭劳动》、“Moving to Shanghai: Urban Women of Means in the Late Qing”等文章，编著《海外中国学评论》等。

吴玉廉，斯坦福大学东亚学中心博士后（2012—2013），现任密歇根州立大学历史系助理教授。研究兴趣包括清代物质文化，宫廷史及性别史。著有*Luxurious Networks: Salt Merchants, Status, and Statecraft in Eighteenth-Century China*（斯坦福大学出版社，2017）。目前的研究课题为清代玉石的生产与消费，此项目获卢斯基金会和美国学术团体委员会（ACLS）资助（2019—2020）。

目　　录

代序：先知先觉的恩师…………………………………… 高彦颐　1

寡妇在清代宗族社会、等级和地域结构中的位置 ……………… 1
教女成婚：清代中期的新娘和妻子 …………………………… 27
章学诚的《妇学》：中国女性文化史的开篇之作 ……………… 55
宁波地区妇女的工作(1900—1936) ………………………… 71
民国上海中产阶级的持家信奉 ……………………………… 103
亚洲研究学会主席致辞：亚洲妇女的故事和神话……………… 122
女性历史、男性研究：关于明清时期性别研究的新方向
……………………………………………………………… 162
明清时期关于妇德的异见 …………………………………… 185
明清妇女的载德之旅 ………………………………………… 218
清中叶缙绅家庭中的嫁妆和妇德 …………………………… 236
闺秀与国家：19世纪乱世中的女性写作 ……………………… 248
《中国现代史中的性别和性》导言：深闺女子和光棍…………… 274
传记史料中的言与不言 ……………………………………… 298

附录一 ……………………………………………………… 321
全球视野下的地方史：17世纪港口城市泉州的
　地方精英社群 ………………………………… 李国彤　321
掌上明珠：被忽视的清代父女情……………………… 卢苇菁　346

"使民有所观感"：盛清时期徽州的石质牌坊和
贞节崇尚 …………………………………………… 吴玉廉　381
从"阴阳"到"性别"：现代中国"性"概念的缘起与
价值观的转向 ……………………………………… 王　燕　421

附录二　良师益友，笃志弘道：二十八年忆与思…… 杜芳琴　448

后记 ……………………………………………………… 461

代序：先知先觉的恩师

后知后觉的我，当研究生时偶遇曼素恩老师，可说是一辈子最庆幸的事。大概是1982、1983年，曼师刚到加州大学圣克鲁兹分校任教不久，要聘一位研究助理，我当时是施坚雅老师众多研究助理之一，具体任务是逐一翻阅全国的地方志，好核对上一位助理抄录的各地所有城墙的高、宽、长、厚度的数字有无错漏。这项目行将结束，便顺理成章地当上曼老师的助理。同是看地方志，但曼师关注的不是列在方志卷首的建置沿革，而是闻所未闻、往往排在最后的“列女”卷。同是当研究助理，但曼师要的不光是坚实的数据，更是数据背后的时代背景和文化意义。我诚惶诚恐，既摸不准她为什么会对无数的张氏、李氏、无名氏，投井、投河、割耳自残产生兴趣，更猜不透她收集了这一堆故事，打算写一部什么样的历史书。住在斯坦福校园区的她，不时会约我会面，讨论这些寡妇烈女事迹，或是她要我读的、刚出版的欧美妇女史论文。就这样，从未踏进过曼素恩老师教室门槛一天的我，竟然可以无愧地称她为恩师。如果不是先知先觉的恩师，我不可能走上妇女史研究这条路。

先知先觉，是一种神妙的技能、超理性的魔法，能像炼金术士无中生有，点石成金。较年轻的学人，从小阅读中外妇女史专论已经习以为常，也许难以想象，在20世纪80年代初期，今天所谓的“中国妇女史”这门学科并不存在，有的充其量只是零散的人类学家的宗族研究，或是“五四”先贤如陈东原的《中国妇女生活史》而已。一门学科从无变有，需要有远见的先行者。是什么力量驱使博士论文专研洪亮吉的曼师大转向？这困惑一直到曼师临退休前的一场访问中才得到解答。“这要归功于1970年代中期，芝加哥大学一群激进的女学生，”她说，“她们要在校园成立一个妇女合作社，找我当赞助人。我应允后，她们又问可不可以把会开在我家。于是我听到她们讨论如何争取男女同工同酬、如何把女权理论引进学术研究等问题。”她开始思索：18世纪盛清时代的妇女何在？她们又如何认知自己身处的世界？这部文集所收的论文，虽然时限超越盛清，直指晚清、民国，案例的地理空间远及朝鲜、日本、越南及南亚，研究对象有男有女，但都可以说是对这两个现世问题的回应。

曼素恩在1987年《亚洲学会学报》发表的论文《寡妇在清代宗族社会、等级和地域结构中的位置》，正文长度不到十五页，却为以后明清妇女史的研究方法和路向作了“宣言”式的示范。可以归纳为五点：第一，靠证据说话，要上天入地搜罗经典和前人未加注意的原始史料，尤其是文献；第二，不迷信文本，要反复细阅文献史料所明说的，推敲所应说而未说的，或作者有意无意遗漏的话，好测度“理想”和“现实”的距离；第三，要认识到“男女有别”和“男主外、女主内”是儒家理想规范，但在宗族社会，女人的生活不可能完全独立于男人的世界，妇女史研究的基础，不外乎性别研究，也就是作为个体和群体的男女之间的互动关系；第四，女人在家庭内外的劳动和经济生活，是我们认识性别和等级如何交叉的最佳着眼点；第五，中国妇女史需要放在比较研究的脉络中，才看得清它的独特性和普世意义。印度历史中的寡妇、中东贝多因游牧民族的女歌，都给中国妇女史研究注入了生命力。

先行者一般都有披荆斩棘的开路本领，但曼师自己走过去后，会不忘回头替后来者铺路。毕业论文快要过关，她便有意无意地邀请我到亚洲学会年会做她小组报告的回应人，让我有生以来头一趟当评论人。刚就业不久，又受邀去台湾“中研院”发表论文，这又成为我履历表上首次出席的国际会议。到专书快写完，又约我一起筹划一个课题，自然又是头一桩。在微信甚至电邮都还未发明的年代，老师不时写来一封又一封长信，或是打来长途电话，鼓励我一步一步往前走，我就乖乖地一一遵从，还有一段时间以为这是所有研究生共有的经验。信上写的不少话，有的似懂非懂，多年后会在某天恍然大悟，这就是先知和后觉的分别。但是恩师最高明的地方，也许说伟大也不为过，就是她从来不会让任何人觉得她是走在前头，而是亲切地伴在身边，边走边谈边笑，一转眼便走过了差不多四十个年头。

感谢先后纷纷走上这条道路的卢苇菁、李国彤、吴玉廉和王燕，费尽心力编辑这本论文集，让中文国度的朋友们，也可以透过精练的译笔，与曼素恩神交，同时细味附录女弟子们洋洋洒洒的论文，思索妇女性别研究今后值得走的路向。谨录恩师 1988 年来信中的一段话与本书读者共勉："抗拒直线性思维！打倒历史趋势！让我们焚香祷告，发誓永远不用'预期'、'预示'等字眼，甚至'根源'、'萌芽'也要避免。"(Fight linear thinking! Down with trends in history! Let's burn incense and swear never to use the term "anticipate" or "presage" or even "seeds.")无论您觉得这段话是否说到心坎里，或是似懂非懂，都欢迎一起探索，开卷有益。

哥伦比亚大学巴纳德学院

历史系教授兼系主任　高彦颐

2020 年 1 月 19 日

于纽约长岛钟港游鱼庄

寡妇在清代宗族社会、等级和地域结构中的位置*

1934 年，在燕京大学受过古典训练的女权主义者刘纪华发表了一篇关于中国贞节观念历史的文章。她的长篇论文细致地使用了文献记载，并且大量地引经用典（从《易经》开始）。该文认为，到了清代，女性贞节已经成为了“一种宗教”（宗教化）：一个被大部分男性和女性作为像信念一样接受的规范①。

刘纪华的经常带有讽刺语气的、总是批判性的分析从讨论贞节观念的历史着手。她追溯了经典中关于女性贞节词汇的发展和各种概念，证明自汉代开始，政府奖励贞节妇女。但是，她认为关于贞节的论述，尤其是班昭在《女诫》中所推崇的对寡妇再嫁的禁止，直到 11 世纪才开始对现实的行为产生重大的影响。那时，一些著名的道学家，特别是周敦颐和程颐，将性别的等级与他们对宇宙秩序的理解相融合。对于这些哲学家来说，为世间万物之基础的礼仪秩序是在稳定的等级制度中体现的，而这个等级制度把君臣、父子、兄弟和夫妇连接起来。妻子服从丈夫，正如臣子忠

---

* 曼素恩，加利福尼亚大学圣克鲁兹校区（University of California，Santa Cruz）历史系副教授。本文初稿曾于 1984 年 3 月在华盛顿召开的亚洲研究学会年会上宣读讨论。作者感谢社会科学研究委员会（Social Science Research Council）和人文学科国家基金（National Endowment for the Humanities）的夏季研究基金在 1983 年和 1984 年所提供的资助。这些资助使本课题的早期研究成为可能。温蒂·帕特森（Wendy L. Patterson）和高彦颐为本文提供了宝贵的研究协助。作者也感谢伊懋可（Mark Elvin）、施坚雅（G. William Skinner）、王安（Ann Waltner）和本刊的匿名评审人对本文初稿深刻的评论。

① 与此相似的分析，参见高迈（1935）和陈东原（1937：241—245）。

于君主、儿子服从父亲一样。性的贞洁是妻子的最高美德，是忠和孝的婚姻比喻。

因此，刘纪华将宋代(960—1279)视为对于女性贞节的态度发生变化的转折点(1934：24—26)。她的研究显示，在接下来的元、明、清三代，法律和社会不鼓励寡妇再嫁，而奖励所谓的节妇成为统治者道德教育工程的一个标志。在明代的统治下，朝廷首次发布了奖励旌表节妇的详细明确的规则，把节妇和顺孙、义夫、孝子，此外还有死于反抗强奸的妇女们，挑选出来授予殊荣。另外，明代的法律还规定，以节妇为户主的家庭可以免除劳役赋税。

据刘纪华研究，在清代，对女性贞洁的注目发展成了一种可实证的崇拜。清朝统治者把旌表制度扩大到了极大的规模，设置了严格详尽的程序来寻找、确认、褒扬寡妇贞节，尤其是在普通家庭中。皇帝亲自书写的旌表文字被高置于成千上万的拥有节妇的家庭门楣上。此外，一些节妇的名字被刻到牌坊上或者放置到每个县衙所在地的祠堂中②。

在刘纪华发表这篇文章的同一年，在四川省西部一个偏远的县，一位县志的编撰者即将完成第六卷，也就是罗列节妇名单的那一卷。编完之后，他加了一篇跋文。在这篇简短的跋的开头，他用淡淡的口吻告诉读者，记录在这卷里面的人，或者是因为孝和忠(如果是男性的话)，或者是因为贞节和美德(如果是女性的

② 刘纪华强调节妇观念在历史上发展缓慢，指出清代是历史发展的转折点，即从这点开始，节妇在中国历史上真正“成为一种宗教”。她的解释和伊懋可的稍有不同，后者强调各个朝代表彰制度的连续性(1984)。如何解释清代节妇奖励明显的大幅度增加（即伊懋可所称的美德的“普及化”)，其意义尚待进一步研究(Mann 1985)。不管怎样，清代早期申请朝廷表彰的数目导致了雍正朝和乾隆朝日趋严格的辨认、核实和授予节妇荣誉的程序。见《大清会典则例》(1748)，卷71，第7页a—17页a;《大清会典事例》(1899)，卷403，第4页a—7页b。另见吴荣光在《吾学录初编》(序于1874年)中援引清官方的材料的讨论，卷3，第9页b—11页b。关于晚清的变化，见Elvin (1984：124) 及下文。

话)。接着,他的语气变了:

> 五四之后,吾人常闻有非孝非节者,察其言论,盖反对以孝为道德之中心之根本。而对于仅责妇女以片面之贞节一点,加以非难。非孝非节之余,即主张不孝不节也。
>
> 耳食之流,不考其说,乃仅就字面而接受之,欣欣然色喜,嚣嚣然以新派自号于众。于是见有主张孝节者,即群讥以迂腐。
>
> 呜呼!此世道人心之大忧也。

这位编者接着解释为什么像孝和节这些责成为他人自我牺牲的美德是非常重要的,他接下来的表白使我们了解到为何他对这个问题如此执着:

> 噫!余尝九岁丧父矣。先母魏,以家"无一瓦之覆,一土之载"之故,手自操作,育孤事舅。每当家无余粮甘旨有缺时,尝抚余顶而泣,泪下沾襟,双目全肿。至今思之,历历如昨,而余母又早弃养矣。
>
> 伤哉!遥思他日故邑有修志者,或亦不过草率书之曰:"魏氏某某,某某之妻,某某之母,守节二十六年而卒"而已,谁复知此寥寥数十字中,尚有几许艰辛,若干血泪乎?
>
> 余修筠志,多沿旧书,每恨其过于简略,不足以表昔日节妇之艰苦于万一。[③]

正当刘纪华这位学者著述之时,小说家老向发表了他的短篇小说《全家村》。小说的女主角是一个寡妇,她在美国读者中因为林语堂的英文译本(1950)而名气十足(也许名气十足)。下面是小说的一些章节:

> "寡妇门前是非多",现在还是这样儿。大小的工夫,人

---

③ 《续修汶川县志》(四川),1933—1934年,卷6,第156—157页。

们的眼睛都注视在寡妇的身上，没缝儿生蛆，她的是非怎么会不多呢？一作寡妇，最好是整天家掩面痛哭，一揩干眼泪就有笑的嫌疑。寡妇而笑，那是多么血化的事情？寡妇最好不吃饭，否则吃酸吃辣，也会成了话把……到了寡妇的境界，死了实在比活着美得多。不过话又说回来了，全家这位寡妇祖宗，是完全不怕那一套，她是唯恐自己的门前是非少……

她的五个女孩子，真称得起大方，除了不会提倡裸体运动，什么样的自由都有她们的分儿。四个出嫁的：除了一个实行生育节制，胎没有坠下来，人先死了；其余的三个也都离了婚，各自都有较美满的路子……所以，一样的作孤儿寡妇，盖西门家却永远不曾冷锅冷灶的过着一天……不给她们纳香火的不很多。④

真正的中国寡妇能站起来吗⑤？

清代社会中的寡妇(widowhood)

本文思考的是由以上三个来自20世纪的例子所再现的清代社会中寡妇的三个方面。我首先研究的是社会精英贞节论述语境里的寡妇。根据这种论述，一旦嫁人，女子永世不得把她的性和生育力为另一个男人服务。其次，我把寡妇放在卢蕙馨(Margery Wolf)所称的“子宫家庭”的背景中研究，视其为母子情的表现。最后，我从等级的角度讨论寡妇，因为，如同印度一样(Kolenda, 1982)，上层和下层社会对寡妇行动举止的期望也许是不同的。本文强调关于寡妇的话语的易适应性，它既受阶级的影

---

④ 林语堂(1950：24—25,27)。全家村中的“全”姓是双关语，可以指“全部”。所以，全家村也可以是“所有的村庄”的意思。

⑤ 译者按：“真正的×××能站起来吗？”出自美国的电视猜测游戏节目“To Tell the Truth”。

响，也受清代历史事件的影响。随着清代的岁月流逝，那些历史事件从根本上改变了节妇的意义⑥。

贞洁的寡妇：精英们的论述

正如刘纪华以及其他一些学者（Gao，1935；Chiao，1971；Elvin，1984；T'ien，1984）所证明的，反对寡妇再婚在清代家庭实践中具有特别的意义⑦。虽然我们可以从经典著作中找到对节妇的赞美，而且清代的学者经常引用经典为节妇的行为辩护或表彰节妇，但方志中节妇传记的数量在18世纪直线上升。在这之前，虽然方志中的传记会赞扬贞节妇女，但是她们大多数死于抵抗强奸或殉夫⑧。与之形成对比，清代的方志（包括简略的节妇传和长长的节妇名单）记载妇女拒绝再婚，不选择自杀，一如既往地服务于已故丈夫的家族。其数字以上千甚至上万计⑨。

学者对清代节妇数字上升的原因有争议。伊懋可（Mark Elvin）

---

⑥ 本文的研究是一项长期课题的一部分。那项课题研究清代女性行为规范在时间和空间上的变动。我的希望是，进一步的研究，可以根据施坚雅制定的模式（Skinner，1977a，1977b），来量化和记录中心-边缘以及地区和地区之间的不同。

⑦ 关于更早时期寡妇再嫁的讨论，见 Dull（1978：尤其是 64—67）；明代的讨论，见 Waltner（1981）；清代台湾的讨论，见 Tai（1978：103—104）。

⑧ 这只是初步的观察，依据的是覆盖四川成都、山东济南、广东广州、浙江宁波的中国四个大区域的地方史。对这个假设的量化和验证尚待电脑编码分析。

⑨ 虽然18世纪是一个快速发展时期，但方志中报告的节妇数目的增长比人口增长更快。节妇的部分（相比其他各类妇女）在我阅读过的清初方志中有跳跃的增长。关于这方面的初步研究，见 Mann（1985）。有可能成比例的节妇数目的增加反映的不仅是绝对数字的增加，而且是人口剧烈增长引起的间接压力，特别是从16世纪最后二十五年开始的竞争低等科举功名的加剧。何炳棣估计，从14世纪晚期到16世纪，人口从6 500万增加到15 000万。在同一时期，生员的数目“可能增加了20倍”（1962：182）。如我下文所述，清代前半期有参与科举考试的雄心的家庭之流动率下降，可能部分可以说明，妇女贞节作为社区地位的一个标志，更受到重视。关于这方面的观点，又见 Qiao（1971），Elvin（1984）和 Hsieh and Spence（1981：32—35）。

认为它是明清时期大规模的美德“普及化”的一部分。这种“普及化”因清朝统治者宣传在地方史中奖励儒家善行的成功而达到顶峰(1984)。高迈则偏向于社会经济方面的解释。他把19世纪后期贞节堂(支持节妇,为她们提供住宿的公共机构)的扩大作为绅士阶级在困难时期应对的证据(1935)。他写道,因为太平天国起义导致男性人口大量下降,又面临着维持“本阶级”寡妇荣誉的需要,士绅阶级通过支持公共机构来确认代表他们社会地位的价值观[10]。刘纪华尤其把寡妇数目的增加和国家对帮助、保护寡妇家庭的颁奖和激励联系起来(1934)。明朝政府在建立由政府资助的奖励制度方面跨出了重要的一步。明政府颁布了具体详尽的节妇旌表的条例。因为由寡妇任户主的家庭可以免去劳役,这使得认证过程成为必要。一条由开国皇帝明太祖在1368年颁发的谕旨包括如下部分:

> 凡孝子顺孙、义夫[11]节妇、志行卓异者,有司正官举名,监察御史按察司体核,转达上司,旌表门闾……民间寡妇,三十以前夫亡守制,五十以后不改节者,旌表门闾。除免本家差役。[12]

不到一个世纪,明政府已面临很多由这条圣谕引起的欺骗事件,因而不得不威胁地方官和提名节妇的地方长者,如果上报不实事例,他们将受严惩[13]。

---

⑩ 事实上,有些地方的贞节堂早在1820年代已经设立(高迈,1935:103;Lum,1984)。它们在何时何地出现需要进一步研究。

⑪ 我把出现在明代的书籍里的“义夫”翻译为“有义之人”。这个词在道光时期出现时,我把它译成“忠贞的丈夫”,因为据Elvin(1984:126)的研究,这个词的意义在清代有变化。

⑫ 引自刘纪华(1934:27)。

⑬ 田汝康(1984:第一章,第4—5页)引了用贿赂来影响明代表彰制度的证据。他指出,明清两代的君主都试图阻止官僚家庭的妇女接受表彰(但不成功)。又见Elvin(1984:117-118,133)关于清代努力制止精英阶级在朝廷表彰制度中之影响的例子,见雍正和乾隆在1723(YZ 1)、1724(YZ 2)、1749(QL 14)和1755(QL 20)年的谕旨。《大清会典则例》,1748年,卷71,第1页a—b、7页a、16—17页。

部分是因为要避免此类弊病，清代在各种版本的《会典》和《礼部则例》中都著有条文，详细说明旌表和建造节妇牌坊的程序。条例详细指明在何种条件下节妇的牌位可以置放在县“节孝祠”内。

清代的条例同时详细讲解旌表的标准和旌表的方法及程序。清代早期的条例如下：(1) 节妇：三十岁之前守节直到五十岁；如果五十岁之前已经去世，守节至少达十年；(2) 烈妇和烈女，包括为了避免受奸污而自杀、为抵抗奸污而死和被奸污后因羞耻而自杀的女性，在亲戚威迫再嫁或受到再嫁威胁时自杀的女性和为了避免受到未婚夫婚前性侵犯而自杀的童养媳；(3) 贞女，包括得知未婚夫死亡的消息后自杀的女性和未婚夫死后不嫁的女性(后者过了适当的年份后受到和节妇相同的对待)(刘纪华，1934：31)。

表彰以上各类妇女的正式程序很详尽。在朝廷，礼部负责地方教育和考试(礼部清吏司)的官员同时负责监管旌表事务。清朝的法典规定在京城和所有政府治所(包括军队的卫)建节孝祠。节孝祠外建大坊，上刻被表彰的妇女的名字。这些妇女的牌位还有可能被供奉在祠中，其神灵可以受当地春秋两季的祭祀。

节妇是否合格受表彰，部分是由阶级决定的。满洲皇族成员和满洲旗下的妇女，除了银两和丝绸的礼物，以及用于祭祀的供给(羊、酒和其他的礼仪用品)外，政府还补贴建牌坊和牌位入祠的费用。而另一方面，各省受旌表的女子的家庭由地方政府给予银两(三十两)，但建牌坊、牌位入祠和其他所有的费用由自身承担。那些曾为奴婢或有契约或曾为宗教信徒的女子可在墓前建石坊，但不能供奉于当地祠庙中(刘纪华，1934：31—32)。

到了道光年间(1821—1850)的地方乡里，表彰节妇已经成为家庭荣誉的表现，而县志的编撰者为了区分真假深感头痛。家庭之间的竞争困扰着方志编纂人员。有一位为此深感恼火的编者在节妇那一卷的序的结尾附了下面一段话：“先旧志，次旌表，次里邻、乡党、亲族举报核实。纂修随核随纂，先后莫能依次。”按照这种做法，“既免错误，尤便续增”⑭。

但是，精英们的节妇话语不仅是一种地方家族之间社会地位的竞争⑮。我认为它还是底层绅士⑯和普通家庭之间或许可称为阶层斗争的一个方面。要理解这点，我们必须考虑到妇女贞节通过地方史来代表地方乡里的意义。

中国地方志的丰富记载清楚地表明，女性贞节是乡里荣誉的象征。自杀女性的故事——纪念她们的祠庙、她们生命结束的神圣之地和最后表达反抗决心的忠诚誓言——成为一种集体记忆，被本地文人精英用来向外部世界展现本地面貌。“风俗”的记录、列女传记的序言，甚至方志的编纂条例，都表明女性贞节是向外部世界表示本地道德标准的一个复杂美德体系的组成部分。长江下游大区域的富有气势的评论包括这样的例子：“歙称闺门邹鲁，盖山川清淑之气所独钟抑，亦程朱之教泽至今犹未泯也。”⑰而华北大区域的一部州志则比较敷衍，仅仅简单地写道：“至如节烈之女，志行可哀，故自汉迄今，皆采录不遗。以奉旌者居前，余以先节后烈为次。即未故而年节久符者，亦附志一二以彰潜德。”⑱

1693年《婺源县志》的编纂者动情地描述当地妇女：

女人习甘澹薄……比屋治针黹纫绩，外及蔬圃井臼。笄

---

⑭ 广东《新兴县志》，1758年，卷24，第1页a。

⑮ 关于明代的竞争例子，见田汝康根据73种各地方志所做的研究（1984），另见萧公权关于入祠的竞争的研究（1960：228—229）。对地方士人和士绅，萧氏写道：“他们关心自身或家庭的声望比对加强祠庙所代表的道德价值更关心……”田汝康援引了贿赂、虚报节妇年龄以及表彰自动流向有科举功名的亲属之例。他还提到一个没有社会关系的平民，花了三十一年的时间为他母亲争取旌表。

⑯ 在本文中，我采用何炳棣（1962：34—35）的“低层士绅”的概念。它指的是生员和监生。他们被认为是士人平民或富裕平民，处于士绅和平民之间的过渡地位。

⑰ 安徽《歙县志》，1771年，卷14，第28页a，《列女传》前言。列女传记长达180页（双页）。

⑱ 山东《新修莱州府志》，序为1740年，凡例，第2页b。

> 珥衣饰,多近古朴,有自吴越来者恒哂之。然大都能以贞白相尚,虽媵婢亦耻桑濮之行。山僻间多有赋柏舟矢靡他,以死殉其夫者,而往往以贫湮没,不获彰于世。惜哉。[19]

较早的一部歙县县志在序前的凡例里有这样一段话:

> 男女之际,人伦大端。女正乎内,男正乎外,而后风俗醇焉。歙闺阁素称邹鲁,故记人物,即记列女。惟上或贞或烈,所趋不同,其守正则一。类而记之,正不必分别其间。[20]

也就是说,那些受聘为方志从事烦琐和详尽地收集新信息的学者,对于他们被要求再现的"真实"不存幻想。妇女们的行为构成那个真实的重要部分,这一点具有极大意义,因为它不光告诉我们有关地方竞争的消息,而且还透露思想观念的问题。撰著方志的学者本身是社会现实的组成部分,他们在构造地方秩序等级基础的忠、节和无条件的奉献的形象中把女性进行了再创造。通过把这些女性塑造成人类行为的典范,他们把代表自身价值观的意识和意向加到了她们身上。

但是,为什么是女性,尤其是寡妇呢?这里,我们可以指出的一点是,作为一种制度,中国家庭最大压力点的中心是妇女。如同所有以男性为主体的家庭制度中的女性一样,中国妇女对于家庭结构的长期稳定形成隐蔽的威胁。她们是跨越性的或者说边缘性的成员,一直不断地突破家庭界限:她们作为新娘进入和存在于家庭中,不但给家庭的未来生育儿子,还带来了潜在的疏离兄弟关系的夫妻情[21]。众所

---

⑲ 安徽《婺源县志》,1693 年,卷 2,第 26 页 a—b。"柏舟"一词源于《诗经》,是寡妇守节的象征。

⑳ 安徽《歙县志》,1690 年,凡例,第 1 页 b—2 页 a。

㉑ 关于中国家庭制度里过渡性或边缘性人物的薄弱地位和威胁的尖锐讨论,见 Ahern (1975: 212)。关于女性作为母亲和妻子的角色的模糊性,见莫里斯·弗里德曼(Maurice Freedman)简洁有力的评论(1979: 272)。

周知，在数代同堂的家庭（extended family）中，已婚妇女之间的冲突是家庭制度的又一个薄弱点。嫁入外村孤立了新娘，使她易受严厉的婆婆的剥削。已婚妇女在礼仪上和娘家的薄弱联系，而回娘家又不会被接受，这些因素逼迫新娘几乎只能依靠婆家。最后，因家庭财产而引起的妯娌间的竞争令她不可能在婆家得到安慰（Freedman，1979：236—237，245—246；M. Wolf，1972：128—157）。

新娘和年轻母亲在家庭结构中的薄弱地位预示着，年轻寡妇在中国家庭制度中易受伤害[22]。因为中国家庭不允许收继婚的存在[23]，而收继婚在许多父系家庭制度中使寡妇得以在她们有生之年留在父系家族里，因此仍处于生育年龄的寡妇立刻成了一种地位模糊和使人焦虑的来源。由于缺乏“自由板凳”（free bench）寡妇财产权制度或有保障的财产支持她老年的生活，寡妇仍得依靠已故丈夫的家庭[24]，然而她在家中的存在必然产生性的问题和冲

㉒ 在评论1890年代中国社会中寡妇的困苦时，明恩溥（Arthur Smith）强调：“在中国，和西方不同的一点是，遭受不幸婚姻的女性无法回到母家，因为母家没有支持她生活的份额。在足够的土地用以确保父母的生活之后，其余的部分分给兄弟们，而姐妹无份。这使得每个女性结婚成为必要，因为她们可以有有形的生活保障来源。她的父母死后，她的兄弟们，尤其是他们的妻子，会把她赶走，好比她是一个‘属于他人’的外人，没有理由依靠他们……”（1970：220，又见1894：204）

㉓ 但是，Chu（1961：97）以及Hua（1981：31）的证据表明，陕西省有收继婚的地方习俗。当地叫作“转房”。另见McGough（1981：193-195）。文中讨论了《中国民商事习惯调查报告录》（1930）里的例子。收继婚在清前不时统治中国的游牧民族中很普遍，如辽、金和元朝。见Franke（1980：23-24）。林达·约翰逊/张琳德（Linda Cooke Johnson）博士曾对我提到，满洲统治者对节妇的兴趣可能反映了他们对自身部落习俗和儒家文化传统间区别的敏感（私人通信）。

㉔ 一个特别有反差的例子是卢茨·伯克纳（Lutz Berkner）描述的卡伦贝格地区（Calenberg）18和19世纪的寡妇收益权（Leibzucht）的制度。在那里，寡妇占据非同寻常的有利地位，她不但可以继承丈夫的财产，而且她的第二任丈夫可以得到她自己的继承人的地产（1976：78）。汤普生（1976：354—356）对18世纪英国“自由板凳”制度对女性的影响的估计比较悲观。“自由板凳”指的是，“依照庄园的规则，一个寡妇在她有生之年，有权利继续持有丈夫的全部或部分土地”。

突。风韵犹存、生育力尚在顶峰期，她在再婚市场上依然相当值钱，但是，清代社会禁止寡妇再婚。无论用何种办法，年轻寡妇的性和生育能力必须在她已故丈夫的家族结构之内被控制和保护。她不能和家内其他男性有性关系，她不能生育，她不能掌握财产权。但是，她可以提供服务：抚养后代(包括过继的后代)，做饭缝衣，照料年迈的公婆。

不难想象，对这种寡妇制约的一个普通反应是自杀。表彰节妇的一个目的正是预防自杀——使年轻寡妇活下去，以便她们在家庭循环的关键时刻起至关紧要的作用㉕。

节母：寡妇和她们的儿子

精英关于节妇的论述是一种受哲学家和学人影响的男性话语。这种话语操纵女性形象，把妇女形象物化，以建构一个和父系政府和地方社会结构相吻合的乡里现实。前文所引的方志编纂者的话便是这种话语的部分表现。同时，这种体现物质利益和政治目的的精英话语是由男性创造的，这些文本包含的结构意义深受他们自身与女性有关的经历之影响。

1933 年《汶川县志》的编撰者出身于一个以寡妇为户主的家庭。虽然我们不清楚他家的成员构成，但有一点很清楚，他母亲是家庭的主要支撑。为方便起见，这样的家庭可称为“主干家庭”(stem family)，即一个三代之家，中间一代(即他母亲的一代)只有一对夫妇。如果上一代的那对夫妇在他们的儿子去世时已年

㉕ 在 1728 (YZ 6)年的谴责寡妇自杀的谕旨中，雍正把这一点说得很清楚。雍正同意在丈夫死后寡妇会发现自杀难，而活下去更难，因为寡妇在因贫困而自杀时没有自问死后会发生什么：“不知夫亡之后妇职之当尽者更多，上有翁姑则当奉养以代为子之道，下有后嗣则当教育以代为父之道。”见《大清会典则例》，1748 年，卷 71，第 12 页 a—b。另见伊懋可所译的这条诏谕的节选 (1984：128)。

老体弱，那么年轻的寡妇便暂时成了事实上的户主。这种家庭在士绅中不是常态[26]。正如大家所熟知的，儒家的理想家庭是包括多个已婚的儿子及其妻儿和父母同住的家庭。中国家庭的"主干阶段"(stem phase)只指一个因兄弟结婚时间不同而产生的循环中的间隔。

另一方面，这种"主干阶段"很容易成为永久的状态。贫穷人家要把超过一个以上的儿子养大成人很不容易。即使有些家庭养活了两个以上的儿子，他们也只有娶进一个媳妇的能力。最后还有一点，贫穷家庭一般来说成婚较晚，因此，如果一个儿子在他的孩子尚幼小的时候死去，很可能祖父母年岁已高。因此，节妇传记的一个主导性的主题是由于一家唯一的继承人死去给家庭带来情感和物质上的痛苦。这一点非常重要。因而，节妇传记中主干家庭的明显数量优势，很可能是政府的教化运动抵达下层阶级成功的标志[27]。

但是，如果要理解为何方志的作者们特别受节妇生活故事的吸引，我们必须把视线投到家庭组成之外，到他们描述的非常重要的母子关系中。要记住的一点是，这些故事里的女子都是三十

---

[26] Wolf and Huang (1980：68)分析的包括1024对台湾夫妻的样本显示，只有26.3%生活在主干家庭。这个台湾样本还显示无论家庭构成，有年幼孩子的寡妇再婚的情况较多。事实上，她们越年轻，越容易再嫁。在1856—1920年间出生的、丈夫死于1940年之前的妇女中，丈夫死时她们的年龄在24岁或以下的，58.5%再婚。丈夫死时年龄在25—29岁之间的，49.6%再婚。丈夫死时年龄在30—34岁之间的，30.3%再婚。丈夫死时年龄在35—39岁之间的，11.8%再婚。丈夫死时年龄在40—44岁之间的，只有5.2%再婚（同上：226）。

[27] 关于下层阶级中主干家庭的数量优势，见Freedman (1979：238-239)。在评论卜凯(Buck)的数据时，泰伯(Taeuber，1970：71-73)指出，1929—1931年之间中国家庭平均有5.2人，其跨度包括从长江下游地区的4.9人到中国南方的5.8人。根据她的研究，这一时期，所有家庭中只有6.5%有10人或10人以上。模型家庭有三到四人(同上：73)。不过，武雅士、黄介山(Huang Chieh-shan)和泰伯强调，主干家庭只代表从核心家庭到联合家庭这一周而复始大循环的一个阶段。

岁之前——从近二十岁到近三十岁——守寡的。很少传记提到她们丈夫死时的年龄，但大多数包括某些父母“年老”、孩子（常指的是儿子）“幼小”等惯用词[28]。而且，节妇传记显现的画面通常勾勒出一个处于生死存亡关头的家庭[29]。丈夫是独子、成婚晚、在生了一个继承人之后——有时孩子尚在母亲腹中——死去。他父母已丧失了劳动力。而他的孩子们，如果是男孩，要教育；如果是女孩，要出嫁。

进一步的研究将会显示这个故事框架有地区差别[30]。不过，主干家庭在更替周期中的危机是不变的节妇故事的主题。在大部分事例中，寡妇故事的成功结局描述的是，年轻寡妇尽心尽责伺候公婆直到得体地安葬他们，抚养孩子直到他们成婚。儿子们通常考取功名，或者至少有一份受人尊敬的生计[31]。

这个故事轮廓说明什么呢？首先，它们最通常的情况是发生在那些死去的丈夫没有存活的兄弟照顾年老的父母，而寡妇有年幼的儿女需要抚养的家庭。在这些最易受独子死亡带来的伤害的家庭，公婆对他们赖以生存的儿媳的情感投入很容易理解。如传记所示，他们最担心的是，儿媳在一时绝望的冲动驱使

---

[28] “子”这个词可指儿子或子女，但一般来说，如果出现女儿的话，大多数传记会用“子女”这个词。如果后代仅有一女或有数个女儿，传记里会特别指出。

[29] 托马斯·C.史密斯（Thomas C. Smith）关于长崎家庭发展循环的研究首次使我看到这些危险的过渡点。在这些点上，一个家庭的构成和前途处于艰险时刻。史密斯显示了结婚这一行为如何把身体健壮的一群成人变成包括一个年富力强的男子、一个年轻但负担沉重的女性、年幼的孩子们和老年父母的一群人。他指出，一个家庭在危机的年头做出的选择是由更大地保证一个经济单位长远生存的家庭计划和策略决定的。在中国的主干家庭中，继承家业的儿子过早去世造成了同样的危机。支持寡媳是一种可取的生存策略（1977：135）。

[30] 比如，我们可以想象（初步的研究也证明），如果其他条件相同，列女传记中的家庭形式和社会等级范围包含相当大一部分的中心地区的进士家庭和边缘地区的没有功名的家庭，但是尚不清楚主干家庭的故事是否也在边缘地区占主导地位。

[31] 正如一篇传记评论一个年轻的寡妇：“宗祧赖以不坠。”见《续修汶川县志》，1934—1935年，卷6，第151页。

下自杀。

年轻的寡妇们自己怎样呢？她的公婆也许感激涕零，儿子会纪念她而流泪，但她是必须行动的。自杀令人恐惧，但这是一项体面的选择，特别是如果她担忧丈夫的亲戚迫她再嫁的话[32]。再嫁不仅从儒家道德论述来看不光彩，而且，一个寡妇会发现她进入另一个父系家族之后，她的地位比她在初嫁时进入的家中的地位更边缘，更易受伤害[33]。在“主干家庭”里，年轻寡妇不面临被迫再嫁的威胁[34]。没有叔伯觊觎她儿子的遗产，没有聘礼能诱使她公婆放弃她能提供的服务。对这样一个女性，自杀的确可以摆脱岁月漫漫服务于婆家的艰难困苦。而另一方面，诱使她活下去的是社会的奖励，它虽然晚到却是具体可待的：成才的儿子纪念她，作为祖先，她被供奉在祭坛受后代的祭拜。

那些撰写节妇传记的方志作者不全是在重新经历他们自己的生活体验。我们已经知道，主干家庭的体验不是常态而是特例。那么，是什么使这些男子对不幸的妇女有同情心呢？一部分的答案在于被聘请来撰写方志的学者的地位。他们通常是地方精英的一分子，其事业的轨迹局限于本地。其中的大多数可能来

---

[32] 清代早期政府有效地发动反对在明代普遍的殉死行为的运动。关于这一尚待进一步研究的风俗之起源，见陈东原(1937：177—183)。尽管如此，如田汝康所示，寡妇自杀在 19 世纪的某些地区仍然普遍。又见卢公明(Reverend Justus Doolittle)对福州公开的寡妇自杀的详细描述(1867，1：108-110)。关于清代禁止寡妇殉夫的影响，见 Elvin (1984：127-129)和 Mann(1895)。

[33] 关于这一点，见 Jordan (1972：156-159)。诚然，寡妇期待着奖励。但是，恐惧亡夫的灵魂和对她自己作为祖先的灵牌放置的焦虑，可能使寡妇对再婚心生畏惧，无论有无奖励。又见 Spence (1978：62)。王安(Waltner，1981)讨论了迫使年轻寡妇再婚的问题并记录了这方面的材料。

[34] 但是，也有相当多的证据表明，很多家庭情愿为寡媳“招进”一个新女婿，来解决这里描述的家庭危机问题(见下文的注释[37])。这种办法对于那些努力模仿精英文化的家庭可能吸引力不大。而且，一个不得已而用这种不合意的方式结婚的男子，对已经拥有一个忠诚的、一心保护她自己儿子利益的儿媳的父母来说未必有吸引力。

自清贫的家庭，母亲亲自指导儿子早期的学习，没有仆人和妾分担她的劳累。在这样的家庭，儿子的成功完全依靠母亲自身的节俭和关怀[35]。

因此，我们在节妇传记中，同时看到物质、情感和礼仪上的迫切的责任感。怀着坚定的决心，她成为事实上的一家之主。她的故事以动情的手法表达，以迸发的激情为点缀，精心强化戏剧化的效果，把一家之中最弱的成员转变为最强的成员。在节妇传记的作者身上，我们看到了一个年轻人的影子，在他复制那些对他来说是熟悉的、代表着他母亲的牺牲和贡献的、表达拒绝和意志的词汇时，他可能是在仪式般地重演他以往的经历[36]。

寡妇、贞节和阶级

在每个复杂的社会，控制女性贞节暗示着对女性迷人的性魅力的承认。如果一个寡妇不被贞节规范约束的话，她很可能会像全寡妇（Ancestor Widow Quan）那样有进攻性、有力量、盛气凌人、有永不满足的性欲和制控男人的魅力。全寡妇不在赌窝、茶馆或床上时，是个神和人的中介，是个巫婆。她开药方或画符治病驱邪。她是村里的一个大族的长者，坐镇家里指挥整个乡里。

人类学家们在注意到全寡妇之类的故事后指出，历史学家们（包括我在内）非常感兴趣的精英阶级的规范在田野调查中却很少看到，如果不是从没看到的话。因此，那种规范如何代表“真实

---

[35] 我的这一点见解得益于和施坚雅的对话。传记作者很同情寡妇的另一个原因是，他们非常清楚，一个忠心耿耿的母亲会推动儿子的事业，而一个继父可以毁了他的事业。更糟的是，再嫁有使儿子失去母亲的危险，因为按例再婚的寡妇得把子女留下。在这种情况下，叔叔伯伯和堂兄弟是不能信任的。见 Spence（1978：72-76）的例子。

[36] 就像一位方志的编撰者指出的：“国家有旌扬之典，子孙有论撰之规。”见四川《名山县志》，1896 年，卷 14，列传 5，第 12 页 a。

的"行为，对历史学家们来说是需要研究的问题。我已经解释过一些使我相信节妇存在的社会事实，在清代，节妇是一种规范的理念、一种行为范式。但是，阶级和地区差别或许可以解释方志中典范妇女的传记和全寡妇及其他无数故事中表现的寡妇行为之间的差异[37]。

问题在于，如果考虑到中国家庭制度给女性，尤其是给继室和再婚的女性带来的负担和压力，说服寡妇不再结婚可能并不难。但是要确保不再婚的寡妇的贞节，即控制她们的性能力，则是另一回事。违反贞节规范的证据在地方社会相当多。1930 年发表的一项关于地方习惯法的调查证明，在 20 世纪早期的中国农村，寡妇习俗性地再婚。而且使调查组吃惊的是，她们经常以非正统的、显然是策略性的把新丈夫招进家门的方式再婚，即所谓"坐堂招夫"[38]。尽管像全寡妇那样淫乱的寡妇不会太多，武雅士(A.P. Wolf)证明，台湾的寡妇常不以再婚的形式招进配偶。根据这方面的一项很有分量的人口统计资料，他得出结论，至少在他的样本里，"节妇的观念几乎没有影响"(1981：146)。

然而另一面，依据 1860 年代中兴江西省(Restoration Jiangxi Province)的司法材料，史维东(A.R. Sweeten，1978)指出，指导节妇行为的规范是农村社区和劳动阶级的共同意识。他引用了某个农村妇女成功地被一个和她有性关系的男人敲诈的例子。

---

[37] 关于民族志(ethnography)中淫荡寡妇的描述，见 A. P. Wolf (1975)和 Wolf and Huang(1980)。卢蕙馨在为首次刊登这些文章的论文集作的序言中敏锐地指出，在那些不结婚而随意享受性关系的寡妇中，"节妇的观念是通过忽视其实质而利用其形式以给予女性自主的办法来实现的"(Wolf and Witke，1975：7)。武雅士在他处评论道，大多数寡妇宁可"同居"也不要再婚，不是因为"观念"的问题，而是因为她们在同居的关系中更有权利：她们更有权控制她们的孩子和家庭财产，更有权限制怀孕。

[38] 见《中国民商事习惯调查报告录》，1927—1930 年，第三册，第 1311—1313、1472、1467 等页。麦高夫(McGough 1981：179)讨论了里面的一些材料。

史景迁(Jonathan Spence, 1978)引用史维东有限的发现和证据表明,至少在某些地区,受到精英论述影响的社区的流言蜚语可以限制寡妇们的冒险[39]。同理,有权有势之家能改掉记录,遮掩流言,使他们的寡妇得以受供奉。

然而,来自地方社会的寡妇遵循守节规范和操纵这些规范的证据,并不能告诉我们清代的节妇形象如何"真实"。当我们在方志里读到数百名年轻寡妇正处生育盛年,却有二十年以上过着单身生活时,我们在想什么?20世纪的女权主义者刘纪华倾向于把寡妇独身看作受迫害,而我不那么肯定。在一个没有深闺制度(purdah),而空间的男女分离在上层阶级之外并不常见的社会,得到家庭、社区和国家认可的寡妇贞节是对性侵犯的一种真实的保护形式。

但是,我认为关于寡妇的性的情状之论述也可以被认为是表达了两个团体的政治和经济的利益:庞大的各地不尽相同的"地方士绅"群体和清廷。

如同迈索尔·纳拉辛哈查·斯里尼瓦斯(M. N. Srinivas)"梵化"(Sanskritization)研究中所描述的印度教中低等的种性,中国的平民和下层的士绅一直在努力提高他们的社会地位。在印度,表明社会地位提高的一种最清晰的方式是采纳上层阶级的规范。在清代的地方社会,提高地位,除其他的事项之外,就是让寡妇守节。

这里,地方精英寻找权力和威望的努力与清朝政府的需要恰好合拍。也许像18世纪晚期的英国人对待印度文明那样,满人作为外来征服者寻求整理和执行传统中国文化规范,从而可以宣

---

[39] 一条20世纪早期的证据来自鲁迅震撼人心的小说,里面描述了一个寡妇在一个不能容忍再嫁的社区遇到的困境。见《祝福》,Yang and Yamg (1972: 125-143)。

称他们代表了甚至复兴了中原道德和社会制度[40]。在满人征服的前夕，一些寡妇贞节的特例已得到表彰，在中国的有些地区，寡妇贞节享受盛誉。清廷将贞节观歌颂为经典的圣贤理念，并把它推广为普遍的行为准则和一种全国性的道德规范。清朝的顺治皇帝亲自为一部新版的女教著作《内则衍义》作注。此书在19世纪成为三大女教书籍之一（刘纪华，1934：30）。他的后继者对于道德改革的热忱由康熙朝和雍正朝的风教运动可见一斑。这是清初统治的标志之一[41]。这些政策的影响在方志中清晰可见。在方志里，编撰者有时会评论到更大的帝国传统和地方实践之间的关系。例如，1738年的《慈谿县志》把本地表彰节妇的传统追溯到明代的第一个皇帝。编撰者还写道：

> 本朝因之而为严加甄别，若夫圣祖跻朱子于十哲，今上增蘧瑗等于两庑，崇圣之祠，加封五代，以及忠义节孝诸祠，与圣祖训饬士子之文，圣谕万言之训……[42]

因此，清统治者可以由这些道德改革项目宣称，他们是在重振已被废弃的明初政策。

清政府把改革的目标对准平民，以及地方县令在报告普通家庭中的节妇的明显热忱表明，清政府能够把道德规则牢固地植入地方民众的头脑。同时，清廷试图把上层阶级家庭从节妇表彰中移开。政府通告来自拥有高等功名的官员家庭的女性——她们在旌表中已经被超比例地代表——不要申请旌表。政府提醒她们，她们可以通过封赠得到荣誉。封赠是授予官员的近亲特别称号的一种制度[43]。

---

[40] 英国关于印度寡妇自焚（萨蒂 Sati）的法规，见 Mani (1983)。

[41] 关于这些运动及其对地方社会的影响的讨论，见萧公权（1960：第六章）。

[42] 浙江《慈谿县志》，1738年，卷4，第2页a—b。

[43] 1735年（YZ 13）雍正的诏谕规定，如果一个节妇已经因已故丈夫的官职（转下页）

因此，下面这点也许就不足为奇了：另一个蕴含在节妇话语中的阶级区分的评论来自上层阶级自身——来自他们对传统婚姻和家庭规范以及女性的性形态的批评。它早在16世纪晚期著名的文人中已经出现（Handlin，1975）。这些批评在清初愈加强烈，而19世纪的小说则显现出清晰的抨击姿态（Ropp，1976，1981）。这一时期上层阶级的男性作家不但抨击缠足，而且抨击纳妾制度和寡妇贞节。他们嘲讽迫使年幼的新娘殉夫或孤独无偶、终其一生的陈腐的古老规范[44]。实际上，17世纪晚期张伯行在编纂新版的朱熹《近思录》时，已经删去了程颐攻击寡妇再嫁的讨论片段[45]，代之以一段关于兄弟友爱的话。张伯行没有说明改变的理由，但陈荣捷（Wingtsit Chan）认为，程颐的教义"即使对保守的儒家来说也是太极端了"[46]。

无论极端与否，直到19世纪早期，节妇的思想在地方士绅社会占据稳固的地位。从道光朝开始，乡绅们（civic leaders）开始建造收容寡妇的公共设施（高迈，1935；Lum，1984）[47]。贞节堂吸引了地方士绅的慈善投资，捐赠既表达又树立了他们社区领袖的地

（接上页）受到封赠，她不能被旌表。但是有意义的是，如果她在三十岁之前守寡，抚养儿子成人，并因儿子的官职而受封赠，则不受这个政策的限制。见《大清会典则例》，1748年，卷71，第14页a。一个县令对于清代早期政府对外的宣传运动的看法，见Djang（1984：521）。如果我们把节妇话语作为衡量清政府成功赢得地方士绅支持的标尺，那么，这个话语本身也许可以作为衡量农村反对改革的情绪是否强烈的尺度。后者在19世纪后半期成了抵制复兴官员们的自由改革以及太平天国的激进政策的一种力量。这个力量，是否就是清末以地方士绅为主体的引发"舆论"浪潮和吸引朝廷中保守清议派的社会力量？

[44] 这方面的证据，见刘纪华（1934）、Yamazaki（1967：61-63）、Hsien and Spence（1981：34-35）和Ropp（1981：120-151），后者引用了俞正燮和讽刺小说《镜花缘》。关于《镜花缘》，见Brandauer（1977）。

[45] 道学家程颐的观点如今已是家喻户晓，即孤独贫穷、无依无靠的寡妇不应再嫁，因为"饿死事小，失节事大"。朱熹对此的讨论，见Chan的翻译（1967：177）。

[46] 同上。在陈荣捷译文的其他地方（第xxiv页），他指出，这段是程颐写作中最极端的。

[47] 关于节妇堂的组织和资金来源的叙述，见Doolittle（1867，2：174-177）。

位。为节妇提供资助成了公德意识的表现。可能是对节妇数目增长的一种反映，地方县令 1854 年得到通知，他们可以自行表彰节妇。1871 年，朝廷降低了旌表节妇的标准，可能是对太平天国期间新增节妇的补偿(刘纪华，1934：32)。

贞节堂的扩展和表彰标准的降低是 19 世纪后半期国家政策一系列新变更的一部分，其中包括恢复表彰寡妇自杀。清廷政策的改变被认为和太平天国对人口造成的影响有关(高迈，1935)，也和咸丰皇帝对地方社区道德沦丧的担忧有联系(Yamazaki，1967)。无论何种原因，其结果是，数以百计的节妇被有效地从家庭中迁出，成了当地乡绅维持的制度里的一员。她们不再是地方自豪的象征，而成了救济的对象。在 19 世纪的方志里，她们的名字列在冗长的节妇章节里。在这些印刷出版的无名册中，没有其他的身份证明，更没有传记。无从把精力和感情投入到照料公婆和子女身上，生活在慈善机构里的节妇失去了以往节妇传记表达的强烈的贡献感和目的性。她们沦为无情嘲讽儒家道德的作品的目标，使汶川方志的编者们深感愤慨。

因此，晚清发生的变化可能体现了欧内斯汀·弗里达(Ernestine Friedl, 1964)所称的"滞后的模仿"：一个下层阶级的团体模仿上层的规范，而上层已开始抛弃那些规范。据卢公明(Reverend Justus Doolittle, 1867, 2：300)所说："很多节妇的朋友不申请建牌楼。牌楼已很普通，而建造的费用和申请朝廷批准的麻烦和费用太巨大。"到了 20 世纪初，对节妇的不同看法进一步在受过教育的中国人中产生分裂，导致作为旧社会基础的道德共识断裂。结束清朝统治的辛亥革命十年之后，在沿海的定海县，方志的编撰者在包括一千名大都是清代的节妇名单后面附了一段评论，总结了新的精英们的心态：

> 右表仅举姓氏，而不著行谊……。盖妇人之德，守节尽

> 孝，大都从同，旧志备列行传，累楮迭墨，有类版定文章，摹写过当，反以启阅者之疑，故兹纂略之。[48]

非常明显，在1920年代早期的定海县，受过教育的人怀疑寡妇贞节的好处，自由的知识分子和旧的话语保持距离。

根据大多数记载，节妇现象在今天已完全消失。旌表的文物如今是博物馆的展品，而大部分的贞节牌坊在“文化大革命”中被拆毁。近期的报道强调，在中国，寡妇从法律和道德来说都可自由再婚，而且寡妇再婚已成现实[49]。然而，某些表明“封建”观念的例子显示出支持寡妇守节的残迹。有的子女仍然为母亲拒绝再婚拍手称好，另一些子女则在母亲表示对找新配偶有兴趣时谴责她“有失德性”。实际上，在今天的中国，阻止寡妇再婚的主要障碍似乎不是“老的封建思想”，而是子女的“干预”：他们用守寡的观念来保护他们的遗产拥有权。母亲有新丈夫会影响到子女的财产继承，或者更糟，在住房紧张的地方，它意味着已婚的子女因此会失去住所[50]。

像清代的寡妇一样，今日的中国寡妇受制于互相矛盾的伦理和情感要求。国家的法律是如此说，而家里的子女说法不同。如同从前，她的选择受年龄和家庭组成的影响，因为当今年轻的一代——他们的祖母们有些是节妇[51]——已经在古老的话语里发现

---

[48] 浙江《定海县志》，1924年，卷10，表八，第14页a。

[49] 见戴维斯-弗里德曼（Davis-Friedmann，1983：79，和第130页注解10援引的材料）。然而，戴维斯-弗里德曼发现，寡妇再嫁的禁忌在农村仍然强烈。这和白威廉与怀默霆（Parish and Whyte，1978：194-195）的发现形成对比。后者称在他们调查的广东农村，很少有公开反对寡妇再婚的（有可能提供信息的男女对这一问题的看法不同）。

[50] 见《我们应该接受母亲再婚吗？》，《中国日报》1984年2月8日第4版；《第二次找到黄昏恋》，《北京周报》1986年3月3日第7版；《当一个寡妇再婚时》，《中国建设》1986年7月，第13—14页。

[51] 比如 Liang and Shapiro（1983：5）的例子。

了新的意义。

征引参考书目

Ahern, Emily M. 1975. "The Power and Pollution of Chinese Women." In *Women in Chinese Society*, ed. by Margery Wolf and Roxane Witke, pp.193–214. Stanford, Calif.: Stanford University Press.

Berkner, Lutz K. 1976. "Inheritance, Land Tenure and Peasant Family Structure: A German Regional Comparison." In *Family and Inheritance. Rural Society in Western Europe, 1200–1800*, ed. by Jack Goody, Joan Thirsk, and E. P. Thompson, pp.71–98. Cambridge, England: Cambridge University Press.

Brandauer, Frederick P. 1977. "Women in the Ching-hua Yuan," *Journal of Asian Studies* 36, no. 4: 647–660.

Chen Dongyuan. 1937. *Zhongguo funü shenghuo shi* [*A history of the lives of Chinese women*]. Shanghai: Commercial Press.

Chiao Chien. 1971. "Female Chastity in Chinese Culture." *Bulletin of the Institute of Ethnology*, Academia Sinica 31: 205–211.

Chu Hsi, and Lu Tsu-ch'ien. 1967. *Reflections on Things at Hand*. Trans. by Wingtsit Chan. New York: Columbia University Press.

Ch'u T'ung-tsu. 1961. *Law and Society in Traditional China*. Paris: Mouton.

Davis-Friedmann, Deborah. 1983. *Long Lives: Chinese Elderly and the Communist Revolution*. Cambridge, Mass.: Harvard University Press.

Djang Chu, trans. and ed. 1984. *A Complete Book Concerning Happiness and Benevolence*. By Huang Liu-hung. Tucson: University of Arizona Press.

Doolittle, Reverend Justus. 1867. *Social Life of the Chinese*. 2 vols. New York: Harper and Brothers.

Dull, Jack L. 1978. "Marriage and Divorce in Han China: A Glimpse at 'Pre-Confucian' Society." In *Chinese Family Law and Social Change in Historical and Comparative Perspective*, ed. by David C. Buxbaum, pp.23-74. Seattle: University of Washington Press.

Elvin, Mark. 1984. "Female Virtue and the State in China." *Past and Present*, no. 104: 111-152.

Franke, Herbert. 1980. "Women Under the Dynasties of Conquest." In *La Donna Nella Cina Imperiale E Nella Cina Repubblicana*, ed. by Lionello Lanciotti, pp.23-44. Firenze: Leo S. Olschki.

Freedman, Maurice. 1979. *The Study of Chinese Society*. Ed. by G. William Skinner. Stanford, Calif.: Stanford University Press.

Friedl, Ernestine. 1964. "Lagging Emulation in Post-Peasant Society." *American Anthropologist* 66: 569-586.

高迈,1935,《妇女与家庭：我国贞节堂制度的演变》,《东方杂志》32.5: 101—104。

Handlin, Joanna F. 1975. "Lü K'un's New Audience: The Influence of Women's Literacy on Sixteenth-Century Thought." In *Women in Chinese Society*, ed. by Margery Wolf and Roxane Witke, pp.13-38. Stanford, Calif.: Stanford University Press.

Ho Ping-ti. 1959. *Studies on the Population of China, 1368-1953*. Cambridge, Mass.: Harvard University Press.

Ho Ping-ti. 1962. *The Ladder of Success in Imperial China*. New York: Columbia University Press.

Hsiao Kung-chuan. 1960. *Rural China: Imperial Control in the Nineteenth Century*. Seattle: University of Washington Press.

Hsieh, Andrew C. K., and Jonathan D. Spence. 1981. "Suicide and the Family in Pre-Modern Chinese Society." In *Normal and Abnormal Behavior in Chinese Culture*, ed. by Arthur Kleinman and Tsung-yi Lin, pp.29-47. Boston: D. Reidel.

Hua Chang-ming. 1981. *La Condition Fe'minine et les Communistes Chinois en Action: Yan'an 1935-1946*. Paris: Editions de l'Ecole des Hautes Etudes en Sciences Sociales.

Jordan, David K. 1972. *Gods, Ghosts, and Ancestors*. Berkeley and Los

Angeles: University of California Press.

Kolenda, Pauline. 1982. "Widowhood among 'Untouchable' Chuhras." In *Concepts of Person. Kinship, Caste, and Marriage in India*, ed. by Akos Ostor, Lina Fruzzetti, and Steve Barnett, pp.172-220. Cambridge, Mass.: Harvard University Press.

老向，1940，《全家村》，上海：宇宙风社。

Liang Heng, and Judith Shapiro. 1983. *Son of the Revolution*. New York: Vintage Books.

Lin Yutang, trans. 1950. *Widow, Nun, and Courtesan*. New York: John Day.

刘纪华，1934，《中国贞节观念的历史演变》，《社会学界》8：19—35。

Lum, Raymond D. 1984. "Aid for Indigent Widows in Nineteenth-Century Canton." Paper presented at the annual meeting of the Association for Asian Studies, March, Washington, D.C.

McGough, James. 1981. "Deviant Marriage Patterns in Chinese Society." In *Normal and Abnormal Behavior in Chinese Culture*, ed. by Arthur Kleinman and Tsung-yi Lin, pp.171-201. Boston: D. Reidel.

Mani, Lata. 1983. "The Production of Colonial Discourse: Sati in Early Nineteenth-Century Bengal." M. A. thesis, University of California, Santa Cruz.

Mann, Susan. 1985. "Historical Change in Female Biography from Song to Qing Times." *Transactions of the International Conference of Orientalists in Japan*, no. 30: 65-77.

Parish, William L., and Martin King Whyte. 1978. *Village and Family in Contemporary China*. Chicago: University of Chicago Press.

Qiao Jian. 1971. 见 Chiao Chien。

Ropp, Paul S. 1976. "The Seeds of Change: Reflections on the Condition of Women in the Early and Mid Ch'ing." *Signs* 2.1: 5-23.

Ropp, Paul S. 1981. *Dissent in Early Modern China: Ju-lin wai-shih and Ch'ing Social Criticism*. Ann Arbor: University of Michigan Press.

Skinner, G. William. 1977a. "Regional Urbanization in Nineteenth-Century

China." In *The City in Late Imperial China*, ed. by G. William Skinner, pp.211-249. Stanford, Calif.: Stanford University Press.

Skinner, G. William. 1977b. "Introduction: Urban and Rural in Chinese Society." In ibid., pp.253-273.

Smith, Arthur H. 1894. *Chinese Characteristics*. New York: Fleming Revell.

Smith, Arthur H. 1970. *Village Life in China*. Reedition of orig. ed. of 1899, with a new intro. by Myron Cohen. Boston: Little, Brown.

Smith, Thomas C. 1977. *Nakahara: Family Farming and Population in a Japanese Village, 1717-1830*. Stanford, Calif.: Stanford University Press.

Spence, Jonathan. 1978. *The Death of Woman Wang*. New York: Penguin Books.

Srinivas, M.N. 1966. *Social Change in Modern India*. Berkeley and Los Angeles: University of California Press.

Sweeten, Alan Richard. 1978. "Women and Law in Rural China: Vignettes from 'Sectarian Cases' (Chiao-an) in Kiangsi, 1872-1878." *Ch'ing-shih wen-t'i* 3.10: 49-68.

Taeuber, Irene. 1970. "The Families of Chinese Farmers." In *Family and Kinship in Chinese Society*, ed. by Maurice Freedman, pp.63-85. Stanford, Calif.: Stanford University Press.

Tai Yen-hui. 1978. "Divorce in Traditional Chinese Law." In *Chinese Family Law and Social Change in Historical and Comparative Perspective*, ed. by David C. Buxbaum, pp.75-106. Seattle: University of Washington Press.

Thompson, E.P. 1976. "The Grid of Inheritance: A Comment." In *Family and Inheritance: Rural Society in Western Europe, 1200-1800*, ed. by Jack Goody, Joan Thirsk, and E. P. Thompson, pp.328-360. Cambridge, England: Cambridge University Press.

T'ien Ju-k'ang. 1984. "Male Anxiety and Female Chastity: A Comparative Study of Chinese Ethical Values in Ming-Qing Times." Presented (in part) at the Southern California Colloquium in Chinese Studies,

California Institute of Technology, Pasadena, March 3.

Waltner, Ann. 1981. "Widows and Remarriage in Ming and Early Qing China." In *Women in China. Current Directions in Historical Scholarship*, ed. by Richard W. Guisso and Stanley Johannesen, pp.129-146. Youngstown, N.Y.: Philo Press.

Wolf, Arthur P. 1975. "The Women of Hai-shan: A Demographic Portrait." In *Women in Chinese Society*, ed. by Margery Wolf and Roxane Witke, pp.89-110. Stanford, Calif.: Stanford University Press.

Wolf, Arthur P. 1981. "Women, Widowhood and Fertility in Pre-modern China." In *Marriage and Remarriage in Populations of the Past*, ed. by J. Dupaquiet, E. Helin, P. Laslett, M. Levi-Bacci, and S. Sogner, pp.139-147. New York: Academic Press.

Wolf, Arthur P., and Huang Chieh-shan. 1980. *Marriage and Adoption in China, 1845-1945*. Stanford, Calif.: Stanford University Press.

Wolf, Margery. 1972. *Women and the Family in Rural Taiwan*. Stanford, Calif.: Stanford University Press.

Wolf, Margery, and Roxane Witke, eds. 1975. *Women in Chinese Society*. Stanford, Calif.: Stanford University Press.

Yamazaki Jun'ichi. 1967. "Shinchō ni okeru setsuretsu seihyō ni tsuite" [On testimonials of merit of chaste women in the Qing dynasty]. Chūgoku koten kenkyū 15.12: 46-66.

Yang Hsien-yi and Gladys Yang, trans. 1972. *Selected Stories of Lu Hsun*. Peking: Foreign Languages Press.

《中国民商事习惯调查报告录》，1927—1930，三册，南京司法行政部编，台北：进学书局（再版）。

〔原文发表于 *The Journal of Asian Studies* 46.1 (February 1987), pp.37-56〕

卢苇菁 译

教女成婚：清代中期的新娘和妻子*

莫看十八姑娘妆，要观八十婆婆丧。

——宁波谚语

明清时期，婚姻是女性通往成功的阶梯。即使是婚礼朴素的新娘（“三杯清茶及祠堂一拜”）也可能在临终前收获富裕美满（“含饴弄孙”）。无论如何，一份丰厚的嫁妆都蕴含着丰富的意义：它展现了新娘娘家的社会地位（Harrel and Dickey，1985），并且与新郎阔绰的聘礼相匹配，而聘礼正是衡量新郎是否可以带给新娘长久保障的标准之一（Parish and Whyte，1978：180－183）。在一个轻视再婚的社会，一份奢侈的嫁妆体现了对女儿一生只结一次婚的信心。与此同时，嫁妆也是最好的公共表演，让新娘在融入新家庭时自带品位及尊严。最重要的是，如果嫁妆匹配或超过夫家的聘礼及婚礼费用，这就意味着新娘并不是被卖给夫家的。在本书（指发表本文的英文文集 *Marriage and Inequality in Chinese Society*，译者注）的其他章节中，华若璧（Rubie Watson）及贺萧（Gail Hershatter）已描述了普遍存在的拐卖女性的情况。

---

* 作者感谢加州大学圣克鲁兹分校（University of California，Santa Cruz）学术评议会教师研究委员会（Academic Senate Faculty Research Committee）对本研究的支持。傅葆石（Poshek Fu）和乐祖谋对本研究提供了重要协助。要特别感谢郝瑞（Stevan Harrell）、莫勒（Robert Moeller）、施坚雅（G. William Skinner）以及此次会议（指 1988 年在加州举办的会议“Marriage and Inequality in Chinese Society”。译者注）参与者，尤其是本书编辑和黛安・欧文・休斯（Diane Owen Hughes）、贺萧和韩书瑞（Susan Naquin）对本文草稿所提的意见。

自带嫁妆的新娘是被挑选的“聘则为妻”的女性，她们因其品德而成为妻子，因此与妾姬截然不同[①]。

清代中期，嫁妆是得体婚礼的标志。平民宁可借贷或推迟婚姻以筹得一份体面的嫁妆。但在宋代，如本书伊沛霞（Patricia Ebrey）的章节所述，只有上层社会考虑嫁妆问题——这些家庭往往抱怨昂贵的嫁妆会消耗家庭共有财产（dissipated corporate estates）——至有清一代，即使一般家庭也提供嫁妆，虽然这些家庭也可能因为嫁女而倾家荡产。精英阶层士人曾批评这一做法，正如陈宏谋在清中期所言：

> 嫁娶惟应及时，奢侈徒耗物力。自行聘以及奁赠，彩帛金珠，两家罗列。内外器物，既期贵重，又求精工。迎娶之彩亭灯轿，会亲之酒筵赏犒，富贵争胜，贫民效尤。揭债变产，止图一时美观，不顾八口家计。有女家多索，男家延捱。

陈宏谋认为每户嫁妆应控制在六箱以内，但是在一个必备二十箱嫁妆的地区，这一建议显然难以实现[②]。

对嫁妆的考量只是18世纪日渐激烈的阶层竞争中的一部分。这一竞争导致了清中期士人对妻子和新娘展开一系列积极的讨论。这些讨论出现在各式文本（包括训诫、政论和学术）中，不禁使人联想到维多利亚时期关于女性的书写。如同维多利亚时期一样，清中期作者推崇女性作为妻子、管家和“内闱”捍卫者

---

① 对于这些观点的评价，见Kulp，1925：166-177，尤其是第174—175页。

② 陈宏谋《风俗条约》，《皇朝经世文编》68：4。陈宏谋对于嫁妆的评语反映了由10至11世纪开始女性地位在婚姻中显著上升的现象。在本书其他章节中，伊沛霞指出汉唐之间，嫁妆不断取代聘礼成为那些希望嫁女儿的家庭关注的重点。她也提出（1981）到了宋代，中国已经从聘礼制转变成嫁妆系统。所以，对昂贵嫁妆的考量并非始于18世纪。18世纪的新现象是平民家庭广泛制备嫁妆。从宋至清所经历的大规模社会经济变化，尤其是本章后面将讨论的关于去除固定阶层壁垒的问题，都解释了嫁妆在规模和普及性上增长的原因。见Harrell and Dickey，1985。

所担负的职责。通过将女性定位在家庭范围内，他们也试图固定因社会变化而产生的流动(fluidity)，因为这些变化可能会磨灭定义他们自身地位的界限。这些作者在质疑那些试图掌控女性行为的经典习俗时，也同时肯定了这些习俗。本文认为清中期作者关于女性和婚姻的讨论是对18世纪有关阶级流动这一广泛社会议题的一种转喻评价(metonymic comment)。

这些讨论——我称之为"一种对于婚姻的全新论述(discourse)"——是清中期儒学复兴的一部分，这一复兴直达平民阶层并集中于家庭问题。在士人学者之间，"文本研究"或"汉学"关注包括婚礼及亲属的专有词汇在内的古代经典的原典用语。因为国家教化运动在树立家庭生活的典范时，强调妻子的贞节和贡献，即使那些不识字的平民也被这场复兴所影响。这一复兴也进而引发了上层精英家庭和那些新进家庭对编撰家谱及家训之类书籍的兴趣。这些情况不仅影响了学术成果、官员职责以及个人写作，同时也导致了那些作为大家庭一家之主的精英士人开始思索并评论女性在中国家庭中含糊不清的位置③。

有关家庭问题讨论的核心是清中期大规模的社会流动，包含向上和向下两种形式。诸多证据彰显了这一流动，其中包括商业复兴和贸易会馆的兴盛，游离于政府官位之外的新兴文人不断增加，男女教育程度的显著提高及对奢侈性消费和文人艺术"琐碎"竞争的抱怨("petty" competition)(Ho, 1962; Naquin and Rawski, 1987: 58-59, 114-133)。当然，清中期社会流动最重要的发展是由于皇室颁布的一系列去除中国社会世袭阶层等级的谕旨。始于1723年，那些在户口登记中被列为"贱民"的成员，可获

③ 关于汉学运动，见Liang, 1955; Elman, 1984; Yü, 1975; Jones and Kuhn, 1978。有关清代的教化运动，见Mann, 1985, 1986, 1987。有关族谱研究，见Liu, 1959a, 1959b。

得成为平民的资格，如果他们可以连续三代回避不洁的工作，他们就可以“净化”(purified)他们的家庭谱系(Terada, 1959)。虽然这些谕旨并没有完全消除“贱”民群体，但是我认为对下层阶级的出籍运动(emancipation)以及为了与平民同化而导致的对“纯正”血脉的密集审查，正是本文所讨论的意识形态转变中的要素。

总体而言，对于跨越各种界限(boundaries of all kinds)的忧虑——包括“良”“贱”妇女间的界限——是我们在下文即将讨论的文人间对话的产生原因，也是它重要性的来源。这不仅是有关净化婚姻市场的问题，更是一个在充满竞争的社会中如何重新界定阶级的议题。诸多原因，包括复兴经典、重建道德以及妇女由社会分层系统(stratification system)而获得的前所未有的社会流动，促使产生了大量如何将女性界定于她们所属位置的讨论。但是这些讨论中仅有一部分是关于女性在家庭中的作用。其他的也涉及婚姻及市场：它重申士人学者组成的联姻市场(endogamous marriage market)的排他性，从而排除身份不符者(interlopers)的介入，并将上层社会中受教育女性与风月场所才女相区分。这一时代的文人将妻女一并视为传承其家庭身份和阶层荣耀的女性，以面对或应对来自方方面面的威胁。

汉学及经典婚姻规范的复兴

通过探究宋以前文献，汉学学者试图寻找儒家规范和语言“原初”的本义。他们发现了大量有关婚姻含义的论述。这些学者大都阅读并引用重要的汉代文献，诸如《礼记》、《仪礼》及《白虎通》，强调婚姻作为成人礼的作用，并指出妇女为婚姻需做的准备及应受的教育。对这些文本的讨论可揭示清中期士人对它们的着迷程度。

汉代文献将婚姻作为一种仪式，这一仪式标志着个体进入担负成人责任的世界并重构家庭生活的夫妻支柱(conjugal fulcrum)。

当下一代步入成年，上一代即准备让位。虽然在礼制排序中，丧葬享有更重要的地位，并且葬礼往往比婚礼花费更多，但婚姻是礼制之“根”(root)，即根基(foundation)④。据《礼记》所载，婚礼在个体生命所需经历的一系列重要典礼中位列第二，在男子冠礼和女子笄礼之后。《曲礼》一章中写道：“人生十年曰幼，学。二十曰弱，冠。三十曰壮，有室。”(Legge, 1967, 1: 65；《礼记》1: 4b)⑤后文的《内则》章节进一步阐释了由结婚而产生的向“壮”年过渡的含义：“三十而有室，始理男事，博学无方，孙友视志。”(Legge, 1967, 1: 478-479；《礼记》12: 15b)

因此对男子而言，婚姻早期阶段的特征为拓展社会交际网并学习为官的事务(也就是下一次人生转变，一般认为始于四十岁)。对士人阶层男性而言，婚姻是进入广阔社会的重要一步。与此相对，对上层社会妇女而言，通往婚姻之路则限制了她的活动范围，将她更严格地规范于家庭之内。在女子十岁即其兄弟离家求学之际，年轻女孩便断绝了家庭以外的联系，她“十年不出”并且开始接受女性长辈的教诲：

> 姆教婉娩听从，执麻枲，治丝茧，织纴组紃，学女事以共衣服，观于祭祀，纳酒浆笾豆菹醢，礼相助奠。(Legge, 1967, 1: 479；《礼记》12: 15b)

对年轻女子而言，与她兄弟的冠礼相对的是笄礼。笄礼行于十五

④ 所有的仪式都需要尽心准备以强调“男女有别，而后夫妇有义”。正是这一“别”及随之而来的“义”产生父子之“亲”；而这一父子之“亲”为君臣之“正”提供了基础：“故曰：昏礼者，礼之本也。”(Legge, 1967, 2: 430)。根据《礼记》，葬礼和祭祀比婚礼的地位要高，但是婚礼是所有礼仪之“根”。

⑤ Legge 在对这一段的注释中写道，我们不应该从文字上将三十岁作为男性结婚的规定年龄(孔子在二十岁结婚)。相反地，这段的意思是所有男性都应该在三十岁以前结婚。举行婚礼最合适的时间应据《皇朝经世文编》中辑录的经典而定。见丁杰的文章《嫁娶》，《皇朝经世文编》61: 17—18。

岁，其后即是二十至二十三岁的婚礼（Legge，1967，1：479；《礼记》12：16a）。一个至关重要的选择即在那时产生：如果她经历了订婚之礼，那么她就是妻；如若不然，她就是妾（引用同上）。在那些标志她从一个家庭转入另一家庭的繁复礼节之后，年轻女子行为的重心即落于其公婆家，致力于满足那个家庭的需要。

我们习惯于将这一转变看成一个年轻女子生命周期中的低潮。正是在这一时期，她变得最无力，最易受攻击，最孤立，并且最孤独（Wolf，1972：128-141）。但是，正如儒学思想的各种主张所言，婚姻准则也具备史华慈（Benjamin Schwartz，1959）所言的"相对性"（polarities），而清中期作者所寻找的正是如何让他们的妇女彰显高贵（dignify），而不是贬低（degrade）她们。因此，他们集中讨论了那些既推崇妻子的服从与恭顺，也强调妻子在夫家享有尊敬和权力的段落。对汉代文献的细读揭示，从她进入夫家的那一刻起，新娘即被作为丈夫母亲的继承人。在一重要段落中，《白虎通》将这一观点阐释得非常清楚："婚礼不贺，人之序也。"（Tjan，1952，1：249；《白虎通》卷4上：255—256）[⑥]

因此，虽然年轻新娘的活动范围在婚后被限制于"内部的"家庭范畴，但是某些礼仪文献仍然强调她在新环境中可获得的权力，除非遭遇厄运。正是这些文献，尤其是《礼记》中关于婚礼的章节，引起了清中期那些具有身份阶级意识的准新娘娘家人（status-conscious bride-giver）的注意。

《礼记》强调妻子的敬（deference）与从（submission），反复提出"顺从"、"责任"及"服侍"的重要性。与此同时，它也提供了一种强调爱慕、合作及共享责任的婚姻关系。在肯定找到合适妻子的重要性的同时，《礼记》也具体阐述了妻子在夫家的核心作用。在阐释"婚礼者将合二姓之好"（《礼记》44：1a）一句时，文本解释

---

⑥ 有关经典中对婚姻的看法，见 Tjan，1952，1：244-263。

道，联姻的目的首先是为了保证延续祠堂祭祀，其次是为了延续血脉。《礼记》强调以交换信息和礼物为中心的订婚仪式与婚礼本身的严肃性（seriousness）和深层含义（profundity）。部分仪式包含同牢而食，合卺而饮。根据文献记载，这表示“合体同尊卑以亲之也”（Legge，1967，2：429-430；《礼记》44：1b）。

当细读这些文本时我们发现，《礼记》可被阐释为更注重**区别**（distinctions）和**不同**（difference），而不是等级、主宰和服从。举办一场得体的婚礼是为了突出性别差异并强调男女在婚姻关系中不同但互补的职责。婚姻是基本的人伦关系，它展现每个独特人格或角色（distinctive human role）之“义”。正如其他基本关系一样，婚姻需要敬与从（夫妇、父子、君臣）。但是《礼记》也强调基于夫妇互动的和谐。它暗示孝子并不是通过观察他母亲所表现的敬，而是目睹父母间的爱慕互动而学习如何与父亲建立温暖而负责的关系。一位父亲如果对母亲暴力相向，那只会引发儿子的怨恨与唾弃。众所周知，一位心怀怨恨且反叛的儿子不可能成为可靠的臣子。因此，《礼记》揭示了妻子如何调节以孝为基础的父子关系。她是忠诚且兼容的臣子得以社会化（socialized）的枢纽（《礼记》44：1b）。

《婚礼》一章的结语也总结了夫妻间的互补责任。这一段落解释道，古者天子明昭天下“以听天下之外治”，他的妻子则教导宫廷妇女“以听天下之内治”（Legge，1967，2：432-433；《礼记》44：3a）。因此，维护家庭秩序与和谐的责任在于女性，正如维护政府秩序与和谐的责任在于男性一样。

这一以性别为基础的在治理公共和私人领域上的劳力差异也与自然现象相印证：当公共领域丧失秩序时，日蚀即产生；当私人领域处于无序状态时，月蚀即发生。天子或者皇后在合适的情况下，需要用净化之礼来应对这些异象。民众的父母，即皇帝和皇后，就如一般父母一样需各自关注他们分内之事（each attending to his or her appropriate concerns)(《礼记》44：3b)。

总体而言，经典文献的语言以这样一种方式掩盖了等级之别：即强调互补而非从属领域并注重“自然”相继的转变。比如说，《白虎通》中所讨论的五行关系即以宇宙观(cosmological explanation)来解释从夫居婚姻(patrilocal marriage)。在谈及五行之间的关系时，文献写道：“男不离父母何法？法火不离木也。女离父母何法？法水流去金也。”(Tjan，1952，2：442；《白虎通》卷2上：95)经典文献的其他章节中也谈及夫妇间互补关系的准则。《礼记》和《仪礼》都记述了一项婚礼后彰显新娘重要性的特殊仪式。这一仪式要求新郎父母先向新娘敬酒，随后新娘回敬。然后，新郎父母通过一扇西向的门离开房间，而新娘则从东边离去。注者解释道，这些方向表示新娘最终将取代婆婆在家中的位置，肩负延续家族血脉的重任[⑦]。作为一种仪式化的表现，这一典礼之后，新娘会在某一天向公婆献豚，从而彰显她的顺从。

因此，对于新娘而言，代表顺从的仪式与那些强调责任和权力的典礼相辅相成。顺从的重要性不仅来自于它可以维持长者的权威，也因为它是维护家庭和睦的基本要素。有朝一日，新娘自己也会要求年轻女性顺从于她。文献反复提到，延续家庭血脉倚仗于内闱和睦，而这正是掌管家庭的女性的责任。在此需要指出，妻子所拥有的权力都受制于基于年龄与身份的细微差别。清中期学者沉迷于教导女性如何运用这些权力，而我们将在下文解释，这些学者正是因其自身原因而醉心于这些礼仪文献。

汉代文献清楚明了地阐释了有关夫妻互补的观点，它因此而成为清中期学者写作中关于女性和家庭的重要议题。这一议

---

⑦ 见 Steele，1917：30-31。其中写到在新郎父母设宴款待新娘后，在最后敬酒时，“舅姑先降自西阶，妇降自阼阶。归妇俎于妇氏人”。

题在俞正燮(1775—1840)的文章中就非常明显。俞正燮以其批判缠足、寡妇守贞以及双重标准而著名(Ropp, 1981: 144—146)[⑧]。作为一名精通汉学的学者(philologist),俞氏致力于文字学研究,这一背景明显影响了他的妇女观。在一段有关“妻”这个词的历史含义的阐释中,俞氏详细考察了汉代文献中如何以“平等主义”(egalitarian)来阐释婚姻,解释了为什么经典不能被用来论证女性在婚姻和家庭中的从属地位(《癸巳存稿》4: 105—106)[⑨]:

> 《白虎通》云:“妻者,齐也,与夫齐。”《郊特牲》云:“一与之齐,终身不改。此后起义也。”按夫者,扶也,扶起为阳。妻者,栖也,栖定是阴。《昏义》云:“古者天子,后,三夫人,九嫔,二十七世妇,八十一御妻。”《曲礼》云:“天子有后,有夫人,有嫔,有世妇,有妻,有妾。”又云:“公侯有夫人,有世妇,有妻,有妾。则妻不为齐,明也。”儒说,御妻为御妾,以就齐义,又何以处《曲礼》妻妾并举之文。妻质称也。自天子至庶人皆得名之。

在文本研究中,诸如此类注释并不能提供广义的可供分析或有关道德的信息。但是无论如何,这些注释向我们展示了清中期学者如何试图重现过去的意识和价值,并通过他们自己的写作和思考赋予这些意识和价值新生。

---

⑧ 罗溥洛(Paul Ropp)(1981)和陈东原(1928: 246—257)认为俞正燮和《镜花缘》的作者李汝珍是持有女性压抑性规范(repressive sexual norms)论点的主要代表人物。我的分析采用不同的视角,将俞氏置于清中期女性和社会阶层的话语中来讨论。俞氏对于节妇范例的批评并没有挑战妻子在家中的根本地位;如其他人一样,俞氏通过赞扬夫妻关系来歌颂妇女。

⑨ 有关“皇后-妃嫔”(empress-consort)系统是如何从经典典范发展到北宋时期的讨论,见 Chung, 1981: 18-19。笔者在此向她翻译了这些含义模糊的词汇表示感谢。

比如说，理解历史文献中的特定语汇可区分古代皇室贵族的实践与当代学者所遵循的准则之间的不同。俞正燮的研究笔记《称名》(《癸巳存稿》4：125)即分析了姻亲相关词汇，尤其是有关自己妻子的兄弟和自己姐妹的配偶及他们的儿子的词汇。这一论述重点比较了历史实践与当代习俗，指出近亲结婚家庭间的交往包括妻子兄弟和姐妹配偶间的社交正是清中期家庭生活的重要特征。当我们考察18世纪对于联姻家庭的兴趣时，我们会再次参考俞正燮对夫妻间互补性的文本研究。

可能俞正燮思想中获得最多关注的(这也有关女性的地位问题)是他对于隐含在寡妇再嫁禁律中的双重标准的批评——这一禁律在清代上层中普遍实行(Elvin，1984；Mann，1987)。在俞的《节妇说》中，其论述的出发点就是婚姻关系中夫妻间“齐”这一词汇含义的研究。他引用了《礼记》中《郊特牲》所言，“一与之齐，终身不改”(《礼记》11：13b)。他认为，这句话的意思是当一个人的配偶去世了，此人即不再婚。他承认后世广泛引用的作为年轻寡妇典范的汉代班昭的确写了以下文字：“夫有再娶之义，妇无二适之文。故曰，夫者，天也。”但是针对此文，俞的评论是：

> 按：妇无二适之文固也，男亦无再娶之仪。圣人所以不定此仪者，如礼不下庶人，刑不上大夫。非谓庶人不行礼，大夫不怀刑也。自《礼》亦不明，苛求妇人，遂为偏义。古礼夫妇合体，同尊卑，乃或卑其妻，古言终身不改，(言)身则男女同也。七事出妻，乃七改矣，妻死再娶，乃八改矣。男子理义无涯涘，深文以罔妇人，是无耻之论也。(《癸巳类稿》13：493)

因此，经学复兴思潮在质疑双重标准的同时也强调了妻子所享有的特权。《白虎通》即花费大量精力去区分妻妾之别：“以礼不聘

为妾，明不升。”（Tjan，1949，1：258；《白虎通》卷 4 上：264）[10]

清中期作者关于寡妇再嫁一事自然有其实践及道德上的考量，我们将在下文具体探讨这些原因。以上论述主要强调经学复兴对清中期文人观念的影响。在我看来，这些文人总在发现可巩固他们阶级的新娘和妻子身份及价值的途径，从而强调这些适婚妇女与妾氏及下层妇女之间的差异。

女性识字率及妇女教育

随着汉学运动的兴起，大量针对受教育妇女的指导书籍得以出版，其中包括重印汉代典范女史班昭的《女诫》。（俞正燮批评寡妇守节一文即以这份重要文献的引文开头，以此可见它在清中期的广泛流传。）女学的兴趣自然而然地依循儒家经典的规则，要求上层女子（最好是在祠堂里）接受特殊的准备和训练。女性为了婚姻而接受教育，而最好的婚姻教育教导妻子四德：妇德、妇言、妇容、妇功（Legge，1967，2：431-432；《礼记》44：2b）。

班昭清楚阐释了道德教育与婚姻之间的关系，她的训诫即围绕四德展开。其文本指导为妻之道，提出了《礼记》中关于婚姻互

---

[10] 事实上，此处文本含义模糊，因为有关再婚的讨论与天子“娶十二女”有关，而人们并不清楚如何保证统治者有足够的继承人。这一文本在讨论正妻先于丈夫去世的情况时略微含糊，它引用了将小妾提升到正妻位置的先例，以及要求小妾在祖先祭祀中替代亡故正妻的例子。这一文本鼓励对已逝配偶保持忠诚（“必一娶何妨淫泆也，为其弃德嗜色，故一娶而已，人君无再娶之义也。”）（Tjan，1949，1：252；《白虎通》卷 4 上：258），但在纳妾仍为一种选择的情况下，这一说法并不让人信服。清代也可能重审了忠诚的丈夫的概念（“义夫”的范例）。伊懋可（Mark Elvin，1984：126）已经指出，义夫的定义在清早期已产生变化，严格指代那些在妻子去世后拒绝续娶的丈夫。在清代政府入祠纪念圣人和典范的政策下，这些人应该通过他们家乡的祠堂和牌坊获得表彰。但是，我们对地方志的系统检索并未发现在清中期男性获得节夫荣誉的证据。地方上在表彰义夫时仍然沿用其历史含义，即表彰男性专注慈善和维护地方安全的行为。

补的概念。她理解夫妻之道即为阴阳与地天这些“自然”关系的隐喻。通过提醒人们《礼记》所赋予婚姻的荣耀，并强调婚姻为《诗经·周南》所推崇，班昭试图提升婚姻的价值。她也批判有关婚姻就是丈夫控制妻子的观点，指出虽然所有经典文献将婚姻描述为一种基于妻子“事”夫与丈夫“御”妻的互动关系，但是“事”与“御”都以双方之“贤”为基础。班昭写道，男子通过教育可以明白他们权威的基础并有效地行使它；女子如果想要在家庭范围内举止得当，也必须接受教育：

> 但教男而不教女，不亦蔽于彼此之数乎。礼，八岁始教之，书十五而至于学矣，独不可以此为则哉。(Swann，1932：84-85；《女诫》上：4b—5a)

18 世纪的汉学家认真考量班昭有关女子教育的观点，以及她自身作为学者和智者的卓越身份。在此之前，从六朝到明代的大部分时期，班昭都被塑造为杰出的寡妇(Swann，1932：51)。但是在晚明，人们对于女子教育类书籍的兴趣发生了新的转变。吕坤的论述即预见了清中期学者的一些考量：他对夫妻互补关系感兴趣，并思考如何将女子培养为母亲和家庭主导的问题(Handlin，1975：36-38)。韩德琳(Joanna Handlin)在分析吕坤所著《闺范》中即强调，吕坤已指出民间妇女是“突然间在箱子内置有三四卷(此类书籍)”的“新读者”(同上，17)。

在 18 世纪，教育的普及及生活水平的提升也有助于书市的扩张。普通民众对得体婚姻及行为的关注使他们成为家庭日用类指导书籍的热心消费者。女性正是这一消费市场的一部分：识字女性是佛经阅读群体及诗社的主体，她们也向袁枚及其他知名学者求教(陈东原，1928：257—274)[11]。

---

[11] 对于清代文学的研究已确认了 3 557 名女性作家(胡文楷，1985)。江南地(转下页)

由市场上关于女性训诫书籍的销售来看，对于女性教育的考量日渐增多[12]。19 世纪中叶前，王相编辑出版了一套仿效《女四书》形式的书籍。王相自己贡献了四本中的一部，名为《女范捷录》，为其母教诲合集[13]。其他三部分别为班昭的《女诫》、唐代宋若华所著《女论语》及 15 世纪初期由徐皇后（仁孝文）所辑《内训》。

陈宏谋也曾出版一本广为流行的以女子教育为主题的道德训诫合集。在《教女遗规》序言中，陈氏阐释了女性教育的重要性：

> 夫在家为女，出嫁为妇，生子为母。有贤女，然后有贤妇。有贤妇，然后有贤母。有贤母，然后有贤子孙。王化始于闺门，家人利在女贞，女教之所系，盖綦重矣。（《重刊教女遗规》序：2a）

显而易见，对陈氏而言，教育是将士人阶层的女子——那些成为新娘的人——与其他人区分开来的标记。那么女性应该接受什么样的教育呢？在清代，上层妇女接受针线、诗歌、绘画、书法和音乐的训练[14]。但是仅仅掌握这些技艺并不能标志女性的社会身份，因为专业女艺人及风尘女子也掌握这些技能。只有道德

（接上页）区，即是这一时期的经济中心，因其受教育女性而著名：蔡天池出版于 19 世纪中期关于女性作家的文集中，85 名女性作家中有三分之二来自于江苏、浙江、安徽和江西（Rankin，1975：注 41）。

[12] 18 世纪是女性训诫书出版的高峰，这一现象始于蓝鼎元的《女学》，其序言作于 1712 年、1717 年和 1718 年。下文将要介绍的陈宏谋继续出版此类书籍。见陈东原，1928：275—282。

[13] 这些书的题目将此类文本与男子为科举而学习的“四书”相联系。我们不知道《女四书》出版的具体时间（刘纪华，1934：30）。根据诸桥辙次（Tetsuji Morohashi）的研究（3：6036.353），这套书的日文版本在 1848—1854 年首次出现。笔者见过 1838 年在扬州出版的版本，目前藏于加州大学伯克利分校东亚图书馆。另一个广为流传的版本出版于 1893—1894 年（见本文《女诫》注释）。

[14] 舞蹈似乎是歌妓和女乐的专属领域，当然将来的研究可能会推翻这一看法。

训诫才能将属于陈宏谋阶层的适婚女性与其他阶层女性区分开来，也就是有关经典文献的“大义”的教育。

在一篇有关这一议题的文章中，章学诚讨论了自古以来“妇学”的历史，而这也是章氏第一篇广为人知的作品。他认为，最早的妇学就是训练女子从事特定职业的专业课程。因此，女史、女祝、女巫都有各自学习的文本——如同男子择一艺而习，为以后为官做准备一样。但是当以性别为分类的女子通方之学逐渐发展起来之后，一套适合于女性（与男性相对）的学习体系也应运而生。这些有关“妇学”的文本强调女性的德、言、容、功，并将这些要素与班昭的例子和成果相联系[15]。

在章学诚看来，班昭所推崇的道德教育与艺妓的才艺训练相互对立。章氏表彰清朝政府在这一问题上的强硬态度，他们禁止女乐加入宫廷教坊司，也不资助女乐培训。如果在教导女子诗乐之前忽略对其进行严格的礼教训练——尤其是家庭关系礼仪——那就容易导致道德沦丧。

章学诚认为将艺妓从教坊司中剔除是当朝“未有如是之肃”的法令，这一法令在清中期士人中产生了重要影响，这其中还有另外一个原因，即这是废除贱籍的前兆。教坊司以前都是由世袭的专业艺人即“乐户”组成。他们中的一些人在 15 世纪早期因政治原因被驱逐出宫，自此在中国北方过着隔绝生活。在有关废除贱籍的圣旨中，乐户是贱籍群体中的第一个。学者们特地将废除世袭宫廷教坊司与废除乐户贱籍联系起来。五十多年后，俞正燮

⑮ 对于明清时期对班昭的重新发现以及女师这一主题的重现，学界尚未展开全面研究。关于这些议题，见陈洪绶作于 17 世纪的两幅作品，收录在 Cahill，1967：33-34。其他明清画家也发现才女这一有趣的主题。比如，杜堇就绘制了伏生在其女的协助下口授《尚书》的著名场景。因为朝臣无法明白伏生所使用的古代方言，需要他的女儿进行翻译，伏生之女因此成为在这一经典流传过程中不可或缺的媒介（Hyland，1987：31，引用自 Stephen Little 未刊论文）。

也将教坊司的历史作为出发点，撰写了一篇有关废除贱籍运动的长文（《癸巳类稿》12：474—487）[16]。

废除贱籍，尤其是那些世袭女乐的贱籍，威胁到了同阶层联姻（endogamous）市场的完整性及划分女性阶层等级的社会基础[17]。作为她们所属阶层荣耀和地位的承担人，这些待嫁平民女子必须和那些曾被买卖的女子相区别[18]。因此，对女性教育的争论即是对这一社会流动中重要的等级差异的解释与澄清。章学诚的文章即是这一争论的重要成果，在此文中，章氏试图通过批评女性加入由男性掌控的诗文群体的行为来进一步界定女性所属的范畴。我们需将清代废除贱籍运动放置在一个更加商业化的社会中来考察，在这一环境中，各种有关身份等级间的屏障都变得不再重要。

---

⑯ 据1659年（顺治十六年）的谕旨，在教坊司中女乐被太监永久替代。这一谕旨推翻了颁布于1651年（顺治八年）的相关谕旨。在1652年，另一份谕旨禁止平民从事妓女一职。这些国家政策与18世纪逐渐增长的妓女及女乐市场相关联。见王书奴（1988：261—284）。

⑰ 依据清代法律，良民女子不得嫁与男性贱民。若违法，丈夫及女方家庭的家长（如果他对将女儿许配给贱民男性知情）都会受到杖一百的惩罚。与此相对，平民如果"和妓女或者女乐成婚，则不会受到惩罚。但是如果官员和这样的女性结婚，会被认为行为不端而杖六十。婚姻被判无效，女性遣返回娘家"（Ch'ü，1961：161）。因此，在婚姻市场中，有官职和没有官职的家庭间界限明显。只有那些有志于科举功名的家庭才会面临因与贱民女性通婚而被污染的危险。（译者注：此处原文为"无志于"科举功名的家庭，译者以为应为"有志于"。）我们也应该注意到，女性承担着她们所属阶级的荣誉；在父系家庭体系中，贱民女性可以提升自己的阶层，但是良民女子不可降低自己的阶层。

⑱ 保障同阶层通婚是中国早期政治文化的一部分。有关通婚的禁令（后来通过禁止贱民妇女缠足而进一步加强）可追溯到古代的阶级壁垒（Ch'ü，1961：155-158）。根据瞿同祖的研究，中古时期的士庶分别之大，以至于庶民被看成是"不可接触之人"（untouchables）。在某些朝代，法律明令禁止士庶通婚。瞿同祖指出，事实上"直到五代（907—960）末期，士阶层间通婚依然盛行"。这一士阶层通婚的传统从3世纪持续到10世纪，与之平行的是庶民间的通婚。这一通婚传统也至关重要，因为它将庶民与贱民和奴仆区分开来。

家庭生活的规则：家庭群体中的妇女

为了支持新市场，除了那些女教书籍，有关妻子职责的家训也被印制成便宜的版本在朋友间私下流传。六朝时期颜之推所撰的经典家训(《颜氏家训》)以及宋朝袁采的《袁氏世范》都被从稀见古籍中挖掘出来，由《知不足斋丛书》重印，大部分学者家庭也因此得以购置[19]。通过反复阅读这些古代文献，一些学者受其启发，也开始撰写他们自己的训诫子孙和家庭成员的书籍(我们在下文会考察这样的例子，如汪辉祖的著作)。对于训导类书籍的兴趣也伴随着另一个风潮，即大量印制于这一时期的族谱中都包含"族规"(Hui-chen Wang Liu，1959a：71)。

甚至那些清中期被称为经世文人的作者也试图写一些有关家庭事宜的文章。魏源出版于1824—1825年的经典著作《皇朝经世文编》即用了整整一卷(卷60)来收录有关家教的文章，其中就包括上文讨论的章学诚的《妇学》段落[20]。这一卷中有关礼仪的

---

⑲ 这两套书分别收录在卷11和卷14。有关袁采一书版本的演变，见Ebrey，1984：324—327。这套丛书由藏书家鲍廷博(1728—1814)辑录，鲍氏丛书以其位于杭州的收藏宋元名本的藏书楼命名。四位藏书家为1773年开始编纂的《四库全书》贡献巨大，鲍为其中之一。据说，乾隆皇帝的一个书斋即用鲍的藏书楼来命名(Hummel，1943，2：612-613)。有关《知不足斋丛书》，见艾尔曼(Benjamin Elman)，1984：151-152。艾尔曼解释道，18世纪稀见古籍价格上调增加了对丛书的需求，因为通过丛书人们可以购买昂贵的经典著作。

⑳ 倪德卫(David Nivison，1966：274)认为，这是章学诚第一篇广为人知的文章，在他的历史和哲学研究广为人知之前，已经被各种文集丛书收录。《皇朝经世文编》只收录了部分，辑录在"妇学三则"中。这篇文章的主旨有一部分是对袁枚的批判，指出女性教育的基础不是诗作，而应立于经典著作与道德教化之中。男性与女性自有适宜于他们的学识："古之妇学，必由礼而通诗，六艺或其兼擅者耳。后世妇学失传，其秀颖而知文者，方自谓女兼士业，德色见于面矣。不知妇人本自有学，学必以礼为本。"(《皇朝经世文编》60：12a)陈东原(1928：267)的著作采用传统的观点只讨论袁枚如何支持女性写作，并没有讨论章学诚对袁枚的批评。

文章则考察了女性在父系家庭系统中的位置，尤其是充满争议的妾室和继室在礼法上的地位[21]。从魏源对文章的选择来看，家庭关系，尤其是夫妻关系，与经世之道息息相关[22]。最后，魏源书中关于婚礼的章节即始于女性教育，因为“女教，正家之始，王化之端也”(《皇朝经世文编》61：1—2)。

汪辉祖(1731—1807)作为曾出版了著名为官之道书籍的经世之学作者，也曾撰写关于家庭生活的训导之书，即为其子女所作的《双节堂庸训》(此书书名是为了纪念两位深刻影响了汪辉祖对家庭生活看法的妇女：他亡父的继室以及他自己身为妾室的生母)[23]。这本训导是写给他的儿子和孙子的：

> 居士扃户养疴，日读《颜氏家训》、《袁氏世范》，与儿辈讲求持身涉世之方，或揭其理，或证以事，凡先世嘉言懒行及生平师友渊源，时时乐为称道，口授手书，久而成帙。删其与颜、袁二书词指复沓者，为纲六，为目二百十九，厘为六卷：首《述先》，志祖德也，先考、妣事具行述者不赘；次《律已》，无忝所生，有志焉未逮也；次《治家》，约举大端而已，家世相承，兼资母范，故论女行稍详；次《应世》，寡尤寡悔，非可倖几也；次《蕃后》，保世滋大，其在斯乎？以《师友》终之，成我之恩，辅仁之谊，永矢勿谖矣。(《双节堂庸训》自序：1a-b)

从《颜氏家训》和《袁氏世范》中挑选一个共同主题，汪辉祖讨论了在中

---

[21] 见邵长蘅《妾母不世祭说》(《皇朝经世文编》67：19a—b)及另外两篇关于正妻与小妾在祠堂祭祀时位置的文章(如上，16a—17a，18a—b)。这些作家也引用《礼记》，尤其是“丧服小记”中对妾氏排位的讨论。见《礼记》15(Legge，1967，2：450-459)。

[22] 比如唐甄关于家庭关系讨论的文章《内伦》(《皇朝经世文编》60：8a—9)，以及刘绍攽《与弟论家人离必起于妇人书》(同上，10a—b)。

[23] 汪辉祖的父亲汪楷先娶了方氏，后纳妾徐氏。他的正妻去世以后，续娶王氏。汪楷去世后，王氏和徐氏都没有再嫁。两位都因守节受到朝廷旌表，并建有牌坊。见《双节堂庸训》1：3a。

国大家族中再婚与寡居的复杂关系[24]。他特别讨论了鳏夫必须为孩子找一位母亲的境况，而这一情况正是他自己家庭生活的写照，因为他的父亲在第一任妻子去世后即续娶，虽然当时汪辉祖的生母作为妾室仍然在世。鳏夫所面临的问题是什么？他的第一任妻子是如何的不可替代？同时，当一位男子因妾室缺乏正妻在礼法上的地位而娶继室时，又将面临什么样的困难？

对于这些问题的答案首先出现在《继娶难为父》一节中：

> 妇未必皆贤也，而所生子女无怼母之人。不幸丧耦，处不得不继之势，遇不贤妇强分畛域，调剂之苦，天实为之。幸而妇知大义，未尝不慈，而前妻子女外视其母，至父有诲劳，辄归过于后母所为。为之父者，责善不能，避嫌不可，动而得谤，是谁之过与？（《双节堂庸训》卷3：2a）

很明显地，此处作者责怪的是再婚的父亲，因为他将继室提升到所有孩子母亲的地位，他也因此面临子孙疏远并丧失在后辈中权威的危险。

汪辉祖又在名为《事后母》的段落中进一步讨论了继母和继子继女之间的关系：

> 后母难事尚宜事之以礼，况易事者乎？然往往遇易事之母，而被以难事之名，使母称不义，父号不慈，是诚何心？或曰“是有间之者”。贤如吾母王太宜人，蔑以加矣。然余年十三岁，太宜人约饬素严，族叔某私语余曰：“若母慈汝，固万不如慈汝妹也。”余大以为不然，奉太宜人教益谨。不四年，某子死；又十余年，某死，今为之后者亦死。向使余惑某言，其

[24] 《袁氏世范》和《颜氏家训》都包含了对续娶的警告，虽然前者比后者更乐观一些：袁采认为“贤妇”可以对付由这一继妻角色而带来的挑战。见《颜氏家训》1：7b—9b 和《袁氏世范》1：23b（Ebrey，1984：219）。

能有今日乎？人在自为耳，为子而以人言，即于不孝人。果任其咎欤？否欤？（《双节堂庸训》卷3：2a—b）

如此段所言，后母很容易就成为族人八卦和诽谤的对象。她对继子继女的责任是模糊不清的，而这种模糊性很容易就成为抨击她疏远继子继女的流言。我们可以想象，只有少数继子如汪辉祖一般对其继母忠心耿耿㉕。

如果鳏夫选择不续娶来避免这些问题，他仍然会面临其他考验。在大家庭中，个体自身需求需要通过夫妻关系来满足，而鳏夫寡母则面临无可依仗的困境。在《事鳏父寡母更宜曲体》一段中，汪辉祖就描述了这一情况：

寡居之母，虽有妇可依，有女可侍，然妇有子女，女有夫婿，不能专依膝下。疾病饮食，苦有不能言者。至于父老鳏居，真茕茕矣。向见吾族某翁，中年丧耦，至八十余岁，寝食孑然。尝语余曰："吾拭面巾久如败丝瓜，求换一方不可得！"言已泣下。余焉伤之。曾告其诸子，皆弗顾也。未几，子亦身历其境，穷且过之，天鉴不远，可不畏哉！（《双节堂庸训》卷3：2b—3b）

汪辉祖的每一篇文章都清楚指出了在遵守儒家规范的家庭中，因妻子亡故而出现棘手而复杂的情况。为了保证自己在晚年能得到照顾和陪伴，再婚父亲往往会面临子女的疏远和反抗；为了子女不受继母欺负而选择不婚的父亲则会面临孤独无依的晚年生活。当然在清中期，人们都清楚这些选择所需付出的代价。

陈宏谋的《遗规》从另一个略微不同的角度出发，继续讨论如何解决首任和继任妻子间的问题。虽然经典教导妇女"以夫为

㉕ 学界已讨论了汪辉祖与"双节"的关系。伊沛霞指出他的继母只有一个继子，并且没有自己的儿子，这可能促成了汪辉祖与继母间的亲近关系。黛安·欧文·休斯则认为那些对理想家庭状态极力倡导之人可能正是那些在自身经历中缺失这种理想状态的人。

天”，但在现实生活中，一位妻子要服侍三个天：她的公公、婆婆及丈夫（《重刊教女遗规》下：22b）。作为妻子最主要的职责是鼓励丈夫尽其所能，孝敬父母：“故媳妇以劝夫孝为第一。”但是，再婚将婆婆和媳妇之间的关系复杂化了。比如说，再婚可能会导致媳妇“稍分先后”。一位“继姑”，也就是取代已故嫡妻在礼法上位置的女子，可能难以获得对身份敏感的媳妇对她应有的尊重。在这种情况下，人们往往警告继姑需要“客气”地对待她继子的媳妇，而媳妇也不能因为入门先后之序而对继姑区别对待。每个家庭都应密切注意不顺从的迹象，如发现媳妇心生怠慢，需立即纠正（同上，24a）。

这些妇女间“细微的差异”（从广义上而言，也被指责为造成儒家家庭不和的根源）在嫡媳侍奉庶姑时变得更为敏感。在这些情况中，陈宏谋对媳妇的建议非常清楚：“不可恃嫡慢庶。”（《重刊教女遗规》下：24b）

因此，陈宏谋的《遗规》认识到对于具有身份意识（status-conscious）（即受过良好教育）的新娘，不能指望她们在家庭范畴内放弃她们的阶级意识（class consciousness）。如果她们不尊重婆婆，那她们对仆人的态度则会更恶劣。妻子会将她们的不满、无聊和嫉妒都发泄在仆人身上，因为殴打亲属及孩子是被禁止的。事实上，虐仆在上层妇女间普遍存在，以至于《遗规》中有一篇文章详细介绍了各种虐待，以作为对读者的一种警告。仆人，通过他们的行为和外表，成为不仁女主人的活证据：“故入其家，观其奴婢，而有以知妇之良与不良也。”（《重刊教女遗规》下：1a—5a）《遗规》劝诫女性读者，仆人“非犬马与我之不同类者”，他们也是人子。文章强调，虽然律有入官为奴一条，但是士庶之家不得有奴。反之，士庶之家中的男仆被称为“义男”，而女仆被称为“义媳或义女”，从而彰显他们“如家人一般”的含义。主人应该给他们提供好衣好食，并绝不虐待（同上，1a—5b）。

如果一位年轻妇人虐待仆人，那么她也可能是懒惰之人。懒惰是所有新娘性格上的污点，是她放弃四德中妇德的标志。不谙世事、无忧无虑长大的年轻女子从来没有学过如何成为家中仆人得体的女主人，或成为家中的管账人。不像那些成长在贫穷家庭中的妻子——“纺绩，炊爨，井臼，农庄，事姑哺儿，勤劳终日”（《重刊教女遗规》下：14b）——总之，这些富贵女子都被她们的仆人宠坏了。乳媪照顾她们的儿女，婢妾甚至帮她们做了针线活！“惟知妆饰一身，求全责备，竟不知米从稻出，丝自蚕抽。视钱财为粪土，以物命为草芥。”（《重刊教女遗规》下：15a）

妇人与家中仆人的矛盾或许可以通过虚构的姻亲关系和长时间的合作（prolonger association）得到解决，但是她们与家庭外下层妇女的关系则总是存在危险性。每一本女教书都包含关于那些因其边缘化的职业而得以与内闱产生联系的“三姑六婆”（hags）的警告——包括女医、宗教人士、媒婆、小商贩以及尼姑[26]。妻子们被教育要“三婆二妇休叫入门”，否则她们会成为流言的牺牲品，并被这些来自外界“惑乱人心”的危险女性人物掌控（《重刊教女遗规》中：4a）。

对于这些“六婆”的反复警告所揭示的正是因为女性流动性以及如何界定女性边界而产生的不安。女性参与宗教活动，以及由宗教人士——不仅仅是尼姑也包括僧道——所带来的负面影响都让陈宏谋忧心忡忡。陈氏因此在《皇朝经世文编》中重印了一篇关于限制女性外出活动的文章（《皇朝经世文编》68：5b）：

---

[26] 袁采已经提出了这一警告（《袁氏世范》3：17b；Ebrey，1984：304），清代其他有关家庭的论述中也提出类似观点（H. Liu，1959b：94）。汪辉祖就指出了“三姑六婆”尤其是女尼可能会带来的问题（《双节堂庸训》3：26a）。这一名单上包含了尼姑、道姑、卦姑、牙婆、媒婆、师婆、虔婆、药婆、稳婆。关于这些中文词汇的英文翻译区别很大。关于这一名单，见赵翼《陔余丛考》，1957：832。一份比较标准的翻译，见 Ayscough，1937：87。

> 一妇女礼处深闺，坐则垂帘，出必拥面，所以别嫌疑，杜窥伺[27]也。何乃习于游荡，少妇艳妆，出头露面，绝无顾忌。或兜轿游山。……甚至寺庙游观，烧香做会，跪听讲经，僧房道院，谈笑自如。又其甚者，三月下旬，以宿神庙为结缘。六月六日，以翻经十次可转男身。

这篇文章继续声讨僧道对外出妇女的引诱。其口吻与陈宏谋批评“三姑六婆”充当深闺女子和外界联系人的口吻如出一辙。

当然，对于女性出游寺庙的担忧在18世纪前已经出现。但是，18世纪社会流动加剧，国家在许多方面鼓励身份竞争，清中期学者在其写作中对于界限的痴迷就显得格外重要。我认为，对于家庭范围内界限跨越的考量正是对社会中界限模糊担忧的映射。在学者阶级内，女性识字率打破了性别壁垒以及保证女性纯洁不被外界影响而玷污的壁垒。从广义上而言，社会流动逐渐销毁了基于职业和阶层的屏障，而这些屏障曾被用来对婚姻市场进行分层。虽然女性成为因这些变化而产生的焦虑的中心，在上文所考察的论述(discourse)中，女性实际上成为了男性学者表达他们对于自身身份焦虑的工具(vehicle)。

结　论

妻子和婚姻成为有关阶级和流动性话语的焦点并不是让人吃惊的结论。就如文艺复兴时期的威尼斯、19世纪的法国以及殖民时期的墨西哥，清中期婚姻从本质上而言是为了重建阶级结构[28]。国家

---

[27] “窥伺”在这里原指为了盗窃而暗中监控一户人家，也就是“踩点”(case)的意思(译者注：case有窥探的意思，此处有俚语意味，故译为“踩点”)。

[28] 有关婚姻与阶级身份重新定义的关系，已有诸多研究，这里仅列出一些代表作：Chojnacki，1975；Bourdieu，1976；以及Arrom，1985：145-151。史得克(Verena Stolcke)(1981：39-40)对这一关系有极具启发性的理论论述。维护女(转下页)

法律和我们称之为道德信仰的儒教，提供经营婚姻的准则，因此保护了现存的阶级等级。但是，这些准则也是一把双刃剑：它们既能保护同阶层婚姻市场，也能破坏它。清中期兴起的有关婚姻的讨论正显示出这一神圣婚姻市场的界限被挑战了。国家逐渐放宽身份区别的标准，而这正激发了儒家道德对这些区别的强调。这一时期的作者向我们展示，在他们对于女性和阶级的讨论中，财富影响、识字率以及社会流动这些因素的结合是如何威胁并破坏了那些保证社会生活稳定和有序的条规。他们的对话也提醒我们让女性来承载阶级和家庭荣誉的做法并不仅仅出现在地中海沿岸。在社会急剧变动时期，中国就如其他地方一样，女性被命名为道德和稳定的守护人，成为负责保护家庭的避难所。

同时，如我们所见，女性本身也对社会秩序提出挑战。她们的识字率、她们的宗教行为以及她们对于舒适和安全的渴望也激发了清中期关于婚姻的论述。目前我们所知的话语都基于男性书写。但是总有一天，我们可以超越男性的兴趣，展示女性是如何在社会剧烈变化的清中期建构她们的职责的[29]。

征引参考书目

史料

赵翼：《陔余丛考》(1775)，上海：商务印书馆，1957 年。

陈宏谋辑：《重刊教女遗规》(1895)。

鲍廷博辑：《知不足斋丛书》(1823)，上海：古书流通处，1921 年重版。

魏源辑：《皇朝经世文编》(1826 年序)，台北：国风出版社，1963 年重版。

(接上页)性的名声和纯洁、通过嫁妆而展现身份、通过追求同阶级婚姻而保护国家或教堂，这些都是复杂社会中共同存在的跨文化现象。

[29] 见 Dorothy Yin-yee Ko, "Toward a Social History of Women in Seventeenth-Century China." 斯坦福大学博士论文，1989。

贺铸：《甬俗丧礼琐记》，张行周编：《宁波习俗丛谈》，第227—231页。台北：民主出版社，1973年。

《仪礼》，《四部备要》本。

俞正燮：《癸巳类稿》(1833)，上海：商务印书馆，1957年重版。

俞正燮：《癸巳存稿》(1833)，上海：商务印书馆，1957年重版。

《礼记》，《四部备要》本。

班昭：《女诫》，《女四书》重印本，上海：1893—1894年。

《白虎通》，《丛书集成》本，卷238—239。

汪辉祖：《双节堂庸训》(1794序)，台北：华文书局，1970年重版。

《颜氏家训》，收录在《知不足斋丛书》卷11。

《袁氏世范》(1788年序)，收录在《知不足斋丛书》卷14。

研究资料

Arrom, Silvia Marina. 1985. *The Women of Mexico City, 1790 - 1857*. Stanford: Sanford University Press.

Ayscough, Florence. 1937. *Chinese Women: Yesterday and Today*. Boston: Houghton Mifflin.

Bourdieu, Pierre. 1976. "Marriage Strategies as Strategies of Social Reproduction." In *Family and Society: Selections from the Annales, Economies, Sociétiés, Civilisations*, ed. Robert Forster and Orest Ranum. Baltimore: Johns Hopkins University Press.

Cahill, James. 1967. *Fantastics and Eccentrics in Chinese Painting*. New York: The Asia Society.

陈东原，1928，《中国妇女生活史》，上海：商务印书馆。

Chojnacki, Stanley. 1975. "Dowries and Kinsmen in Early Renaissance Venice." *Journal of Interdisciplinary History* 5, no. 4: 571-600.

Ch'u, T'ung-tsu. 1961. *Law and Society in Traditional China*. Paris: Mouton.

Chung. Priscilla Ching. 1981. *Palace Women in the Northern Sung* 960 - 1126. Leiden: Netherlands: E. J. Brill.

Ebrey, Patricia. 1981. "Women in the Kinship System of the Southern Song

Upper Class." In *Women in China*, ed. Richard Guisso and Stanley Johannesen. Youngstown, N.Y: Philo Press.

Ebrey, Patricia. 1984. *Family and Property in Sung China: Yüan Ts'ai's Precepts for Social Life*. Princeton: Princeton University Press.

Ebrey, Patricia. 1986. "Concubines in Sung China." *Journal of Family History* 11, no. 1: 1-24.

Elman, Benjamin. 1984. *From Philosophy to Philology: Intellectual and Social Aspects of Change in Later Imperial China*. Cambridge: Harvard University Press.

Elvin, Mark. 1984. "Female Virtue and the State in China." *Past and Present* 104: 111-152.

Handlin, Joanna F. 1975. "Lü Kun's New Audience: The Influence of Women's Literacy on sixteenth-Century Thought." In *Women in Chinese Society*, ed. Margery Wolf and Roxane Witke. Stanford: Stanford University Press.

Harrell, Stevan, and Sara A. Dickey. 1985. "Dowry Systems in Complex Societies." *Ethnology* 24, no. 2: 105-120.

Ho Ping-ti. 1962. *The Ladder of Success in Imperial China: Aspects of Social Mobility, 1368-1911*. New York: Columbia University Press.

胡文楷,1957,《历代妇女著作考》,北京：商务印书馆。

Hummel, Arthur W, ed. 1943 - 1944. *Eminent Chinese of the Ch'ing Period*. 2 vols. Washington, D.C,: U.S. Government Printing Office.

Hyland, Alice R. M. 1987. *Deities, Emperors, Ladies, and Literati: Figure Paining of the Ming and Qing Dynasties*. Birmingham, Ala.: Birmingham Museum of Art.

Jones, Susan Mann, and Philip A. Kuhn. 1978. "Dynastic Decline and the Roots of Rebellion." In *The Cambridge History of China: Late Ch'ing, 1800-1911*, ed. John K. Fairbank. vol.10, pt. 1. New York: Cambridge University Press.

Ko, Dorothy Yin-yee. 1989. "Toward a Social History of Women in

Seventeenth-Century China." Ph. D. diss., Stanford University.

Kulp. Daniel Harrison. 1925. *Country Life in South China: The Sociology of Familism*. New York: Columbia University Teacher's College.

Legge. James, trans. 1967. *Li Chi: Book of Rites*. 2 vols. New Hyde Park, N.Y: University Books.

梁启超，1955，《中国近三百年学术史》，台北：中华书局。

刘纪华，1934，《中国贞节观念的历史演变》，《社会学界》第 8 卷，第 19—35 页。

Liu, Hui-chen Wang. 1959a. "An Analysis of Chinese Clan Rules: Confucian Theories in Action." In *Confucianism in Action*, ed. David S. Nivison and Arthur F. Wright. Stanford: Stanford University Press.

Liu, Hui-chen Wang. 1959b. *The Traditional Chinese Clan Rules*. Locust Valley. N.Y.: J.J. Augustin.

Mann, Susan（又见 Jones, Susan Mann). 1985. "Historical Change in Female Biography from Song to Qing Times." *Transactions of the International Conference of Orientalists in Japan* 30: 65-77.

Mann, Susan. 1986. "Shapers of a Common Culture: Moral Education under Qing Rule." Paper presented at the University of California at San Diego, October.

Mann, Susan. 1987. "Widows in the Kinship, Class, and Community Structures of Qing Dynasty China." *Journal of Asian Studies* 46, no. 1: 37-56.

诸桥辙次(Morohashi Tetsuji)，1957—1960，《大汉和辞典》12 卷，东京：大修馆书店。

Naquin, Susan, and Evelyn S. Rawski. 1987. *Chinese Society in the Eighteenth Century*. New Haven: Yale University Press.

Nivison, David S. 1966. *The Life and Thought of Chang Hsüeh-ch'eng (1738-1801)*. Stanford: Stanford University Press.

Parish, William L., and Martin King Whyte. 1978. *Village and Family in Contemporary China*. Chicago: University of Chicago Press.

Rankin, Mary Backus. 1975. "The Emergence of Women at the End of the Ch'ing: The Case of Ch'iu Chin." In *Women in Chinese Society*, ed. Margery Wolf and Roxane Witke. Stanford: Stanford University Press.

Ropp. Paul. 1981. *Dissent in Early Modern China: Ju-lin Wai-shih and Ch'ing Social Criticism*. Ann Arbor: University of Michigan Press.

Schneider, Jane. 1971. "Of Vigilance and Virgins: Honor, Shame, and Access to Resources in Mediterranean Society." *Ethnology* 10: 1-23.

Schwartz, Benjamin. 1959. "Some Polarities in Confucian Thought." In *Confucianism in Action*, ed. David S. Nivison and Arthur F. Wright. Stanford: Stanford University Press.

Steele. John, trans. [1917] 1966. *The I-li, or Book of Etiquette and Ceremonial*. 台北：成文出版社。

Stolcke, Verena. 1981. "Women's Labours: The Naturalisation of Social Inequality and Women's Subordination." In *Of Marriage and the Market*, ed. Kate Young, Carol Wolkowitz, and Roslyn McCullagh. London: CSE Books.

Swann, Nancy Lee. 1932. *Pan Chao: Foremost Woman Scholar of China*. New York: Century.

寺田隆信（Terada Takanobu），1959，《雍正帝の賤民開放令について》（The Emancipation of the Debased People during the Yung-cheng Reign Period）. 東洋史研究会 18, no.3: 124-141.

Tjan, Tjoe Som. [1949, 1952] 1973. *Po Hu T'ung: The Comprehensive Discussions in the White Tiger Hall*. 2 vols. Westport, Conn.: Hyperion Press.

王书奴，1933 年首印，1988 年重印，《中国娼妓史》，上海：上海三联书店。

Wolf, Margery. 1972. *Women and the Family in Rural Taiwan*. Stanford: Stanford University Press.

Yü Ying-shih. 1975. "Some Preliminary Observations on the Rise of Confucian Intellectualism." *Tsing Hua Journal of Chinese Studies* 11: 105-146.

〔原文发表于 Rubie S. Watson and Patricia Ebrey，eds.，*Marriage and Inequality in Chinese Society*（Berkeley：University of California Press，1991），pp.204-230；收入 Susan Brownell and Jeffrey N. Wasserstrom，eds.，*Chinese Femininities/Chinese Masculinities: A Reader*（Berkeley：University of California Press，2002），pp.93-119〕

吴玉廉　译

章学诚的《妇学》：中国女性文化史的开篇之作*

章学诚（1738—1801）于1797年至1798年间撰写了长文《妇学》①。这篇文章引起了广泛关注，章氏也因此在学术界崭露头角。此后，他跃然而起成为18世纪史论界的一位大家②。多种因

---

* 谨此向南加州中国学术研讨会的与会者，特别是万志英（Richard von Glahn）、高彦颐（Dorothy Ko）和余宝琳（Pauline Yu）致谢。这次会议是由费侠莉（Charlottee Furth）主持，1990年10月在加州大学洛杉矶分校举行。我还要感谢匿名评审人的意见，以及程玉瑛（Yu-yin Cheng）协助翻译部分章氏的文章。

① 该文未注年代，是针对印行于1796年袁枚的《随园女弟子诗选》而作。参见陈东原《中国妇女生活史》，台北：商务印书馆，1977年重印，第269—270页。胡适的观点引自胡著章学诚传记。据胡适考证，章氏于1797年六十岁时撰《妇学》。参见胡适《章实斋先生年谱》，1921年序，上海：商务印书馆，1931年，第129页。

② 倪德卫（David S. Nivison）注意到尽管章氏的著作广为人知并在其身后三十年始流传，但“直到1920年以后章氏作为思想家的地位才得到公认”（见倪德卫《章学诚的生涯和思想》[*The Life and Thought of Chang Hsüeh-ch'eng* (1738—1801)]，斯坦福大学出版社，1966年，第284页）。另一方面，《妇学》则令章氏暴得大名（第274页）。同样，陈东原评价道，尽管它对女子文学活动没有明显影响，“《妇学》面世不久，就有无数翻印并广为流传”（见陈东原，第270页）。以上三位，倪德卫、胡适和陈东原都没有说明《妇学》首次面世于何时。两部清中叶的丛书重印了《妇学》，它们是吴省兰的《艺海珠尘》，以及道光年间张潮等辑的《昭代丛书》。我尚未考察这两个版本。《皇朝经世文编》中在《家训》（卷60）章下辑录了《妇学》节选。最广为流传的版本可能是稍后于20世纪初面世的《香艳丛书》本（《香艳丛书》第二集，第二卷，第10页上至15页上）。关于此文对20世纪初妇女运动的影响，参见李又宁、张玉法编《近代中国女权运动史料，1842—1911》，台北传记文学出版社，1975年，第1卷，第624—627页。在此感谢伍德赛（Alexander Woodside）提醒我对此文的关注。本文所引页码注释依据刘承干编《章氏遗书》，嘉业堂，1922年，卷5，第30页下至41页上。现代标点重印本见章学诚《文史通义》，香港：太平书局，1964年重印，第168—177页。本文讨论的《妇学》包括章氏的《妇学篇书后》。

素促成章氏的《妇学》篇引人注目。首先，该文触及清中叶（18世纪晚期）导致文人阶层分野对峙的争论。争论的中心并不是关于女性，而是经学复兴以及如何正确或正统地诠释经学文本。这种引经据典的考据进而成为印证学术正统性的工具。与此相关，另一场关于写作，特别是作诗的目的和意义的争论也在潜滋暗长。同样，这也仅仅与女性稍微沾边。这场争论聚焦在《诗经》的文本上，争论双方各自从中寻找论据。其次，章氏的文章之所以有如此广泛的影响力，与其对诗人袁枚个人及其文论的激烈抨击不无关系。《妇学》不指名地揶揄某位女诗人的导师，嘲讽那些“无行文人”和“不学之徒”并不理解经学的真义。

章氏对袁枚的抨击表面上以女性及妇学为目标，在他看来，这是关于大是大非上的较量——清中叶的学术之争。章氏直接抨击的对象是一群女诗人，其作品被辑入《随园女弟子诗选》。袁枚在《随园诗话》里称赞了她们的作品。章氏以女性为题，表面上以其犀利的笔锋抨击色和性，实质上却在争辩“何为艺”。具有讽刺意味的是，女性及妇学也许并非章氏的关注所在，但作为一宗记录中国历史上女学者的文档，章氏的《妇学》篇对我们颇有益处。它启发了女权主义读者。从《妇学》篇我们看到清中叶女学者崭露头角，并足以令章氏视她们为“传经者”，挽救从男性手中丧失的经学古义③。然而，该文对章氏同时期的女学者影响甚微，并且从文章中也难以发现女学者的自我评价及其写作的初衷。

《妇学》开篇明义，以《周礼》及三代之制为本源追溯妇学的古代理想。接着，章氏不厌其详地记述妇学古义随着时间的推移而被侵

③ 章氏在《妇学篇书后》中解释其作《妇学》的原因说，并非他本人好辩，而是“不得已而为之”。关于他对这种必然性的理解，参见倪德卫，第43、163页。在章氏看来，《妇学》既非政论文，亦非徒增茶余饭后谈资的私人宿怨。他自认为这是一部严肃且论据翔实的史论。像他的其他作品一样，这是对学与教相分离的历史过程的思辨式评论。

蚀，以至于到清中叶已经荡然无存了。《妇学》近乎末日般的结论解释了为什么在18世纪（清中叶）这个时刻需要拯救“妇学”古义④。正是这一结论令该文颇具蕴涵。章氏对在男文人圈子里拯救经学古义已不抱什么希望了，转而寄望于幽居在家庭天地里的女性。

文本及其前提

《章氏遗书》本的《妇学》只有十页（二十面），而未加注释的英文译本却多达三十页。《妇学》是现代版《文史通义》中最长的一篇。《妇学》问世的同年，章氏还在多处对袁枚进行了抨击⑤。

《妇学》以综述开篇，概览早期儒家经典对妇学的论述，并从周代古礼中找出妇学的先贤。接下来，该文爬梳了妇女作品的谱牒，追根溯源于班昭的《女诫》——第一部全面论述妇学之作。该文还整理了女作家的谱系，亦始自班昭，继之以唐代女诗人薛涛、鱼玄机和李冶⑥。

---

④ “妇学”这个专有名词先是由袁枚用来指女子的诗学，援引《诗经》中的女性声音为例。关于胡适对这场争论的研究及对章氏性别观念的讨论，可参见周启荣、刘广京《学术经世：章学诚之文史论与经世思想》，载《近世中国经世思想研讨会论文集》，台北“中研院”近史所编，1984年，第142—145页。

⑤ 有关讨论，见倪德卫，第262—267页，特别是第263页。

⑥ 唐代最著名的女诗人薛涛（768—831）的作品倍受英文译者的青睐。洛厄尔（Amy Lowell）和艾斯库（Florence Ayscough）合译了薛涛的一个诗集《松花笺》（Fir-Flower Tablets），休顿-米夫林（Houghton-Mifflin）出版社，1921年。又，参见拉森（Jeanne Larsen）《锦江集：唐代女妓薛涛诗选》（*Brocade River Poems: Selected Works of the Tang Dynasty Courtesan Xue Tao*），普林斯顿大学出版社，1987年。薛涛的小传及诗作选见雷克斯罗思（Kenneth Rexroth）、钟铃（Ling Chung）编《中国女诗人》（*Women Poets of China*），纽约：新方向书局（New Directions Books），1972年，第125页。据载，像李冶和鱼玄机一样，薛涛好着女冠服，晚年隐居。见雷克斯罗思、钟铃，第125、130、137页。王键（Jan W. Walls）所作鱼玄机（约843—868）小传收于柳无忌、罗郁正（Irving Yucheng Lo）编《葵晔集》（*Sunflower Splendor: Three Thousand Years of Chinese Poetry*），印第安纳大学出版社，1990年，第577—578页。

章氏对于“妇才”有经学真义的记载限于上述三位唐代女诗人。他不屑于唐代的女教书，如《女论语》和《女孝经》[⑦]。章氏奚落这些作品为简单模仿男子之作，导致古之妇学失传，“欲作女训，不知学曹大家《女诫》之礼，而妄拟圣经，等于《七林》设问，子虚乌有”。章氏对明清时期刊行的女教书亦嗤之以鼻，详见下文。

章氏对妇学历史的阐述受其史论思想的影响。倪德卫(David S. Nivison)撰写的翔实传记中谈到这一点。人类文化的精萃在于著述和治学，由治学而著述，然后得以彰显传承大道。文字确立了人兽之分。然则“文以载道”，治学及精通典籍当推首要。治学及精通文本之所以重要是因为著述并非也不可能是个人率性而为。著述受到引经据典的传统手法和风格的约束，惟其如此，“自我”才能隐身让位于大道真言。正如倪德卫优雅的译文所云，尔言非尔，“言公”[⑧]。进而，治学要求学者对道的理解不能停留在表象的推测和臆想。反之，学者必由行而知，如倪德卫所言，身体力行，由表及里[⑨]。

这些前提衍生出章氏主张的逻辑原则，并统摄其对历史中妇才的推理。首先，若著述以言道，则妇女著述必言妇道，而非男子之道。除非我们首先抓住这一基本前提，否则很难掂量出章氏主张的轻重。他认为，于言道：“天之赋畀，初不择于男女。”却正因此，道被赋予了性别。对男子而言，著述之道是“公器”——属于小至社团、大至国家的道德统帅。对于女性，则有所不同，道即“四德”，班昭的著述得以经典化。章氏用班昭的著述来明示经学理想与袁枚女弟子所代表的妇学的离经叛道：

妇学之名见于《天官》内职，德言容功，所该者广，非如后

---

⑦ 宋若华是唐德宗(779—805 年在位)的嫔妃；郑氏仅为人所知乃陈邈之妻。

⑧ 倪德卫，第 128—133 页。

⑨ 倪德卫，第 155 页。

世只以文艺为学也。（卷 5，第 30 页下）

又如：

> 妇学之目，德容言功。郑注“言为辞令”，自非娴于经礼，习于文章，不足为学。乃知诵诗习礼，古之妇学，略亚丈夫。后世妇女之文，虽稍偏于华采，要其渊源所自，宜知有所受也。（卷 5，第 31 页上）

章氏的议论以男女有别（separate spheres）为基本出发点。他得出的结论是，如袁枚所为，把女性纳入男文人的圈子里，是对清新、朴素的妇才的践踏和腐蚀。依章氏之见，当今的男子为“名”所累，追名逐利令男子越来越远离著述的真义——言道。章氏辩解说，科举之兴一改“学而优则仕”为学问出于官，难免把名利与著述连接起来，且疏远了三代的学术真义。然而，女子不必为名所累；相反，她们可以达到文字的最高境界。她们抛开名誉困扰，由循规蹈矩地实践家礼以达到对道的纯朴追求：

> 盖功令所崇，贤才争奋，士之学业，等于农夫治田，固其理也。妇人文字，非其职业，间有擅者，出于天性之优，非有争于风气，骛于声名者也。（卷 5，第 32 页上）

论　点

在此前提下，章氏论点别出心裁地展开。他开篇于三代圣王、官师不分的时代。我们发现女子身居官位，她们以妇学司掌其职，如“女史”、“女祝”、“女巫”等，《周官》中关于“女祝”、“女史”之职的记载可以佐证。秦代以降，学不守于职司，转而流入私门。在“官师分职”、学问流入私门时，女子在专门绝学的家传上发挥了关键作用。

章氏援引了两个著名的事例以阐明其观点。第一个即班昭：

> 昔者班氏《汉书》未成而卒，诏其女弟曹昭躬就东观，踵而成之。于是公卿大臣执贽请业。（注：大儒马融从受《汉书》句读。）可谓扩千古之所无矣。然专门绝学，家有渊源，书不尽言，非其人即无所受尔。（卷5，第33页上下）

第二个例子是韦逞之母宋氏。宋氏年幼丧母，跟随父亲研习《周官》，谙熟音义。东晋时宋氏的家乡归苻秦⑩统辖。宋氏奉诏在家中开讲堂，“隔绛帏而受业”，令《周官》失而复得。宋氏受赐爵号为宣文君，向她请业的生员达一百二十人。这两个例子都是“以妇人身行丈夫事”，传经授业。由于家中没有男子能承担，所以“不得不破格而崇礼”。

鉴于历史上的特殊条件，章氏辩解道，这种破格与妇道和男女有别并不冲突，因而是可以宽容的。这种破格并不曾违反礼制。

六朝标志着妇学历史演进的新阶段。据章氏的估测，女子在玄学上颇有建树。这些女性虽违礼（僭越男女有别之礼法），但其睿智玄妙的言论证明她们有学识，通经学。在章氏眼里，她们更近于狂儒，而非无德之妇。如章氏所言：“近于异端，非近于娼优也。”（卷5，第34页上）

章氏以为，唐宋以降，妇才彻底地脱离其经学的根柢。用章氏的话，它蜕化为微不足道的“春闺秋怨”。其间的特例，如《女论语》和《女孝经》，如我们所见，被章氏贬损为迂陋。章氏还特别检出两位宋代诗人：李清照（易安）（1084—1151）和管道升（1262—1319），并非因其诗作，而是由于其伉俪情深，琴瑟相谐，共举于金

---

⑩ 六朝时期的“十六国”之一，国都设在今天的西安。这个短命王朝称为“秦”（350—394），由苻姓统治。

石书画[11]。概观之，妇才自唐以降流于娱乐。无论在宫殿里或画舫上，无论在驿站或朝廷要地，每每见到女子，或红裙侑酒，或翠袖薰垆。尽管从李冶、薛涛和鱼玄机这些女冠坊妓的诗作中隐约可见妇才兴盛时的原貌，但这正是她们与时下名流酬接频繁所致。从这些唱和诗作中，人们仍旧能感受到那个时代的政治理念。我们可以听到或触及“恳挚之诚”或“讽恶嫉邪”之言。用章氏自己的话，则“言雅而有则，真而不秽”。

显然，章氏认为唐代之设教坊司是妇学历史上的转折点[12]。依章氏所见，正是教坊司营造了某种氛围，从而滋长了官员与女子交往的新形态。这是一种纯消遣的安排，女子由文学主体蜕变为男子欲望的对象。她们的歌舞表演全然以娱乐和煽情为目的。教坊司这块特殊的土壤上孕育了词的萌芽。（这就注定词在妇德上的先天不足。）而词又倍受清代女作家的青睐。这就解释了章氏所指的暧昧关联，即宫廷教坊的历史渊源及对其同时期女子诗词的淫邪与情色之诟[13]。无论如何，依章氏之见，教坊司的出现难

---

⑪ 关于中国文学史上最伟大的女诗人李清照的研究可谓卷帙浩繁。章氏在文中谈及李清照和丈夫赵明诚合编的《金石录》，至今仍被视为权威著作。其率真的诗风曾被评论家引为与拉伯雷(Louise Labé)媲美。其传记见于韦思达(John Timothy Wixted)《从女权主义角度看李清照的词作》(The Poetry of Li Ch'ing-chao: Some Feminist Considerations)，发表于1990年由美国学术团体委员会(American Council of Learned Societies)举办的在缅因州约克市召开的关于中国古代词作的讨论会。管道升是画家和书法家赵孟頫的妻子。她与丈夫伉俪相携，赢得书法家和梅兰竹画家的美誉。见雷克斯罗思、钟铃，第127页。

⑫ 贺凯(Charles Hucker)称这一制度为“乐坊”。见贺凯《中国古代官名辞典》(*A Dictionary of Official Titles in Imperial China*)，斯坦福大学出版社，1985年，第141页，注728。

⑬ 关于教坊司对词的发展的影响，参见孙康宜《晚唐迄北宋词体演进与词人风格》(*The Evolution of Chinese Tz'u Poetry: From Late T'ang to Northern Sung*)，普林斯顿大学出版社，1980年，第8—10页；又见罗郁正、舒尔茨(William Schultz)编《待麟集》(*Waiting for the Unicorn: Poems and Lyrics of China's Last Dynasty, 1644—1911*)，休顿-米夫林出版社，1986年，第23—24页。孙康宜认为，（转下页）

以弥合地重创了妇才的原旨。良家妇女与官场中人交往一直属于禁忌。“良家闺阁，内言且不闻，门外唱酬，此言何为而至耶?”(卷 5，第 36 页上)随着唐代名坊妓退出历史舞台，继之而起的女乐彻底丧失了她们与古代妇才的紧密联系，并且也与男子“言公”(public sphere)的才情渐行渐远⑭。

在 17 世纪 50 年代，清人革除了教坊司中的女乐，代之以宦官⑮。章氏对此额首称赞：

> 我朝礼教精严，嫌疑慎别，三代以还，未有如是之肃者也。自宫禁革除女乐，官司不设教坊，则天下男女之际，无有可以假藉者矣。其有流娼顿妓、渔色售奸，并干三尺严条，决杖不能援赎。(卷 5，第 36 页上下)⑯

此乃章氏期待已久的历史时刻。历史开启了新的篇章，男女之间不合宜的联系再也不能以才情交往为借口了。随着女乐被革除出教坊司，继而，仿效古代理想中对女子全面而正式的幽禁，复兴妇道的时候即将来临。在这种历史氛围中，由袁枚倡导的男

(接上页)随着安史之乱乐坊司艺人分散民间，词在商业娱乐场所逐渐流行(第 9—10 页)。她认为乐坊在唐以降女乐中并不占很重要的地位，值得注意的是宋代新兴城市中的瓦肆娱乐区(第 12—14 页)。章学诚的历史视角则相对狭窄。

⑭ 值得一提的是，章氏从未提及缠足，章氏也避而不谈他所批评的女子人格物化(objectification)是与缠足进入宫廷相伴随的。他不得已谈及妇女身体时，则表明了缠足并非他的关注所在。

⑮ 有关此项禁令的准确时间尚不清楚。第一道谕旨颁布于 1651 年，但是 1655 年女乐又在教坊司里得以恢复。四年后，1659 年女乐才彻底被禁，代之以太监。王书奴概览史料并总结出，直到 1673 年地方上省县级还雇佣官妓。见王书奴《中国娼妓史》，上海三联书店，1988 年，第 261—262 页。

⑯ 章氏关于满洲治下对性行为的约束的观察有证可寻。伍慧英(Vivien W Ng)对清代刑律及对性犯罪的重新界定的研究即可佐证。见伍著《观念与性：清代中国的强奸法》(Ideology and Sexuality: Rape Laws in Qing China)，《亚洲研究杂志》(*Journal of Asian Studies*)，第 46 卷第 1 期(1987 年)，第 57—70 页。对强奸日趋严苛的界定反映出清政府以幽禁妇女来提升贞节的考虑。

女混杂的诗社显得那么不合时宜，且颇具嘲弄的意味。这种嘲弄只能出于一个对时代脉搏全然无知的人。

总之，章氏试图以经学文本及历史依据论证：妇学古已有之，随着历史的不同阶段相应衍化；而当前是复兴其古代本义的绝好时机。章氏从未抱有一种想法，即认为男女在智力上有别，或男子比女子更有智慧。这种想法在现当代中国显然很流行[17]。相反，章氏明确地指出："夫聪明秀慧，天之赋畀，初不择于男女。"妇才如所有的才华必令其被认识、教养，并全面发展。章氏并未附和于"女子无才便是德"的旧说。他所想表达的是，要告诫那些自视有才却贻笑大方的女子，"转不如村姬、田妪"，不至于成为笑柄。若女子矜饰其不学无知，反招致诸如章氏对袁枚女弟子的抨击。

潜　文　本

章氏"六经皆史"的主张贯穿了《妇学》全篇。他反复强调"六经"，尤其是与妇德相关的《礼记》和《诗经》。他特别把这两部经学著作与"四德"中的"行"、"言"相挂钩。《礼记》之于"行"与《诗经》之于"言"分别贡献于"妇德"：

> 至于通方之学，要于德言容功。德隐难名，功粗易举。至于学之近于文者，言、容二事为最重也。盖自家庭内则，以至天子、诸侯、卿、大夫、士，莫不习于礼容。至于朝聘丧祭，后妃、夫人、内子、命妇皆有职事。平日讲求不预，临事何以

[17] 见卢蕙馨(Margery Wolf)《延迟的革命：中国当代妇女》(*Revolution Postponed: Women in Contemporary China*)，斯坦福大学出版社，1985年，第132—133页；韩启澜(Emity Honig)、贺萧《个人化的声音：八十年代的中国妇女》(*Personal Voices: Chinese Women in the 1980's*)，斯坦福大学出版社，1988年，第16—19页。

> 成文？汉之经师，多以章句言礼，尚赖徐生[18]，善为容者，盖以威仪进止，非徒诵说所能尽也。是妇容之必习于礼，后世大儒且有不得闻也。……至于妇言主于辞命。古者内言不出于阃，所谓辞命，亦必礼文之所须也。孔子云："不学《诗》，无以言。"[19]善辞命者，未有不深于《诗》。……乃知古之妇学，必由《礼》而通《诗》，六艺或其兼擅者耳。后世妇学失传，其秀颖而知文者，方自谓女兼士业，德色见于面矣。不知妇人本自有学，学必以礼为本；舍其本业而妄托于诗，而诗又非古人之所谓习辞命而善妇言也。是则即以学言，亦如农夫之舍其田，而士失出疆之贽矣，何足征妇学乎？嗟乎！古之妇学，必由《礼》以通《诗》，今之妇学，转而因《诗》而败《礼》。（卷5，第37页上至第38页上）

章氏有理由单独挑出《礼记》和《诗经》。在"六经"当中，唯有这两部真正论及妇女及性别角色。《礼》、《诗》二经树立了两类截然不同的女性典范：全心全意的妻子和情意绵绵的情人。因此，要读《诗经》里那些情诗，人们必须懂得"怎样"读。唯一的方法是先把《礼记》的价值观内化于身心。不懂得这条原则的女子往往以自身的诗人体验严重地曲解《诗经》[20]。

章氏的逻辑可在经学文本中找到内证。《礼记》及《白虎通》中所载的礼仪赋予了妇女甚至于新妇以极高的礼仪和道德权

---

⑱ 徐生是汉文帝（公元前180—前157年在位）时期的礼官大夫。

⑲ 见《论语》16.13。孔子对他的儿子说："不学《诗》，无以言。"《近思录》援引朱熹论学。学以致变；若学后与学前一样，则没有真正学会。章氏牢记着朱熹关于学以致变的论调。

⑳ 这两个文本之间的关系是理学家集中讨论的主题。朱熹写道："'必有关睢、麟趾之意，然后可以行《周官》之法度。'……须是自闺门衽席之微，积累到薰蒸洋溢，天下无一民一物不被其化，然后可以行《周官》之法度。"张伯行纂《朱子语类》卷96，第13页下至第14页上。朱熹所言暗示着，对《诗经》的恰当理解必以对《周礼》中的周官的履践为先导。

威性[21]。《礼记》及相关文本通过婚礼及配偶或母亲角色，把妇女置于家庭关系的中心。正如儒家学者颇为焦虑地认识到，《诗经》为男女两性树立了矛盾的角色榜样和行为准则。一方面，该文本被奉若“王化的典范”。《皇朝经世文编》[22]里俯拾皆是引自《诗经》，尤其是《国风》中关于贤妻的典故。具有汉学素养的学者都接受过《诗经》“毛序”的训导（把男女情诗当作对为政者的讽谏）。但是，《国风》中也包括了一些被学者贬为“土俗”、“淫邪”、“猥亵”的诗歌。其中《郑风》尤其遭到孔子的贬斥，其评价载入《论语》[23]。从《郑风》我们看到，女子与情郎肆意于草丛间，有失检点地更换着情人，毫无责任感、淫荡，却又悠然自得地享受着生活[24]。

袁枚从诗歌的字面解读《国风》，认为这是女子狂热激情的率真表述。无论男女，诗人们当以此为榜样并从中得到启发[25]。对于章氏及几百年来《诗经》的注者[26]而言，袁枚的观点极令人憎恶。

---

[21] 曼素恩《教女成婚：清代中期的新娘与妻子》(Grooming a Daughter for Marriage: Brides and Wives in the Mid-Ch'ing Period)，收入华若碧(Rubie Watson)、伊沛霞编《中国社会中的婚姻与不平等》(*Marriage and Inequality in Chinese Society*)，加利福尼亚大学出版社，1991 年，第 204—230 页。

[22] 例子见魏源编《皇朝经世文编》，台北：国风出版社重印，1963 年，卷 37，第 21 页上至 22 页上，自《齐风》和《邶风》引贤妻的隐喻。

[23] 孔子告诫说：“放郑声……郑声淫。”见《论语》15.11。

[24] 《国风》之二十一《溱洧》诟名昭著。《溱洧》是以两条河命名，男女聚集于此互递鲜花。诗中把女子描绘成男女私情的发起者。见孔颖达《毛诗注疏》，《四库全书》本，台北：台湾商务印书馆重印，1983—1986 年，卷 7，第 53 页下至 55 页下。

[25] 袁枚写道：“三百篇半是劳人思妇，率意言情之事。谁为之格？谁为之律？”（袁枚《随园诗话》及《随园诗话补遗》，卷 2，顾学颉编，北京：人民文学出版社，1982 年，1.2：2）“圣人编诗，先《国风》而后《雅》、《颂》，何也？以《国风》近性情故也。”（《随园诗话》2.60：615）；并且“俗称女子不宜为诗，陋哉言乎！圣人以《关雎》、《葛覃》、《卷耳》冠三百篇之首，皆女子之诗”（《随园诗话》1.62：590—591）。

[26] 关于《国风》作者及目的的争论之作可谓汗牛充栋，此处难以总结。《诗经》毛序认定《郑风》及其他有伤风化的诗歌是隐喻，用来讽谏当政者。朱熹声称这些对轻狂行径的文字记录是用以警告和防范那些执迷不悟的人。朱熹的一些弟子进而指出，《国风》是掺杂的伪经，应该删除。余宝琳细致地分析了这些解释。（转下页）

章氏总结其立场：

> 不学之人，以《溱洧》诸诗，为淫者自述。因谓古之孺妇，矢口成章，胜于后之文人。不知万无此理，详辨其说于后，此处未暇论也。但妇学则古实有之，惟行于卿士大夫，而非齐民妇女皆知学耳。（卷5，第31页下）

暗　示

章氏的逻辑导致了某种矛盾的结论。首先，他谴责教坊司把女子变成了娱乐男子的工具，在知识和性方面压榨女子。章氏甚至斥责袁枚赞赏品题女诗人，是怜其色，而非爱其才。由于章氏关注的中心是袁枚而并非女性，所以未能全面考虑妇才的重要性。章氏声称，依礼法的正则，幽禁女子的历史时刻来到了。而这一时刻正是女作家取得前所未有的成绩的时候。章氏的预言并未解释，一旦女作家回归"其位"，她们可以做什么。由于男女有别，女子从来不能涉足男文人的"公器"（public）话语。如果她们执着于像男子一样写作，于男女之辞之外，女学子便无处觅通途。而男女之辞已经失去其传达妇道的原旨和能力。章氏似乎在争辩，唯一通达妇才古义的途径是精通家礼，由此而知"四德"。

当然，职掌家礼会赋予女子一种超越男子的权力，并非那点点经济权力。清中叶小说《红楼梦》中的王熙凤是个很好的例子。但对女作家而言，回归于礼只能意味着回归沉默。这个结论是从

（接上页）见余宝琳《寓讽、寓讽解说与〈诗经〉》（Allegory, Allegoresis, and the Classic of Poetry），《哈佛亚州学刊》第43卷第2期（1983年），第377—412页。此外，施耐德（Laurence A Schneider）讨论了与顾颉刚同时代的人对复兴民俗和民间文化史颇感兴趣，并由此引发对《诗经》的讨论。见《顾颉刚的新史学与民族主义》（*Ku Chieh-kang and China's New History: Nationalism and the Quest for Alternative Traditions*），加利福尼亚大学出版社，1971年，第178—180页。

章氏本人的言论中得出的。他没有指出与男子“公”场域对等的女性空间，尽管他表现出想象着一个男子以外的“女子领域”，其中女子的文字是“公器”。这个女子领域当然并非私，因为对女子而言，它连接着普天下的大道。它也并非“家庭内的”，尽管家是它的实在的空间。章氏仅仅说它必是“静”的——呼应《国风》中的“静女”[27]。一个真正的女性文化是这个嘈杂变幻的大千世界的静静的支点：

> 女子佳称，谓之静女，静则近于学矣。今之号才女者，何其动耶？何扰扰之甚耶？噫！（卷5，第38页下）

结　论

如何在章氏的时代语境中理解其妇女观？首先，章氏关于男女在智力上有同样天赋的主张并非一枝独秀。蓝鼎元在其女教书《女学》序言中指出，男女在学业上的区别并非缘于女子智力低下，而是因女子在婚后逐步把妇才投入到家务和家礼中：

> 丈夫一生皆为学之日，故能出入经史，淹贯百家。女子入学，不过十年，则将任人家事。百务交责，非得专经，未易殚究。学不博，则罔有获，泛滥失归，取裁为难。[28]

明代流传的“女子无才便是德”的说法到了清中叶已真正过

---

[27] 余宝琳提醒我对此的关注。《诗经》中《邶风·北风》是问题之所在。这首诗描写了一个男子的忧伤，他的心上人不肯出来相会。见《毛诗注疏》卷3，第72页上至第76页上。诗的注释中拿另一首诗中的游女对比了静女，并指出只有“普通”女子才会在外面闲逛。

[28] 蓝鼎元《女学》，1712年，台北：文海出版社1977年重印，卷13，第1页下至第2页上。

时。据我所知，这个时期没有什么主流论著主张女子不该受教育的，或认为她们不够学习的资质。相反，清中叶的领军政治家陈宏谋认为，国家和地方的领导应把妇女教育置于首位[29]。

然而，这并不意味着章氏的妇才观点很受欢迎。他对《女论语》曾作出轻蔑的评价，指出它不过是模仿男人文风的一个误导。事实上，该文本在明代复兴，被收入"女四书"并重新刊行[30]。章氏并未述及其同时代的女教书（不只是蓝鼎元的，还有陈宏谋的，以及明代吕坤的《闺范》，这暗示他把那些实用手册排斥于真正妇学之外。而这些女教书至少在上层家庭内流行，从《红楼梦》中的揶揄可见端倪）[31]。不像那些女教书的作者，章氏对女教的着眼点并不在其母亲角色。对他而言，为学而学，男女无异。学问使得大成其仁有了可能。

但是，章氏没有特别指出女子学有所成后当作何著述。如果她们有了著述，谁又会是她们的读者？章氏文本的另一个失败之处是他忽略了那时盛行的伉俪姻缘。这正是其仰慕的李清照和

---

[29] 见罗威廉（William T Rowe）《清朝中期社会思想中的妇女与家庭：陈宏谋个例研究》（Women and the Family in Mid-Ch'ing Social Thought: The Case of Ch'en Hung-mou, 1696—1771），发表于1992年在台湾"中研院"近史所召开的"中国近代史中的家庭过程与政治过程"（Family Process and Political Process in Modern Chinese History, Institute of Modern History）讨论会上。

[30] 见刘纪华《中国贞节观念的历史演变》，载《社会学界》1934年第8期，第29—30页。"女四书"包括班昭的《女诫》，唐代宋若莘、宋若昭合撰的《女论语》，明成祖（1403—1424年在位）徐皇后的《内训》和王相母所辑《女范捷录》。王相是"女四书"的编纂者。关于女教书在晚明的普及化，参见柯丽德（Katherine Carlitz）《晚明版〈列女传〉中女德的社会功用》（The Social Uses of Female Virtue in Late Ming Editions of Lienü Zhuan），《明清研究》（*Late Imperial China*）第12卷第1期（1991年），第117—148页。对明中叶相关印刷业的研究可能有助于我们取得更大的研究成果。

[31] 曹雪芹《红楼梦》，北京：人民出版社，1973年，第一册，第56页。作者半是嘲讽地解释，年轻的寡妇李纨之所以能心如"枯树死灰"，是因为她所受到的教育只限于那几本女教书，并没读过"一流"的著作。

管道升诸人的伉俪相伴，携手治学的复制[32]。总之，章氏在批评同时期的妇学时，并没有一个明确的主张：这些才女如何施展才华？这是因为他锋芒所指是袁枚，他的矛头实际上针对的是男文人圈子里的道德沦丧。

同样地，章氏对袁枚的抨击及其关于女子诗词的看法并未改变女性文学作品的大量涌现。这些文学女性当然对章氏的著作有所耳闻。实际上，后起的女诗人欣然接受了《诗经》中的女性声音并从中受到启发。她们把这些女性声音奉为女作家历史的活水源头。恽珠就是她们中的一位。她并不为章氏尖刻的执拗所动，以为古代女子从没有“开口吟诗”。恽珠在其编纂的清代妇女诗集的序言中表达了与章氏针锋相对的看法：

> 昔孔子删《诗》，不废闺房之作。后世乡先生每谓，妇人女子职司，酒浆缝纴而已。不知《周礼》九嫔掌妇学之法，妇德之下继以妇言。言，固非辞章之谓，要不离乎辞章者。近是则女子学诗，庸何伤乎？[33]

在恽珠所辑《国朝闺秀正始集》之序二中，女诗人汪潘素心应和其导师袁枚的主张，写道：

> 《诗》三百篇，大半皆妇人女子之作，而二南冠以《关雎》，盖正始之道，教化之基。所以风化天下而端闺范者，在是矣。[34]

---

[32] 参见恒慕义（Arthur W. Hummel）编《清代名人传略》（*Eminent Chinese of the Ch'ing Period*），美国政府印刷办公室（U.S. Government Printing Office），1943年，第675页（孙星衍与王采薇），第735页（高其倬与蔡琬），第771—772、775页（崔述与成静兰），第324页（徐宗彦与梁德绳），第278页（郝懿行与王照圆）。当然，一些伉俪并不令章氏嘉许，如孙原湘与席佩兰（恒慕义，第685—686页）。席佩兰是袁枚女弟子之一。

[33] 恽珠编《国朝闺秀正始集》序，红香馆藏版，道光辛卯镌。

[34] 《国朝闺秀正始集》序二。

的，不仅是家庭自身福祉的根本，也对整个社会的经济健康至关重要[②]。

海外市场日渐增加的影响和工业化的来临深刻地改变了中国农村家庭劳动性别分工的规范，但并未减少家庭对男女共同劳动的依赖[③]。事实上，妇女工作的重要性增加了。新的市场把妇女在家庭内的手工业生产卷入了对外贸易，使得妇女从织席或者刺绣中能获得的收入有所增长。在一些地方，妇女的某些手工业（比较明显的是纺纱业）面对价格更低廉的商品竞争时，的确没落了，但纺织厂和其他轻工业也为新一代的妇女提供了家庭以外的工作[④]。

早期工业化对妇女和她们的工作到底有什么影响，有关这方面的研究得出了各种互相冲突的结论。比如，消极的说法是，工

---

② 例如，参见尹会一《敬陈农桑四务疏》，魏源编《皇朝经世文编》，序言显示原版于1826/1827年，再版于台北：1963年，卷36，第15页b。

③ 参见 Gary S. Becker, "A Theory of Marriage," *Journal of Political Economy* 81 (1973): 813-846; 82 (1974): 911-916; 另 Fredericka Pickford Santos, "The Economics of Marital Status," in Cynthia B. Lloyd, ed., *Sex, Discrimination, and the Division of Labor* (New York, 1975), pp.244-268。这两篇文章都强调工作机会变化会影响家庭中的劳动性别分工。

④ Albert Feuerwerker, "Economic Trends in the Late Ch'ing Empire, 1870-1911," 见 John K. Fairbank and Kwang-ching Liu, eds., *The Cambridge History of China*, vol.11, pt 2 (Cambridge, 1980), pp.15-28。从这方面来说，中国工业化前夕经济发展与欧洲的模式相似。但是，这里所研究的中国案例与欧洲的在两个重要方面有所不同：中国沿海没有牧业，且几乎所有的妇女都会结婚。中国与欧洲一样，接触新市场的机会和越来越重要的输出体系在妇女工作的变化模式里扮演了重要角色。例如，参见 Louise A. Tilly and Joan W. Scott, *Women, Work, and Family* (New York, 1978), and Lindsey Charles and Lorna Duffin, eds., *Women and Work in Pre-Industrial England* (London, 1985)。斯波义信也谈论过宁波地区的早期工业化。Yoshinobu Shiba, "Ningbo and Its Hinterland," in G. William Skinner, ed., *The City in Late Imperial China* (Stanford, 1977), pp.411-413; 另有 Nyok-ching Tsur, "Forms of Business in the City of Ningbo in China," trans. Peter Schran, *Chinese Sociology and Anthropology* 15, no.4 (1983)。

厂生产物美价廉的产品,家庭手工业就可能遭灾[⑤]。原始工业的衰落对妇女的影响比对男子的更严酷,因为轻工业——即纺织业——中工厂的竞争最为明显,而妇女的大部分收入来自于这一行业。新式工厂对农村妇女还可能造成其他的负面影响,随着家中的男子到城里的工厂去找工作,妇女们就要承担全部的农活[⑥]。最后,即使妇女也和男人一样进入工厂,她们仍然更有可能被调到收入最低、最没有技术的岗位上,与新式工业为男子提供的上升渠道绝缘[⑦]。

但妇女仍有方法从早期工业化中获益。一些研究表明,家庭以外的新工作机会使得年轻的女孩能挣钱存点嫁妆,提高她们在家庭中的经济价值,甚至让她们部分地独立于家庭权威[⑧]。最近有一项研究沿着这个脉络论证道,与中国早期工业化相关联的对外贸易的增长对妇女有利,她们挣钱的能力提高,经济价值增加,导致对方家庭愿意出更高的聘金[⑨]。最后,有证据显示,即使是收

---

⑤ 见 Hans Medick, "The Proto-Industrial Family Economy," in Peter Kriedte, Hans Medick, and Jurgen Schlumbohn, *Industrialization before Industrialization*, trans. Beate Schempp (London, 1981)。

⑥ 见 Ester Boserup, *Woman's Role in Economic Development* (New York, 1970)。

⑦ 对这些问题的批评,请见 Nancy Folbre, "Cleaning House: New Perspectives on Households and Economic Development," *Journal of Development Economics* 22, no. 1 (1986): 5-40; Laurel Bossen, "Women in Modernizing Societies," *American Ethnologist* 2, no.4 (1975): 587-601。

⑧ 例如,Tilly and Scott, *Women, Work, and Family*, pp.94-95; Thomas Dublin, *Women at Work: The Transformation of Work and Community in Lowell, Massachusetts*, 1826-1860 (New York, 1979)。都柏林认为,洛威尔的女工们享有比露易丝·缇利(Louise A. Tilly)和琼·司各特(Joan W. Scott)发现的欧洲女工更多的自主性。他认为,在洛威尔,女工们不用寄钱回家,棉厂的工作也不"仅仅是走出家庭的妇女们传统家庭经济工作的延伸"(p.40)。这个问题仍然没有定论。对这些争议问题的概括,见 Dublin, *Women at Work*, pp.36-42。

⑨ Marshall Johnson, William L. Parish, and Elizabeth Lin, "Chinese Women, Rural Society, and External Markets," *Economic Development and Cultural Change* 35, no.2 (1987): 257-277.

入最低、最艰苦的工厂工作对许多年轻女孩来说都比单调乏味和辛劳的农活更有吸引力。它还论证道，加上“霓虹灯”的诱惑、工厂提供的一日三餐、一张属于自己的床以及摆脱父母监管的自由，工厂工作要比农田里的任何事都好[10]。

很明显，工业化对家庭经济中妇女工作的影响这一问题没有简单的、单一的答案。不过，本文还是要从某一特定地区，即浙江省东北部宁波地区的妇女工作史料中得出某些结论。宁波地区的材料显示中国的家庭如何应对外国市场和工业化带来的变化，这些变化又如何影响到家庭经济中妇女的地位。

宁波商业化的历史由来已久，早在工业化之前，家庭中的劳动性别分工就已成熟，妇女从事手工业或者家务活。此外，宁波家庭经济中妇女工作的重要性在工业化早期阶段与日俱增。这不仅表现在海外的市场越来越需要传统的手工艺品，而且表现在妇女在新工厂里工作，甚至表现在农田里劳动的妇女的收入也有所增加。换句话说，许多宁波妇女的挣钱能力的确因为商业化和工业化的直接或间接的结果而提高。同时，宁波的材料突出了地方习俗对妇女工作经历的重要性。比如，宁波妇女称她们家务做得好，手工活细致，这让她们在进入新的工作市场，特别是上海的工作市场时，相比于其他地方的妇女更有优势。亲属和同乡关系组成的有利于移民的网络，使得宁波妇女更容易进入新的工作市

---

[10] 霓虹灯和年轻人的自主性是许多早期工业化研究中的重要主题，包括爱丽丝·克拉克（Alice Clark）对英国的研究，见 Alice Clark, *The Working Life of Women in the Seventeenth Century* (London, 1919)。即使没有都市霓虹灯，工厂宿舍也给许多年轻妇女提供了比自己家庭能够或者愿意提供的更好的住宿条件。见 Mikiso Hane, *Peasants, Rebels, and Outcastes: The Underside of Modern Japan* (New York, 1982), pp.180-181。韩起澜对此类问题有简短的评述，见 Emily Honig, *Sisters and Strangers: Women in the Shanghai Cotton Mills*, 1919 - 1949 (Stanford, 1986), pp.168-171。另见 Elisabeth Croll, *Feminism and Socialism in China* (New York, 1980), pp.174-175。

场。但在宁波地区内部，名声和网络的重要性随着地区和阶层不同而有所变化。

笔者追问两个互相交叉的问题，以便讨论这些话题。首先，群体规范和地方习俗如何影响家庭对新的妇女劳动力市场的回应？其次，不同阶层的妇女如何受新的经济机会影响？回答这些问题为早期工业化的其他方面和它加诸妇女的影响提供了信息。例如，妇女劳动力市场和家庭的应对在不同地区之间如何不同？工厂工作是否有效地与家庭手工业竞争妇女劳动力？新的经济机会对家庭里或者家庭外的妇女地位是否有影响？

我们发现，在宁波地区，地方习俗是所有这些问题的核心。妇女在家庭以外工作被宁波人认为是地位低下的标志，体面的家庭竭尽全力把妇女留在家中。结果，与工业化相关的经济变化很少改善妇女相对于男子的地位。上层家庭雇用女佣，她们的女眷得以有更多闲暇。中等阶层的家庭重新组织，通过家庭刺绣艺术挣钱。穷困的家庭越来越依靠妇女劳动力度过危机，或补充男子的微薄收入。只有万不得已，家里才会让母亲、女儿或者儿媳外出去工厂工作。其结果是，尽管各种家庭以外——工厂、银行、店铺、码头——的工作、教育、培训机会对宁波男子来说在本研究涉及的时间范围内一直不断地增加，只有相对很少的宁波妇女能够或者愿意移步家庭以外。相反，宁波家庭更喜欢的模式是，妇女留在宁波为旅居在外的男性亲属持家。

宁波富裕家庭的妇女，特别是那些家庭周期正处于顶点，有许多成年妇女的家庭，她们都想方设法遵从地方习俗，在家里挣钱。她们甚至在家庭手工制品市场上还有点优势，因为此类经济形式与家务活和养育儿童结合在一起[11]。在数代同堂的大家庭

---

⑪ “家庭周期”(domestic cycle)指家庭单位因生育、领养、婚姻和死亡造成的扩展和收缩。在一个几代同堂的大家庭里，家庭周期到达低点时，一户人家只（转下页）

里，年轻未婚的妇女和正值盛年的寡妇也有其特殊优势：她们比那些刚做母亲的妇女和中年家庭主妇从手工艺中赚得更多的钱，因为她们的精力并没有被翁姑、配偶和孩子瓜分。所有上层和中层家庭的妇女都有仆佣。也就是说，富裕家庭的妇女能够选择做什么工作，这使得她们与那些外出做佣人或工厂工人因此而承担双重负担的妇女区分开来。

妇女工作的阶级差别也表现在地区空间上。宁波富裕郊区的家庭从事优雅的刺绣艺术；遥远村落里的妇女则用叶边锋利能划伤手指的草来织席。然而，无论她们属于哪个阶级，不管她们住在哪里，在20世纪的前几十年里，宁波妇女在女性劳动力使用上经历了巨大的变化。

浙江东北部的宁波地区

宁波位于浙江省东北角，上海和杭州的南面，近海。这里是20世纪前夕中国城市化最发达、最富庶的长江下游区域的一部分[12]。

（接上页）有一对夫妇和他们的幼儿。相反，家庭周期处于顶点时，这户人家可能扩展至三代或三代以上，包括一对年老的夫妇，几个已婚儿子和他们的妻子，以及这几对夫妇的后代。尽管多数中国家庭希望达到儒家几代同堂的理想，父母和他们已婚的儿子及后代同在一个屋檐下，事实上，阶级和家庭周期会改变家庭构成。有关家庭周期的经典叙述，见 Maurice Freedman，“The Chinese Domestic Family：Models，” in *The Study of Chinese Society: Essays by Maurice Freedman* (Stanford，1979)，pp.235-239。葛苏珊（Susan Greenhalgh）阐述了对大家庭有好处的一个经济优势模型，这个模型是在经验基础上得出的，见其文“Is Inequality Demographically Induced? The Family Cycle and the Distribution of Income in Taiwan，” *American Anthropologist* 87，no.3 (1985)。

⑫ 见 G. William Skinner，“Regional Urbanization in Nineteenth-Century China，” in G. William Skinner，ed.，*The City in Late Imperial China* (Stanford，1977)，pp.211-249，esp. pp.236-243。

宁波在历史上是一个海港。早在唐代(618—906),宁波已经是对外贸易和沿海贸易的中心,18世纪末宁波因其当地特产的鱼、盐和米,在沿海贸易中盛极一时。宁波是鄞县的县衙所在地,有一本《鄞县志》谈到,19世纪早期,宁波的贸易开始了新一轮的增长,福建、广东、长江三角洲的客商在此云集,而宁波商人则离家远赴杭州、绍兴、苏州、上海、汉口、牛庄和东南沿海的各个城市,有时一次就要旅居好几年。他们还定居日本、吕宋、新加坡、苏门答腊,以及今天的斯里兰卡,在那里开店,与当地妇女通婚⑬。宁波移民的增长与中国沿海对外贸易的增长同步⑭。到1800年,宁波商人已经在上海占有一席之地,并建立了一个捐资丰厚的同乡组织,照应在那里旅居的同乡们的需要和利益。

明清时期,宁波地区(包括奉化县和余姚县)是行销全国乃至东南亚的手工艺品之乡。宁波家具、奉化木雕、余姚铁锅和杭州剪刀、绍兴老酒并列成为国内地区间贸易中的上品。这些手工艺品由工艺大师们和他们的徒弟们在家里、小作坊里生产。有的把它们的起源追溯至某个著名的创始人,比如俞啸霞,晚清奉化竹雕大师,或者追溯至某一家店铺,比如1662年创立的余姚人和冶坊⑮。

晚清时期,宁波妇女的手工产品也闻名于全国和东南亚。她

---

⑬ 《新修鄞县志》,1877年,卷2,第5页b—6页b。有关宁波港的历史,见斯波义信(Shiba),"Ningbo and Its Hinterland," pp.391-439。有关18世纪中叶以来宁波的发展,见 Susan Mann Jones, "Finance in Ningpo: The *ch'ien-chuang*, 1750-1880," in William E. Willmott, ed., *Economic Organization in Chinese Society* (Stanford, 1972), pp.52-55,以及该书中其他的论文。

⑭ 有关19世纪以前宁波对欧洲的贸易史,见 H. B. Morse, *The Trade and Administration of China* (London, 1921), pp.226, 271-272。

⑮ 见《中国实业手册:浙江》(*China Industrial Handbooks: Chekiang*)(以下用 *CIH: C* 表示,上海:1935年;台北:1973年重印),pp.739,680。斯波义信对当地的原始工业特产有详细叙述,见 Shiba, "Ningbo and Its Hinterland," pp.424-427。

油碎石路直到1929年才完工)[23]。

从1930年代初起,这些地方经济变化的不同在调查数据中表现尤为突出。比如,看一下上面提及的三个县,比较每个县的农业、工业之和。1933年,宁波府所在的鄞县在浙江省县级行政单位里排名第三(排在省会杭州和南部沿海的温州之后)。鄞县有二十多种地方工业:织布(包括织毛巾)、针织、榨油、酿造(酱油和酒)、纺纱、脱壳、焙茶、磨面、罐装食品、印刷、制冰、打铁及相关产业、玻璃、肥皂、漆、火柴、铜器、锡器、草席、草帽、藤制品、竹制品、木制家具和工具、伞、电、干电池和锡箔(主要在祭祀和葬礼上用于焚烧,外国人称之为神纸 joss paper)。相比之下,余姚县仅列有十二种特产;奉化为六种[24]。奉化的六种地方产业中的三种——焙茶、手工造纸和竹、石雕——是面向国内市场的家庭手工业。一个小型的电厂和一个竹笋罐头厂(1920年后开业,1931年关门,这是此时期地方早期工业典型的模式)是奉化工业化仅有的前哨。1933年,奉化仍然把它65%的稻米输送到其他地区,而余姚,该地区最重要的棉花生产县,则在同年输入了95%的稻米[25]。

于是,在对外贸易和早期工业化的影响下,浙江省的这一商业化地区共存着三种形式的地方经济,一个以城市工业和商业劳动市场为主导(鄞县),一个是商业化的农业和家庭手工业的混合经济(余姚),还有一个是以稻米农业和传统手工业为基础的前工业经济(奉化)。

㉓ 关于此路,见《鄞县通志·舆地志》,第719页;关于更早期的状况,见《支那省别全志》(以下简称 *SSZ*),卷13,浙江省(东京:东亚同文会出版,1919),第100—101页。

㉔ 中国实业部、国际贸易局《中国实业志:浙江省》(以下简称 *ZSZZ*),上海:1933年,庚:第6—10页;*CIH*: *C*, p.477。

㉕ *CIH*: *C*, p.193.

女性农业劳动力

妇女工作的机会也受到相同的地方差异模式的影响。以农业劳动力为例。1933 年出版的《中国实业志：浙江省》给出了鄞、余姚和奉化各县的男女劳动力的农业工资数据。表 1 列出的这些数据㉖,渲染了农业劳动力市场上的性别差异。各县之间男性的工资水平相对统一;女性的工资水平则否。男性的最高农业工资据说在鄞县,这个城市化程度最高的县,其季节性差异也最大;妇女的最高农业工资在余姚,经济作物棉花是这个县的老大。什么原因导致了这些差别呢?

表 1　1933 年浙江省三县的农业工资(元)

工资因素	鄞　县	奉　化	余　姚
日			
男性	0.35—1.00	0.50	0.60
女性	____[a]	0.20	0.40
月			
男性	8.00[b]	12.00	15.00
女性	—	3.50	8.00

㉖ 《中国实业志：浙江省》的数据,乙：第 42—45 页。虽然与此图表无关,但读者们应注意男女在从事农业劳动时,依据提供食物、有时还会提供住处的“公膳”体系,他们获得食物的种类和量都不同,见罗琼,第 21 页。另,工资水平见冯和法编《中国农村经济资料》,上海：1933 年,第 2 卷,第 746—747 页。三县的所有长期农工资料显示鄞县工资每年为 41—90 元之间;奉化为 35—61 元;余姚是 30—72 元;所有数据都基于同一个制度,即除了现金工资外,还提供餐食。冯和法的数据怀疑余姚女工相对较高的工资是否正确。《中国实业志：浙江省》里的鄞县数据可能也有误导性,因为它们较低,且范围较广,而其他的数据可能是平均值。表格附带的说明显示每天每工最高的 1 元工资只在旺季才有。

（续表）

工资因素	鄞　县	奉　化	余　姚
年			
男性	20.00—100.00[c]	100.00	120.00
女性	—	30.00	80.00

a. 无数据；鄞县妇女看来没有参与农活。

b. 加上餐食每月4元。

c. 加上食宿每年10—50元。

劳动力市场上的女性工资不统一，部分原因来自于禁止妇女下田劳动的各地规范有所不同。在宁波府所在的城市化程度高的鄞县，妇女从不从事农业劳动，至少统计学家们在《中国实业手册：浙江》中报道的就是如此。其次，妇女不会到离家很远的田里劳动，否则妇女的工资水平就应该各县差不多。由于城镇上的工作都争抢长期的男工，而各家又不愿意送妇女外出在田间从事重体力活㉗，以至于余姚的农人被迫给出高工资吸引女工。余姚的主要经济作物棉花需要她们，这一劳动力密集型的作物比当地种植的任何其他经济作物每年消耗更多的劳动天数㉘。

奉化和余姚男女农业工人工资水平的差异凸显了女性农业劳动力的有限流动。奉化男性农业工人的工资是余姚工资的

㉗ 关于在这竞争性很强的劳动力市场上，农业劳动普遍工资较高的情况，见冯和法编《中国农村经济资料》，上海：1933年，第2卷，第741、753页。从历史来看，家庭纺织业的增长已可见地让妇女脱离农业。见 Evelyn Sakakida Rawski, *Agricultural Change and the Peasant Economy of South China* (Cambridge, Mass., 1972), pp.46-47, 54-55。

㉘ John Lossing Buck, *Land Utilization in China: Statistical Volume* (Nanking, 1937), pp.314-319，这几页报道棉花种植要消耗225个劳动日；只有余姚的蒜头每公顷作物需要消耗更多的劳动力，而蒜头在季节性作物地区只占不到1%，棉花则要占到90%以上，见 pp.193-199。下一种在余姚争土地的作物是蚕豆，占了季节性作物面积的66%多，但每年只消耗102个劳动日。大部分棉花种植的劳动是耙地、种植（43%）及收割（38%）。见 p.320。

80%到83%,但奉化的女性农业工人每天只能挣到余姚同等工人的一半。在奉化,一个女性农业劳动力的月付工资只有余姚当地妇女收入的44%;而签了年契的奉化妇女,其工资几乎不超过余姚水平的三分之一。如果妇女从奉化到余姚去干农活,这些工资差异就应当消失。在光谱的另一端鄞县,那里村庄的习俗受城市影响最大,经济作物略次于捕鱼和手工艺(特别是家具制造、木雕、草垫和制帽),"几乎没有妇女外出雇农"㉙。

简言之,一个年轻女子在劳动力市场上的前景不仅受阶级的制约,还受到地区空间经济中她所在的城镇或者村庄所处位置的制约。这些不同的劳动力市场是由于妇女外出和农业劳动的禁忌造成的,还是由于缺乏劳动市场信息造成的,或者两者皆有,光从工资数据来看,还不太清楚。但是检视妇女劳动力市场的其他方面,可见禁忌仍然至关重要。

其他妇女劳动力市场

考虑到鄞县的妇女农业劳动力缺乏,且余姚用高工资吸引妇女到田里劳动,我们猜测在宁波地区能发现一个农业之外的繁荣的妇女劳动力市场。娼妓业、仆佣和家庭手工在前工业经济中都对妇女开放,只不过要看她们的家庭所需和敏感程度。娼妓业并不体面,不过很赚钱。相比之下,具有各种手艺和背景的宁波良家妇女或打杂,或全天候地干着女仆的工作。在妇女雇工的金字

㉙ 《中国实业志:浙江省》,乙:第44页。一项1930年代做的调查说:"在浙东长工中,妇女是很少的,因妇女不善于从事田间劳动。至于幼年农业劳动者,却很流行,他们的工作,专司理牛、猪、鸡、鸭等的饲养。"见冯和法编《中国农村经济资料》第2卷,第739页。

塔结构上层是家庭手工，顶端是一项声望卓著的真正的艺术：刺绣[30]。我们来一一探讨。

娼妓业和仆佣

娼妓业支撑了无数宁波妇女，但是有关她们工作条件、雇用和招募的信息极少，大部分史料都是为了称颂当地人的美德而著。1877 年《鄞县志》确实在“弊俗”中记述了繁荣的妓院[31]。某个曾在定海居住过的人在他的回忆里不满地述及娼妓（非当地妇女）一年三次在繁忙的捕鱼季节造访他的家乡[32]。一份鄞县 1939 年的政府税收调查列出了宁波的三个等级的娼妓：“头等”艺妓每月缴给政府 12 元税，三等娼妓则 4—6 元不等[33]。仅头等艺妓的税就可以抵得上一个男性农业劳动力一月的总收入。

良家妇女即使面临极度贫困也鄙视娼妓[34]。但已婚和未婚妇女都可接受厨子、仆人或奶妈等仆佣工作。一个老宁波人愉快地回忆“宁波阿姆”的八种著名的形式，从烹饪、洗涮和洒扫的后厨女佣，到更为闲适的家庭帮工，后者与主顾们关系亲密，照料着她们的各人所需。那些后厨女佣来自于贫穷家庭，从事重劳力，拿低工资，

---

[30] 关于刺绣活的声望，见冯和法引用的一份 1930 年的报告，冯和法编《中国农村经济资料》，第 1 卷，第 243、301—302 页。

[31] 《新修鄞县志》，1877 年，卷 2，第 9 页 a。

[32] 金礼门《略谈舟山的婚嫁风俗》，收录于张行周编《宁波习俗丛谈》，第 222 页。

[33] 《鄞县一般行政概况》，收录于《宁波地区实态调查书》，兴亚院政务部，1941 年。

[34] 蒲爱德（Ida Pruitt）《汉家女》（*Daughter of Han*，New Haven，1945）中的主角宁老太太第一次离家出去找活儿的时候成了个乞丐，后来终于做了女仆（第 73 页），以免家里人饿死。她从来没有想过去做妓女。有关体面的定义和体面带来的问题，见 Gail Hershatter，“Prostitution and the Market in Women in Early Twentieth-Century Shanghai,” in *Marriage and Inequality in Chinese Society*, ed. Rubie S. Watson and Patricia Buckley Ebrey (Berkeley and Los Angeles, 1991), p.18。正如她指出的那样，我们对农民家庭如何看待娼妓业仍然不甚清楚。

但其他的仆人则来自不同层次的劳工家庭。对她们许多人来说，仆佣用不着从事繁重的体力劳动。毫无疑问这也有隐性的代价：上层妇女在虐待女仆上臭名昭著，而男主顾们则常常在家庭帮工中想要获得免费的性机会。但即使考虑到史料提供者有不可否认的偏见，他们明显认为给仆人付的钱太多，而仆人干的太少，一些有关女佣的工作描述还是显示出，女仆们面对的主要是一个卖方市场㉟。随着工业和商业经济扩展，其他经济领域中各种竞相为妇女所设的机会可能实际上提高了宁波女佣在当地的工资㊱。

同时，宁波妇女从事的仆佣范围暗示着贫富妇女之间的巨大鸿沟。碾米、担水、在炭炉上弯腰煮饭的仆佣与她们的女主人，甚至与主顾们的贴身侍女生活在完全不同的世界里。结婚时，年轻的闺秀会由其父母专门从家里的丫鬟中选出来的“陪嫁阿姆”相伴，送入配偶的居所。陪嫁阿姆必须既年轻又能干，因为她可能要终生服侍她的女主人。她就像一个姐妹或知己：“此举好比昔日官家小姐出阁，将贴身婢女陪嫁一样。”节日里，或红白喜事时，家里的仆佣们，包括陪嫁阿姆，会有“短工阿姆”帮忙，这些短工是从贫穷家庭里雇来的，不过她们的孩子还太小，家务活又太多，无法全职工作。干了两三天活之后，短工阿姆可赚得日结工资回家，通常还会有一份慷慨的赏钱。按一个观察者(显然以前是个雇用过短工阿姆的雇主)的话来说：“虽然她们干不了几天活，但她们拿的钱未必少。”

至于地位，贴身侍女享有闲暇甚至奢侈，尽管要付出奴役的代价。她的经济地位可能要比临时雇工的地位高，但她的正式社会地位比平民家庭那些做临时女佣和奶妈的已婚妇女低。仆佣

㉟ 接下来的叙述来自于汤康雄《宁波的阿姆》，第256—257页。

㊱ 《定海县志·方俗志》第51页a记述道，1920年代初，对移民到外地去的女工来说，纺织厂的工作变得比女仆的工作更加重要。

使得富裕的妇女拥有闲暇；也给贫穷的妇女带来比农活轻、收入更好的工作；它提供了娼妓业以外的其他选择；它还带来了长期的稳定，而劳动力市场上，大部分的农业和工厂工作既是季节性的，又不稳定。在宁波，做女仆可以是通向婚姻的体面前奏。雇女佣者在有些情况下也可能是提供女佣者，比如，照顾产后宁波妇女的奶妈们自己也会在分娩之后雇用奶妈。所有这些因素使得我们很难概括家庭佣工对妇女地位的影响。无论如何，女佣仍然是对良家妇女来说既稳定又广为接受的体面工作，很明显要高于娼妓，不过比最体面的女工形式——家庭手工来说，要低了一个档次。

家 庭 手 工

宁波不同阶层的家庭生计里都有妇女在做工。对“中等”家庭[37]的描述证实，妇女的活计在前工业时期家庭中扮演了关键的角色，而且也突出了那些可以动用大量女性劳动力的家庭所具有的优势。宁波本地人周毅卿(Nyok-ching Tsur)于1907年进行的一项宁波工业调查，发现了宁波的中等家庭特有的一种生产模式。他所调查的时期内，家庭生产为每个家庭提供了所需的腌制食物、棉布、棉纱，还有一些剩余可拿到市场上去卖。事实上，在19世纪与20世纪之交，富裕的宁波家庭都自己种植、储藏和加工他们的稻米，做成糕点或米粉。这些家庭自己加工棉花也很常见。周毅卿估计，40%自己织布的家户还自己种棉花，男人清洗、烘干，女人则纺纱、织布[38]。

妇女在自家庭院里一起纺纱，除非她们要停下来哄孩子睡觉，否则她们就要一直干到深夜。她们之间的劳动分工很细：“几

---

[37] 见 Tsur, “Forms of Business.” 在此期间，报纸上常见宁波“中等阶级”的称谓。例如，1907年，一条法国汽船航线由于面向来往于宁波与上海之间的中上等旅客的需求，而大发其财。见 *North-China Herald*, March 15, 1907: 548-549。

[38] Tsur, “Forms of Business,” pp.45-46.

乎每个妇女都专为某种特定的布纺专门的纱。”织工们用几种不同的织机，一种需要三到四个妇女手脚并用一起干活；最简单的织机是一种手摇纺纱机，只要一双手就可以操作。在一个显然是宗族规模的作坊里，60—70个妇女生产40多种布料。围巾和披肩用粗棉，这是留给近视的人或新手的活；视力好的年轻女孩做色彩鲜艳的刺绣活[39]。

妇女的工作给家庭带来了收入，它也有情感上的价值，至少对男人们来说是这样。完善的性别分工是有机团结的标志，周毅清称之为中国大家庭的“和谐一体”。“当女孩子们和妇女们坐在那里辛勤地干活，男人们大声朗读着令人莞尔的诗歌，讲述着城里的新闻，夜晚就这样匆匆过去了。”[40]这些模范中国家庭中的劳动性别分工代表了儒家家庭伦理和生计事业的完美结合。性别、年龄和技术的等级在妇女的每日工作中被再生产并展示出来。

但是在20世纪早期，家庭经济不断变化着，以回应新的市场。尽管大多数家庭继续自给自足地生产，挣点余钱为女儿们准备嫁妆[41]，一些家庭却被吸引到了更具有企业精神的冒险中。在产棉区，织布家庭会以货易货，两家人通过一个双方都熟悉的女中介交换他们的产品(比如毛巾换衣服)。家庭生产体系也敌不过进口的工厂生产的商品。例如，在家里织的布受到了英、美、日进口纺织品的威胁[42]。逐渐地，任何家庭工业能否生存要看其在国际市场上的竞争力。结果，即使那些早已为当地或地区市场生产的家户也被迫采取新的营销途径。

受雇于外国公司和新式中国公司的经纪人迅速行动起来，以

---

[39] Tsur, “Forms of Business,” p.46.

[40] Tsur, “Forms of Business,” p.47.

[41] 农村大家庭腌制大量的肉和菜，特别是咸肉、咸鱼和酱菜，自己用不掉就拿去卖。Tsur, “Forms of Business,” p.49.

[42] Tsur, “Forms of Business,” p.99.

满足那些试图利用商业市场的家庭们的需要；他们还招揽甚至在家培训合同工[43]。许多手工业里，承包人雇用经纪人一家一户地走访，连接起个体家庭事业和需要他们产品的变化中的国内、国际市场。经纪人或按合约或按委托，收集在家里生产的成品或半成品：纸伞、草帽、当地的细茎草做的垫子（成千上万亩灯芯草种在城外的田里），以及刺绣。妇女是所有这些家庭工业的支柱[44]。

在这些新的市场条件下，对竹制伞架的需求仍然很大，这些伞架是男男女女在家庭里做的（妇女整竹片，男子搭架子）[45]。女性织席工用只产于中国的灯芯草制作，维持着她们国内外的客户。不过情况有些变化。现在，织席工开始按照要求工作，遵照承包人的精确说明："现在每个妇女都立刻会知道每一根茎髓要多长、多厚、多平滑，以符合承包人的希望。"[46]

刺绣艺术第一次因为国外需求进入市场。丝绣——文雅妇女的标志——在1860年代被外国传教士发现，到19世纪末，承包人购买大量刺绣供给国内和欧洲的客户。绣工自己购买材料，自行设计，而16个"收绣品人"竞买她们的绣品。新的宁波上等绣品商业市场"获得了中等阶层妇女和女孩的支持。以前妇女们在家里刺绣只是为了打发时间，现在收绣品人给了她们一个收入不菲的副业"[47]。

---

[43] 有关经纪人和他们在此时期的经济角色，见 Susan Mann, "Brokers as Entrepreneurs in Presocialist China," *Comparative Studies in Society and History* 26, no.4 (1984): 614-636。

[44] Tsur, "Forms of Business," pp.23, 25, 29.

[45] Tsur, "Forms of Business," pp.96-97.

[46] Tsur, "Forms of Business," p.100.

[47] Tsur, "Forms of Business," p.101.简·施耐德(Jane Schneider)已经表明在19世纪的西西里，市场上布匹的存在解放了非精英家庭的女子，使得她们第一次得以研习刺绣这项高贵艺术。显然，周毅清对宁波的阶级和刺绣的关系给出了一个不同的结论，而且他的数据并不能让我问出施耐德的问题。下面所讨论的蕾丝工人的例子，至少证明一些妇女在宁波早期工业化时期开始做商业针线活。（转下页）

20世纪肇始,一群新的经纪人也进入了这一市场。职业承包人开始向绣工们提供丝绸、设计和绣架,成品按件付费。受委托的绣件引入了另一种新的劳动分工,每家每户开始专绣一种式样(动物、人物、花朵)。在家庭内部,每个女性绣工专门绣自己的拿手活,一件绣品可能分给好几个成员完成。在这个市场中,那些最有效地进行手艺分工的家庭生产最好的绣品,挣最多的钱。“(劳动)分工越巧妙,绣品越漂亮,承包人付的工资也越高。”[48]

刺绣业里的妇女根据年龄、技术和闲暇进行分工。在最大的家庭作坊里,最高产的是那些六十岁以下的寡妇和二十岁以下的女孩儿,即未婚和无牵挂的妇女,她们能全身心投入工作。她们收入的一部分可以供给她们自己使用。年轻的女孩子刺绣、做丝鞋,挣点钱备嫁妆;寡妇们在年迈到足以获得全面养老支持之前,用这些收入贴补她们从家族基金收到的津贴。相比之下,有丈夫、有家庭要照顾的已婚妇女只能兼职做做手工,她们收入的去向也不那么清楚[49]。

如此规模的家庭生产不仅需要手工技术,也需要管理技能。例如,小件绣品需要花费十五天,一件墙帷或帘子需要三个月。家里的母亲或年长的女性为女儿、儿媳和其他工人(可能包括妾、养女、住家仆佣)谈合同[50]。她还监管劳动、负责工期及其他具体事宜。她和刺绣承包商谈条件,这些承包商会雇用收货代理来检

(接上页)中国和西西里一样,刺绣既是地位的象征,也是妇女留在家里的标志,但我还未见到任何证据说明做蕾丝也具有同样的声望。我读到的叙述里新娘的嫁妆并不包括手工蕾丝品。见 Jane Schneider, “Trousseau as Treasure: Some Contradictions of Late Nineteenth-Century Change in Sicily,” *Women and History*, 1985, no.10: 81-119。汤康雄详细描述过宁波的嫁妆,汤康雄《陪嫁妆奁》,收录于张行周编《宁波习俗丛谈》,台北:1973年,第212—214页。

[48] Tsur, “Forms of Business,” p.103.

[49] Tsur, “Forms of Business,” p.121.

[50] Tsur, “Forms of Business,” pp.33-36,其中描述了“满大人和富商们”从无法养活小孩的家庭买来的“仆童”。

查活计、搬运原料、传递订单，并收货付费。这种家庭刺绣业的营销中心往往是坐落于某个大城市的批发店，零售分店开在其他地方。在城市之间跑来跑去的销售人员在没有固定店铺的城镇上售卖绣件。晚清持家的标志——刺绣就这样进入了世界市场。

与刺绣不同，蕾丝是一种新型的妇女手工业，19 世纪中期被介绍进来，由罗马天主教会的姐妹们把它教给中国农村的女孩们。蕾丝业最终雇用了一千多名妇女制作手绢、靠垫套和其他货物供出口。尽管这项新近引进的蕾丝业的法国经营者“偷偷摸摸”地从事这一生意，但隔壁几个村里的中国妇女很快就上手了这门艺术，当地的商人也很快风闻。到 1936 年，有两千多宁波蕾丝手艺人为三十多个承包商供货，隔壁县镇海和慈溪还有大约另外一千人在制作蕾丝。1936 年，单件货品的价格在 0.3 元到 4 元之间，每人每月平均可挣 10 多元，这收入已经达到了男性农业工资的范围，远超过工资最高的女性农活[51]。

织草帽是宁波地区最古老的家庭手工之一。在开埠之前，宁波地区就以一种特殊的草——“席草”闻名，这种草现仍在宁波地区种植，是位列第三的作物，出口日本做榻榻米。这种草也可以被织成干农活用的结实、抗风雨的宽檐帽。这些帽子很容易做，一个织工每天可以做五个，它们是农户们的主要副业[52]。

不幸的是，有关草帽生产的详细数据要到 20 世纪早期才有，这远在新的市场体系和原材料已经为宁波草帽创造了欧洲市场之后。第一个大变化发生在 1880 年代，伦敦和巴黎的市场首先

---

[51] 《鄞县通志·食货志》，1936 年，第 57 页 a—b。这种任务型的工作，由承包商提供设计（男设计者画），每年出口几十万件商品。暴露于国际市场意味着风险：当地的蕾丝业在 1923—1927 年间达到巅峰；此后，生产下滑，价格和数量从 1923 年的每米 80 美分降到 1933 年的每米 22 美分。见 *CIH: C*, pp.539-540。

[52] 以下有关制帽业的信息，除非特别说明，都来自上海社会科学院目前正在研究的有关中国家庭工业和商业的预印系列丛书中的一卷。我所引用的这一卷是《中国资本主义工商业史料丛刊》中的《上海华商国际贸易业》初稿，第 4 章，第 3 册。

接受了宁波制造的农民草帽;后来纽约也形成这个市场。1908年,宁波妇女已经生产六百万顶草帽和竹帽以供出口,还生产同等数量的产品供给内地的中国消费者。当地种植的草杆由承包商雇用的工人捡拾并清洗,然后大捆大捆地送到织户家中,并附上帽子样品。这些帽子最大的市场在今天越南的农村[53]。

制帽业最大的变化发生在随后的一战期间,当时法国的一个在沪公司从菲律宾引进了两种草,一种是麻草,还有一种纤细的浅色草,叫"金丝"。为了训练妇女用这两种进口材料编织,这家法国公司派送一队女工代表于 1914 年到马尼拉去跟菲律宾女工学习[54]。在 1914 年到 1923 年间,上海出口的宁波制造的麻草和金丝帽子增长了十倍。为了使新材料和新编织技艺更广为人知,这家名为永兴的公司在罗马天主教堂里设立了编织培训中心。对当地织工的成功培训使永兴公司得以发展出一套输出体系,在这个体系里,(男性)公司代理会把原材料和样本分发到女织工的家里。这家公司宁波分公司的两至三个女工在城里的一家店铺工作,用机器把帽子定形并完成拷边和修整。

这些新原料和新的市场给家庭里的织工们带来了更高的帽子价格,但这些帽子比较难以制作。普通的草帽几个小时就可以做好,一个金丝帽要一个礼拜才能完成。新的草叶边极其锋利,很容易划伤手指。根据有些材料所说,日本的女织工拒绝使用它们,即使在宁波地区,金丝帽编织很快从大部分编织业集中的原始工业化中心"西门外"挪到了贫困县,那里的妇女们因为贫困,愿意忍受疼痛。几年之内,余姚县以及宁波南部的黄岩县,这两个县都被宁波城里人看成是边缘县,成为了金丝帽的主要生产地[55]。

---

[53] Tsur, "Forms of Business," pp.104-105.

[54] 《上海华商国际贸易业》,第 6 页。

[55] 《上海华商国际贸易业》,第 13、16 页。

帽子市场的生产在1927年达到高峰，在1930年代逐渐衰落，其生产方面，看起来是这样。制帽公司（一个在宁波，它垄断了当地的原料销售和成帽购买；上海有五个或者更多，它们贩卖原料，或者从在乡下的经纪人那里直接购买成帽）依赖一个有中介的输出系统。每个公司监管着最多二十个经纪人，经纪人自己也是一个织帽工。经纪人为大约五十户他所熟悉的妇女提供草秆，按件收集帽子。一个熟练工每顶帽子挣1.5到2元。由于最好的工人要花费五天完成一顶帽子，织帽子对妇女来说，要比农业劳动挣钱挣得多，除了在余姚县[56]。一个织工在生意好的时候，一个月可赚20元；每个月平均可得10元[57]。尽管余姚的女性农业劳动力挣得比织帽工多一点，但妇女下田干活的羞耻折中了收入的价值[58]。织帽比农活要容易，一年到头都可以做，而且妇女还不用出门（这是一个名声因素，也是一个实际的优势，因为妇女得以同时在家管理家务、照料孩子和其他事务）。即使没有工资激励，织帽的好处也是明显的。

原材料和订单来自于经纪人，但培训一般是在家里，由家里的女性提供。母亲或者婆婆购买草秆和各种草料，并收钱。织帽女工很少有机会接触到各类信息，她们在市场上当然也没有流动性。她们从不离家；她们相信出门是不道德、不体面，也是不被允许的[59]。

---

[56] 非熟练工每月大约生产三顶帽子。*CIH: C*, p.687. 见《支那省别全志》卷13，第657—658页中报道半天或者不到半天就可以做一顶普通的草帽，每顶可卖2—4美分硬币。

[57] 《鄞县通志·食货志》，1936年，第58页a。1988年11月，我与八位慈溪县退休织帽工访谈时，我听到她们抱怨战争对生意的影响。一个妇女告诉我们在1940年代，帽子价格跌了一半多，她用盛米的碗来衡量她的收入：一顶帽子买三碗米。

[58] 见《中国实业志：浙江省》中的数据，第43—48页。

[59] 1988年11月我与慈溪县八位退休织帽工访谈时，我问有关出去的事情。“你出去玩吗？”“从不。”“你去过上海吗？”“上海?！我们从没听说过去上海！”这些妇女每周或每月从同一家公司的一个经纪人那里拿到材料，并把做好的产品根（转下页）

织帽子是农家的活。培训很短(有人评论道:“一个普通人能在两个礼拜内学会做帽子”)。孩子也能做,年轻的女孩子在八岁,也就是六周岁到七周岁之间,就开始编织。这活儿很艰苦,织帽工手指上长满了厚厚的老茧,来保护她们的手指不被锋利的草划伤。相反,家庭刺绣是精英妇女的活儿,更加艺术而非手艺。培训时间很久,需要花费好几年的闲暇时间,年轻的女孩在十岁开始练习,那么到十六岁她们就能绣出优雅的枕套。细针和精致的布料要求手要小而柔,手指光滑,这样的手只有不干粗活的妇女才能拥有。因此,刺绣给家庭手工生产划上了明显的阶级界线,而如果仔细看看织帽工的活儿,这一界线就更突出了。

然而,不管是绣工还是织帽工,为手工艺市场工作的妇女们都接受相同的价值观:她们是在家庭里体面地工作。周毅卿认为,事实上,合同制在宁波地区兴起的主要原因之一是妇女欢迎它,她们愿意在家干活,不愿意到外面去工作。

中国妇女和女孩的一个特点是她们非常害羞。她们不喜欢在陌生的、豪华的房子里服侍,既然那里的收入不高,她们就更不乐意。她们喜欢留在家里,在那里她们可以找到工资更高的工作,且不用被剥夺家庭生活。自然,中国有妇女和女孩在工厂里干活,或者以薪资工人的方式谋生;但这些都是例外[60]。

即使是著名的“宁波女仆”,也通过仍然留在室内而远离了“出去”带来的耻辱。在宁波,留在家里工作是妇女体面的标志,而且,它也是一个被各个阶级的妇女认可的标志[61]。

(接上页)据公司给的标准卖给这个经纪人。她们住的地方离县中心和城市那么遥远,以至于当被问到宁波妇女的特征是什么的时候,她们回答说:“我们不知道,我们不是宁波的。”

[60] Tsur, “Forms of Business,” p.92.

[61] 其他民族志学者也记述过妇女的手工业和中等阶层之间的关系。比如,Fei Hsiao-tung and Chang Chih-i, *Earthbound China: A Study of Rural Economy in Yunnan* (Chicago, 1945), p.240。

总而言之，20 世纪早期，宁波地区见证了一场妇女家庭产业的商业变革，这场商业变革以家庭劳工的合同制为基础。当代的观察家批评承包商把独立手艺人逼出了行业[62]。但看起来，正因为地方习俗把她们囿于家庭内，她们没有流动性，只有极其有限的接触原料和信息的机会，合同制实际上扩大了各个阶层家庭女工的经济机会[63]。

工厂工作

中国宁波地区的妇女大量进入工厂要到 20 世纪初期[64]。在宁波地区内，妇女外出工作的禁忌很强，只有那些最穷的家庭才送妇女们去工厂。然而，即使在妇女留守家里的地方，新工厂也改变了家庭的劳动分工。

首先，工厂生产的商品越来越常见，这意味着在 1908 年，"三十年前宁波女人自己做鞋子、精致的布料和袋子，现在大多数都

---

[62] 见 Tsur, "Forms of Business," p.93。独立的手工艺人没法生存，因为需要资金购买大量的原材料来满足市场的需求，也因为他们不能及时获得风云变幻的市场信息。总的来说，Tsur 抱怨（p.91），在他的家乡，在那个时候，如果把中国描述成家庭劳动力和独立手工艺人的热土，那只不过是不了解情况的旁观者的臆想罢了。他强调，所有这些看起来独立的工人实际上都被承包商雇用。

[63] 当然，妇女为其依赖性在其他方面付出了代价。例如，我的一个信息提供者痛苦地抱怨在战争时期，日本占领了菲律宾后，金线草的进口就终止了，她们不得不寻找其他的收入来源。

[64] 这里涉及的区域是长江下游宏观区域，包括上海、南京、苏州、杭州和宁波这些城市。20 世纪初期，上海棉纱厂里的大多数工人都是妇女，这一区域里其他地方一开新厂，也成千上万地雇用女工。相比之下，华北的工厂女工只是城市劳动力中微不足道的一部分，直到很晚以后，人数才多起来。有关工厂女工模式的南北差异和时间变化，见 Gail Hershatter, *The Workers of Tianjin, 1900－1949* (Stanford, 1986), esp. pp.54-57。有关上海的棉纱厂女工，见 Honig, *Sisters and Strangers*。

在商店里买”[65]。时人又说:“就在一代人以前,女人们为丈夫和自己做鞋、帽、上衣和其他衣服。要是一个年轻女人从商贩那里买了一件本来应该通过她自己的双手辛勤做出来的东西,那一定会引起关注。今天情况已经很不一样了。”[66]因为工厂生产的商品让家里做的东西落伍了,简单来说,工厂带给富裕妇女更多闲暇。工厂生产的家用商品也让妇女能投入更多精力为市场生产手工商品。

另一方面,对最贫困的家庭来说,工厂提供了工作岗位。到1919年为止,宁波已经有了四家大型工厂,大到引起日本考察当地经济的调查员的注意,这里有两家棉纺厂、一家电力工厂,还有一家榨油厂[67]。通久源是中国人拥有的棉纺厂,也是该省同行业中最早的一家,是1895年甲午战争失利后由两个当地著名的商人成立的爱国企业。它开设的时候是一家轧棉厂,1900年后慢慢扩展到纺纱[68]。通久源雇用了1 300名工人,其中妇女有1 000多人。300名男工在1919年的月薪是4—10美元。妇女按天数算薪酬,每天8—20美分不等[69]。工厂生产的粗纱只用于土布生产,大部分在浙江省内销售。另一家和丰棉纺厂成立于1905年,这是一家中日合资企业,起初是在日本领事的保护之下按照日本方式组织起来的。这家公司在1907年开业时有23 000个美国造的纱锭,把西面的余姚和绍兴县种植的棉花纺成纱。它有2 600多名工人,其中70%是妇女,按日或者按件结算薪资。这家公司为

---

[65] Tsur, “Forms of Business,” p.33.

[66] Tsur, “Forms of Business,” p.61.

[67] 《支那省别全志》卷13,第45页。

[68] 有一段时间,这家公司也尝试织布,但1919年,在一场大火和被对手公司接管之后,这家工厂的纺织生产被抛弃了。

[69] 《支那省别全志》卷13,第636—642页;*CIH: C*, p.482。通久源与和丰厂都以美元付工资,我还没有找到个中原因。

所有的工人提供临时住宿的宿舍。

工厂女工除了要遭受附加给外出工作的妇女的耻辱以外，她们的工资也比较低。尽管宁波棉纱厂的薪酬水平据说和上海的工厂“差不多”，一个熟练女工每天捻线和梳棉的收入只有 20—25 美分。摇纱工每天大约 8 美分。楼层主管收入好一些，每月可得 32 元[70]。换句话说，不论和丰还是通久源，对许多工人来说，当地工厂的工资和工作期限并不比家庭手工业多。而且，通过让妇女离开家庭，工厂强加给她们一份额外费用，导致她们工资大打折扣。送妇女“出去”不仅危及一个家庭的地位，还迫使它放弃妇女对家庭的服务，或者以别人的劳动替代[71]。

在宁波的工厂里，不规则的上班时间、工厂关门与低工资一样司空见惯。与通久源棉厂有财务关系的棉籽榨油厂面向有限的省内市场，每年前四个月都会关门以待新的棉花收获季。它开门的时候厂里的工人每月大约挣 10 元，每 12 小时轮一次班[72]。小火柴厂、蜡烛厂、制毛巾的店铺和一个气若游丝、关门比开门更频繁的电厂上班时间都毫无规律。正大新火柴厂由法国传教士于 1912 年(有材料说 1909 年)建立，后来由中国管理者接手。这家工厂雇用了大约 70 名男工，每天 30 美分，另有 150 名包装火柴的女工，以计件方式计酬。女工们每包装 100 个盒子得 1 美分，

---

[70] 《支那省别全志》卷 13，第 47 页。同样，还不清楚为什么楼层主管拿的是中国货币而生产线的工人拿的美元。

[71] Stephen Hymer and Stephen Resnick, “A Model of an Agrarian Economy with Nonagricultural Activities,” *American Economic Review* 59, no. 4, pt. 1 (1969): 493-506.这篇文章呈现了经济学家有关这些家庭服务的模型，他们把它叫作 Z 商品。Z 商品是“非农业非闲暇活动”，旨在满足家庭对食物、衣物、居所、娱乐和礼仪的需求。尽管海默(Hymer)和雷斯尼克(Resnick)的分析并未专门指出性别扮演的角色，但他们对于 Z 商品的描述可以清晰地看出这些活动大部分是妇女做的。

[72] 《支那省别全志》卷 13，第 47—48 页。工人的性别在这些史料中并未显示，但如果包括女工的话，材料应该会指出来的。我还没有找到一处史料指明工厂女工在宁波按月拿薪水。除了监管，宁波的妇女看来都是按天计酬的。

熟练工每天可包装2 400—2 500个盒子。每做60个涂有磷可用来擦火柴的盒子得2美分,但花费时间更长,因此每日的收入最高大约20美分。这里,承包商再次打开了帮助妇女应付无规律的工厂作息的大门:通过与火柴厂签订合同,熟练女工可以在家做火柴盒,每日收入和棉纱厂的半熟练工差不多[73]。

无怪乎即使新工厂出现,妇女的家庭手工业仍然很有活力。在家工作为妇女提供了无数好处,而对家庭手工产品的需求仍然很强劲。在一战的尾声,传统手工艺品的市场仍然很兴盛,有些商品甚至开拓了国际和国内市场。例如,作为"甬布"的家庭织布受制于工厂生产的商品的竞争,曾经广泛销售于华北,已被日本进口货替代。不过,家庭织工转向新式布匹,并成功地溯扬子江而上找到了更大的客户群。草帽和草垫仍然位居当地特产榜的首位,同列榜中的还有刺绣、渔网和纸钱[74]。

总之,只要工厂的工资不够高,雇用也不稳定,且只要妇女留在家中仍然是一个地位的标志,有选择的宁波妇女就没有任何理由抛弃家庭手工外出工作[75]。伴随着虽小但不断增长的宁波工业,按合同做的家庭手工业继续大规模繁荣。本地工厂无法与家庭雇工争夺工人,这有许多原因。它们大部分按天雇工,且时常关门歇业。它们要求妇女离开家与陌生人一起工作。它们需要新的技术。相比之下,家庭手工业不会把妇女带离她们的家庭,也不会让她们离开传统的工作——煮饭、洒扫、看护病人、生儿育女、照顾孩子、缝缝补补、陪伴丈夫。周毅卿的家庭经济"和谐统

[73] 《支那省别全志》卷13,第653—654页。

[74] 根据《鄞县通志·食货志》(第57—58页),草帽出口量从1927年的将近500万顶跌至1930年和1931年的大约150万顶;1932年仍然在跌。

[75] 1908年,在一家工厂已经运行了十年以后,周毅卿写道,他发现该厂并未对家庭作坊和他们的承包商造成威胁,虽然他还表扬过厂主们的爱国心。Tsur, "Forms of Business," p.111.

一”的理想因现实和情感的原因而留存下来。

哪些宁波妇女真正去工厂工作？不是那些体面地留在家里的中等阶层的妇女。进入工厂的那少数几千个宁波妇女来自贫穷的家庭，想方设法地弥补家里男人们微薄的收入。从这些本地家庭——通常通过亲戚——招来的兼职女工，组成了宁波早期各工厂的女性劳动力[76]。她们按天计酬。

她们的产品主要供应国内市场[77]。她们仍然受到她们家庭的密切监督，这和移民到上海纱厂工作的妇女完全不同。再者，由于她们在家附近工作，如果家里急需劳动力，宁波工厂里的工人总是听命于她的家庭。高缺勤率意味着她们很容易被开除。而且她们承担了双重负担，干了12小时的活以后回到家，发现男人在家里饿着等吃饭，还抱怨她回来这么晚[78]。

移民和女性劳动力

只有最贫困的宁波家庭才把妇女送到当地的工厂。但宁波工厂的女工看来没有机会接触到上海的工厂劳动力市场[79]。虽然还不清楚是哪些家庭把妇女送到上海工作，这些家庭的地位又是如何，但定海县地方志显示这个小岛上成千上万的男女在20世

---

[76] *CIH: C*, pp.490, 495. 1988年11月与和丰厂的八位退休女工访谈中，这些信息提供者往往说是她们的母亲或婆婆给她们找了工作。有一些人工作是为了让其弟兄们上学，其他的是为了支持未能找到工作的男性亲属。

[77] 例如，和丰棉纱厂给大部分的工人——1 785人中的1 343人——按日算工资，只有20人按月结算，没有人是按年结算的（*CIH: C*, p.483）。厂里生产的纱线继续供给当地的织工；这种纱太粗，没法在国际市场上竞争。和丰厂的纱销售于广西、广东、四川和天津，也在浙江省内销售（*CIH: C*, p.485）。也许还有成千上万的妇女在合同之下被工厂雇用在家做工，原料来自于她们的雇主们（*CIH: C*, p.532）。

[78] 1988年11月宁波和丰厂退休工人的评语。

[79] 和丰厂退休工人告诉我，她们知道许多宁波妇女去上海工作，但她们自己没法去上海：“你必须要有个你认识的亲戚，要关系，要路子。”

纪初期移民到上海。而且,很可能在家庭以外的上海工作对宁波妇女而言要少一点耻辱,移民到上海就远离了当地闲言碎语的窥探目光[80]。

上海具有吸引力的原因不难找到。上海的工厂——不管宁波工厂主们怎么说——比宁波的工厂付的工资高一些。根据1930年的一份调查,上海的纺织女工每个月平均能挣12元多一点;我们已经看到,此时在宁波,按月算的工厂工作对妇女来说只有监工[81]。其次,许多宁波工人跟随宁波的旅沪实业家们早就建立的亲属、同僚关系网络,较为容易接触到上海的工作市场。在上海,宁波人善于培养自律、勤劳、本地尊严的名声使得宁波工人很吃香[82]。当宁波的男工们与宁波的商人精英一起外出[83],他们的妻子、女儿、姐妹、朋友的朋友们都接踵而至。众所周知,上海的

---

[80] 宁波的男男女女在上海出现的大量证据说明妇女不能外出工作的禁忌至少被许多妇女打破了。例如,《定海县志·方俗志》(第51页a)中提及成千上万的定海县男女在上海和汉口做工。有关上海的宁波工人,还可见 Yuen Sang Leung, "Regional Rivalry in Mid-Nineteenth Century Shanghai: Cantonese vs. Ningpo Men," *Ch'ing-shih wen-t'i* 4, no.8 (1982): 40; and Emily Honig, "The Politics of Prejudice: Subei People in Republican-Era Shanghai," *Modern China* 15, no. 3 (1989): 250-251。

[81] 向山宽夫《旧中国的劳动条件》(旧中国における劳动条件),《亚洲研究》(アジア研究),8, no. 4 (1961): 42。韩起澜的 *Sisters and Strangers* 第175页报道上海棉纱厂里最高的工作每月工资在14元到27元之间。1923年定海县的方志报道,上海女仆的月薪大约在3—4元,暗示工厂已经把妇女从家里吸引出来进入工厂。见《定海县志·方俗志》第51页a。有一点要注意:实际工资水平可能不如稳定的雇佣关系重要。宁波的工厂不是稳定收入的来源。

[82] Honig, "Politics of Prejudice," pp.258-259.该文很令人信服地论证道,在上海经济的各个层级,名声不如个人关系和接触工作的机会重要。

[83] 有关上海的半熟练工职业工会的崛起,见 *North-China Herald*, July 18, 1910, p.74。有关在上海的宁波工人阶级的增长,还可见 Susan Mann Jones, "The Ningpo *Pang* and Financial Power at Shanghai," in Mark Elvin and G. William Skinner, eds., *The Chinese City Between Two Worlds* (Stanford, 1974), pp.86—88。为外国人做家务的宁波妇女每月挣3—4两。《定海县志·方俗志》,第51页a。

工厂里宁波的妇女用不着通过低声下气与包工头商量来找工作[84]。有份材料显示宁波工人都置于工会之下，工会会保证雇主得到好的服务，同时，它也为雇工筛选工作条件[85]。在整个上海，宁波女仆和宁波工厂工人都受益于他们家乡的名声[86]。在上海棉纺厂的女工们都知道宁波的雇工会得到更好的、收入更高的工作[87]。上海的宁波妓女只为来自他们家乡的商人和官员主顾服务，而且地点在客栈而不是妓院[88]。

就如同韩起澜在她的研究里描述的苏北地区一样，宁波地区产生了它独特的劳动力市场标志和联系，引导女工们从家乡到别处工作。但和苏北人不同，苏北人做的是收入最低、最卑微的工作，而上海的宁波人则因为他们和上海的新资产阶级的关系而独树一帜。也许是因为这个原因，要想获得宁波女工们的数量和阶层背景的精确信息极为困难。体面的宁波妇女待在家里，而其丈夫们则外出工作养家。她在工厂里出现对她的家乡而言是一种尴尬。

---

[84] 见 Honig, *Sisters and Strangers*, p.97。

[85] 《定海县志 · 方俗志》第 51 页 a 提到通过工会来招工并不能说明它到底是怎么运作的。

[86] 上海纺织厂里工人们的地区差异，见 Honig, *Sisters and Strangers*, pp.57–58 及各处（et passim）; and Chu-fang Chang, "Chinese Cotton Mills in Shanghai," *Chinese Economic Journal and Bulletin* 3, no. 5 (1928): 907–908。张（音）观察道："大部分操作室里的熟练工都是上海人或宁波人。宁波妇女的手要比其他省的姐妹们更巧。"

[87] 更多关于宁波女工声望的内容，见 Honig, *Sisters and Strangers*, pp.71, 75, 181。1988 年 10 月在上海的访谈中，有些宁波中产阶级的妇女告诉我，大部分那时候在工厂工作的宁波妇女因为与青帮有关系才去的。这些信息提供者坚持认为，在厂里上班的女工被大部分宁波人认为不体面。这可以解释为什么讲述女工在上海的主要地方志来自于宁波的一个边缘县，定海县。

[88] Hershatter 在"Prostitution"一文中谈到此时期妓女的上海市场。上海的宁波妓女，由于此篇中谈到的家乡纽带，有更高的地位，她们只为自己家乡的主顾们服务，虽然远离家乡，但至少她们是一个边缘群体中的高级成员。

结　　论

一个经济学家若要"讲个故事"解释20世纪初宁波妇女在家庭经济中之命运,他必定要考虑妇女劳动力及其产品在国际和国内市场上不断增长的机会。除此以外,他还必然要涉及地区、阶级和价值观等决定妇女是否外出工作和到哪里去工作的关键因素。尽管家庭境况较好的宁波妇女很明显从20世纪初的经济转型中获得了收益,贫困家庭的妻子、女儿们却承担了双重负担[89]。

这篇文章并未考虑一点:我已经描述的经济变迁已怎样破坏了宁波妇女在家中位置这一古老的设想[90]。因此,我的故事中未叙述的那部分引发了另一个问题:经济变迁对妇女生活的其他领域有什么影响?比如,妇女教育机会在宁波地区的扩展向一些在家庭中和经济上地位变化迅速的妇女打开了大门[91]。我们知道,有

---

[89] 当然,一个家里有能干活的女人的家庭不能算最穷困的,即使在宁波也一样。妇女能活到成年,即家里有一个女性劳动力存在,是衡量一个家庭资源的标志。最穷的宁波家庭被迫削减他们的开支,根据资源调整家庭规模,想尽办法生存,往往会把他们的女儿送去做"童养媳",在她们能赚钱以前就已经失去了她们的劳动力。即使在那些妇女成年后能赚不少钱的地方,最穷的家庭也无法抚养他们的女儿成年;在最坏的年份里,穷人家的妻子和母亲都可以被典卖出去。在萧条的年份里,"典妻"在宁波地区被广为报道。罗琼《中国农村中的劳动妇女》,第22页。

[90] 沙真理(Janet Salaff)和葛苏珊在香港和台湾的研究分别指出,妇女工作不断变化的模式很少冲击中国家庭里对父系家长权威的长久信仰,也很少影响男性的首要地位。另一方面,韩起澜指出,1920年代至1940年代间,女工的意识发生了显著的变化,虽然她并未问及工厂里不断变化的意识是否导致家庭内部关系的变化。见 Janet Salaff, *Working Daughters of Hong Kong* (New York, 1981); Susan Greenhalgh, "Sexual Stratification: The Other Side of 'Growth with Equity' in East Asia," *Population and Development Review* 11, no.2 (1985): 265-314; 及 Honig, *Sisters and Strangers*, pp.202-243。

[91] 例如《北华捷报》上的一则报道(*North-China Herald*, Aug.2, 1907: 249),这则报道详细介绍了宁波地方上的女学运动。它提到某个由地方道台的妻子(转下页)

一些宁波妇女积极参与政治；一些在职业领域开启了全新的生涯[92]。但绝大部分的宁波妇女仍然处于家庭经济的中心，妇女工作的性质比以往任何时候都更加标志着家庭经济的失败和成功之间的分别。

〔原文发表于 Thomas G. Rawski and Lillian M. Li, eds., *Chinese History in Economic Perspective* (Berkeley: University of California Press, 1992), pp.243-270〕

王燕　译

（接上页）主持的女子俱乐部，并发现不缠足在当地官员和士绅家庭中越来越普遍。在一份有关中国女子教育的调查中，卢爱德（Ida Belle Lewis）说中国第一所传教士女学于 1844 年开设于宁波（第 18 页）。她所绘 1918 年的新教学校分布地图显示，宁波和附近的绍兴府有超过 40 所日校。她没有宁波地区同时期公立和私立女校的数据，但考虑到在她研究期间，这些学校发展迅速，我们可以预计有好几所。见 Ida Belle Lewis, *The Education of Girls in China* (New York, 1919)。另，《支那开港场志》（东京：东亚同文会，1922，1：173-174）只列出了两所宁波的教会女校。

[92] 1907 年，年轻的女革命党人秋瑾在附近的绍兴府被砍头。见 *North-China Herald*, Aug.2, 1907: 249-250；更加详细的讨论，见 Mary Backus Rankin, "The Emergence of Women at the End of the Ch'ing: The Case of Ch'iu Chin," in Margery Wolf and Roxane Witke, eds., *Women in Chinese Society* (Stanford, 1975), pp. 39-66。有关受秋瑾鼓舞的妇女激进主义，见 R. Keith Schoppa, *Chinese Elites and Political Change: Zhejiang Province in the Early Twentieth Century* (Cambridge, Mass., 1982), p.76。裴宜理（Elizabeth Perry）的研究可能显示宁波女工是否抛弃了她们家乡地区的传统角色，投身于激进的政治活动。顾德曼（Bryna Goodman）的上海研究已经显示，宁波职业妇女的名字于 1920 年代至 1930 年代列于宁波会馆活动的成员名单里。1987 年 10 月 8 日与裴宜理的私人谈话及 1987 年 10 月 6 日与顾德曼的谈话。另见 Bryna Goodman, "The Native Place and the City: Immigrant Consciousness and Organization in Shanghai, 1853-1927" (Ph.D. diss., Stanford University, 1990)。

民国上海中产阶级的持家信奉*

当我1988年到上海研究前社会主义时期妇女的工作时，我研究的是一个移民群体：从“宁波”地区移民到上海的人[①]。我之所以选择宁波人，部分原因是因为我对“钱庄”史感兴趣。宁波是沿海古老的钱业和商业中心，在上海南面，乘船大约六个小时。我的另外一个关注宁波人的原因是，它在民国时期的上海相当引人注目。如果说苏北人处于上海阶层分化体系的底部（Honig，1989），宁波人则毫无疑问处于顶端。

令人惊异的是，宁波人把他们自己视为上海精英阶层的一分子，然而事实上，上海职业结构的每一个层面上几乎都可以发现宁波人[②]。宁波企业家当然构成了上海金融行业精英的核心，即银行家。从职业等级往下看，宁波人也是成功的零售商，经营着

---

* 感谢露丝·罗森（Ruth Rosen），她和我的对话影响了这篇文章；也感谢施坚雅（G. William Skinner），他的评语让我改进了我原先的草稿。我也非常感谢华盛顿大学杰克逊国际研究学院中国学术讨论会的各位成员，他们邀请我在1990年1月25日讨论这篇文章中的一些发现。这篇文章中大部分研究都是我1988年9月至12月之间在上海进行的。中国社会科学院的一个学术交流委员会给了我一项研究基金。上海社会科学院经济研究所是我在中国的负责单位。我感谢他们，尤其感谢上海社科院的姚欣荣。

① 根据宁波人和宁波同乡会的定义，这一地区包括了七邑：鄞、慈溪、奉化、镇海、定海、象山、南田。1929年，宁波地区有大约2 335 110人（《宁波旅沪同乡会月刊》73【1929年8月】：s.p.2）。宁波同乡会刊有70万订阅者，60%是识字的（《宁波旅沪同乡会月刊》49【1929年8月】：n.p.）。它估计同乡会的会员只是旅居在外的宁波人总人数的零头（《宁波旅沪同乡会月刊》2【1921】：47）。1946年，上海的同乡会会员有大约35 000人。关于宁波同乡会的大小和构成，参见下面注释⑤。

② 1920年，一个外国旅行者出版的上海旅游指南观察道：“一般是买办、店主、木匠和手艺人，水手、船夫、最好的家僮都来自宁波……”参见Darwent，1920：76。

百货商店、五金店、家具店、中药房，但在这些行业里，同样也可以看到当小职员、跑腿的宁波人。作为独立的手艺人，大家都知道他们是手艺出众的木匠和铜匠，而在职业等级的最底端，宁波人是码头上的码头搬运工；还有人拉黄包车。宁波商人在民国上海极其赚钱的毒品交易业中也扮演了关键的角色，但有关他们这一部分发家史的信息非常难获得。最后，通过与秘密会社青帮的联系，宁波人作为包工头控制了相当大一部分的工厂劳动力。但我很快发现，宁波人否认上海宁波移民群中的跨阶级多样性，而对这种多样性的否认部分是通过我称之为宁波的持家信奉来完成的。

去上海时，我认为，宁波的男人们在经济中这么显眼，宁波的妇女也应当在劳动大军中占有相当比例。比如，我想，她们可能是各行各业的领头羊，或者垄断了棉纺织厂里最好的工作，或者想方设法成为了市民领导者或者书记员[③]。相反，当我询问妇女的工作时，我一次又一次地被告知，“宁波女人不出去工作”，宁波妇女从不到工厂去工作，宁波妇女待在家里。看起来，宁波妇女与她们的男人们不同，她们在前社会主义上海的职业等级上几乎隐形。我从贺萧（1989：471—472；1991：263）的研究中得知，一些宁波妇女是娼妓，因为大多数富足的、引人注目的宁波主顾会坚持要从他们自己家乡来的女人。我也从传教士的著述中得知宁波妇女在外国租界里帮佣，她们在那里的外国侨民社区建立了一张坚固的介绍网。韩起澜有关上海棉纺织厂的研究显示宁波妇女垄断了厂里更好的工作，特别是“拿摩温”——车间的监督人

---

③ 1935年出版了一份上海妇女职业清单，这份单子认为，一百万城市劳动妇女里有以下几种职业：工厂女工（超过二十万）、家事（超过八万）、教师、商店职员、护士、专业人士（医生、会计、律师）、电影明星、舞女、歌女、酒吧女招待、电话接线员、娼妓、小贩、看门人。见《女声》第3卷第12期（1935年4月30日）：6—8（第一部分）和第3卷第13期（1935年5月15日）：11—12（第二部分）。

一职(Honig，1989：250—251；Honig，1986：57—78)。但当我走进宁波人居住社区去收集工作史，采访退休的工厂管理人员和女工时，我一次又一次地遇到了相同的回答。“你是否出去工作”的问题得到的都是毫不动摇的回复：“从不。”我被告知，宁波妇女待在家里，依靠她们的男亲属来养她们。当然，我有时候会被带着鄙视地告知，的确有人“出去”，但她们是那些有地下关系的女人、不体面的女人，她们不遵从宁波人的“规矩”，我被反复告知：“宁波的规矩很重。”

这些正是我逐渐习惯听到的话：不论阶层和地位差异，宁波人用的是同一种代表性的声音。西藏路上的宁波同乡会建于1921年，是一座新古典主义混凝土门面、带柱体的建筑，通过这座威风凛凛的巨大建筑，宁波人展现了他们在上海大都市的统一战线[④]。他们很喜欢说：“我们宁波人就是这样的。”[⑤]

宁波移民群体这种明显消弭阶级，用同一个声音讲述“宁波女人”行为准则的超凡能力，开启了引发这篇文章的一系列问题。自然，我第一次遇到这种声音时，很怀疑它，但不久，它就呈现出它自己的社会意义。很明显的是，不管我能搜罗多少数据证明宁波妇女的确出去工作，我也无法改变我的信息提供者坚持认为她们自己做了什么，更重要的是，我无法改变她们相信一个宁波女人应该做的事情。

我采访了四十多个中等家庭背景的宁波妇女，所有人都坚持说宁波女人不出去工作(这里也包括宁波城外乡村地区的织帽

---

④ 参见《宁波旅沪同乡会会刊》新系列5(1946年10月20日)：3。

⑤ 1946年同乡会会刊发表了一份同乡会成员的职业分类。它显示，全部34 968名成员的比例如下：64％商人、7％工人、3％学者、1％水手、0.6％政府人员、0.09％军队人员、23.2％其他(《宁波旅沪同乡会月刊》新系列4【1946年10月10日】：4)。类似的估计可见《宁波帮》1989：43。我的信息提供者的评语让我相信，同乡会的成员大部分是精英，这也反映在会费上：1947年一个“普通”会员每年要缴纳的会费最少是1 000元。参见《宁波旅沪同乡会会刊》10(1947年1月5日)：5。

工），受此挫败，我到图书馆阅读有关宁波同乡会的旧刊，放松一下。在图书馆，我遭到了致命一击。我所阅读的期刊发布了1946—1947年间宁波同乡会馆举行的集体婚礼[⑥]上所有夫妻的姓名和职业。参加婚礼仪式的1 088位妇女中，966人——也就是百分之八十九——把她们的职业描述为“家事”。并且，这些妇女绝非来自高收入家庭。她们大多数嫁给了工厂工人、手艺人、商店职员、黄包车夫、码头搬运工。事实上，她们参与集体婚礼已清楚地表明，她们就是叶文心所称的上海小市民[⑦]。

---

⑥ 集体婚礼是蒋介石发动的改革流行文化的运动——新生活运动的一部分。根据艾思柯（Florence Ayscough）所述（1937：64-65），第一场婚礼在1935年3月15日于杭州举行，一共有九对夫妻参加：“同年的4月3日，五十七对夫妇在大上海富丽堂皇的新市政中心，当着市长吴铁城司令的面结婚了。铜管乐队吹奏着《天鹅骑士》中的新娘进行曲，数十万人挤在警戒线上，争相一睹结婚夫妇。新娘们手捧花束，穿着浅粉色的礼服，戴着浅粉色的头纱。她们排成一排走向穿着蓝色长衫、短黑夹克上饰有猩红色徽章的新郎们。新娘们从大楼的西面排成一行，新郎们则从东面排起，围着圆形的车道，走上白色的石头阶梯，进入大厅。舞台上装饰着大红色和金色，竖着两根巨大的红蜡烛，上面凸出地印着‘百年好合’的中文大字，等待着证婚人。一次两个新娘和两个新郎同时从左右两边上来，站到舞台上，面对孙逸仙博士的浮雕像和上方交叉着的国民党的旗帜，等待着口令。主持人示意新人们鞠躬：三次对着旗帜和孙博士像，两次对拜，一次对着证婚人。然后每一对夫妇收到婚礼证书，以及一个刻着梅花的银色月牙，这是市长的礼物，然后再次鞠躬，离开舞台。当婚礼重复了足够多次以后，新郎新娘被打着灯笼的人引导着一起离开了大厅。”

⑦ Yeh Wen-hsin, “Shanghai's Petty Urbanites,” 1988年加州大学圣克鲁兹分校劳工史会议上宣读的未刊论文。尽管宁波同乡会中工人代表很少（参见注释⑤），他们占了同乡会集体婚礼中新郎数量的大多数。只要提交一些费用和申请，这些集体婚礼就向所有宁波人开放。同乡会自己也承认，它只代表了在上海的宁波移民人口的极小部分，大部分宁波人都是工人。参见《宁波旅沪同乡会月刊》2（1921）：47。（1946年和1947年《宁波旅沪同乡会会刊》发布了一些表格，列出了所有在宁波同乡会结婚的夫妻的姓名、年龄、籍贯和职业。现在计算机已经完成了对这些数据的分析。）根据艾思柯的说法，每对夫妇大约花费二十元参加集体婚礼，还要受到市政当局的管理：你必须要超过二十岁，支付五元登记费，登记面试时要穿着朴素。申请要拍六张照片，要等大约两个礼拜社会局的“调查”，看是否批准。结果是，“自然，那些能付得起个人婚礼的更愿意自办婚礼，对收入少一些的人来说，集体婚礼很便当”（Asysough，1937：66）。关于较早一些的一场私人婚礼的描述，参见Gamewell（1916：161-165）。她观察道：“旧式的婚礼仪仗已经不能（转下页）

当然，人们在婚姻登记中（或者与外国人的采访中）说她们做什么，与她们实际上做什么可能是两件完全不同的事。但是，即使这些年轻的妇女（她们大多数在二十岁左右）本来是工人，结婚后想成为家庭主妇，或者只是希望别人认为她们是家庭主妇，对我而言，其社会意义是一样的。宁波人把他们表现为一个妇女待在家里不出去工作的群体。

正如我已经用例子和解释详细描述的那样，我从宁波妇女那里听到的行为准则开始类似于"真女人信奉"或"持家信奉"，这种信奉影响了出生于维多利亚时代或者之后英国和北美好几代妇女的见解。至于宁波妇女是否确实注意到了这种行为准则，我在这篇文章里对这一问题予以搁置。

因此，我开始思考，这种意识形态（ideology）是否由相同的原因造成？相似的历史条件是否在工业化的中国和工业化的西方产生了类似形态的性别话语？为了回答这个问题，我将从五个不同的视角观察宁波的持家意识形态。我们会发现，尽管它与北美的持家意识形态惊人地相似，尽管不能否认外来的影响可能已经渗入了它的语言中，民国上海的持家信奉从文化内容和目的来看，完全是中国的。维多利亚时代的妇女，或者她们的男人们几乎无法理解它。我的焦点从普遍转向特殊，从世界和国家转向家庭。

第一个视角：中产阶级思想

对宁波妇女普遍的持家信奉最顺手的解释，建立在一个放之

（接上页）每天在公共租界看到了，不过对那些爱好古董的人来说，他们会很高兴地发现旧式婚仪在华界中仍然很普遍。四轮马车很大程度上代替了华丽的轿子，披着大红色的刺绣绸缎，正统的大红色绸缎结婚礼服变成了浅粉色的丝绸礼服……常常……有一种煞费苦心的不那么艺术的中西混搭风。"（第161页）

四海而皆准的西方样板之上：维多利亚时代的经验。根据这个观点，宁波案例可能代表了历史会自我重复的一个完美的女性主义例子：相似的经济、社会和政治变化产生了跨越时间、空间和文化的类似性别观。

民国上海见证了很多与维多利亚时代类似的转型，研究维多利亚时代的历史学家把这些转型和18世纪晚期新英格兰"持家信奉"的兴起联系在一起，特别是工业化的发展、家庭和工作场所的分离以及城市中产阶级的增长⑧。

尽管工业化过程在上海和新英格兰有不同的文化背景，在我看来，它却伴随着极为相似的持家意识形态。与新英格兰一样，宁波的持家标准要求妇女象征并坚守工作与家庭组织的传统价值与实践；自我否定，通过在家庭里不断地完成任务，来"服务并取悦"他人(Cott，1977：64-74)。除了自己母亲和其他女性亲属的悉心教导以外，人们认为，这个角色不需要教育。还与新英格兰一样的是，男人是家里的经济支柱、挣薪水的人，他那过着闲暇生活的太太是他在更大的社会中地位的象征。

我认为，通过推崇持家信奉，宁波人确认他们在上海逐渐崛起的中产阶级中占有中心地位。在民国上海，维持地位的需要与

---

⑧ 有关民国时期上海工业的增长，参见Rawski，1989；有关20世纪早期上海的社会变化和阶级形成，参见Bergère，1981，特别是第1—14页。至于对新英格兰的变化所做的影响深远的描述，参见Cott，1973：3。与美国一样，这些早期工业化的变化伴之而起的是家庭不再作为生产的单位。上海的批评家和露丝·罗森在她有关美国娼妓业的研究中都指出，这一变化的一个标志是女工这个新的脆弱群体的增长，她们被送到城市里找工作，或做女佣，或为工厂女工，有人转而成为娼妓以谋生(Rosen，1982：2-3)。卖淫作为一种妇女的工作形式，与工业劳动力的增长同时发生，这使得改革者们把两者混为一谈：那些"出去"工作的妇女都有潜在的，即使不是真的可能去出卖她们的身体。上海那些谴责卖淫的呼声与罗森描述的美国20世纪早期的"社会净化"运动极为相似，有证据显示：与美国的运动一样，这部分是为了试图控制穷苦劳工的行为，它是以女权主义和社会改良的名义实行的。

美国杰克逊时期维持地位的需要一样说得通，因为轻工业的发展极其仰赖妇女和儿童的劳动。家有“夫人”的家庭总是能够把它们和那些家有“工厂女孩”的家庭区分开来，而这些女孩把这些家庭牢牢地禁锢在工人阶级里(Lerner, 1969)。对宁波人来说，要维持他们和他们在金融界的精英的声誉，养在家里的闲暇太太们是至关重要的地位象征。

再者，通过否定他们有劳动妇女，宁波人也能够部分地消弭宁波人内部有阶级冲突的议论。民国妇女劳动的问题总会招致阶级矛盾的问题：对自由派的中产阶级来说，妇女工作是一个“人权”问题；而对工人阶级来讲，它是一个收入更高、劳动时间更少的问题(梅生，1929：v.2，62-65)。持家信奉则完全回避了阶级矛盾。

但是这样一种基于一个西方样本而对宁波的持家信奉所进行的分析，不能带我们走得更远。

第二个视角：外国的影响

在中国，太太和工厂女孩之间的矛盾并不仅仅是工业化的产物，它还因民族主义的兴起而变得尖锐。从晚清改良时期起，1900 年之后，太太们和工厂女孩们被置于民族国家建设的中心，但成为矛盾的两面。妇女在新民族国家中的角色争议不断。一方面，妇女是会把中国转变为现代工业强国的工人：“女工可以带来生产率的倍增，而且政府财政收入也会倍增！”(Li and Chang, 1975：Ⅰ，706-708)另一方面，妇女也是维持家庭的母亲，在家庭里，国家的现代公民得以培育：“妇女应持家，家庭是地方自治的基本单位！”(Li and Chang, 1975：Ⅱ，973)如同西方一样，妇女在工业化中的适当角色在民国一直被热议。但妇女的角色还与民族自豪和民族——甚至文化的——认同息息相关。

如此一来，有关妇女角色的争论就不仅仅是阶级意识的标志了，它们还成为对抗帝国主义过程中和后来中国人称为“半殖民地”里产生的话语的一部分。总的来说，这一话语试图让中国的妇女更“像”西方的妇女。但西方的模范本身也有矛盾冲突，所以我们发现民国的作者们会赞美“贤妻良母”，歌颂易卜生的《玩偶之家》，聆听玛格丽特·桑格的讲座，翻译有关英国选举权运动的文章。建立儿童保育中心、强烈反对缠足⑨、妇女教育机构的兴起，都明显受西方感召，并且都从不同的方向引导。在一些圈子里，感恩外国人的意识甚至几近谄媚，就像以下这篇在上海妇女俱乐部的演讲一样(Hutchinson, 1924，后被 Croll 引用，1978：87)：

> 毫不奉承地说：中国妇女从美国寻找女性主义的理想和灵感。中国的女孩们从美国传教士那里第一次吸收了人格的涵义，这是她们的男人们过去从未给予她们的。她们在美国学校里学到了一个独立的心灵带来的安慰，以及真正的自由具有的甜美；在美国家庭中，她们品尝到了完整的家庭和谐的氛围，现在她们正力图使这种和谐在中国的家庭里也变得常见；从那些朝气蓬勃、成就非凡的美国妇女那里，她们学会了自尊和自立的性格，不管是从事一项职业生涯，还是进入赚钱养家的行列，或者从事家庭建设。

不管这些外来的观点是否具有直接的影响力，它们增强了人们对工业化时期上海妇女角色的意识，并有助于把“妇女问题”置

---

⑨ 甘威尔(Mary Gamewell)在她的作品(出版于 1916 年)中写道：“小脚在上海越来越不时髦。所有学校里逐渐普及的身体锻炼对反缠足起到了巨大的帮助作用，因为小脚不利于大众运动。目前流行的中间路线既不是置脚于不顾，也不是把它们缠得紧紧的，而是使用相对宽松的裹脚布防止它们长得太大。旧式的缠足小脚仍然在内地颇为普遍，而在上海，年轻一辈普遍地用羞耻的眼光看待它们。如果有人很不幸有一双小脚，只好把残疾的脚藏在长裙下面，或者穿着大鞋以为掩饰。”(第 159 页)参见 Gamewell(1916：169)一张女学生们在体操馆操练的照片。

于上海现代化规划的核心。

第三个视角：宁波传统主义和保守主义

不过，在国际词汇表为妇女设定的所有角色中，宁波人只支持一种：女人是持家者。他们反对职业妇女的观念，并绝不允许和支持妇女养家糊口。那么，他们的妇女持家观念是完全受外国例子感召和影响吗？在倾听了他们的语言和他们的论点之后，我得出结论，宁波人对妇女得体行为的解释中，外来的影响几乎无法察觉。

他们的阐述中比较突出的不是外来的影响，而是儒家思想。我采访中几次三番听到妇女谈及“妇道”，这是早期儒家经典文本中就一直有的标记。所有我采访的老年妇女都很熟悉儒家文本中推崇的妇女之四德，并且所有人都维护男女有别的观念，这一观念早在《礼记》中就已经清晰地设立了。

早在《周礼》中，儒家经典已建立了男女“有别”（separate spheres）的意识形态。中国的持家信奉（“女人之所”）被描述为性别（性的分别）。别，也就是区别的观念，对维持理想的人伦至关重要。男和女的二元对立与高和低、老和少、优和劣、阳和阴的二元对立一致，成为整个人类和宇宙世界的秩序[10]。

宁波人处于上海国际经济的前沿，而且还渴望把他们与外国人的生意国际化（一份宁波同乡会的期刊中有一篇文章，督促宁波成为中国的波士顿），但他们在仪礼和家事上继续认同旧式儒

---

⑩ 与西方公私领域分离（separate spheres）的意识形态不同，从一开始儒家思想就把妇女的家庭内角色与政体的健全联系在一起。科特（Cott，1977：199-200）谈到了清教徒们和杰克逊总统时期的人们对“民族道德的基础”和“私人家庭”所做的联系。《四书》中最著名的篇章之一把家庭置于政体的中心位置，清代出版的重要妇女训诫书强调了贤母的极端重要性，她们能培养忠诚、正直的儿子们，更不必提纠正走上歧路的丈夫们。

家精英的标准(之所以选择波士顿，是因为波士顿既有商业/沿海的活力，也有卓著的思想成就。宁波人对学术中心的尊崇显然受儒学榜样影响，而不是受西方的影响)。他们回到家乡捐义产，通过建立同乡会和为客死他乡的宁波旅人建殡舍，让人想起古典的美德，并在每月的同乡会刊中称颂妇女的儒家道德典范。他们关于妇女的观点几乎没有反映一丁点儿外来影响[11]。

第四个视角：旅居者的策略

还需要更进一步才能让我们理解潜藏在宁波持家信奉之下的各种价值和联系的复杂混合体。它与人们在他们的日常生活经历中构建其价值的方法有关。正如西方的持家观念是由在独特的经济社会环境中工作的男女构建的一样(Ryan，1981)，宁波的持家信奉也是在一种独特的地方政治经济中发展出来的。

从历史角度看，这一意识形态发展于宁波男子外出旅居赚钱之时。在商埠发展之前，他们作为商人、经纪人、小贩和水手旅居在外。离家很远时，他们能够依靠亲属和同乡网络获得救助和贷款。不过，他们总是在宁波留有一个家；那个家，以及家所在的土地，是他们留在家中的女眷和已经退休的老人们的领地。把妇女留在家里，是宁波政治经济的支柱，这样，他们才可能出去旅居。

---

[11] 1923—1929年间宁波同乡会成员创办的初级小学体系是个例外；这些学校都是男女同校，并且在女性教育上颇为先进，从它们的趋向上看绝对“现代”。参见《宁波旅沪同乡会各小学学务汇刊(1931年12月15日)》。1946年，有983名男性和631名女性在同乡会创办的小学登记读书(《宁波旅沪同乡会月刊》新系列4【1946年10月10日】：6)；1947年，有1 444名男性和925名女性(《宁波旅沪同乡会会刊》21—22【1948年1月15日】)。1927年前的某个时候，同乡会开始接收妇女成为会员，这一发展仍然需要研究。参见《宁波旅沪同乡会月刊》新系列4(1946年10月10日)：4，它显示同乡会34 968名会员总数中有1 399名妇女。顾德曼(Bryna Goodman)关于上海同乡会的研究(待出，加州大学出版社)揭示了妇女参与同乡会的新方面，但还是太有限了(译者注：该书已于1995年出版)。

接下来,从家庭方面来看,妇女们习惯了主事。每当问宁波妇女最显著的特征是什么,我的采访者每次都会热情地告诉我:"宁波妇女最能干!"

第五个视角:宁波的婆婆

宁波妇女隔离(seclusion)的另一面似是缘于女家长全权统治下的以母亲为中心的家庭。这带我走进了搞清楚问题的最后一步,去弄明白上海宁波移民群中的持家信奉。每当我在采访中问及旅居的策略时,我一次又一次被告以同一个故事。宁波的年轻媳妇从结婚开始,就搬进来和婆婆同住。当她的丈夫客居在外地时,她仍然留在家里,陪伴她的都是妇女和孩子。她丈夫一年回家过节一两次,如果她没能迎合她婆婆的要求立刻怀孕,那么她丈夫可能多回来几次。那些一同移居上海的宁波家庭里,仍然可以发现,婆婆需要殷勤的照顾和关注。

在宁波如此显著的婆婆、儿媳之间的密切关系提醒我们注意到宁波案例中另一个明显的特征。与维多利亚持家信奉的大本营——英国和北美的夫妻之家不同,中国是一个数代同堂的大家庭制度。新结婚的中国夫妻在结婚以后不会建立自己的家庭。相反,儿子们仍然与他们的父母住在一起,新娘则搬进来与公婆和她丈夫的兄弟们(如果兄弟们已婚,则也和他们的妻子们和孩子们),还有她丈夫的未出嫁的姐妹们同住。宁波的新娘子在这一体制中的障碍是,随着男人们离开去了上海,儿媳妇被留了下来,要么"最能干",要么什么都不是,变成婆婆事实上的奴隶,这也是为什么上海人都说"宁波婆婆最厉害"⑫。一些妇女告诉我,

---

⑫ "宁波婆婆最厉害",我的信息提供者跟我说的时候,都苦笑着。也参见 Zhang and Sang, 1987: 53。

一旦她们进了婆家，她们的婆婆立刻完全不干活了。（“我一到那里，她就把她关在自己房间里，整天摸着佛珠念经，一点活也不干了。”“我们有一个仆人，但我必须要伺候我婆婆，早上我必须烧开水，伺候她喝茶，帮她洗手、洗脸，如果她感觉身体不好，我还要给她弄小菜。”）宁波儿媳可以把所有的事都处理好，并且她要为她婆婆做所有烹饪、清扫、缝纫、喂养、看孩子的事情。

可以理解，当要为儿子挑选一个新娘的时候，宁波的母亲们对打算在外面工作的年轻妇女不感兴趣。事实上，许多妇女告诉我她们一直到 1958 年才出去工作，这已经是中华人民共和国成立将近十年之后了。我问为什么这么晚，“哦，我想出去工作，但是我的婆婆不让”。

宁波婆婆比政党还要强大，她们站在持家信奉的中心位置。支持她的不仅是她和儿子之间的情感纽带，还有共和、民族主义、地方主义、儒家意识形态形成的复杂的上海词汇表，所有这些把持家信奉合理化了，确保了她有一个闲适的晚年。

结　论

我们观察得越仔细，就越会发现宁波的持家信奉与维多利亚时代的意识形态不相同。但这并不表示我们不能从这一对比中学到一些东西。让我举个例子。在描述新英格兰的持家信奉时，南茜·科特（Nancy Cott）抱怨道，在新英格兰，妇女在民族政体中的角色被“限制”在养育儿童、影响她们的丈夫，以及教会活动中。但在中国，佛教并未给予妇女一个组织结构，让她们影响群体行动或公共舆论。相反，在中国的例子里，宁波妇女在“外部”领域的影响力只有通过她们作为妻子和母亲的角色才能被感受到。美国历史上的教会并不是一个限制性的领域，而是一个在新英格兰的社群里戏剧性地延伸妇女正式和非正式影响的机构。相反，在中国,家庭以外缺乏教会或者合法的机构来提供持家的意识形态,这一点极为显著[13]。跨文化的比较可以带领我们重新评估妇女史上某些机构的历史意义。

宁波的持家信奉和它的维多利亚对应物还有一个十分重要的共同点。它们两者都试图在一个社会和经济快速变化的时代里,确认、巩固、抓牢更高的地位[14]。妇女既是这场地位斗争中的主体,也是客体,看来,这是我们发现任何一种持家信奉都有的生动特点。

附录:有关妇女领地(sphere)争论的笔记

对很多我采访的宁波妇女而言,待在家里不意味着依靠配偶养家。事实上,正因为这些妇女被束缚在家里,依靠男人们从远方汇点钱,所以她们自己能控制的工资和赚钱的策略成为了她们主要关心的事物。很少有人认为家是躲避打工世界的港湾。为

---

⑬ 我们还可以引用其他的例子:留在家里的中国妇女很少有机会结成“姐妹关系”(Stockard 关于珠江三角洲的研究强调了这一差异的意义);对妇女来说,家没有像在新英格兰那样,被神秘化为具有神奇幸福的中心,也不是一个“天恩”的源头(事实上,在中国的观念里,妇女对家庭的服务常常意味着,她要为另一个显然让她不愉快的女人服务)。

⑭ 这篇论文并没有详细描述宁波持家意识形态急剧变化的背景(也可参见附录),这种变化正是来自于宁波群体所处的上海经济和社会顶层地位这一成功所带来的不断增加的压力。比如,同乡会创办的十所小学招收女学生,也录用女老师(尽管数量很少);到国外旅游和在家外工作突破了两性共处的障碍,等等。宁波同乡会被迫颁布规则,在接受妇女成为会员后,要求女会员住在会馆底楼的客房里,避免到楼上男会员住宿的房间(《宁波旅沪同乡会月刊》49【1927 年 8 月】:10)。宁波妇女也是许多上海战后新妇女组织的创建者:上海市妇女事业促进会、上海市劳动妇女联谊会、上海市家庭妇女联谊会、上海市妇女生活改进会(见上海市档案馆,档案编号:no.6.5.880,6.5.889,6.5.895,6.5.864 所列的成员名单)。在上海,到 1930 年代中期,一些“时髦”的夫妇已经选择搬到新居居住,抛弃了数代同堂的家庭(Ayscough,1937:66-67)。

了生存，旅居在外的男人们的妻子必须要有她们自己的收入来源，特别在战争期间。当战争破坏了城市劳动力市场，并切断了手工业原材料的进口补给时，很多妇女成为乞丐或拾炭人，不仅可以养活自己，还可以养活那些丢了工作回到家里的男人们。所以，我们不应该认为，宁波移民群所讲的故事对大多数宁波妇女而言，除了理想，还代表了其他的东西。

与维多利亚社会一样，在工业化的上海，人们对妇女的角色没有共识[15]。事实上，整个民国时期，妇女工作问题一直是争论的中心。社会主义者、"国民党人"和无政府主义者在"妇女问题"上分裂成势均力敌的两派，进而造成左派和右派的分野。社会主义者渴望加强工人阶级的力量，希望男工和女工能肩并肩地在工厂劳作。国民党人想要一个"太太们"管家的民族国家。民国早期标榜"地方自治"的计划极力推崇妇女作为家庭主妇的形象；选举权是他们最不关心的事，尽管有人告诉潘克赫斯特夫人（Mrs. Pankhurst）他们在考虑选举权。还有无政府主义者，他们相信所有的工人只不过是资产阶级的工具，反对所有形式的妇女工厂劳动。对无政府主义者而言，工厂女工代表社会中最受剥削的四大群体之一，她们的社会地位略高于娼妓和签了卖身契的仆佣，但她们的实际命运并不好到哪里去。她们都容易受到性虐待的伤害，都以挣钱养家的名义，被迫出卖或者违背自己的身体（Li and Chang，1975：Ⅰ，712-719）[16]。

另一方面，国民党人和社会主义者都在家庭以外看到了妇女的位置。参加爱国妇女协会和女界改良会的主妇们，听着有关禁

⑮ 文献集自能说明问题。关于中国，见 Li and Chang，1975，以及梅生，1929。关于维多利亚社会，见 Helsinger et al.，1983。1984 年尼瓦德（Nivard）记录了 1915 年到 1931 年间一份中产阶级妇女期刊的见解之变化。

⑯ 宁波婆婆们对此有不同的观点：她们告诉她们的儿子们，所有厂里的女人都是"轻浮的女人"。

烟草和鸦片的巡回演讲和规划，与他们的维多利亚姐妹们一样，密切地参与到民国时期男人们的公共生活中(Li and Chang, 1975：Ⅱ,961-973)。工人需要高工资的庇护，也需要教育来提高他们的技能，让他们经济上更加独立；家庭主妇需要从家庭的庇护中出来，进入社群，根据她们自己的高标准改变社会。

有关现代世界妇女角色的争执还引起了中国知识分子的另一个反响。这些知识分子，就像印度的拉莫汗·劳伊(Ramohan Roy)，转向了他们自己的文化遗产，来维护妇女在新工业化世界里应当承担的角色的观点。胡适、汤良礼(T'ang Liang-li)和林语堂都回顾了中国历史上从班昭开始的著名妇女，来称颂儒家文化中受过教育的母亲和才女的卓越影响(Croll, 1978：159)。同时，新生活运动培育的"女性的奥秘"推崇性别差异，反对教育并培养妇女去占据过去由男人占据的位置(Croll, 1978：160-162)[17]。

20世纪中国有关持家话语的张力也可以追溯到古典文献，因为"功"是古籍中"女有四行"之一。特别是手工，它标志着节俭、规训和服务，根据明清时期的思想，即使在最尊贵的家庭里，这也是贤妻良母的标志。中国的大家庭没有维多利亚式闲暇太太的位置，甚至作为一个理想也不行；妇女被要求用她们的双手去劳动，特别是侍奉她们的婆婆们。即使婆婆们也不被看作是闲暇的，只不过是从终生的劳累中恢复。这个问题当然不在于劳动本身，而在于"出去"工作，这是对妇女所在领域的违反。这里，话语就转向了现代，与它的维多利亚对应物产生了共鸣。许多民国时期的作品把妇女出去工作等同于娼妓；"出去"的女人都是轻浮的女人，或有被人看作淫乱的风险(Rosen, 1982; Li and Chang,

---

⑰ 对女性奥秘的其他批判，参见《女声》中极为讽刺的评论。《女声》第2卷第20/21期(1934年8月10日)：2—3，第3卷第4期(1934年11月30日)：2—3。

1975：Ⅰ：712-719)[18]。

战争期间有一篇讨论妇女问题的文章很"接地气"，它把妇女描写成处于"十字路口"，面对着四个不同的选择。左边是社会主义道路，也就是说，把女人变成男人——"男子化"，妇女和男人可以做完全一样的工作，家务和照顾儿童将会社会化。右边是古典的模范，在作者看来也没有什么吸引力，妇女唯一的身份只在于性和生育，她们在社会上的唯一功能就是在家相夫教子的"自然"功能。南北两条道路各有妥协。妇女可以决定全身心投入工作，忽视她的孩子们，把他们交给一个愚昧的、不称职的老太太(这种情况下，作者用可怕的细节描述了母亲献身于工作，其代价是，由于看孩子的人无知，给孩子不当医疗照顾，导致孩子死亡)。这种选择被描写为完全不理智，妇女盲目地投身于职业生涯，承担"任何人都可以做"的工作，就是为了被人看见她出去工作，承担她自己的一份社会责任，从而抛弃了只有她自己最适合承担的母亲的职责。

还剩下什么选择？这个专栏作家建议道：妇女应当结婚，应当受到教育，但她们应当懂得工作不是最重要的内容。一个真正有天分，并且希望追求一份特殊职业的妇女不应当结婚；理想的状况是，她应当选择一份不影响她承担家庭责任的职业(Ch'en，1945：59)。

当然，这些信息都是给一小部分上层妇女的，她们受过教育，可以掂量自己的选择。知识阶层的妇女被深深困在儒家价值(坚守并维护她们自己的文化认同)和敦促她们走向职业生涯的现代职业培训之间(Croll，1978：168-172)。但这些争论几乎很少涉及工人阶级和农村妇女。宁波个案的讽刺之处在于

---

⑱ 这一话语的另一"现代"面向出现在规训与惩罚的讨论中，改革者在这些讨论中支持为女性罪犯建工作中心。参见 Li and Chang，Ⅰ：708-712。

在上海的宁波人保留了深深植根于儒家传统的思想意识，而几乎没有受到外来新思想的影响。工厂工作的威胁对她们是真实的，但宁波妇女们却以她们经常使用的语言来理解工厂所预示的危险。

征引参考书目

Ayscough, Florence, *Chinese Women: Yesterday and Today* (Boston: Houghton Mifflin, 1937).

Bergère, Marie-Claire, "'The Other China': Shanghai from 1919 to 1949," in *Shanghai: Revolution and Development in an Asian Metropolis*, ed. Christopher Howe (Cambridge: Cambridge University Press, 1981), pp.1-34.

陈庭珍编《抗战以来妇女问题言论集》，青年出版社，1945 年；影印版，台北：中国国民党"中央委员会"党史委员会，1976 年。

Cott, Nancy, *The Bonds of Womanhood: "Woman's Sphere" in New England, 1780-1835* (New Haven: Yale University Press, 1977).

Croll, Elisabeth, *Feminism and Socialism in China* (New York: Schocken Books, 1978).

Darwent, Rev. C.E., *Shanghai: A Handbook for Travellers and Residents* (Shanghai: Kelly and Walsh, 1920; reprinted Taipei: Ch'eng Wen, 1983).

Gamewell, Mary Ninde, *The Gateway to China: Pictures of Shanghai* (New York: Fleming H. Revell, 1916).

雇密《妇女问题与妇女劳动问题》，梅生编《中国妇女问题讨论集》，上海：新文化书社，1929 年，第 2 卷，第 62—65 页。

Helsinger, Elizabeth, Robin Lauterbach Sheets, and William Veeder, eds., *The Woman Question: Society and Literature in Britain and America, 1837-1883*. 3 vols. (Chicago: University of Chicago Press, 1983).

Hershatter, Gail, "The Hierarchy of Shanghai Prostitution, 1870-1949," *Modern China* 15.4 (October 1989): 463-498.

Hershatter, Gail, "Prostitution and the Market in Women in Early

Twentieth-Century Shanghai," In Rubie S. Watson and Patricia Buckley Ebrey, eds. *Marriage and Inequality in Chinese Society* (Berkeley: University of California Press, 1991), pp.256-285.

Honig, Emily, "The Politics of Prejudice: Subei People in Republican-Era Shanghai," *Modern China* 15.3 (1989): 243-274.

Honig, Emily, *Sisters and Strangers: Women in the Shanghai Cotton Mills, 1919-1949* (Stanford: Stanford University Press, 1986).

Lerner, Gerda, "The Lady and the Mill Girl: Changes in the Status of Women in the Age of Jackson," *Mid-Continental American Studies Journal* 10 (1969): 5-15.

李又宁、张玉法编《近代中国妇权运动史料》,第 2 卷,台北：传记文学社,1975 年。

梅生编《中国妇女问题讨论集》,第 6 卷,上海：新文化书社,1929 年。

Myers, Ramon H., *The Chinese Economy, Past and Present* (Belmont, California, Wadsworth, 1980).

Nathan, Andrew J., *Chinese Democracy*. 1st ed. (New York: Knopf, 1985).

《宁波旅沪同乡会各小学学务汇刊》。

《宁波帮企业家的崛起》,《浙江文史资料选辑》第 39 辑,杭州：浙江人民出版社,1989 年。

Nivard, Jacqueline, "Women and the Women's Press: The Case of *The Ladies' Journal* (Funü zazhi), 1915-1931," *Republican China* 10.1b (November 1984): 37-56.

Rawski, Thomas G., *Economic Growth in Prewar China* (Berkeley: University of California Press, 1989).

Rosen, Ruth, *The Lost Sisterhood: Prostitution in America, 1900-1918* (Baltimore: The Johns Hopkins University Press, 1982).

Ryan, Mary P., *Cradle of the Middle Class: The Family in Oneida County, New York, 1790-1865* (Cambridge: Cambridge University Press, 1981).

《宁波旅沪同乡会会刊》。

《宁波旅沪同乡会月刊》。

Zhang Xinxin and Sang Ye, *Chinese Lives: An Oral History of Contemporary China*. Ed. W. J. F. Jenner and Delia Davin (New York: Pantheon, 1987).

〔原文发表于《近代中国妇女史研究》第 2 期(1994 年 6 月),第 179—202 页〕

王燕 译

亚洲研究学会主席致辞：亚洲妇女的故事和神话*

萨尔曼·拉什迪(Salman Rushdie)把神话学称作“家庭相册或者一种文化的童年的储藏室，里面装着(它的)……未来。它被编纂成故事，这些故事同时又是诗歌和神谕”(1999：83)。用他的话来说，神话就是“我们的社会所允许的醒着的梦，它们是……无所归依的人、与众不同的人、绿林好汉们和桀骜不驯的人的庆典”(1999：73)。当然，所有的社会都有这种“醒着的梦”，但是妇女作为神话人物在某些文化中比在另一些文化中呈现得更多。中国的诗人、画家、雕塑家、剧作家、散文家、评论家、哲学家、说唱艺人、木偶剧家、插图画家和历史学家制造了一个名副其实的关于妇女神话的产业。中国的这一产业，我认为，远远超过亚洲其他任何地方的同类产业。

研究神话的学者们毫无疑问会发现我对“神话”这个名词的使用过于宽泛了。我所讨论的神话是故事，这些故事在许多研究比较神话学的学者们看来根本就不是神话，而是“历史”，或者是隐藏的、歪曲的、模糊的传说。或者相反，是形成真实神话的那些

---

* 本文是作者于2000年3月10日在加州圣地亚哥举行的美国亚洲研究学会第52届年会上的主席致辞。作者对卢苇菁和叶保民以及加州大学戴维斯分校学术研究评议委员会(Committee on Research of the Academic Senate)在研究中提供的支持和帮助表示衷心感谢。作者也对柏文莉(Beverly Bossler)、琼·卡登(Joan Cadden)、高家龙(Sherman Cochran)、凯瑟琳·库德里克(Catherine Kudlick)、艾伦·强斯顿·良恩(Ellecn Johnston Laing)、卢苇菁、桑高仁(P. Steven Sangren)和施坚雅(G. William Skinner)对本文的慷慨建议、帮助和评论谨致谢忱。

古老情节和人物的重写①。虽然中国关于妇女的故事和神话深深地打上了历史和文化语境的烙印，但是它们仍然给我们带来中国历史上关于妇女和妇女中的历史意识的出人意料的洞见。因此，虽然我讲演的题材受到上届亚洲研究学会主席温迪·多尼格(Wendy Doniger)的启发，我演讲的对象是历史学家②。在美国的媒介中和大众意识里，围绕着"亚洲"妇女的故事神话流传很广(Manderson and Jolly，1997)。我的演讲将触及这些故事神话。要在这个下午讨论亚洲妇女的大部分神话几乎是不可能的，因此，我将聚焦于中国的故事神话中那些后来成为(我希望不是流于表面的)典故的部分，并简单地涉略我们今天称之为亚洲的其他地区的神话。在中国故事神话中，我单独挑出两个。它们对于今天在座的博学听众来说不一定是最熟悉的(当然花木兰是大家熟知的)。我演讲中一个明显的空缺，是我没有讨论在欧洲和北美流传最广的关于中国妇女的神话——中国妇女的顺从、受压迫和缠足。这个问题会在结语部分出现。但到那时，有一点将会显而易见，即如温迪·多尼格教授所指出的，"当我们认为我们在研究一个他者的时候，我们实际上是通过他者的叙述来研究我们自

① 正如安妮·比雷尔(Anne Birrell)(1993)所指出的那样，对于每一个对神话感兴趣的人来说，一个重要的问题是，所有真正的神话已经被几千年的历史书写覆盖上了厚厚一层积淀物。比雷尔还清晰地划分了神话和她称之为"文学传统"之间的界限，后者是"表达宗教、礼仪和想象中的真实"(第 161 页)。

② 作为亚洲研究学会的主席，一个鲜为人知的好处是有机会与上届主席共度时光，熟悉他们，并了解他们的思考。阅读我的前任温迪·多尼格(Wendy Doniger)的著述，激发了我用新的方法来思考旧的问题。正如多尼格一样，我对神话感兴趣是因为"一种经验的叙述有各种形式"，这些形式在两个方面起作用：它们可以被高度地个人化，特别是对一个特殊的人物，同时它们可以被普遍化到一种抽象的或理想的类型，于是同一个故事可能发生在任何人身上(Wendy Doniger，1998：1-3，引文出自第 7 页)。然而，读者可以看到，在这篇演讲中我是作为一个历史学家来谈这个问题，而不是作为一个神话或宗教学者。在下文中，读者可以清晰地看到我的视角与多尼格的视角存在着明显不同。

己”(Doniger，1998：11)。

在日本和韩国，如同在南亚和东南亚，妇女和男人一样也出现在历史和文明的神话传说中，有关她们的叙述也像我们在中国神话传说中所看到的一样千变万化。不过，中国以外的亚洲其他地区妇女的神话更倾向于女神、仙女、法力无边的鬼怪，以及她们偶尔在俗世的显身。她们时常表现在傀儡剧、民间故事、典礼仪式、庙堂艺术或家庭装饰中。例如，称之为凯托普拉克(*kethoprak*)的爪哇傀儡剧在妇女中特别流行③；或是赞美恶魔杜尔迦(Durga)的巴厘岛人的驱邪仪式，或是献给神圣的稻米女神(Dewi Sri)的稻谷仪式④。在南亚，女性的神话由罗摩衍那和摩诃婆罗多发展而来(Majumdar，1953)。在印度的民间艺术中，乡下墙上装饰着由妇女画上去的女神拉克希米(Lakshmi)的形象⑤。所有这些，都与充斥在中国的书面记载中的被历史化了的女性故事神话不相似。在亚洲，韩国和越南是例外。这两个国家在12和13世纪之后由于中国的影响而产生的关于妇女的话语与我们在中国发现的很

---

③ 芭芭拉·哈特利(Barbara Hatley)(1990：192)讨论了在妇女中特别流行的爪哇傀儡剧中的凯托普拉克。这些剧目的情节不论是历史还是传说，经常有一个果敢坚毅、喋喋不休、活泼外向和独断专行的女性形象(*branyak/kenès*)。“她的行为与对一个爪哇妇女应该服从和端庄的传统期待形成了鲜明的对比。”

④ 詹姆斯·布恩(James Boon)(1990：212)评论道：“巴厘岛女人和男人的形象不是简单地补证了男尊女卑的等级划分。民间故事和仪式中女魔鬼的刻板形象与女造物主的形象同时并存；巴厘人驱邪仪式中祭祀恶魔杜尔迦，而稻谷仪式则献给神圣的稻米女神。许多恶事，特别是婚姻范围内的，都归于一位男神罗刹王(Rakshasas)和其他妖魔鬼怪。但特罗-锡瓦对于纯洁/污秽的价值观颠倒过来了……这些复杂性结合了巴厘岛的印度教部分与印欧人关于社会性别的曲折复杂的符号和系统的差异……在我们所关心的制度和仪式这些问题上，‘女性’这个范畴仍将表现出具有双重的象征意义，甚至妻子不必联系着相对应的社会单位。在各种反响和效应中，妻子代表着一种包容性的中间人，不仅仅是在异族婚姻制度中，而且也在我们可以称之为同族婚姻的‘孪生制度’中。这里强调的不仅是妻子或者妻子成为母亲，而且也强调姐妹、妻子成为女祖先，还有更高的女祖先。”

⑤ 印度的妇女民间艺术中女性拉克希米的形象，特别是在农村的房子和墙上的画像，参见1994年哈伊勒(Huyler)的精美插图。

相似，虽然规模小得多。

1329年用经典的汉语写成的一个越南文本赞颂了对蒙古入侵者的成功抵抗（在越南，就像在日本一样，这个成功抵抗被认为是神助的结果），其中包括三个关于女性统治者的记载。她们的故事和中国模范妇女的模式很接近，特别是女战士的理想模式。《粤甸幽灵集录》（*Departed Spirits of the Viet Realm*）中有徵侧、徵贰两姐妹的传记。徵侧统率了一支军队，报复地方官对她丈夫的不公待遇，那个代表汉王朝执政的地方官是个贪官污吏。在她妹妹的支持下，徵侧的军队勇敢善战，占领了整个州，并引起其他地区的人民暴动，最终脱离汉朝统治。她们自封为"越女王"，以自己的姓（徵）为号。此时，中国皇帝盛怒之下派遣将军马援率军征讨。经过几番血战，徵侧的军队战败，姐妹俩在战斗中被杀。为纪念她们而建造的一座寺庙后来成为圣地，在那里祈雨很灵验。12世纪的时候，两姐妹的神灵出现在越南皇帝的梦中。为了纪念她们，其他地方也广建寺庙，后来，这位皇帝封她们为"灵贞二夫人"。这是一个典型的中国式封号，是后来许多同类封号的滥觞⑥。到了19世纪，徵侧的故事被女性化和浪漫化了，聚焦在她和丈夫诗索的婚姻上。女子在哀悼阵亡的丈夫的同时为国家而战的故事在近年仍颇具感染力（Taylor, 1983: 335）。当然，浪漫化的后期版本不应该将我们的注意力从早期故事所反映

⑥ 吉斯·泰勒（Keith Taylor）认为：后来（13到15世纪）的越南历史学家对于敢于站出来反抗中国军队的是女人而不是男人这一事实深表哀叹。另一方面，宋代诗人黄庭坚（1054—1105）"赞颂了南疆英雄的丰功伟绩，把徵侧与公元前111年率领南越抵抗汉武帝大军的吕嘉相比……"（Taylor, 1983: 335）。1715年，一位越南学者所写的对徵氏姐妹的评论将她们的爱国热情、抗争精神和加强王权，与汉代的吕稚、唐代的武则天这些中国"善施权谋"的妇女进行对比。这篇评论得出结论说："近有爪牙（Trao-nha）之烈妇，琵琶（Ty-ba）之贞妃，从容就义，举国嗟呀。如许气概，使遇徵王之地，安知不能起麓泠而略朱鸢，向日南而清浪泊，为掀天揭地之事耶？"（Taylor 翻译，1983: 337）

的信息中转移开来。同一本越南故事集中第二个短些的故事讲述了占婆地区一个叫媚醯(My E)的妇女。她丈夫是该国国君，后来在战争中被杀。她被越南统治者掳掠。但她在被送往首都河内的路上投河自尽。当地村民在她投河的地方总能听到一个妇女的哭声，他们深感敬畏，于是建了一座寺庙来纪念她并安抚她的亡灵。后来，越南皇帝本人路过此地，听说了这个故事。他在梦中看到一个女子对他哭诉："我听说妇女只事一夫，从一而终……(现在)我来到了金泉和我丈夫相见。我的愿望实现了……"皇帝崇敬之下，授予她"正德贞妇"的封号。在1285、1288和1313年，她又被加封了其他许多封号(Ostrowski and Zottoli, 1999: 22-23，引自第23页；另参见Taylor, 1983: 334-339)。

这两个越南故事，以及授予有美德的妇女封号的做法(更不用说为纪念守节自杀的节妇在当地建庙)，和同一时期中国文本中经典的做法极为相似。在越南，对妇女贞节故事的兴趣骤增之时恰值逢蒙古入侵之日，这个巧合提示了与中国案例其他有趣的相似之处。例如，徵氏姐妹的神话——它在东南亚其他地区也有所回应[⑦]——使我们联想到中国的一个古老的姊妹英烈的神话。这点我们后面再讨论。

我们再看亚洲另一个妇女神话发达的社会，即12世纪后的朝鲜。我们发现朝鲜宫廷有一种传统，即按照中国的史学先例编纂模范妇女的传记。玛蒂娜·杜奇拉(Martina Deuchler)发现，在朝鲜的地方志中，这些烈女的故事就像是中国烈女在朝鲜的翻

⑦ 安东尼·瑞德(Anthony Reid)(1988: 167)指出，泰国历史记载了"1785年两姐妹成功地领导了保卫普吉的斗争；素丽瑶泰(Suriyothai)女王在1564年保卫大城府(Ayutthaya)的战斗中被杀；莫(Mo)夫人1826年带领几百个被俘的妇女逃了出来，之后解救了呵叻"。他接着说道："如果这些武装的女英雄在东南亚起到了比在其他地方更大的作用，很可能是因为社会地位比社会性别因素更显著。如果情况需要，妇女并没有被排除在担负领导责任之外。"

版[⑧]，尽管当地缺乏记录妇女生活的本土传统[⑨]。但是，除了这些越南和朝鲜的例子之外——这些例子大多无疑深受中国的影响——在亚洲所有的社会中，只有在中国，我们才能发现令人惊叹的卷帙浩繁的关于妇女人物的传说记载。这些被叙述的故事，一册又一册，一朝又一朝，从古到今。它们大多以闻名的妇女传记，即《列女传》的形式存在，其中尤以烈女、贞妇和有其他美德的妇女的传记居多。到明清时期，收集传奇性的妇女生活故事形成出版热潮，其中绘图本的“百美人”[⑩]——该书收录了从懿行到淫邪的各色女性的故事——成了经典的放在茶桌上供人观赏的书籍。青楼的鉴赏家模仿它们。在名伎手册中给名伎的品行分等评级，如同赏玩邮购商品的目录手册一般。在中国文化中，传奇性妇女就是“一件物品”，她们的故事通过插图、绘画和表演被细

---

⑧ 玛蒂娜·杜奇拉(Martina Deuchler)2000 年 2 月 24 日的私人通信。在一篇即将发表的文章中，玛蒂娜·杜奇拉描绘了这些故事，并指出在 16 世纪以后，理学明显地影响着有文化的妇女生活的其他方面。例如，根据杜奇拉的说法，虽然从朝鲜时期保留下来的女性作品很少，但女学者任允挚堂(1721—1793)的著名文学作品集中表达了她与她同时代的中国上层妇女们相同的看法，即“虽然男女有别，但是上天先天所赋予的人的本性毫无差别。因而，当我研究古代典籍并对它们的意义产生疑问的时候，我哥哥教导我要小心谨慎地探询它们的真正意义”。杜奇拉译，即将发表。

⑨ 在写作这篇文章的时候，关于这些资料的研究很少，并且是用韩语发表的〔2000 年 2 月 17 日与金滋炫 (JaHyun Kim Haboush)教授的私人通信〕。

⑩ 关于“百美”这一绘画类型，见巫鸿，1997：323—330。巫氏把这类作品的最早年代定在晚明。他描述了清代的一种趋势，就是“将历史上存在过的妇女编纂成十二人一个系列”(第 331 页)。其中有一个系列冠以吴伟业(1607—1671)撰写的诗歌，“混合了著名的美女(比如西施)、才女(比如蔡文姬)和侠女(比如红线女)……”(第 331 页)。巫鸿指出，满族的皇帝们对中国美女的想象和喜好使他们成为这类作品的热心赞助人。有一幅画描绘了乾隆皇帝本人闲适地俯视着五位身着汉装的年轻女子，自诩他自己为王昭君的故事翻了案——现在不是汉族女子远嫁北方的外族统治者，而是他(外族统治者)来到中原成为中国的统治者了(第 357 页)。巫氏得出结论说，满族皇帝喜爱中国妇女的肖像“代表了……一个被征服民族。这个民族被赋予一种女性的空间形象，有魅力，异域风情，而且脆弱”(第 363 页)，这导致了对这种绘画类型的一种夸张的、强调多样化和消极性的再创造。

细描画。这一点有别于其他任何地方[11]。

伊夫·博纳富瓦(Yves Bonnefoy)对亚洲神话学作了广泛调查。他是在其中关于中国案例的叙述中指出上面那一点的。他最后把大量关于中国妇女的神话放在专门一章,名为"古代中国的女神和祖母"。他带着明显的困惑评论道:"中国古代神话中包括一些女性人物。她们在信仰中发挥的重要作用超出了人们对这个父权制社会中妇女作用的期待。"博纳富瓦试图解释这个异常现象。他将中国早期神话中女性人物非同寻常的突出现象,归结为在中国文明进化的某一阶段"妇女占据很高的位置"(用他的话来说)(Bonnefoy, 1991: 241)。这种接近于恩格斯(和摩尔根)的关于原始母权制阶段的观点本身是一种在中国的马克思主义历史学家中影响深远的神话[12],不过近来很少学者认为它有说服力。基德炜(David Keightley)表明,至少从精英阶层的墓葬和有记载的宗教信仰的证据来看,当中华文明进入到有文字记载的年代,历史记录中就看不到母权制的遗迹了。基德炜写道:"至少从新石器时代晚期到商代晚期,大多数中国妇女的政治经济地位……低于大多数男人。"(Keightley, 1999: 53)

当然,妇女在早期中国政治经济地位较低的这一点,可能没有告诉我们她们在社会中的权力的全部事实。白安妮(Anne Birrell)研究了中国的古代神话。它们早于博纳富瓦所收集的大

---

[11] 关于中国的塑像、戏剧和插图绘本中的妇女形象的视觉再现,参见 Vinograd, 1992: 15-18; Clunas, 1997: 33,90-91; Hegel, 1998: 168,172ff。另参见巫鸿在《树下仕女屏风:18 世纪晚期的墓室壁画》(巫鸿,1996: 95、104)中关于"危险的屏风"的讨论,妇女从屏风后面走出来纠缠、诱惑她们的男性受害者。巫还描绘了一幅屏风上画的是有关杨贵妃生平故事的传说(第 121—122 页)。

[12] 闵家胤(1995)的书中包括了好几篇文章,提供了关于中国古代的母权制和女神崇拜的例证,虽然在公元前 3000 年左右开始,由于处于父权制的军队的侵入以及汉文化和汉政权的兴起,母权制和女神崇拜逐渐消失,在中国少数民族中,一些古代母权制和女神崇拜的元素还有所保留。

部分已被重新建构和被历史化的那些神话。她指出，即使男神在关于男女神祇的中国经典神话中占有主导地位，“就神话学的意义而言，女神的作用和角色更加重要”。为什么这样说呢？白安妮指出，因为在有关“创世、天体运行、自然神灵、地方保护神、天神之母、神仙或者半人半神之妻、灾难的预言者、长生人的赠予者、惩罚者和王朝的奠基者”的故事中必有妇女出现（Birrell，1993：163）。用任何一种标准衡量，这都是一个不错的清单。引用杜德桥（Glen Dudbridge）和其他学者对神话的研究，桑高仁（P. Steven Sangren）在最近的研究中强调，神话故事“可以使我们在熟知的更具有自主意识和自我表达的中国哲学和精英文学中，洞察到被中国文化规范所压制的东西”⑬。

中华文明古代神话中一些知名的妇女形象被写进了历史化的记载——也许我们可以称之传奇——之中，这是我今天所要讲的重点。圣君尧的两个女儿，嫁给了后来成为圣君的舜，就属于这种产生于文字记录之前的古老神话叙述。这个叙述和前文提及的东南亚两姐妹的神话依稀相呼应⑭。她们的故事冠于刘向编辑的历史妇女传记《列女传》之首。她们被称作湘妃（因为她们在

---

⑬ 参见 Sangren，1993：4，引自杜德桥（Glen Dudbridge，1978）和他对观音神话的研究（一个孝女因为反对父亲逼迫自己结婚而与父亲产生冲突）。另见 Sangren，1997。

⑭ 徵氏姐妹和湘妃的吉祥故事所包含的重叠的成分，导致她们的故事被后来的神话作者所混淆。根据吉斯·泰勒（1983：335）的研究，有证据显示徵氏姐妹在后来的世纪里成为中国部分地区被崇拜的人物。15 世纪越南的文献资料中提到过在广东建立的祭拜她们的神庙，还有 1793 年一位出使中国的越南使臣报告说他在湖南的洞庭湖南岸见到了一座类似的神庙，泰勒认为这可能是把徵氏姐妹与传说中舜帝的湘妃的神庙混为一谈了，在当地有对湘妃的崇拜。吉斯·泰勒引自薛爱华（Schafer，1980：38-42，57-69，93-103，137-145）。白安妮（1993）花了很长篇幅来讨论这个神话。她指出，姐妹俩作为尧的女儿被写进历史是很晚的事情（从公元 6 世纪才开始），但是她们首次被提到是在周朝晚期成书的《尚书》中，她们很可能起源于南方，因为她们是和长江的一个支流湘江（那是她们投江自杀的地方）联系在一起的（第 160—161 页）。

丈夫死后投湘江自尽，并葬在湘江边）。她们的丈夫舜是个孝子，舜的父亲却是个恶父，与小儿子合谋要杀死舜。舜为了尽孝而挣扎。湘妃为舜献策解困。为了服从父亲的命令并证明他的孝顺，舜遭受了三次考验，每一次都是听从了妻子的忠告而化险为夷。第一次考验，他的父亲命令他去修理谷仓的墙壁，然后放了一把火。舜事前按照妻子的建议穿上竹制的雨衣，从谷仓房顶上乘着自制的降落伞逃脱了。第二次，父亲让他去深挖一口枯井。他的妻子提醒他准备一条通道以备逃跑之用，当他父亲开始放水想要活活淹死舜时，舜再次逃生。最后一次，湘妃预先给舜吃下了解药，舜才没有被父亲的酒灌醉，粉碎了这个阴谋。舜作为孝子的美德，能在这些危险关头转危为安，化险为夷，甚至能够继承王位，都依靠了湘妃聪明机智的建议。到了明代，两姐妹的故事又

图 1 湘妃为舜带食物，此处这两位神话中的姐妹被当成典范的妻子。注意画面背景中的竹制雨衣（见罗文诏《历代名媛图说》，申报馆，申昌书画室，点石斋石印本【1779】，1889，卷 1：1a）

加上了另一个传说，把她们和一种长在她们死去的洞庭湖边上的竹子联系起来了。根据这个故事，当两姐妹因为舜的离世而悲伤，伏在竹子上哭泣时，竹子上生出了像“泪珠”那样的斑点(Birrell，1993：167-169)。18世纪一位女学者王照圆所写的《列女传补注》，将原来的湘妃故事加以夸张，对姐妹俩给舜提供的主意作了如下评论：“二女教舜鸟工上廪，龙工入井。”(参见 O'hara，1945：13-17，引自注释9，第15页)

此类有关姐妹的古代神话在中国是被深深压抑的。薛爱华(Edward Schafer)指出：“在唐代非官方的崇拜和流行的口头文学中，可以寻觅到一些古老的女神崇拜的踪迹……但它们微不足道，简直不值一提。”(Schafer，1980：59)即便如此，在中国的文字记载中，其他一些古老的女性神话很贴近历史化传说的表层。关于永恒不朽的爱情的主题(Birrell，1993：210-211)、女性以自杀而献身的戏剧(第222—223页等多处)，尤其是“女儿国”的故事(第248—249页)——在女儿国，女人做着男人能够做的所有事情，而且不用借助男人的帮助——所有这些都是古老的形式，它们在后来关于中国妇女的历史传说的文本和形象之下得以保存。古老神话和历史化的传说在汉代的武梁祠中有鲜明对照。在武梁祠中，最初的女神女娲和他的配偶伏羲呈蛇状交尾，旁边就是文明教化的儒家妇女形象：曾子的母亲正在纺织，她孝顺的儿子曾子跪在她的脚边[15]。

这篇讲演主要聚焦于两个古代神话遗产，它们在后来被历史化的关于中国女性的神话中留有痕迹。第一个是女儿国神话的遗迹，它出现在各种记载中：木兰那样女扮男装的女战士；女扮男装的女学者或者像历史学家班昭那样的女学者；甚至包括“文化大革命”中的铁姑娘。这一神话的遗产在中国历史上延绵不绝，

---

⑮ 关于女娲，见 Birrell，1933：33-35，69-71，163-164 等处；并参见蔡俊生，1995。

反复出现，一次次证明着男人能做的事女人都能做到。第二个古代神话遗迹——它是薛爱华对神话的研究中发现的——可以追溯到水仙女和龙女的传说。杨贵妃的故事传承的是蛇或龙的神话，它们通过美色吸空情人的精髓，使之元气大伤。为了探究这两个古神话遗产，我们应该思考两个关于中国妇女的神话：女战士的神话和魅惑少女与她的位高权重的保护人的神话（女学者的神话，或者说才女的神话，将在文尾简述）。所有这些关于妇女的神话传说都是文明进程的产物，在这一过程中，古神话被历史、文学和流行文化与艺术不断地重新改写。在中华帝国晚期的市场里、庙会上、民宅中，观众和听众无所不在，神话就是在这些领域中不断孕育产生，兴旺繁荣。所有这些神话被记录下来的目的都是为了展现和宣传儒家道德规范。但是，这并没有使它们失去作为神话的趣味性，特别是当我们想要揭示为什么中国道德说教认为（并仍然如此认为）把妇女放在突出的位置是十分必要的问题时。我们应该看到，这些传说故事中的妇女，通过对有关她们的故事持久不断地精雕细琢，已经顺理成章地成为我们所说的中国父权制社会的构成要素，成为父权制得以正常运作的不可分割的一部分，尽管充满矛盾和混乱（一个好的神话往往如此）。也就是说，在中国文化中父权制价值观的叙述是依靠和彰显强有力的妇女形象而建立起来的。

中国历史叙述中的神话

为了了解为何女性形象在中国历史舞台上的神话中占据如此重要的地位，我们不应把我们的眼光放在古代的女部族首领或者古代的龙和水的神话上，而是放在"父权制"体系中根深蒂固的信仰和结构上，即我们大多数人，包括博纳富瓦，所认为的妇女受压迫的结构。我们的目的在于理解中国文明进程中的那些基本要素，是这些要素使妇女和妇女故事的凸显成为必要。在这个问题上，博纳富瓦的研究很有帮助，因为他已经找出两类定义了最早的儒家妇女神话的关键人物（或者说关键类型）：太后和寡妇。这两类角色都是在早期的中国叙述文本中被赋予了权力的妇女，她们可以帮助我们理解母亲和寡妇的身份如何迫使妇女走上中国父权制体制下的政治权力的前台，正如卢蕙馨（Margery Wolf）许多年前（1972）明智地指出的那样。太后们对她们的儿子尤其有着罕见的控制，把他们置于宫廷阴谋和宫廷婚姻的中心。这是因为中国家庭制度中母亲的权力[16]。汉代贵族的墓葬装饰中，忠贞坚毅的寡妇的故事十分流行，这是因为寡妇是她们男性子孙的委托人。

关于女性神话是如何被融入中国的历史叙事中，最早的一些证据来自汉代的墓葬画。巫鸿指出墓葬艺术可以被理解为死者生死观的注解，它是死者在去世前挑选和创作出来的，是他计划如何恰当地再现他本人的生活以及他家庭幸福的一个部分（巫鸿，1995）。在墓室壁画中，叙述者在系列画卷的末尾将自己置于一个具有象征意义的道德位置，就像历史学家在他论文的结尾部分作出自己的道德评论。汉代武梁祠画像中妇女形象是故事叙述的要素。在指出这点时，巫鸿强调，其中所有的人物都出自刘向《列女传》中的故事。尤其值得注意的是，“没有一个人物出自‘贤明’、‘仁智’和‘辨通’这几门；所有的人物都出自‘贞顺’和‘节义’这两类”（第 213 页）。巫鸿的解释是，这意味着武梁给他的遗孀传达一个他死后她的职责的强有力信息：“这些图画似乎是旨在针对某个特别的观众——即武梁的遗孀和遗孤——告诫他们在家中要保持和睦关系，对死去的丈夫和父亲要忠诚和孝顺。”

---

⑯ 见杨联陞，1960—1961。杨氏强调女主在中国历史上长期发挥着重要作用。这种作用是中国家族制度中母亲权力的结果。

(第 232 页)(实际上,正如巫鸿所指出的,墓室人物的画师甚至改换了一些著名的孝行故事中人物的性别,把孝子改为对寡母尽孝的孝子。)寡妇形象的震撼力强烈地表现在武梁祠中梁高行的雕刻中(第 211 页)。梁高行为了展示不二嫁的决心割掉了自己的鼻子,即使求婚的是一个富庶强大的国王派来的使者。这幅画是武梁用来告诫他的遗孀的。它向我们展示了一个死去丈夫眼中的理想寡妇的形象。

这些实用的、深入人心的、世俗的守寡神话牢固地嵌入国家和家庭的时空结构中。它们表明,汉代的神话已经从早期的神话走出很远,尽管武梁祠中也画有女娲和伏羲故事(Birrell, 1993: 70)。它们展示了在妇女神话和家族体制之间的移滑。这个过程把这些神话深置于中国最初几个世纪的古代历史中,但是它们没能解释为何关于妇女的故事必须出现在历史叙述中。为了理解中国历史中妇女的图像和文本的高度可见性,我们必须考虑到那些把古代神话隐藏起来的中国文明过程中各种复杂的交互影响的因素。这些因素过于复杂,很难在这篇短文中加以详述,但是它们可被简要描述为独特的文化组成的一些形式,这些形式使中国成为以它的方式把女性故事列在历史叙述前沿的唯一的亚洲文明。这些因素中,首先是阴阳的宇宙观;其次是文学传递的声音和叙事风格;第三是绘画和文字叙述的密不可分的关系;最后一点,也许是最重要的一点,是表达和“重新渲染”宇宙观、语言和表演规训的社会构造。我这里所说的社会构造指的是:中国庞大的官僚国家具有极大的权力去收集和传播信息;对过往历史详加记载的执着;高度仪式化的家族和社会体制;还有一个随着市场的扩大而不断开放和扩展的庞大的读者群。因为篇幅有限,我不能详细考察官僚国家的社会构造和商品经济如何造就了都市印刷文化以及一个阅读历史上妇女神话的大众读者群,这些神话又是如何在绘画里被丰富地描摹,在小说中被大大地润色和细致地刻画，又如何和着乐器的伴奏和节拍、随着音乐和舞蹈，最终被搬上了舞台[17]。但是，这里我们将想象自己是观众中的一分子，想象能够看到什么。我们简单的游览将从汉代的墓葬摩刻开始，沿途会涉猎到一些中国最富有戏剧性的妇女传说。这些传说可从最早在13世纪出现的绘图本的《列女传》到清代晚期的《百美图》中寻找。我们不得不跳过儿童图书中的女性人物——这些书是给男孩（有时也包括女孩）识字启蒙用的[18]——以便有时间来欣赏花花绿绿的在帝国晚期贴遍了平民百姓之家的年画[19]。19世纪晚期的年画比任何其他的记录更能展示中国妇女的神话是如何在此前几个世纪以来读者群稳步扩大的情境中生产和再生产的。是这些读者保存了她们的故事，赋予这些故事价值，美化

---

⑰ 了解这些复杂问题，可以参见伊懋可（Mark Elvin）的著作（1984）以及其他学者的相关研究，关于历史叙事与虚构叙事之间的关系，以及仪式与戏剧、出版与表演之间的关系。对我的思考极具启发的研究包括 Hegel（1998）、Yu（1997）、Widmer（1992）、Grant（1989）和姜士彬（David Johnson）的研究，特别是姜士彬（1989）。另外还有 Carlitz（1991，1997）和巫鸿（见前面的引述）的研究。关于年画的叙事，见下文的讨论，参见 Knapp（1999：133-157）。

⑱ 韩锡铎（1993）提供了大量关于女性故事的例子，这些故事在学生备考或开蒙的绘本中比比皆是。例如，12世纪晚期朱熹编撰的《小学》中我们发现关于文帝母亲的故事（第165页）和卫灵公妻子的故事，后者能从马车车轮声中识别出来者是一个富人（第168页）。学生们还能学到孟母三迁的故事，并从小立志："我也要心志坚定，成为孟子那样！"（第175页）同一本书中也包括了一个寡妇拒绝改嫁而自焚的故事（第195页）。在成书于13世纪中期的《三字经》中，开篇就提到了孟母（第269页）和其他著名妇女的故事，例如蔡文姬和谢道韫（第271页）。在元代的蒙学教材《历代蒙求》中，学生们通过浏览历朝历代的历史，了解到唐朝的三个皇帝——唐太宗、唐玄宗和唐宪宗——时期，"闺门多惭，杂以夷风"（暗讽杨贵妃及由此带来的朝政问题）（第281页）。保存在《永乐大典》的一部蒙学读物中，包括了关于谢道韫《咏絮诗》、湘妃竹以及贵妃醉酒的故事（第369页）。这本书里还引用了杜牧和杜甫关于杨贵妃喜食荔枝的故事（第371页）。

⑲ 百美的主题特别受到年画家们的喜爱，例如著名的天津杨柳青木版年画。名为"四美图"或"十美图"的风俗年画描绘着历史上的著名妇女，比如谢道韫、蔡文姬、花木兰（有时包括道家的仙姑或女神，例如麻姑或嫦娥），她们被认为是家庭美满的象征。见傅松年《中国年画史》，辽宁美术出版社，1986年，第105—106页。

它们的意义，自觉地或不自觉地以她们为榜样，指引自己的生活方向[20]。

在中国文化的早期，远在缠足出现以前，我们发现两个著名的女性神话人物：花木兰和杨贵妃。我把她们挑出来讨论，部分原因是她们很著名[21]。更重要的原因是，她们允许我们去探讨一些关于历史意识的问题，这是我的题目迫切寻求了解的。她们的故事实际上有两点非常有用：第一，她们以历史为基础，然而她们很容易被融入虚构以及其他商品化的、为观众喜闻乐见的艺术形式中（我们对这些观众很感兴趣）；第二，她们从古到今始终在各种媒介中得到再现。在她们的故事之外，我还要加上第三个神话人物，即女历史学家班昭（可惜的是，像大多数女历史学家一样，班昭的生活并没有激发创作者的幻想或者激发取悦读者的艺术形式创作。不过，她会在我们探究 20 世纪激励着中国妇女的神话时出现）。在回到花木兰、杨贵妃或班昭的话题之前，我们有必要先来回顾一下，为什么她们的生活出现在蕴藏着中国文化编码的宝库中。

我们的讨论从下面这第一个假设开始。这个假设结合了马苏尔·博纳富瓦（Messieurs Bonnefoy）和基德炜的观点，就是说，强有力的女性神话人物是中国父权制不可或缺的组成部分。我们知道最早的中国文化中对于权力的理解是二元论的：一个阳性的人物需要对应的阴性人物。瑞丽（Lisa Raphals）最近关于汉代

---

[20] 桑高仁（Sangren，1993：8ff.）对这个问题作出过很有说服力的讨论。他的分析运用了当代文学理论，强调读者和观众作为文本的消费者和制造者为了他们自身目的而建构文本的意义。另参见 Sangren，1997。

[21] 通过迪斯尼的漫画电影《木兰》，花木兰已经成了流行文化的跨国偶像。此前，她为美国读者所知，是因为汤婷婷（Maxine Hong Kingston）的精彩小说《女勇士》（1975，1976）。杨贵妃在美国除了华裔美国人之外，比较鲜为人知，其中许多华裔美国人仍然从父母或祖父母那里听到过她的故事。

和汉以前文本中的妇女的研究说明了妇女的生活是如何表现在影响早期中国政治的重要的二元论隐喻中的，包括王国治乱兴衰的故事、内外之别、关于两性劳动分工和在此基础上建立的社会秩序的警诫。如瑞丽所指出的，虽然早期中国社会性别关系的建构和我们看到的帝国晚期的情况区别很大，但是，正是这些形成中的早期社会制造出了我今天的讨论所根据的那些重新打造的神话（Raphals, 1998）。如瑞丽所证明的，中国叙事最早对女性角色的建构是没有偏颇的，对女性的描绘相对于男性来说是相互对应、互相补充或平衡的。因而一位聪明和足智多谋的女性可能会促成一位孱弱的统治者获得成功；而一位诡计多端和妖媚的女子会是一位易被诱惑的统治者垮台的根源。在这里有趣的一点是，在早期的历史故事中，即使它们聚焦于君王，王后的作用也很少被省略，王后的行为在关键时刻被援引来解释事件的结果。换言之，妇女作为故事的线索必不可少，她通常是起到催化剂作用的那个人，使情节得以展开下去。

汉代后期叙事中的男女有别，特别是那些男尊女卑的等级制的叙事，是由那些决心建立一个系统的等级制的哲学家们，尤其是董仲舒，围绕阴/阳或内/外的二分法建构而成的。然而在他们最初的建构中，所有这些词语都指区别或者不同，而不是指分隔或者等级（Raphals, 1998: 212-213）。虽然董仲舒成功地建立起一套哲学体系，将妇女与阴和内一起驱逐到一个等级结构的下等位置，但是他的思想在其后几个世纪里并没有多少听众，因为在那段时期道家和后来的佛教在中国占据意识形态的主导地位，同时妇女——特别是聪明的妇女——冲进了历史记载的最前沿。因此，在早期创造的中国妇女的神话中，我们可以在语言和叙述中找到互补性原则，这一原则使得故事有必要放进一个可以成就或破坏男性统治者的配偶。在汉代的综合道德哲学中，我们看到与此并行的、试图通过把妇女降到服从的角色来稳定和巩固等级秩序的努力。

我们大多数人都倾向于将宋代看作中国历史上两性社会关系变化的一个高峰时期。从宋代开始，女性人物深深地融入了中国文化的文学、历史和绘画经典中，她们对于朝代轮回（朝代的兴衰是阴阳交互影响作用的结果）的叙述是必不可少的。她们是儒家道德话语不可分割的一部分（特别是作为母亲和配偶）。并且，正如其他学者所强调的，她们为男诗人和政治人物提供了一种（香草美人隐喻的）诗的声音，让他们借此来表达他们的不满、批评和疏离（Huang，1995：81–97）。我认为，我今天所选择的神话来自宋代以前早期的中国历史和叙述不是偶然的。明清历史学家已经注意到了在唐宋之间的这种变化，注意到在文字和视觉文化中所描绘的妇女形象的不同。18 世纪晚期的章学诚著文指出，从班昭（汉代的女性历史学家）的时代到李清照（宋代最著名的女诗人，历史上记载为数不多的女作家）的时代，有两个较长的历史过程损害了妇女的地位。第一个过程是将女性写作审美化和性别化。这可能是多种因素综合作用的结果，包括男性作家有意识地采用女性的声音、汉族精英诗歌欣赏口味的变化以及从儒家道德观转向对佛家和道家的灵性的关注。第二个过程是商业化：将妇女的才能当作娱乐的工具加以商品化。章学诚认为这一过程在唐末之后加速发展（Mann，1999）。

下面转向我们今天的两位神话人物：花木兰和杨贵妃，让我们看看她们的故事在中国文化宝库中是怎样被隐藏起来和不断被重新打开的。我们先从花木兰的故事开始，因为从时代上来说，她是先出现的。关于木兰的最早记载见于 6 世纪的一首民歌。故事的背景是 5 世纪初北魏拓跋家族统治时期。故事以木兰坐在屋门口垂泪织布为开端（唧唧复唧唧，木兰当户织。不闻机杼声，惟闻女叹息）。因为在皇帝刚刚颁发的征兵军帖中，木兰年迈的父亲被征入伍（昨夜见军帖，可汗大点兵，军书十二卷，卷卷有爷名)。弟弟年幼,不能代父从军。木兰是家中最长的孩子,她决定担负起替父从军的责任。于是木兰到集市去买了一匹骏马、一身盔甲和马鞍、嚼子、缰绳以及鞭子(东市买骏马,西市买鞍鞯,南市买辔头,北市买长鞭)。第二天,木兰偷偷地出发了,夜晚就宿营在黄河边。她和其他战士一起,越境翻山,千里征战十二年。凯旋还朝时,皇帝召见了他们,并且决定要赏赐给他们金银财宝。当皇帝问木兰想要什么时,木兰说:"我只乞求赐我一匹日行千里的骆驼,送我回家乡(愿驰千里足,送儿还故乡)。"回到家乡见过了惊叹而又感激的父母、弟弟、妹妹后,木兰坐在床上,把战袍扔在一边,换上旧时的女儿装,梳理好云鬓,插稳发梳,以女儿的面目去大路上迎接一同作战的伙伴。伙伴们对木兰竟然将他们瞒得如此彻底而感到震惊。民谣最后两行以雄兔和雌兔可以跑得一样快为结尾。(雄兔脚扑朔,雌兔眼迷离;双兔傍地走,安能辨我是雄雌?)此刻,诗人暗示:其中一只也无法分清它的同伴是雄还是雌,如同当战斗中的战士专心致志于保全生命时,不会注意这些细微的差别一样[22]。

在最初的《木兰辞》民歌中,没有提到女儿的孝心,没有暗示木兰后来的婚嫁,也没有对她个人故事的方方面面加以修饰。这只是一位勇敢、聪明的女英雄的英雄故事。这首民歌的确也包括了其他神话的因素:马、骆驼、"原始"的军事习俗、对政府残酷的征兵制的批评,还有最要紧的,一位"步入男人世界完成伟大事业"的女扮男装的女英雄的故事。故事引人入胜,但它的一个显

---

[22] 参见傅汉思(Hans Frankel)的精彩译文(1976:68-70)。文中表示木兰有一个姐姐和一个弟弟。傅汉思关于此诗的评论(第70—72页)解释到诗歌的最后两行采用了"互文"的写作方法(见第165页)(一个句子的两部分相互关联)。原文是"雄兔脚扑朔,雌兔眼迷离",意思是说人们认为一方能做的事,另一方也能做。也就是说,"当两只兔子飞跑时,彼此都不知对方是雄还是雌。这同样适用于忙于作战的战士"(第72页)。

著之处是看不出女英雄对爱情的兴趣，以及任何浪漫色彩的痕迹。而这些在后来关于木兰的故事中成了不可缺少的元素，包括我们自己的迪士尼动画片版本。

明代剧作家徐渭（1521—1593）所作的《雌木兰替父从军》最早对木兰的故事作了重要的修饰。徐渭为原来的民歌增加了几个故事情节：木兰成功地抓获了叛军、回到家乡之后嫁给了一个年轻的当地学者，以及她离开父母时戏剧性的场景。但据傅静宜（Jeannette Faurot）所言，徐渭对故事情节的主要贡献是改变了故事的基调。徐渭笔下的木兰，除了履行责任外，渴望走出家门，驰骋疆场。施展父亲教她的武艺也是激发她从军的动机。在她的第一处唱词中，她唱到渴望能青史留名。她在此处引用了两个烈女的例子，其中一个（著名的缇萦）给皇帝写了一封信，情愿以入宫为婢为条件，换取皇帝释放她无辜入狱的父亲：

休女身拼，
缇萦命判，
这都是裙钗伴，
立地撑天，
说什么男儿汉？[23]

（戏剧化地援引孝女烈女故事后来被模仿。1779年出版的带有插画的德妇故事集里就出现过。）徐渭在他的明代戏剧里还作了具有时代色彩的其他一些润色，例如有这样一个戏剧性的场面：木兰试军靴时，放开自己的脚唱道："几年价才收拾得凤头尖，急忙的改抹做船儿泛。"（Faurot，1972：87）

---

[23] 傅静宜（Jeannette Faurot）译（1972：85-86）。傅静宜指出（第146页，注释35—36），这里提到的两位女英雄都为保护她们家人的利益采取了冒险的办法（秦休为了给家族报仇，冒着死罪在都市中杀死了仇人）。

图 2　孝女花木兰与父母告别(见罗文弨《历代名媛图说》,申报馆,申昌书画室,点石斋石印本【1779】,1889,卷 2：5a)

让我们暂且离开木兰和她的脚,把视线转向另一个故事。

这个故事不是一个专注于家庭或过着处于边缘世界的军旅生涯和普通战士生活的贤德女子的故事,而是一个解释历史转折时刻的神话。它把一个女子放在中国政治理论中几乎每一个比喻的中心：心怀异图的太监、操纵权柄的外戚、荒废朝政耽于美色的皇帝、阴柔的文化导致了蛮族的入侵、一个迷人的年轻女子的无辜、奢华的荒唐、失去爱情的哀婉动人、超越死亡的真爱的永恒。杨贵妃的故事像戴安娜王妃的生活与死亡吸引了全球的小报记者一样吸引住了听众(观众),但前者更长久。诗人、画家、戏曲家以及交易量巨大的年画(年画是在春节期间装饰房间的新年画作——相当于现代的装饰性挂历),使那些最没受过教育的家庭也知晓杨贵妃的故事细节。表现杨贵妃故事的视觉和文本作品不计其数,取材于她生活的场景被写进诗歌和绘画,这些作品被收录进官方的目录清单和现代字典中[24]。

我们先来讲述一下杨贵妃故事的梗概，然后指出后来产生的一些富有色彩的润色。杨贵妃是唐明皇（玄宗，公元 713—755 年在位）的妃子，唐明皇统治时期中国在东亚的影响达到了顶峰。玄宗的童年足以说明他如何使自己陷入了后来著名的历史窘境。他的祖母是中国历史上唯一称帝的女性，即大名鼎鼎的武则天。玄宗的青少年时代是和他的父亲一起在严密的监禁中度过的。武则天有计划地杀死了她认为对自己统治权有威胁的几个皇子。玄宗的叔叔在武则天死后继承了帝位，却被自己的妻子毒死。之后，在武则天的女儿、玄宗的姑母太平公主领导的一次军事政变中，这位弑君之妻又被杀死。玄宗本人在取得皇位后，又陷入了与太平公主的权力斗争中，斗争以太平公主自杀身亡而告终。因此玄宗有理由在选择女人方面采取慎重的态度。

杨贵妃起初已和玄宗的儿子寿王结婚。但结婚五年后，她离开了丈夫，到皇宫的道观中出家，法号太真。等寿王一娶了新妻，她就以皇妃的身份入住了皇帝的寝宫，那一年是公元 745 年，她二十七岁，皇帝六十一岁。他们的婚姻一直持续到 756 年贵妃死去。随着杨贵妃的得宠，她的亲属也在朝廷中获得了显耀的地位和权势。她的三个姐姐都获得了封号，特别是她的二堂兄杨国忠于 752 年被擢升为宰相。从皇帝赐予她的头衔（"贵妃"）中就可以看出她在宫廷中的影响力，皇帝的宠幸使她成为当时的传奇式人物，从而又产生了一首新的民谣："生女莫悲酸，生男莫喜欢"，"男不封侯女作妃，看女却为门上楣"（Graham，1998：11）。

因为她堂兄杨国忠的荒淫无耻、贪恋权力，加上一位名为高力士的太监的阴谋诡计，杨贵妃在宫中的地位不久便变得复杂化

---

[24] 例如，参见胡光州，1990，第 136—138、676—677、618 页等处；蔡若虹（1994：1263、1278—1281）；相关书目的清单见《康熙御订历代题画诗》（1976）索引 39。

了。但她垮台的直接原因是被牵扯到一些流言蜚语中，说她与一位宫廷中的常客安禄山将军有着暧昧关系。安禄山起兵时，唐明皇正沉湎于和贵妃的爱情生活中，在西安附近的华清池温泉避暑。当时正值七夕，传说中，他们在新月下山盟海誓。回到宫中后，在一片欢宴曼舞中传来了安禄山叛乱的消息。朝廷向四川撤逃，护送的军队在途中发生了骚乱，杀死了杨贵妃的堂兄、腐败昏庸的宰相杨国忠，然后又要求处死杨贵妃。玄宗凄然泪下，忍痛答应了士兵的要求，杨贵妃在马嵬坡用一条白绫结束了自己的生命。

这个故事即使不用过多渲染就很富有戏剧性了，但不久又被加进去几个配角，包括诗人李白（曾在宫中作诗称赞杨贵妃的美丽）以及另一位与贵妃争宠的可爱的梅妃，又添上了许多贵妃和梅妃因争宠而相互嫉妒或醉酒的情节。皇帝爱上了自己儿媳的故事也激发了中国故事讲述者的想象，添加了大量引人联想的细节。最终，17 世纪末戏曲家洪昇完善了对这个故事结尾的加工，细写了贵妃死后发生的事，一位道士让贵妃的灵魂与年迈的皇帝相见，证明了爱情最终超越了死亡㉕。

显然，杨贵妃的神话把帝国的陨落和帝王的堕落联系在一起，一个红颜魅惑等同于一个重兵在握的将领，用一种性化的甚至浪漫的语言来叙述王朝的更迭。事实上，许多历史学家将安史之乱看作中国历史上的重大转折点，使杨贵妃成为了历史的关键人物。当然，精简的“官方”版本的贵妃故事，减去了其中的虚构成分，趣味性变小了——尤其是删去了显然人为虚构的角色、她

㉕ 洪昇的戏剧《长生殿》完成于 1688 年。在该剧中，如中川正子（Masako Nakagawa Graham）指出的（1998，引文见第 184 页），杨贵妃飞升入天堂成为永恒爱情的象征，唐明皇在中秋之夜跨越彩虹之桥来到月宫与她团聚，杨贵妃在嫦娥的陪伴下等候他的到来：“唐皇李隆基、贵妃杨玉环……本系元始孔升真人、蓬莱仙子。偶因小谴，暂住人间。今谪限已满，准天孙所奏，鉴尔情深，命居忉利天宫，永为夫妇。”中川正子的译文建立在杨宪益和戴乃迭（Gladys Yang）译作的基础上，见《长生殿》（第二版），北京：外文出版社，1980 年，第 269 页。

的竞争对手梅妃。日本人对杨贵妃的重新塑造表明了她的故事具有很强的可塑性。如中川正子(Masako Nakagawa Graham)所指出，杨贵妃的人物形象一段时间内是作为永恒爱情的象征而被塑造的(在紫式部的《源氏物语 》一书中，她客串出场)，但她最终被重新塑造为热田女神的转世之身，女神从靠近海滨的家乡名古屋的庙宇来到中国，破坏玄宗东征日本的计划。换句话说，这个导致了大唐帝国衰落的女人实际上是日本神灵的代理者。

图 3　贵妃醉酒(见《中国杨柳青木版年画集》，天津：天津杨柳青画社书刊编辑出版发行事业部，1992 年，第 59 页)

神话作为历史意识的源泉

现在我们已经叙述了两个著名的中国女性的神话故事：花木兰的故事和杨贵妃的传说。现在让我们转向这篇演讲的下一部分：女性神话在当代中国作为历史意识的来源，以及它们是如何在20世纪妇女权利的普世话语中被挪用的。宋朝士人在他们的时代重新阐发了儒家伦理，而杨贵妃是被他们摒弃的历史的一部分。如秦家懿(Julia Ching)指出："唐朝以妇女相对自由以及女统治者武则天(684—709年在位)而著称。"(秦，1994：259)。秦认为，主导宋朝思想界对忠诚的极端重视，以及强调女性顺从的重要性，均直接来源于对唐朝妇女形象的反应。拒绝中国某类神话的女性意味着宋代和宋代以后精英女性的角色和地位发生了重大变化。宋代之后，说到底，是一个女子缠足、寡妇苦守、烈女自杀的时期。在美国，关于中国妇女史的大部分研究都集中在宋代之后。

的确，在宋代之后的帝国晚期，年轻女孩子也许被灌输了过量的儒家妇德教育。这是理学家们所提倡的，也是著名的教化书所颂扬的，而这些书籍在13世纪后印刷量不断增加。然而，她们也没少看到非正统的女主角杨贵妃的故事。那些故事出现在彩色木刻、蒙学读物、戏剧舞台和诗集里。换句话说，各种各样的女性故事都对形成关于妇女在文化、政治和社会秩序中之地位的历史意识有所贡献，这种意识强烈地体现在明末和清朝文人的作品中。

由于这些故事中的迹象，我们清醒地意识到帝国晚期女性地位的下降。这一意识最早出现在18世纪末男性精英的著作中。我们从17、18、19世纪中国沿海城市中出版的妇女本身的作品中得知，阅读过往时代妇女的生活传达了一种历史相关性和文化赋权之感，同时为她们提供了一种反抗和批判的语言，使她们的不满合法化。而那些大多数既不会读也不会写的女子可以从花木兰到杨贵妃那些传奇女子的故事中找到她们自己身份的标准。在看戏、挂年画、听故事和(故事中的)诗句的过程中，她们可以回味那些打动她们的细节，用她们的想象补足故事中的缺憾之处。

因为时间关系，我们不能讲述更多，但即便只是几幅年画和插图中的例子也足以显示木兰和杨贵妃的生活故事如何在视觉文化中得到栩栩如生的表现(19世纪的风筝上装饰着木兰画像，这是后来美国的午餐盒上木兰形象的先驱)。特别有意思的是年画上用来祈福的“百美图”，冠以“四美”、“十美”甚或“十八美”之名，画上混合地描绘着不分时代的历史上之著名女子，如谢道韫、蔡文姬、花木兰等(有时是道教或神仙人物或女神，如麻姑或嫦娥)。这些美人图尤其被认为是吉祥美满的象征，是家居墙壁的理想装饰，即“家庭美满”。

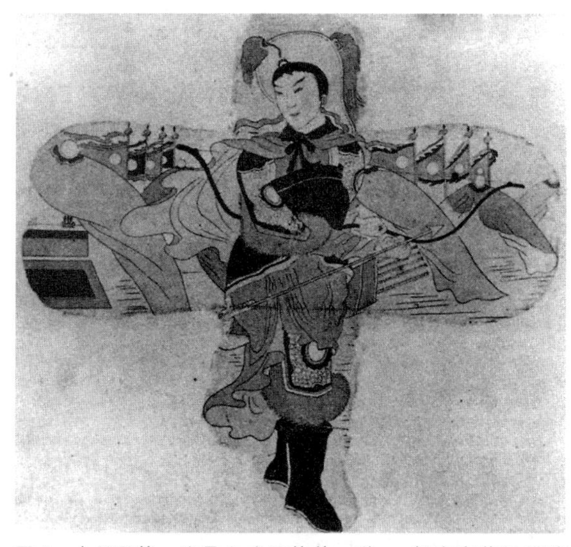

图4 木兰风筝。这是立式风筝的一种，一般在春节以后放飞(见王树村《中国民间年画史图录》第二册，上海：上海人民美术出版社，1991年，第551页)

最后让我们将目光转向20世纪这个“新女性”时代。我们发现，蕴藏着大量神话的中国文化故事宝库位居清朝改革者和“五四”知识分子提出的“妇女问题”之前列。王政在分析中国“五四”时期的妇女观时指出：“‘五四’时期创造出‘新女性’这一名词而不是‘新男性’并不是偶然的。虽然‘五四’时期女性主义改变了年轻一代受过教育的男性之妇女观，但是，是新女性崛起成为现代中国的一个新的社会类别。”（王，1999：第23页）我们在此多加一句，这的确不是偶然的，正是因为中国妇女在历史上的角色，使妇女成为任何政治、变化的叙述里不可或缺的一部分。她们是引起变化的催化剂[26]。

这些历史上著名妇女的遗产以及20世纪初期中国“妇女问题”的迫切性，使中国妇女自然地先从中国的史册中寻找榜样，然后转向西方寻求与烈女相对应的人物，即西方文化中能成为她们新的“文明标准”的女性模范[27]。实际上，书写“伟大女性”的历史成为这一时期的一项小型跨国产业，特别是在英国和美国。玛格丽特·伯顿（Margaret Burton）收集的当代中国伟大女性的传记仅仅是其中一例（Burton，1912）。在英国，女作家编撰了当时印度的“著名”女作家的生平故事（Chapman，1891）。她们的继承者是研究中国妇女的先驱，包括萨福德（Miss A. C. Safford），萨翻译了吕坤改编的《列女传》（1899）；艾思柯（Florence Ayscough）著有《中国妇女今昔》（1937）；此外，吉娜维夫·温莎（Genevieve Wimsatt）收集了中国妇女的传记和传说（Wimsatt，1928，1934）。与此形成对比，一本1953年出版的概述印度“伟大女性”的书，坦率地承认在印度那样的文化背景之下搜寻历史上女性人物的踪迹很困难。编撰者最终决定收录的不是历史人物，而是来源于已知的文学作品中的人物。他们写道：

> 讨论后者的历史特征毫无意义。她们当中有些人可能是真实存在的历史人物，而许多人无疑是传说人物，或仅仅

---

[26] 有关一项妇女传记在光绪末年到1911年辛亥革命期间复兴并成为精神鼓动之源的调查，见李又宁和张玉法，1975年，第一卷，第167—172页。这些传记包括许多女军事领导人的生活经历。

[27] 李和张（1975，第一卷，第183页等处）一文的摘录显示了19世纪末的中国作家是如何以妇女地位为标准把中国的进步与殖民统治下印度的进步相比较的。

> 是诗意幻想的创作。但无论她们是否真正存在过，她们已经有一千多年的历史了……她们与我们如此水乳交融，很难把她们忽略或仅仅看成是虚构的。她们激发了我们女性的思考和理想，千百年来塑造着妇女的生活，可以说她们比任何真正的女性都更真实、更活跃、更重要。哪些真实生活中的女性能比这些被创造出来的女性人物，如萨底(Sati)、息妲(Sita)和萨维特丽(Savitri)更有力量呢？有什么例子能比德牢帕蒂(Draupadi)、沙恭达罗(Shakuntala)和甘达瑞(Gandhari)更说明印度女性真正的尊严呢？
>
> (Majumdar, 1953：序言第10页)

由于历史人物记载有限，编撰者们仅能找到如下这些妇女的生平简介——女王、嫔妃、公主、女圣徒、修女、诗人、音乐家和教师——这再一次展示了在保存妇女生平故事方面，南亚和中国在历史编撰方面的巨大差异[28]。

与此同时，20世纪初中国女性读者仔细搜索西方史册，寻找那些她们坚信一定会发现的杰出女性，而这些杰出女性的故事将能解释西方是怎样变得富强起来的。她们找到了谁呢？有些发现不出所料：圣女贞德、弗罗伦斯·南丁格尔、凯瑟琳·比彻(Catherine Beecher)、玛丽·里昂(Mary Lyon)和乔治·艾略特(Geroge Eliot)——她们可以称得上"烈女"：持有坚强的道德信念，进入男人的世界，成就了伟大事业[29]。但是，中国女性读者所

---

[28] 例如，苏库马·森(Sukumar Sen)(1953：370)在评论禅德罗婆罗巴(Chandraprabha)时，说她是"印度历史上最被浪漫化的一个女性人物……虽然她对大众来说并不知名"。与此相反，《罗摩衍那》中的人物摩诃婆罗多以及戏剧《沙恭达罗》中的经典人物，用一位编者的话说，"更加真实、更加生动，比其他任何真实的妇女更加重要"(Majumdar, 1953：x)。

[29] 夏晓虹(1995：104—120)讨论了这些新的模范角色。另参见李又宁，1981：222—223。

选取的西方杰出妇女人物中，有一个典型的例子，是陈平原所说的，在一种文化从另一种文化中挪用观念和象征，使之成为自己的观念和象征过程中产生的“创造性的误解”(1989：63—76)[30]。我指的是令人敬畏的罗兰夫人，她在“五四”时期是中国各地女性激进分子的口号，被称为“法国革命之母”。虽然罗兰夫人在欧洲人讲述的法国史中不是标志性的人物，但她常被崇拜卢梭的中国读者(可能是卢梭把罗兰夫人介绍到中国来的)看作一位才女、一位有才华的年轻女子、一位民族女英雄，她至死不屈的忠诚也是她被看作烈女的一个标志。确实，罗兰夫人九岁时阅读了蒲鲁塔克的《传记集》，就像中国早慧的女孩阅读刘向的《列女传》。三十九岁时，罗兰夫人在断头台上说了她的临终之言：“哦，自由，多少罪恶假你之名!”这句话在中国被她不计其数的崇拜者所铭记[31]。

在创造性的误解的过程里，穿越文化界限最具流动性的女英雄形象是圣女贞德[32]。很显然，贞德在中国如此重要，是因为她与花木兰极为相似，花木兰是20世纪初激励中国年轻女性投身革命事业的核心人物[33]。甚至远在1911年辛亥革命以前，花木兰就

---

[30] 关于把西方建构成“他者”过程的另一个当代分析参见陈小眉，1995，引自第4—5页。把西方建构成“他者”，“使得东方(the Orient)可以积极地、以本土的创造性参与到一个自我挪用(self-appropriation)的过程中”。

[31] 见May，1970，特别是第15—16、31—37页，引文出自第288页。另见夏晓虹1995，第107页；以及李又宁，1981。

[32] 例如，我们可以看下面的引文。它来自青年妇女革命家秋瑾的诗作《勉女权歌》：“男女平权天赋就，岂甘居牛后？……若安作同俦(指贞德——译者)，恢复江山劳素手。”引自Snow(1967：94)，引自范文澜《女革命家秋瑾》，《中国妇女》(1956年10—12月刊)。再如，上海五卅运动中著名的女领导人被称为“中国的贞德”(柯临清，1995：134)；此外，1926年一位西方观察家称宋庆龄为“中国的贞德”，因为她在革命首都武汉显示出重要作用(柯临清，1995：183)。

[33] 向警予的一个兄弟回忆到1902年在湖南的一次传教士事件中，向警予被花木兰的壮举所激励而仿效之。见柯临清，1995：74；以及McElderry，1986：96；以及王政，1999：347—348。柯临清引用了维特克(Roxane Witke)(1970：45—49)，指出在向警予那一代青年妇女中广泛流传着“木兰情结”(第245—246页，注 (转下页)

流行不衰，在那些晚清时期出版的带有怀旧感而且毫无疑问属于反对革命的“百美”书中，花木兰就曾反复出现。1908 年出版的一部类似书中就有木兰的素描插图，那本书的编者告诉我们：

> 当我小时候读到《木兰辞》时，很奇怪一个裹脚的女孩怎么能够出去打仗。后来我知道了，古代女子并不缠足，因此她们强壮而勇敢。男人也不剃发，所以女扮男装很容易。如今，很多女子也不裹脚，但她们能仿效父辈和君王去勇敢参战吗？相反，她们滋扰生事，追求自身利益。她们比那些缠足女子更不可忍。在此，我希望代表所有天足的女子洗去她们的羞耻！[34]

在这里，花木兰成为新女性公民的一个象征，也是对同时代忽视对祖国责任的女子的一种谴责，没有缠足增加了她们的体力，但她们没有好好利用由此带来的新机会。

王政对此问题的论述极为精辟，她说诸如花木兰一类的故事有利于妇女们想象自己“正进入男人的世界成就伟大的事业”(1999：333)。我们发现妇女们也大力颂扬步入男人世界成就伟大事业的其他传说人物，例如女历史学家班昭。在一所新建的女子学校中，班昭的画像取代了挂在墙上的孔子画像。刊登在 1940 年出版的《妇女杂志》上的一篇班昭传记，使现代读者意识到中国古代历史上那些受过良好教育的女性的勇气以及她们易受社会

(接上页)释 7)。王政(1999)在她关于 20 世纪 30 年代和 40 年代职业妇女的访谈中列举了大量具有木兰情结的例子。尤其见第 21—22、41—42、127—128 页(其中，木兰与南宋将军韩世忠的妻子梁红玉相提并论，梁红玉 1130 年参加了她丈夫抵抗金兵入侵的战斗)，第 179—180、225 页(王政的一个访谈对象回忆了她们“昔日的理想”就是女孩子应该仿效谢道韫和木兰)，第 291 页(另一个访谈对象也回忆“五四”时期她在湖南的进步小学中唱花木兰歌谣时的情形)，第 297 页(当这个访谈对象加入了中国共产主义青年团时，她把名字改成了木兰，因为她的父亲年老而她没有年长的兄弟)。

[34] 《西苑外史》(1908 年)，卷 1“孝悌”第四条。

攻击这一点。在男人统治的政治环境中成就事业，她们必须用智慧策略[35]。

这些激发年轻女性革命者和改革者的女性神话的命运，和20世纪20年代杨贵妃故事的命运形成强烈对比。中国新兴的消费文化的广告商将杨贵妃的图片放在日历上，画面上她身着时髦的半透明的浴衣刚从华清池出浴，传递着对英美烟草公司艺术家们的赞扬[36]。

在1949年之后的社会主义时期，中国女性神话也遭遇了同样各不相同的命运。西方式的"新女性"被贬抑为资产阶级的矫揉造作，班昭那样的古代杰出女子代表被当作封建残余而被摈弃，花木兰那样长期以来象征着女性勇气和力量的人物也成了之后政治运动风云变幻的牺牲品。革命样板戏《红色娘子军》于20世纪60年代早期被搬上了荧屏，其中一首主题歌这样宣传了花木兰的形象："古有花木兰，替父去从军，今有娘子军，扛枪为人民。"[37]但是在"文化大革命"高潮时期，这些歌词被重写，以清除"封建的"木兰神话的残余："打碎铁索链，翻身闹革命！我们娘子

---

[35] "藜舟贵客"(1940)的班昭传记以检视班昭的家庭背景和给予她教育以及后来宫廷地位的男性开始：她的父亲、丈夫和长兄。之后(在第97页)，作者邀请读者一起重读班昭《女诫》的自序。原文如下：

> 鄙人愚暗，受性不敏，蒙先君之余宠，赖母师之典训。年十有四，执箕箒于曹氏，于今四十余载矣。战战兢兢，常惧黜辱，以增父母之羞，以益中外之累。夙夜劬心，勤不告劳，而今而后，乃知免耳。吾性疏顽，教导无素，恒恐子穀负辱清朝。圣恩横加，猥赐金紫，实非鄙人庶几所望也。男能自谋矣，吾不复以为忧也。但伤诸女方当适人，而不渐训诲，不闻妇礼，惧失容它门，取耻家族。吾今疾在沉滞，性命无常，念汝曹如此，每用惆怅。闲作《女诫》七章。

班昭这些焦虑的告诫对于20世纪40年代班昭的崇拜者来说是多么及时啊！最近关于班昭对20世纪中国妇女运动的影响之研究，见夏晓虹，2000。

[36] "贵妃出浴"见于1920年代的英美烟草公司的月份牌。图片感谢高家龙(Sherman Cochran)，引自英美烟草有限公司，"英美烟草有限公司日历"(上海，1925年)。见Cochran，2000：74-75。

[37] 与卢苇菁的私人交流，引自她所记忆的歌词。

图5　20世纪初期的木兰（息园外史《绣像古今贤女传》，1908，"序言"，卷1）

军，扛枪为人民。"（Ebon，1975：135）

然而，在20世纪80年代之后的改革开放时期，有关中国妇女的古老神话被重新大力发掘，焕发神采。比如"名媛"一词再度流行，成了品德高尚、举止高雅的象征。历史上著名妇女的古老故事被重新挖掘出来，拂去尘埃，占据了中国妇女长期反封建压迫斗争历史长河中的一席之地。确实，一些过去几乎默默无闻的女性模范被小心翼翼地重新定位，突出了她们的重要性（例如，棉纺织的发明者黄道婆和许多已经湮没无闻的农民起义女领袖）[38]。新的模范妇女作为官员、专业人士、政党领袖和建设革命新社会

---

[38] 在1980年代初，一些选集被翻译成英文介绍给中国以外的读者。例如，参见《中国妇女》（1983，1984）。后者中包括了黄道婆、唐赛儿（15世纪的农民起义女首领）和太平天国女将领洪宣娇的传记。

的工人而被载入史册(孟繁科,1990)。旧版“百美图”正在重新影印,用锦缎装裱出版[39]。1993 年,一本名为《中国历代名媛》的书歌颂了几千名著名女子的美德,她们的模范行为出现在小说、歌曲和大众文化艺术中,展示了“对祖国和人民的热爱”、“民族主义的意识”、“聪明才智和纯洁”、“忠诚和贞洁”(林新乃,1993：2—17)。具有讽刺性的是,这种热情洋溢的语言和中国女性的古老神话是共鸣的,同时它分明显出对“男女都一样”观念的背离。

古代神话在当前市场经济中的流行,也可从 20 世纪 80 年代初以来有关妇女的书籍充塞了中国书店的现象得见一斑。正如杜芳琴所言,1981—1991 年的十年是妇女史书籍出版的“第二次波峰”(“第一次”是在“五四”时期),它建造了一个有关妇女著述的宝库,尤其是传记。杜芳琴强调,这些书籍具有典型的传统性别观,反映了明清文化的价值观和诠释性判断,尤其是对宫廷生活和政治的关注、对女战士的评价,以及将女性置于由男性行为和信仰构成的一个更大的历史叙事中的倾向(杜芳琴,1996：16)。1988 年广东出版的《中国百名仕女图》中,有当代著名画家创作的插图,其中包括了湘妃、花木兰以及新近作为中国劳动妇女代表被供奉的黄道婆,当然还有杨贵妃。和其他插图不同,杨贵妃的插图占据了正文内页双面对折页(蔡卓之,1988)[40]。

在改革开放后的中国,像杨贵妃那样年轻美丽女子的传奇再次以浪漫色彩出现并非偶然。在 20 世纪 90 年代沉湎于声色犬马的世俗世界里,杨贵妃就是有钱顾客之间被交易的年轻女孩。她像一棵摇钱树,是她的家庭成功的资本,也是达官贵人炫耀自己永葆青春的招牌。在中国商品经济的大潮中,许多家庭意识

---

[39] 最近访问北京的时候,我买了一本刚刚重印的乾隆时期出版的著名的《百美新咏图传》,由袁枚作序(颜希源,1998)。

[40] 插画作者为卢禹光,时任广州美术馆主任,本书的英文译者为凯特·福斯特(Kate Foster),曾出现在以下的网站：www.span.com.au/ 100women/illust.html。

到，一条快速的上升途径就是有一个漂亮女儿，正如杨贵妃故事早就证明的那样，以色侍人爬到高位。这是中国女性神话的另一个古老遗产。

结　语

正如罗兰夫人虽然在法国很快就被淡忘了，而在中国却作为法国革命之母而获得重生一样，占据了西方历史想象空间的中国小脚女人也是创造性的误解的产物。该产物在中国自身早期文化的家庭相册中或故事库里并无一席之地。当欧洲和北美的女作家们通过神话来解释中国女性的历史时，这种创造性的误解变得尤为明显，因为她们倾向于选定一个关于中国女性的特殊神话：缠足。总之，她们在中国众多的女性神话中单选了这一个。她们选择了中国女性的一个方面，但缠足从未见于除了色情小说和用于做爱调情指南的"春宫画"之外的神话历史和小说中。

当缠足在中国被废止时，它来得如此突然，令改革者和外国人都惊叹不止。这清晰地暴露出缠足本身文化根基的薄弱。许多西方人仍然抓住缠足的故事不放，似乎它亘古不变地定义着中国"传统"文化中女性意义的本质。这告诉我们欧洲和北美文化仓库中的一些重要信息。它尤其显示出，西方人需要一个神话，以便把亚洲想象为"他者"。但是，缠足充其量只能告诉我们有限的中国妇女的故事，更不用说中国妇女的神话以及她们是如何解读这些神话的。

征引参考书目

Ayscough, Florence. 1937. *Chinese Women Yesterday and Today*. Boston: Houghton Mifflin Company.

Birrell, Anne. 1993. *Chinese Mythology: An Introduction*. Baltimore: The Johns Hopkins University Press.

博松年，1986，《中国年画史》，沈阳：辽宁美术出版社。

Bonnefoy, Yves. 1991. *Asian Mythologies*. Translated by Gerald Honigsblum et al., under the direction of Wendy Doniger. Chicago: University of Chicago Press.

Boon, James A. 1990. "Balinese Twins Times Two: Gender, Birth Order, and 'Househood' in Indonesia/Indo-Europe." In *Power and Difference: Gender in Island Southeast Asia*, edited by Jane Monnig Atkinson and Shelly Errington. Stanford: Stanford University Press.

Burton, Margaret E. 1912. *Notable Women of Modern China*. New York: Fleming H. Revell.

Cai, Junsheng. 1995. "Myth and Reality: The Projection of Gender Relations in Prehistoric China." In *The Chalice and the Blade in Chinese Culture: Gender Relations and Social Models*, edited by Min Jiayin et al. Beijing: China Social Sciences Publishing House.

蔡若虹编，1994，《中国古今题画诗词全壁》，武汉：湖北教育出版社。

蔡卓之编，1988，《中国一百仕女图》，卢禺光插图，广州：岭南美术出版社。

Carlitz, Katherine. 1991. "The Social Uses of Female Virtue in Late Ming Editions of *Lienü Zhuan*." *Late Imperial China* 12 (2): 117-148.

Carlitz, Katherine. 1997. "Shrines, Governing-Class Identity, and the Cult of Widow Fidelity in Mid-Ming Jiangnan." *Journal of Asian Studies* 56 (3): 612-640.

Chapman, Mrs. E.F. 1891. *Sketches of Some Distinguished Indian Women*. London: WH. Allen.

陈平原，1989，《二十世纪中国小说史》第一卷（1897—1916 年），北京：北京大学出版社。

Chen, Xiaomei. 1995. *Occidentalism: A Theory of Counter-Discourse in Post-Mao China*. New York: Oxford University Press.

Ching, Julia. 1994. "Sung Philosophers on Women." *Monumenta Serica* 42: 259-274.

Clunas, Craig. 1997. *Pictures and Visuality in Early Modern China*. Princeton: Princeton University Press.

Cochran, Sherman. 2000. "Marketing Medicine and Advertising Dreams in China, 1900-1950." In *Becoming Chinese: Passages to Modernity and Beyond*, edited by Wen-hsin Yeh. Berkeley: University of California Press.

Deuchler, Martina. Forthcoming. "Propagating Female Virtues in Chōson Korea." In *Women and Confucian Cultures in Premodern China, Korea, and Japan*, edited by Dorothy Ko, JaHyun Kim Haboush, and Joan Piggott. Berkeley: University of California Press.

Doniger, Wendy. 1998. *The Implied Spider: Politics and Theology in Myth*. New York: Columbia University Press.

杜芳琴，1996，《研究主体对妇女史研究的影响——妇女史出版物十年回顾》，收录在杜芳琴编辑《发现妇女的历史——中国妇女史论集》，天津：天津社会科学院出版社。

Dudbridge, Glen. 1978. *The Legend of Miao-shan*. London: Ithaca Press.

Ebon, Martin. 1975. "The Red Detachment of Women." In *Five Chinese Communist Plays*, edited by Martin Ebon. New York: John Day.

Elvin, Mark. 1984. "Female Virtue and the State in China." *Past and Present* 104 (August): 111-152.

Faurot, Jeannette. 1972. "Four Cries of a Gibbon: A Tsa-chu Cycle by the Ming Dramatist Hsu Wei (1521-1593)." Ph. D. diss., University of California, Berkeley.

Frankel, Hans H. 1976. *The Flowering Plum and the Palace Lady: Interpretations of Chinese Poetry*. New Haven: Yale University Press.

Glimartin, Christina Kelley. 1995. *Engendering the Chinese Revolution: Radical Women, Communist Politics, and Mass Movements in the 1920s*. Berkeley: University of California Press.

中川正子(Graham, Masako Nakagawa). 1998. *The Yang Kuei-fei Legend in Japanese Literature*. Lewiston, N.Y.: Edwin Mellen Press.

Grant, Beata. 1989. "The Spiritual Saga of Woman Huang: From Pollution to Purification." In *Ritual Opera, Operatic Ritual: "Mu-lien Rescues His Mother" in Chinese Popular Culture*, edited by David Johnson. Berkeley: Institute of East Asian Studies, University of California.

韩锡铎编,1993,《中华蒙学集成》,辽宁：辽宁教育出版社。

Hatley, Barbara. 1990. "Theatrical Imagery and Gender Ideology in Java." In *Power and Difference: Gender in Island Southeast Asia*, edited by Jane Monnig Atkinson and Shelly Errington. Stanford: Stanford University Press.

Hegel, Robert E. 1998. *Reading Illustrated Fiction in Late Imperial China*. Stanford: Stanford University Press.

胡光舟编,1990,《中国历代名诗分类大典》,广西：广西人民出版社。

Huang, Martin W. 1995. *Literati and Self-Re/Presentation: Autobiographical Sensibility in the Eighteenth-Century Chinese Novel*. Stanford: Stanford University Press.

Huyler, Stephen P. 1994. *Painted Prayers: Women's Art in Village India*. New York: Rizzoli.

Johnson, David. 1989. "Actions Speak Louder Than Words: The Cultural Significance of Chinese Ritual Opera." In *Ritual Opera, Operatic Ritual: "Mu-lien Rescues His Mother" in Chinese Popular Culture*, edited by David Johnson. Berkeley: Institute of East Asian Studies, University of California.

《康熙御定历代提花诗》,1976,香港：神舟图书公司。

Keightley, David N. 1999. "At the Beginning: The Status of Women in Neolithic and Shang China." *Nan Nü: Men, Women and Gender in Early and Imperial China* 1 (1): 1-63.

Kingston, Maxine Hong. 1975, 1976. *The Woman Warrior: Memoirs of a Girlhood Among Ghosts*. New York: Vintage.

李又宁，1981，《中国新女界杂志的创刊及内涵》，收录于张玉法、李又宁编《中国妇女史论文集》，台北：台湾商务印书馆。

李又宁、张玉法编辑，1975，《近代中国女权运动史料》，第2卷，台北：传记文学出版社。

林新乃，1993，《中国历代名媛》，上海：上海文艺出版社。

藜舟贵客，1940，《班昭评传》，《妇女杂志》1（1）：94—101。

Majumdar, R.C. 1953. "Preface." In *Great Women of India*, edited by Swami Madhavananda and Ramesh Chandra Majumdar. Mayavati, Almora, Himalayas: Advaita Ashrama.

Manderson, Lenore, and Margaret Jolly, eds. 1997. *Sites of Desire, Economies of Pleasure: Sexualities in Asia and the Pacific*. Chicago: University of Chicago Press.

Mann, Susan, trans. 1999. "Zhang Xuecheng (1738 - 1801), Fu xue." In *Women Writers of Traditional China: An Anthology of Poetry and Criticism*, edited by Kangi Sun Chang and Haun Saussy. Stanford: Stanford University Press.

May, Gita. 1970. *Madame Roland and the Age of Revolution*. New York: Columbia University Press.

McElderry, Andrea. 1986. "Woman Revolutionary: Xiang Jingyu." *China Quarterly* 105 (March): 95-122.

孟繁科编，1990，《中国妇女之最》，北京：中国旅游出版社。

Min, Jiayin, ed. 1995. *The Chalice and the Blade in Chinese Culture: Gender Relations and Social Models*. Beijing: China Social Sciences Publishing House.

O'hara, Albert Richard. 1945. *The Position of Woman in Early China According to the Lieh nu chuan*, "The Biographies of Eminent Chinese Women." Washington, D.C.: Catholic University of America Press.

Ostrowski, Brian E., and Brian A. Zottoli, trans. (with an introduction and pedagogical notes by Keith Weller Taylor). 1999. "Departed Spirits of the Viet Realm." Ithaca: Cornell University Southeast Asia Program.

Raphals，Lisa. 1998. *Sharing the Light: Representations of Women and Virtue in Early China*. Albany：State University of New York Press.

Reid，Anthony. 1988. *Southeast Asia in the Age of Commerce，1450 – 1680：Vol.1，The Lands below the Winds*. New Haven：Yale University Press.

Rushdie，Salman. 1999. *The Ground Beneath Her Feet*. New York：Henry Holt.

Safford，A.C. 1899. *Typical Women of China: Translated from A Popular Native Work on the Virtues，Words，Deportment，and Employment of the Women of China*. 2nd ed. Shanghai：Kelly and Walsh.

Sangren，P. Steven. 1993. "Gods and Familial Relations：No-cha，Miao-shan，and Mu-lien." 未出版论文。

Sangren，P. Steven. 1997. "Myth，Gender，and Subjectivity." *Hsin Chu Bank Endowed Lecture Series on Thought and Culture*. Hsin-chu，Taiwan：Program for Research of Intellectual-Cultural History，College of Humanities and Social Sciences，National Tsing Hua University.

Schafer，Edward H. 1980. *The Divine Woman: Dragon Ladies and Rain Maidens in T'ang Literature*. San Francisco：North Point Press.

Sen，Sukumar. 1953. "Great Hindu Women in East India." In *Great Women of India*，edited by Swami Madhavananda and Ramesh Chandra Majumdar. Mayavati，Almora，Himalayas：Advaita Ashrama.

Snow，Helen Foster. 1967. *Women in Modern China*. Paris：Mouton.

Taylor，Keith Weller. 1983. *The Birth of Vietnam*. Berkeley：University of California Press.

Vinograd，Richard. 1992. *Boundaries of the Self: Chinese Portraits，1600 – 1900*. New York：Cambridge University Press.

Wang，Zheng. 1999. *Women in the Chinese Enlightenment. Oral and Textual Histories*. Berkeley：University of California Press.

Widmer，Ellen. 1992. "Xiaoqing's Literary Legacy and the Place of the Woman Writer in Late Imperial China." *Late Imperial China* 13(1)：

111-155.

Wimsatt, Genevieve B. 1928. *The Bright Concubine and Lesser Luminaries; Tales of Fair and Famous Ladies of China*. Boston: J.W. Luce.

Wimsatt, Genevieve B, trans. (with Geoffrey Chen). 1934. *The Lady of the Long Wall: A ku shih, or Drum Song of China*. New York: Columbia University Press.

Witke, Roxane. 1970. "Transformation of Attitudes towards Women during the May Fourth Era of Modern China." Ph. D. diss., University of California at Berkeley.

Wolf, Margery. 1972. *Women and the Family in Rural Taiwan*. Stanford: Stanford University Press.

Women of China, ed. 1983. *Women in Chinese Folklore*. 北京：国际书店。

Women of China, ed. 1984. *Departed but Not Forgotten*. 北京：国际书店。

Wu, Hung. 1995. *Monumentality in Early Chinese Art*. Stanford: Stanford University Press.

Wu, Hung. 1996. *The Double Screen: Medium and Representation in Chinese Painting*. Chicago: University of Chicago Press.

Wu, Hung. 1997. "Beyond Stereotypes: The Twelve Beauties in Qing Court Art and the Dream of the Red Chamber." In *Writing Women in Late Imperial China*, edited by Ellen Widmer and Kang-i Sun Chang. Stanford: Stanford University Press.

夏晓虹，1995，《晚清文人妇女观》，北京：作家出版社。

夏晓虹，2000，《古典新义：晚清人对经典的解说——以班昭与女诫为中心》，《中国学术》1(2)：82—104。

息园外史，1908，《绣像古今贤女传》。

颜希源辑，1908，《百美新咏图传》，袁枚 1790 年首序，1998 年重印，北京：中华书局。

Yang, Lien-sheng. 1960-1961. "Female Rulers in Imperial China." *Harvard Journal of Asiatic Studies* 23: 47—61.

Yu, Anthony C. 1997. *Rereading the Stone: Desire and the Making of*

Fiction in Dream of the Red Chamber. Princeton: Princeton University Press.

〔原文发表于 *Journal of Asian Studies* 59.3（November, 2000）, pp.835-862〕

蔡一平、刘黎红译，蔡一平、卢苇菁校

女性历史、男性研究：关于明清时期性别研究的新方向*

在美国学界，女性主义理论将社会性别（gender）作为历史研究的一种分析范畴（a category of analysis）[①]，激发了对女性历史的新研究——这些研究首先关注欧洲和北美历史，然后出现在所谓“非西方”的研究领域。在“非西方”领域中，中国史可能是妇女史方面的领头羊。从20世纪70年代开始，关于中国妇女史的研究层出不穷，并且在以后的每十年都持续增长。在美国，关于中国妇女研究的兴趣始于关注中国台湾和香港的人类学家——其中尤其值得注意的是卢蕙馨（Margery Wolf）、艾米莉·马丁（Emily Martin（Ahern））、江伊莉（Elizabeth Johnson）和托培理（Marjorie Topley）[②]。斯泰西（Judith Stacey）、江开安（Kay Ann Johnson）以及其他学者对中国大陆妇女及革命的研究进一步丰富了这一领域[③]。总体而言，这些研究开始挑战长久以来用“从夫居（patrilocal）、父系（patrilineal）及父权（patriarchal）”来形容中

---

* 作者对叶保民在研究中提供的协助表示感谢。

① 历史学家琼·斯科特（Joan Scott）的研究对这一课题具有深远的影响。她认为“性别”作为一种研究分析类别（analytical category）不是仅仅适用于男性和女性，而是作为一种二元文化符号（binary cultural code），可用来解读许多种使用了性别话语和想象的文本。见 Joan W. Scott, “Gender: A Useful Category of Historical Analysis,” *The American Historical Review* 91.5 (1986): 1053-1075。

② 见卢蕙馨（Margery Wolf）和维特克（Roxane Witke）编辑的 *Women in Chinese Society* (Stanford: Stanford University Press, 1975)一书中的文章。

③ Judith Stacey, *Patriarchy and Socialist Revolution in China* (Berkeley: University of California Press, 1983); Kay Ann Johnson, *Women, the Family, and Peasant Revolution in China* (Chicago: University of Chicago Press, 1983).

国家庭体系的研究。与我同辈的历史学家仍然记得卢蕙馨对台湾女性和家庭的经典分析所带来的深远影响。卢蕙馨指出，虽然主流历史叙述对中国家庭的描述往往将女性置于边缘地位，但是在实际生活中，中国家庭关系中的情感意义(emotional meaning)则将女性置于中心。卢蕙馨的出色研究指出，在一位母亲的一生中，以她为中心的短暂的情感关系正是长久的"父系"家庭结构的中心④。

卢蕙馨的研究启发了20世纪中国妇女史研究，至1990年代，有关中国早期历史中妇女研究的专著和文章蔚为大观⑤。这些研究中的大多数试图将中国妇女史从"父权"论述的禁锢中解放出来。大部分研究中国的英文著作依然使用"父权"、"从夫居"以及"父系"等词汇来形容中国式数代同堂家庭(Chinese joint family)。从夫居是指新娘在婚后需要搬离娘家，搬入她丈夫的父母家(作为相对的入赘就是丈夫与新娘的父母住在一起；或者小家庭(neolocal)，即新婚夫妻建立自己的家庭)。父系指按男性子孙来计算世系和继承财产的制度。以此相对，父权指家庭中的权力和权威，即指男性长辈持有所有的权力。从这个角度看，"父权制"(patriarchy)一词更像是一种理念上的建构而非人类学探究的实际情况。在中国大家庭体系中，婆婆对媳妇享有绝对的权威，母亲控制儿子，而青年男性可能在家族中担负礼仪或者管理上的职责，尤其是对家族财富和财产的控制。而这三个以"父"为头的

---

④ Margery Wolf, *Women and the Family in Rural Taiwan* (Stanford: Stanford University Press, 1972).

⑤ 在美国学界，如今有大量有关中国妇女史的著作出版，其中许多强调缠足和女性自杀并不是唯一的主题。同时，女性研究也在北美关于当代中国的跨学科研究中占有一席之地。有关这些研究的综述，见 Ann Waltner, "Recent Scholarship on Chinese Women," *Signs* 21.2 (Winter, 1996): 410-428; Jin-hua Emma Teng, "The Construction of the 'Traditional Chinese Women' in the Western Academy: A Critical Review," *Signs* 22.1 (Autumn, 1996): 115-151; Susan Mann, "The History of Chinese Women Before the Age of Orientalism," *Journal of Women's History* 8.4 (Winter, 1997): 163-176。

形容词是人类学家使用的学术用语，用来形容家庭体系；它们在中文中并没有对应的词汇。其中，用“父权”一词来描述中国部分源自东方主义者(orientalist)批判亚洲文化的压迫性(oppression)的论述。19 世纪晚期至 20 世纪早期，传教士、殖民者以及国际商人都传播了这一想法⑥。

---

⑥ 我自己使用“父权制”一词的目的是基于它在文本中的历史(rhetorical history)，因为从它隐含的意义来说，这一词语是用来形容他者(other)的，其假设就是使用“父权制”一词的当代西方文化本身并非父权制。正因为这一词语所包含的明显的政治和思想含义，它的使用妨碍了我们从中国自身的历史文化背景中去理解家庭体系中的性别关系。此处我们尚未提及这一词语也同时赋予使用它的西方学者特权。依照《大英百科全书》(1990，vol.9，p.200)，这一词语是指一种“假设的基于父亲或者年长男性具有对于家庭其他成员绝对权威的社会系统”。它一开始是由人类学家路易斯·亨利·摩尔根(Lewis Henry Morgan)和亨利·缅因(Henry Maine)提出的。作为社会达尔文主义的先驱，他们认为这是人类社会进化的一个阶段。值得注意的是，当代大部分人类学家都对这一进化论持怀疑态度。许多民族志学者已经发现“即使在父系社会中，绝对的男性统治也是非常少见的。因此，父权制作为一个技术或者类别词汇，已逐渐被社会科学研究者摈弃”。这一词语主要出现在两种研究当中：一是中国马克思主义研究中使用的家长制(有时候使用族长制)；还有就是美国的女性主义学家。在有关中国革命中男性统治的研究中，斯泰西(Judith Stacey)将这个词作为分析的中心类别，她指出即使在女性主义者当中，这一词语也充满争议。见 Stacey，*Patriarchy and Socialist Revolution in China*，尤其是第 9 页，引用出自此页。传教士虽然没有大量使用这一词语，但是在一些作品中表达了类似的想法，比如卢公明(Justus Doolittle)在他的 *Social Life of the Chinese* (New York：Harper，1867)中将一家之主称为“家长”(patriarchs)，一族之长称为“大族长”(archpatriarch)(卷 2 第 227 页)。又见卫三畏(S. Wells Williams)在 *The Middle Kingdom* (New York：Scribners，1900)中写道：“中国政府的理论毫无疑问是父权制的；皇帝是殿下(sire)，他的大臣是他管辖省份、部门、区域的负责长老(responsible elders)，就如同每个家庭的父亲与他的同居者一样。可能，其他政府也贯彻这一理论，但是没有任何一个地方像中国这样，系统化得如此彻底，实行得如此统一，并实行如此长时间。”(卷 1 第 380—381 页)奥格·朗(Olga Lang)在 *Chinese Family and Society* (New Haven：Yale University Press，1946) 和裴达理(Hugh D.R. Baker) 在 *Chinese Family and Kinship* (New York：Columbia University Press，1979) 中都没有使用这个词。伊沛霞用了三页纸来讨论“父权制”(patriarchy)是形容“中国家庭中权威结构和财产控制”的恰当词语。见 Paul S. Ropp ed. *Heritage of China: Contemporary Perspectives on Chinese Civilization* (Berkeley：University of California Press，1990)，第 204—206 页。

最近美国对中国妇女的研究已逐渐转向以女性为中心的视角，反击了以“父系前缀”(patri-prefix)为主导的女性研究。仿效卢蕙馨的研究，这些研究试图理解中国妇女自身的角色、视角、主体性和日常生活，从而超越仅限于家庭关系的研究角度。与此同时，这些最新研究也纠正了我们对中国家庭体系的理解，指出中国家庭自身是如何在女性扮演妻子、母亲和女儿的角色时赋予其权力[⑦]。有意思的是，这些关于中国女性历史的关注尚未启发学界重新审视类似的男性研究的诉求。在这一点上，在美国的中国学与欧美史学截然不同。在欧美史学界，用性别作为分析范畴的概念几乎同时延展出相关研究兴趣，第一是有关性别认同和展示，第二是“将人类史看作男性史”(the history of men as men)[⑧]。中国历史学家对男性研究的抗拒可能正是对“父系前缀”类研究充满讽刺的反弹——他们觉得自己已经对中国男性了如指掌[⑨]。

---

⑦ 比如见卢苇菁(Weijing Lu)，“Uxorilocal Marriage Among Qing Literati,” *Late Imperial China* 19.2 (December 1998)：64–110；以及柏文莉(Beverly Bossler)，“A Daughter Is a Daughter All Her Life,” *Late Imperial China* 21.1 (June 2000)：77–106。

⑧ Michael Kimmel, *Manhood in America: A Cultural History* (New York: The Free Press, 1996), p.2. 杰弗瑞·杰罗姆·科恩(Jeffrey Jerome Cohen)和邦妮·惠勒(Bonnie Wheeler)编辑的 *Becoming Male in the Middle Ages* (New York: Garland, 1997)认为女权主义理论家夏娃·科索夫斯基·塞奇维奇(Eve Kosofsky Sedgwick)和朱迪思·巴特勒(Judith Butler)激发了历史学家对男性气质(masculinity)和女性气质(femininity)作为“文化意义产生的多样场所”(multiple sites for the production of cultural meaning)的兴趣(p.x)。

⑨ 在中国性别研究新纪元之前，最重要的有关男性历史的研究是同性研究，如韩献博(Bret Hinsch)的 *Passions of the Cut Sleeve*。韩献博的研究是英语学界首部关于父系家庭之外的男性情爱和性关系的著作。但是因为本书只关系性学(sexuality)，*Passions of the Cut Sleeve* 并非是以男性为中心的对中国女性研究的回应。这些女性研究关注“女性文化”并探索女性作为作家、朋友和亲戚间的纽带。同时，这本书也不能与从1980年代起出现于欧美史学界中有关“男性气质”的新期刊和研究同日而语。见 *Passions of the Cut Sleeve: The Male Homosexual Tradition in China* (Berkeley: University of California Press, 1990)。与此相对，日本研究领域关于男性性学的研究也不断壮大。见(转下页)

男性间的纽带和关系是性别分析中的重要课题。中国历史学家因其对这一课题的忽视造成了新的误区及教学上的困境——欧美史学者已敏锐地意识到这些困境，并随着妇女史的发展，试图解决这些困境。中国性别史的研究生目前仍然将“性别研究”和“妇女史研究”画等号。当他们试图寻找用社会性别作为分析范畴来研究男性历史人物的学术范例时，常常无功而返[⑩]。这一让人沮丧的情况对中国研究来说尤为严重，因为相对当今西方社会或者说东亚的其他社会，中国明清社会是一个更为“两性隔离”(sex-segregated)的社会。因此，对中国历史学者而言，如果他/她的研究主题超越家庭生活以外——包括官场、经商、秘密社会或起义、学术或科举——那这些学者就会发现他们的研究对象全是男性以及男性之间的关系。研究明清中国的学者都知道，家庭体系的正常运作、科举制以及明清时期男性旅居的经历使男性在大多数社交场合都是与其他男性而不是女性一起度过的[⑪]。但是，目前学界尚未用性别作为一种分

(接上页) Roger Keyes, *The Male Journey in Japanese Prints* (Berkeley: University of California Press, 1989); Gary P. Leupp, *Male Colors: The Construction of Homosexuality in Tokugawa Japan* (Berkeley: University of California Press, 1995); 及 Gregory M. Pflugfelder, *Cartographies of Desire: Male-Male Sexuality in Japanese Discourse*, 1600-1950 (Berkeley: University of California Press, 1999)。

⑩ 比如说在中国学界，当学生寻找性别研究时会发现有关妇女的著作，诸如白馥兰(Francesca Bray)的 *Technology and Gender: Fabrics of Power in Late Imperial China* (Berkeley: University of California Press, 1997)。欧美史学界也遇到相似问题。如大卫·摩根(David Morgan)在“Men Made Manifest”(Michael Kimmel, *Manhood in America*, pp.3-4)中曾抱怨女性研究无法“让男性也看见性别”，引用了托马斯·拉科尔(Thomas Laqueur)的看法，就是“女性自己似乎已具有‘性别’”。见 *Making Sex: Body and Gender from the Greeks to Freud* (Cambridge, Mass., 1900), p.22。

⑪ Susan Mann, “The Male Bond in Chinese History and Culture,” *American Historical Review* 105.5 (December 2000): 1600-1614.

析范畴去讨论这些单一性别的社会网络是如何促成同性间的纽带，以及我们该如何理解这些纽带[12]。

下文我们将显示，对男性的研究可以加深我们对中国历史中性别的理解。我关注的重点是男性同性社会性(homosociability)的一个重要领域：即17至18世纪文人之间的友谊。我所讨论的例子显示(当然这些例子仅作为建议之用)，中国史料中关于男性友谊的文本为男性研究提供了丰富的材料，尤其是与身心健康相关的男性性态(sexuality)以及用性格特征(character traits)和行为方式(modes of conduct)来理解男性认同的概念。由于我讨论的话题比较广泛，而我的史料只集中于几位文人写作中的例子，因此这篇文章的主要目的在于给中国男性研究提供一些方向。

孔孟范例中的男性友谊

史料文本中有关男性友谊的记载始于最早的儒家学者。虽然作为儒家社会和伦理价值基础的“五伦”中的一伦是朋友，但是中国史和文化研究一直边缘化有关友谊的研究。让人吃惊的是，早期哲学家其实对友谊极为关注。孔孟著作中那些对于友谊激进而敏感的评述显示，早期思想家将友谊理解为互相提供启发、支持与陪伴的男性间的纽带。这些对于男性之“谊”的早期关注与东周时期的背景有关，即孔孟阶层的男性正在寻找作为统治周朝政治生活的亲属结构之外的全新社会政治纽带。他们对友谊

---

⑫ 两位学者曾经讨论了中国政治文化中的男性友谊，见 Joseph P. McDermott, “Friendship and Its Friends in the Late Ming,” *Family Process and Political Process in Modern Chinese History*, Part Ⅰ，台湾中研院近史所编辑(台北：中研院近史所，1992)，pp. 67–96 以及 Norman Kutcher, “The Fifth Relationship: Dangerous Friendships in the Confucian Context,” *The American Historical Review* 105.5 (December 2000): 1615–1629。

的描述涉及了男性纽带的情感、思想及政治方面。总体而言，他们对友谊的评论构成了中国最早的关于男性性别主体的模板(templates of gendered male subjectivity)：他们具体阐述了什么是男人(manhood)或男子气概(masculinity)，揭示了在周代文化中，什么品质构成"真正的男人"(real man)。

孔子对于友谊的具体论述有时是自相矛盾的。一方面，他明确指出真正的友谊只存在于同侪之间："无友不如己者。"[13]对孔子而言，友谊最根本的品质是信，孟子也持有相同观点[14]。从另一方面而言，孔子也强调朋友是可以向他学习的人，而信也指坦诚及最起码在一定程度上具有批评和指导朋友的意愿。在《论语》第十二章，子贡问交友一事，孔子答道，在不自取其辱的情况下，朋友就应该忠心地劝告、善意地引导，即"忠告而善道之，不可则止，毋自辱焉"。曾子进一步阐释，朋友相聚以赏"文"为基础，通过友谊可以辅助仁义，即"君子以文会友，以友辅仁"[15]。如果将兄弟间的关系与朋友间的关系相比较，如孔子所释，与兄弟在一起是"怡怡"，和朋友在一起则是"切切偲偲"[16]。在《论语》第十六章，孔子告诉我们有些人不适合做朋友，但有些人则合适，即那些正直、诚

---

[13] 见《论语》Ⅰ.8.3，Ⅸ.24，译自理雅格(James Legge)，*The Chinese Classics*，*Vol. 1*，*Confucian Analects* (Taipei：SMC Publishing，1991，此版本为原版最后修订本的重印，见 Oxford：Oxford University Press，1893—1895)，第 141、224 页。

[14] 《论语》Ⅴ.25.4。

[15] 《论语》Ⅻ.23—24；翻译基于理雅格的译本，第 261—262 页。

[16] 《论语》ⅩⅢ.28。后世评论家对这一段做了大量注释。有的注释认为"切切偲偲"是指以令人尊敬的方式纠正他人错误，从而回应义或者道的标准。从这一角度而言，友人总是比兄弟更高一层，因为兄弟总是包容他人的错误而不是纠正它们。从另一方面来说，就如《诗经・小雅》中指出的，朋友只有在和平无事的时候比兄弟更有价值。在灾难面前，当每个家庭需要照顾好自己的时候，兄弟往往是最后的支柱。见《毛诗》164(英译见 Legge，*The Chinese Classics*，vol.4 *The She King*)"小雅"1.4，第 250—253 页。

实且见多识广的人[17]。

孟子在孔子论述的基础上对友谊进行了进一步阐释。在孟子看来，五伦中的每一种关系都有它用来定义自身的品质，定义友谊的品质即围绕孔子对信的论述展开[18]。孟子不断强调友谊的互助性："不挟长，不挟贵，不挟兄弟而友。友也者，友其德也，不可以有挟也。"[19]

这些关于友谊的早期论述产生于社会与政治重组的时代，这一重组给逐渐产生的文人阶级创造了新的政治角色和认同，这些论述因此也发展成行为准则以及个人认同宣言。后世作家比如班固就在《白虎通》中阐述了他对于亲戚和朋友的要求：

> 士有诤友，则身不离于令名。父有诤子，则身不陷于不义。

以及：

> 朋友之道四焉，通财不在其中。近则正之，远则称之，乐则思之，患则死之。[20]

王符写于汉代的《交际》一文指出，所谓友谊的纽带有时也会被滥用或轻率对待：

> 语曰："人惟旧，器惟新。昆弟世疏，朋友世亲。"此交际之理，人之情也。今则不然，多思远而忘近，背故而向新……[21]

---

[17] 需要躲避的是那些华而不实、平淡无趣和花言巧语的人。英译见 Legge, p.311。

[18] 对于君臣而言，这一品质为义；对于父子而言，是亲；对于夫妻而言，是别；对于兄弟来说，是序；对于朋友而言，是信。《孟子》Ⅲ A.4.8；英译见 James Legge, *The Chinese Classics*, vol. 2, *Mencius*, pp.251-252。

[19] 《孟子》Ⅴ B.3；英译见 Legge, *Mencius*, p.376。

[20] 班固《白虎通义》，台北：《文渊阁四库全书》本，1983—1987 年，第 850 册，第 29—31 页。

[21] 《潜夫论》卷 8，1a，台北：《文渊阁四库全书》，1983—1987 年，第 696 册，第 411—413 页。

总之，周代和汉代的文献向我们展示了中国士人文化中男性友谊的重要性。宋代的《太平御览》回顾了这些最早的有关友谊的论述，这些论述涵盖了广泛的内容，从互相保护到情感需求，从"思想一致"(like minded thinking)到共同的心愿和理想。友人是成功的基础，他们可以优于兄弟；友谊并不仅仅是个人间的关系——它反映了人伦关系的基础以及王道的广泛意义[22]。

这些早期"儒家"对于友谊概念的论述为明清作家提供了准确的词汇，让他们可以描绘由男性纽带而展现出的男性气概。明清有关友谊的论述与此类早期话语相呼应，强调了紧密的男性社会网络对他们职业生涯、个体道德、情感需求，以及物质保障的重要性。当然，不同作家也会挑选出他们自己的主题，从而详细解释他们所理解的友谊，并且阐释他们认知中的男性关系。在明清有关男性友谊的论述中，最有趣且最自相矛盾的观点是朋友即老师的看法。关于这一观点最重要的论述出现在17世纪伟大哲学家及古文学家顾炎武(1613—1682)的《广师》中[23]。在这篇文章中，顾炎武指出朋友关系是大于平等关系的——朋友的基本要素是纠正一个人的缺点或让他认识到自身的不足。在这点上，顾炎武继承了《论语》中有关师友关系的主题，呼应了孔子"三人行必有我师焉。择其善者而从之，其不善者而改之"的看法[24]。在他有关"师"的文章中，顾炎武列举了最值得他尊敬的朋友，并且解释在哪些方面这些朋友比他优秀(他所使用的词语是"吾不如")。此处，他颠倒了孔子的教诲，谦虚地否认他"像"他最重要的朋友。顾炎武列举了大量他所羡慕的品质，并因为不同的理由而羡慕每一个朋友(他直接列出了他们的名字)。其中一种品质是"学究天

---

[22] 《太平御览》卷406，1a—b，台北：《文渊阁四库全书》，1983—1987年，第896册，第660页。

[23] 见《亭林文集》卷6，12b—13a(《四库备要》本)。

[24] 《论语》Ⅶ.21，英译见Legge, p.202。

人，确乎不拔”，另一种则是忽略因科举或追逐名声而带来的压力，仅追求“探赜洞微”。顾炎武羡慕一位朋友“独精三礼”，以及他“卓然经师”，另一位朋友则“萧然物外，自得天机”。还有一位朋友“坚苦力学，无师而成”。顾炎武认识到，和一位朋友相比，他缺乏专注于专题且尽其全力的能力；另一位朋友则“博闻强记，群书之府”。顾炎武列举的不止这些例子。如果以他朋友的标准来衡量自己，顾炎武认为他的文章不够优雅，他的家庭不够和谐，他没有坚持不懈地学习，他信念不足，他对古人不够欣赏，他也没有花费足够的精力去学习六经。因此，对顾炎武而言，真朋友也是老师。以此来看，顾炎武玩味(play with)并最终颠覆(subvert)了《论语》中对于真朋友的标准：从某种程度而言，他不如他口中的朋友。

基于顾炎武的文章，我们推断男性友谊的一个基本要素是互补性(complementarity)，也就是双方可以从对方身上学习一些品质。当然，男性友谊还包含其他含义，有的是指对那些最私密情绪具有感同身受及发自本能的理解，另一些则赞美共同的经历、舒适的熟悉感及互相包容。还有一些则与从压抑的情绪中解放出来有关，让男性从在大多数公共场合需要遵循的礼貌和规矩中得以逃脱。这些品质只存在于经年累月而建立的互相熟悉且互相包容的友谊中。关于亲密友谊的文字正是以感人的笔触描述了这样一种挚友间的感觉。

伯牙和钟子期的故事就是亲密朋友的典范。虽然这个故事最早出现在汉代(《列子》和《吕氏春秋》)，但是后世的诗、画、歌——尤其是19世纪末、20世纪初的版画一直在歌颂他们的友谊。伯牙是极具天分的琴师，他将钟子期视为知己。钟子期只是一名樵夫，但是当他聆听伯牙的琴声时，立刻就能理解他的情绪。如果伯牙在奏乐时想象高山，钟子期就会叹道：“峨峨兮若泰山！”如果伯牙当时想的是流水，钟子期就会叹道：“洋洋兮若江河。”子期去世时，伯牙破琴绝弦，因为在世上已无“知音”[25]。

清中期学者洪亮吉(1746—1809)曾在一篇关于友谊的文章中提到这种亲密的男性情谊。我们可以将洪亮吉观点中这些多愁善感的对手(sentimental counterpart)与那些顾炎武提到的朋友做对比——洪亮吉提供了对男性友谊的补充观点，即重情感多于学识，重精神多于求知。通过幕友关系，洪亮吉建构了非常广泛的朋友圈。他曾动情地记述了他与幼时玩伴黄景仁(1749—1783)间长久而亲密的关系。从某种程度而言，洪亮吉的叙述也是一种愤世嫉俗的评论，把真正亲密的朋友和那些朋友圈的泛泛之交区分开。

> 不以荣悴移，不以毁誉惑，不以声名之起落为重轻，不以踪迹之密疏分厚薄，是曰性命之交。吾得一人焉。出处不同而心迹可信，趋向非一而精神自投，是曰气谊之交。吾得一人焉。人品可以厚风俗，好恶足以明是非，是曰契重之交，吾得二人焉。独抒性灵，远迹风雅，吾得一人焉。研究经籍，时有发明，吾得三人焉。持身作文，趋向甚正，吾得一人焉。是曰文字之交。交有本末，礼尚往来，吾得五人焉。是曰礼节

---

[25] 这一故事的出处也就是《列子·汤问》中并没有破琴绝弦，但是这一场景被融入到后世的流行叙述中。这一细节最早出现在刘向的文本中，见《太平御览》卷 409，8b(《文渊阁四库全书》，1983—1987 年)，第 896 册，第 681 页。它出现在《吕氏春秋》所记的故事中。见《吕氏春秋校释》“本味”篇(上海：学林出版社，1984 年)，第 740 页。当今在西方世界被称为“化学反应”(chemistry reaction)的东西——也就是奇怪的可能是基于外激素(pheromone)而产生的无法由其他因素解释的两人之间的吸引力，在古文中这一吸引力是由音乐来表现的。“知音”一词作为一种比喻，是指朋友间的灵魂伴侣。这一词语不仅与音乐及由乐符而表现出来的关于宇宙和社会和谐的感觉相关，同时也可能与早期对于个体身体的概念及它独特的“声音”相联系，这种声音是风穿过身体之窍而发出的。有关身体的窍和“风”的论述，见 Shigehisa Kuriyama，“The Imagination of Winds and the Development of the Chinese Conception of the Body，”in Angela Zito and Tani E.Barkow eds.，*Body，Subject，and Power in China* (Chicago：The University of Chicago Press，1994)，pp.23-41。

之交。箴曰："古之烈士，精贯日月，微躬可蜕，信誓不灭。"[26]

撰写此文之际，洪亮吉尚未因批评新登基的嘉庆皇帝而被流放。此时的他与其他学者一样专注于科举考试。洪亮吉指出，虽然许多学者是他的同僚，但是学者间的关系远不是他生命中最有意义的关系。事实上，在他看来，在这个竞争激烈的学术世界中，与同僚的联系可能是疏远甚至异化(alienating)的。在这种情况下，对他来说，最重要的并不是一个朋友在学术上的能力，而是那些跨越身份、气质及学识上差异的情感联结(emotional affinities)。洪亮吉的论述强调信任及与学术朋友和政治家之间的距离，这些距离让他们不能成为拥有特殊联系的亲密朋友。洪亮吉有关朋友的文章与周绍明(Joseph McDermott)研究的明代学者相呼应。周绍明强调朋友提供安全感和舒适感，朋友不会背叛他人的信任，在他们面前，你可以自由自在地阐述那些在错误的听众面前可能会被判定为政治不正确的观点。周绍明也指出，这种安全感对于生活在艰难政治环境中的学者尤其重要，比如那些需要时刻警醒的东林党人[27]。

魏象枢(1617—1687)有关友谊的论述中就提到了这一顾虑。魏象枢是明清易代之际无畏的言官，他在《再答徐子星(惺)观察书》中写道[28]：

道谊交情，古人重之。近今仕宦中有同乡、同谱、同僚，

---

[26] 洪亮吉《卷施阁文乙集续编》，《洪北江先生遗集》(授经堂本，台北：华文书局，1969年重印)，第4页b—5页a。

[27] Joseph P. McDermott, "Friendship and Its Friends in the Late Ming," 见台湾中研院近史所编辑，*Family Process and Political Process in Modern Chinese History*(台北：中研院近史所，1992年)卷1，pp.67-96.

[28] 见《寒松堂全集》(北京：中华书局，1996年)卷9("信")，第456—457页。有关魏象枢的传记，见Arthur W. Hummel, ed., *Eminent Chinese of the Ch'ing Period* (Washington, D.C.: Government Printing Office, 1943), vol.2: 848-849。

以至联宗之类，皆以势分利欲交者也。生与台下，相勉于古人久矣。古人之所重者，德业相成，学问相长，过失相规也。

友箴有引[29]：朋友之格八：有道德相亲而交者，有学问相成而交者，有气节相感而交者，有然诺相信而交者，有政治相助而交者，有才技相合而交者，有诗文相尚而交者，有山水相娱而交者。下此者群居狎处，卑卑不足道矣。爰列三箴如左。

贫贱交：贫贱之交，不可忘也。方贫贱时，岂其无因者？患难相恤也，有无相通也。不则延誉而知名，不则升堂而拜母也。是而可忘，孰不可忘？

诤友：士有诤友，则身不离于令名。寤寐思之，死生以之。朋友之义大矣哉。且四伦元气也，朋友风雷也。鼓动而后相济，相济者相全，相全者相知之至也。愚故曰朋友之交如泰交。

择交：人不交我，必我之无益于人也。我不交人，必人之无益于我也。惟两相择，则两相得也。虽然，盲者负躄者而走，两相用则两相治矣。故朋友亦不废偏才。

此类关于如何择友的指导以及关于男性友谊重要性的论述在明清文人写作中屡见不鲜。著名小说家蒲松龄（1640—1715）在他的《为人要则》中就强调了友谊对追求功名的男性的重要性。蒲松龄的十二条要则中有一半是关于男性间的紧密联系。“立身”是建立在与他人的广泛联系之上，而且只有当“使知我者爱，有我而不忍伤。仇我者忌，有我而不敢动”才能实现。在蒲松龄的训诫中，那些与社会关系完全隔绝的男性因为只关注个人计划和目标，导致“五族之中，多不识其面貌”，并且“十里之外，无人知其姓

---

[29] 《寒松堂全集》卷12，第621—622页。

名”，这些人“仅可谓之人”，他们的存在对他人并无影响。最糟糕的一类男性则是“上不能读书稽古，以获清誉”，或者“下不能劳心服苦，以致浊财”[30]。蒲松龄在最后一条谴责饮酒、暴食、赌博、挥霍及泛泛之交。蒲松龄认为，因为这些关系而结交的男性是党而不是友[31]。友谊和亲属关系不同，它是基于信[32]和敬[33]的。

朋友是让个体得以成长的基本要素，因为单靠自己很难满足生命中的所有要求。对于所有男性而不仅仅是那些堕落之人，平衡生存压力与学习都是极为不易的。对朋友，你可以倾诉你永远都不会对父母谈起的道德上的困惑；朋友会倾听你的困惑和困难，而其他人则可能用这些来攻击你[34]。如果你出了事，朋友会像兄弟一样照顾你的子孙。正是这种“石交”将酒肉朋友和挚友区分开来[35]。一个男人依赖他的朋友在他愤怒的时候提供温和的建议，让他从失控的情绪中恢复理智[36]。通过引用《诗经》中“朋友攸摄，摄以威仪”[37]一句，蒲松龄的结论强调了挚友是认真且持久的，他也警示将酒友、狐朋狗友误当成挚友的错误[38]。

通过将晚明清初学者的文章与清中期学者诸如洪亮吉的文章做比较，我们发现相似但侧重点不同的主题。所有这些17、18世纪作者有关男性友谊的文章都包含了一些共同主题。第一个是学者对自己“同僚”群体的标记——也就是那些“如己者”。这一标记定义了互相竞争、互相学习的男性友人的圈子。其次，这

---

[30] 蒲松龄《聊斋文集》卷10《杂文：为人要则》（上海：上海古籍出版社，1986年），第290页。

[31] 同上书，第291页。

[32] 同上书，第292页。

[33] 同上书，第294页。

[34] 同上书，第290页。

[35] 同上书，第291页。

[36] 同上书，第291页。

[37] 《毛诗·大雅·既醉》247，英译见 Legge, p.477。

[38] 蒲松龄《聊斋文集》，第294—295页。

些男性书写也将知识分子或是被称为“职业的”或者“学术的”友谊，与那些具有亲密情感联结的朋友或者说灵魂伴侣也就是“知音”区别开来。但是，无论他们的重点是什么，所有这些都强调成为士并非一个人孤独的旅程。正相反，一个男人在成为学识渊博且道德高尚同时又情感健全并具有社会安全感之人的过程，是在和其他男性的互动与维系中实现的。

在欧洲和美国研究阳刚之气的学者已经注意到，有关男人和男子气概的定义和表现是随着社会政治变化而发展的。法国革命、工业革命的扩散，资本主义的兴起以及中产阶级的壮大都激发了如何成为和定义男性的新讨论。在有些情况中，男性通过与女性的对比来定义自己（男人或者男子气概与女性气质相对应）。在中国学领域，有些学者已经指出相似的历史契机及它们的性别意义。比如说，伊沛霞最近提出，女性缠足在宋代流行即是“外夷”入侵时期男性女性气质重构的一部分。在这一过程中，汉族将自己与非汉族入侵者相区别，而汉族男性也致力于将自己与女性相区分[39]。周绍明认为明代出现男性友谊的讨论应归功于“朝廷内逐渐恶化的政治环境”，因为这一现状使男性学者“比以往更加依赖于忠诚的男性朋友”[40]。孙康宜（Kang-i Sun Chang）已经强调了晚明知识分子在陈述自己的政治立场时所受到的女性忠义形象的深刻影响[41]。动荡的政治环境加上高风险且充满竞争的政治氛围当然激发了人们对家庭以外稳定男性情谊的需求的关注。

---

[39] Patricia Buckley Ebrey, *The Inner Quarters: Marriage and the Lives of Chinese Women during the Sung Period* (Berkeley: University of California Press, 1993), p.41：“因为在宋代，上层男性的典范是一种相对安静（subdued）和高雅（refined）的形象，所以他可能看起来具有阴柔之气，除非女性被塑造得更加精巧、安静和静止。”

[40] McDermott, “Friendship and Its Friends,” p.94.

[41] Kang-i Sun Chang, *The Late-Ming Poet Ch'en Tzu-lung: Crises of Love and Loyalism* (New Haven: Yale University Press, 1991).

女性史学者在很久前已经指出，中国历史中对于外界入侵的恐惧与性别身份观念转变（changing conceptions of sexual identity）之间的联系。这充分体现在有关女性贞节的图景中，不仅国家奖赏这些品质，从元代以来的男性学者也不断推崇这些品质[42]。但是许多材料显示，明清易代之际，男性不断重申，并且不断重新定义他们的性别身份（sexual identities）和性别角色（gender roles）。从最表层来说，男性被迫剃头扎辫（这是对外族统治臣服的标志）而女性即使在满洲政令禁止的情况下依然得以继续裹脚，这一现状激发了关于男性认同及在汉族家庭和社会中男性权利问题的新思考[43]。

本文所引用的有关男性友谊的讨论似乎较少通过女性来定义男性，而是更多从孔孟之学中去追溯男性情谊的含义。这些定义强调了两个重要议题。第一种将男性友谊定义为在精神和学术生活各个方面进行自我道德修为的一种标杆和表现，甚至是一种练习。第二种男性友谊则侧重于另一面，它不侧重学术或精神，而是强调纯粹的情感和直觉。其中第二种男性友谊的特征指向个体初始自发的能量或生命力，就如同通过创造性艺术、音乐、书法或者诗歌来表达内在的深层的自我。这一有关男性情谊的双重含义让我们得以分辨在与师生关系相关的阳刚之气及通过

---

[42] 在英语学界，伊懋可（Mark Elvin）是第一位探讨贞节崇尚及其在元代起源的学者。见“Female Virtue and the State in China,” *Past and Present* 104 (August 1984)：123-129。最近，柯丽德（Katherine Carlitz）也记录了这一转变，即“男性建构的忠诚的女英雄”如何在15世纪至17世纪中期从一个“乐观积极回应”的符号转变成对于领土沦陷的缅怀。见 Katherine Carlitz，“Shrines，Governing-Class Identity，and the Cult of Widow Fidelity in Mid-Ming Jiangnan，” *Journal of Asian Studies* 56.3 (August 1997)：612-640。

[43] 对于这一观点的讨论，见 Susan Mann，“Women，Families，and Gender Relations，” Willard J. Peterson ed.，*The Cambridge History of China: Early Ch'ing*，1644-1800 (New York：Cambridge University Press，待出)。（译者注：此书已于2002年出版。）

知己间的亲密关系而表达的男性认同之间的差异。研究宋代男性学者社交网的学者已经提到了这点，但是他们尚未厘清这一区别。比如，田浩（Hoyt Tillman）和包弼德（Peter Bol）已指出，学者间的情谊形成了田浩称之为“同道（fellowships）”的东西，这一“友谊”基于“社会关系网络及具有共同传统的团体的认知（a sense of community with a shared tradition）”。这一传统通过“共同改善政治文化，复兴道德标准，纠正儒家学习的努力”，将其成员团结在一起[44]。包弼德在复杂化这一图像时指出，南宋士人试图从这些改革议程中寻找自主性，他们将自己作为游离于政府机构之外的“传承真正价值的对立文化”[45]。他们对“友谊”的认知建立于“道学”追求之上，这一道学正是他们所说的“斯文”。这一文化传承并非通过传统的学习经典的方法来实现，而是通过口耳相传，即通过宋代哲学家程颐（1032—1085）的“语录”，以及学校、祠堂（shrines）、评述（commentaries）和那些程颐追随者的教导[46]。包弼德的分析指出了存在于科举和经典学习之外的一种“对立文化”（counterculture），这一文化依托于“师生”间的兄弟关系，这一关系随着12世纪初道学兴起而形成。但是具体而言，在这一对立文化的语境中男性如何用一个新的方式来理解他们自身，这一问题还有待回答。

最后，转向本文所关注的明清作家，我们有以下一些初步认识。第一，我们必须将这些文本置于明清易代这一广阔背景中来考量这一时期人们对于入侵和脆弱的恐惧，以及在18世纪达到顶峰的因科举而导致的激烈竞争。在这一背景中产生的种种担

---

[44] Hoyt Cleveland Tillman, *Confucian Discourse and Chu Hsi's Ascendancy* (Honolulu: University of Hawaii Press, 1992), p.3.

[45] Peter K. Bol, *"This Culture of Ours": Intellectual Transitions in T'ang and Sung China* (Stanford: Stanford University Press, 1992)，引用见 p.339。

[46] 同上书，pp.328-330 及书中其他相关内容(et passim)。

忧，其中包括对无辜女性遭受性侵以及天才男性科举失败的忧虑，当然影响了晚明清初时期的男性认同。因此，这些关于男性情谊和友谊的概念在一种特别紧张的氛围中形成。易代之后，重现的科举文化成为影响17、18世纪男性认同的主要因素。在康乾盛世之际，"朋友"是指一起学习的男性，他们在同一个书院师从同一位老师，并参加同年科举。如果科举失败，他们会在相同的官员圈子中寻找职位，并试图为同一幕府效力。虽然他们因相似的焦虑、野心和教育而团结在一起，但是他们也通过决定自身阶层和声望的科举成败而产生内部分化。

因此，明清时期这些因"学缘"(fellowship)而加盟的男性与程颐及因道学而互联的人不一样。从另一方面而言，这两者的认同都不是建构在改革议程(reform agenda)之上(晚明时期东林党人即是这样的例子)。与此不同，17、18世纪男性间的"友谊"是以与举荐关系(patronage)(师生关系)、学问和个人福利(personal welfare)有关的行为为中心而出现的，也就是说，与考证、科举及个体和家庭成员的安康有关。艾尔曼(Benjamin Elman)对于明清时期科举制度的研究指出，这一时期的男性朋友也因科举造成的焦虑而结盟："因为受到基于父系社会的性别期待的影响，男孩和男人作为个体深刻地体验了这一历史现象。"[47]许多关于男性焦虑的研究强调了因焦虑而产生的厌女症(misogyny)，但是这些研究忽视了包含在男性情谊和男性定义自身"作为男人"的言外之意——尤其是在满洲统治下长时间的和平时期。因此，我们可以将男性友谊的话语看成有关性别操演(gender performance)的脚本：士人如何在与其他男性的互动中建立他们的社会认同(social identities)。

---

[47] Benjamin A. Elman, *A Cultural History of Civil Examinations in Late Imperial China* (Berkeley: University of California Press, 2000), p.296.

最后一个有关男性友谊和性别认同的问题是文人有关友谊的论述中“被忽视的男性主体”(unmarked male subject)。这里，“男性研究”(men's studies)特别提供了关于女性研究的新想法。我们不禁想问：在上层女性之间是否也有一个对等的或者相同的关于友谊的话语？如果有，它以什么形式产生？女性之间有什么形式的友谊网络？她们是如何看待友谊的？女性朋友是不是衡量女性个体的一个标准？如果女性没有通过将自己和她们的“老师”和“企羡者”(betters)相对比来解释自身，那么，她们是如何展现和发展她们自己的人格？一个女性是如何在朋友网缺失的情况下“将自己建构成一个人”？精英男性和女性之间是什么样的关系——可能是“友谊”吗？（男性和风月场内红粉知己间的关系是有问题的，因为这些关系被认定是低于男性友谊的。）

这些问题促使我们用新的方法来重审性别和认同问题，从而揭示了男女间隐藏的界限，发现不同的性别操演及表达性别认同的独特方式。也就是说，正因为儒家文人有关友谊的论述消释或泯灭了有关女性的社会认同的维度，而这些维度在男性看来是成为一个完整的人(fully realized person)的必要条件，因此这一话语可以告诉我们明清时期许多关于性别的内容。如同卢蕙馨对中国家庭父系结构所提出的疑问，我们关于男性友谊话语的问题也可能揭示令人惊讶的、理解明清时期女性和女性认同的新角度。

征引参考书目

Baker, Hugh D. R. 1979. *Chinese Family and Kinship*. New York: Columbia University Press.

Bol, Peter K. 1992. *"This Culture of Ours": Intellectual Transitions in T'ang and Sung China*. Stanford: Stanford University Press.

Bossler, Beverly. 2000. "A Daughter Is a Daughter All Her Life," *Late*

Imperial China 21：1，pp.77-106.

Bray，Francesca. 1997. *Technology and Gender: Fabrics of Power in Late Imperial China*. Berkeley：University of California Press.

Carlitz，Katherine. 1997. "Shrines，Governing-Class Identity，and the Cult of Widow Fidelity in Mid-Ming Jiangnan，" *Journal of Asian Studies* 56：3，pp.612-640.

Chang，Kang-I Sun. 1991. *The Late-Ming Poet Ch'en Tzu-lung: Crisis of Love and Loyalism*. New Haven：Yale University Press.

Cohen，Jeffrey Jerome and Bonnie Wheeler eds. 1997. *Becoming Male in the Middle Ages*. New York：Garland.

Doolittle，Justus. 1867. *Social Life of the Chinese*. New York：Harper.

Ebrey，Buckley Patricia. 1990. "Women，Marriage，and the Family，" in Paul S. Ropp，ed.，*Heritage of China: Contemporary Perspectives on Chinese Civilization*. Berkeley：University of California Press.

Ebrey，Buckley Patricia. 1993. *The Inner Quarters: Marriage and the Lives of Chinese Women during the Sung Period*. Berkeley：University of California Press.

Elman，Benjamin A. 2000. *A Cultural History of Civil Examinations in Late Imperial China*. Berkeley：University of California Press.

Elvin，Mark. 1984. "Female Virtue and the State in China，" *Past and Present* 104，pp.111-152.

Hinsch，Bret. 1990. *Passions of the Cut Sleeve: The Male Homosexual Tradition in China*. Berkeley：University of California Press.

Huang，Martin. 1995. *Literati and Self-Re/Presentation: Autobiographical Sensibility in the Eighteenth-Century Chinese Novel*. Stanford：Stanford University Press.

洪亮吉，1969，《洪北江先生遗集》(授经堂本)，重印，台北：华文书局。

Johnson，Kay Ann. 1983. *Women，the Family，and Peasant Revolution in China*. University of Chicago Press.

Keyes，Roger. 1989. *The Male Journey in Japanese Prints*. Berekeley：

University of California Press.

Kimmel, Michael. 1996. *Manhood in America: A Cultural History*. New York: The Free Press.

顾炎武，1936，《亭林文集》，《四部备要》本。

Kutcher, Norman. 2000. "The Fifth Relationship: Dangerous Friendships in the Confucian Context," *The American Historical Review* 105: 5, pp.1615-1629.

Lang, Olga. 1946. *Chinese Family and Society*. New Haven: Yale University Press.

Laqueur, Thomas. 1990. *Making Sex: Body and Gender from the Greeks to Freud*. Cambridge, Mass.: Harvard University Press.

Legge, James. 1991. *The Chinese Classics*, Vol. 1, *Confucian Analects*. Taipei: SMC Publishing, Reprint of the last editions, Oxford: Oxford University Press, 1893-1895.

Legge, James. 1991. *The Chinese Classics*, Vol.2, *The Works of Mencius*. Taipei: SMC Publishing, Reprint of the last editions, Oxford: Oxford University Press, 1893-1895.

Legge, James. 1991. *The Chinese Classics*, Vol.4, *The She King*. Taipei: SMC Publishing, Reprint of the last editions, Oxford: Oxford University Press, 1893-1895.

Leupp, Gary P. 1995. *Male Colors: The Construction of Homosexuality in Tokugawa Japan*. Berkeley: University of California Press.

Lu, Weijing. 1998. "Uxorilocal Marriage Among Qing Literati," *Late Imperial China* 19: 2, pp.64-110.

《吕氏春秋校释》，1984，上海：学林出版社。

Mann, Susan. 1997. "The History of Chinese Women Before the Age of Orientalism," *Journal of Women's History* 8: 4, pp.163-176.

Mann, Susan. 2000. "The Male Bond in Chinese History and Culture," Forum on Male-Male Bonds in China, *American Historical Review* 105: 5, pp.1600-1614.

Mann, Susan. 即将出版(译者注：已于 2002 年出版)."Women, Families, and Gender Relations," in Willard J. Peterson, ed., *The Cambridge History of China: Early Ch'ing, 1644-1800*. New York: Cambridge University Press.

McDermott, Joseph P. 1992. "Friendship and Its Friends in the Late Ming," in Institute of Modern History, Academia Sinica, eds., *Family Process and Political Process in Modern Chinese History*. Taipei: Institute of Modern History, Academia Sinica, vol.1, pp.67-96.

蒲松龄,1986,《聊斋文集》,重印,上海：上海古籍出版社。

班固,1983—1987,《白虎通译》,重印,台北：《文渊阁四库全书》本,第850 册。

Pflugfelder, Gregory M. 1999. *Carlographies of Desire: Male-Male Sexuality in Japanese Discourse, 1600-1950*. Berkeley: University of California Press.

Scott, Joan W. 1986. "Gender: A Useful Category of Historical Analysis," *The American Historical Review* 91: 5, pp.1053-1075.

Stacey, Judith. 1983. *Patriarchy and Socialist Revolution in China*. Berkeley: University of California Press.

《太平御览》,1983—1987,重印,台北：《文渊阁四库全书》本,第 896 册。

T'ien Ju-K'ang. 1988. *Male Anxiety and Female Chastity: A Comparative Study of Chinese Ethical Values in Ming-Ch'ing Times*. Leiden: E.J. Brill.

Teng, Jinhua Emma. 1996. "The Construction of the 'Traditional Chinese Woman' in the Western Academy: A Critical Review," *Signs* 22: 1, pp.115-151.

Tillman, Hoyt Cleveland. 1992. *Confucian Discourse and Chu Hsi's Ascendancy*. Honolulu: University of Hawaii Press.

Waltner, Ann. 1996. "Recent Scholarship on Chinese Women," *Signs* 21: 2, pp.410-428.

王符,1983—1987,《潜夫论》,重印,台北：《文渊阁四库全书》本,第 696 册。

魏象枢，1996，《寒松堂全集》，北京：中华书局。

Williams, S. Wells. 1900. *The Middle Kingdom*. New York: Scribners, vol.1.

Wolf, Margery and Roxane Witke, eds. 1975. *Women in Chinese Society*. Stanford: Stanford University Press.

Wolf, Margery. 1972. *Women and the Family in Rural Taiwan*. Stanford: Stanford University Press.

Zito, Angela and Tani E. Barlow, eds. 1994. *Body, Subject, and Power in China*. Chicago: The University of Chicago Press.

〔原文发表于黄克武主编《性别与礼教：第三届国际汉学会议论文集》（历史组），台北："中研院"近代史研究所，2002年，第73—103页〕

吴玉廉 译

明清时期关于妇德的异见*

在中国古代儒家文化中，美德是通过行为彰显的。儒家所强调的德行，比如孝、义、忠、节等，很少用抽象的概念来定义。因此，正史中的传记有专门分类，以强调不同的美德①。由于对男性和女性美德的期待不同，历史学家们可以通过官方传记追寻不同时期社会性别和美德的变迁。相对而言，男德在历史记载中是统一而持续的，具体体现在三种行为范式上：儿子以孝受到表彰，臣子以忠受到表彰，社区成员以义受到表彰，通常表现在慷慨好施，对本地的善举起领导作用。与之相反，在早期历史记载中，关于妇德的描述多种多样并且充满矛盾，呈现出对女性的情感和道德意志的强烈的异见②。并且，关于妇德的记载在中国历史上有重大的变化，尤其是唐宋之后。

本文追溯这些变化，分析关于儒家妇德的不同看法，集中于明清时期以贞节为主导的妇德观。明清时期的贞节崇尚把一个女子的道德义务定义为她对夫家的道德义务。明清的女性本身

---

* 本文杜芳琴撰写部分的中文原稿由程玉瑛译成英文，合作文章的定稿很大部分依赖于程玉瑛的译文，作者在此谨致谢忱。

① 关于官方传记的教化目的的讨论，见 D. C. Twitchett, "Chinese Biographical Writing," in *Historians of China and Japan*, ed. W. G. Beasley and E. G. Pulleyblank (London: Oxford University Press, 1961), pp.95-114。

② 伊懋可(Mark Elvin)是最早呼吁要关注这种植根于儒家妇德的矛盾的，他称之为"模棱两可"。Mark Elvin, "Female Virtue and the State in China," *Past and Present* 104 (1984): 111-152, esp. pp.138-148。讨论这种在规范和真实行为之间的矛盾的，见 Susan Mann, "Widows in the Kin-ship, Class, and Community Structures of Qing Dynasty China," *Journal of Asian Studies* 46, no. 1 (1987): 37-56。

也拥护并实践这个职责，例如，当年轻的贞女失去了丈夫之后，宁愿违背自己父母的意愿，也会去照顾已逝的未婚夫的父母。通过化解女子既要对自己的父母也要对丈夫的父母尽孝道的两者间的矛盾，这一时期的贞节崇尚减轻了因女性嫁入夫家而引起的中国家庭制度的冲突[③]。美德的概念和美德被再现的变化，到底在多大程度上与儒教有关，仍然在探讨和争论中。学者们尚在追寻关于妇女美德的异见是如何产生的历史过程。

明清时期，贞节表彰达到了顶峰。它所嘉奖的是节和烈两种行为。节，指的不光是女子性的纯洁，而且指从一而终，亦即在丈夫死后，绝不改嫁，并且要毕生致力于丈夫的父母和已逝的丈夫的后代。烈，指的是女性恪守对丈夫的忠诚和性的纯洁，不惜以死或自杀为代价。这些妇德，常常与男性的忠的行为相提并论。尽管男性和女性都要履行孝道[④]，而且在早期的列女传中，孝女是和节妇、烈妇一样被表彰，但在明清时期的列女传中，节和烈这两

---

③ 讨论女性对父母的义务和对公婆的义务之冲突，见 Margery Wolf, *Women and the Family in Rural Taiwan* (Stanford: Stanford University Press, 1972), pp.35, 136, 140, 217; Maurice Freedman, "Ritual Aspects of Chinese Kinship and Marriage," in *Family and Kinship in Chinese Society*, ed. Maurice Freedman (Stanford: Stanford University Press, 1970), pp.45, 101, 177; Hugh D. R. Baker, *Chinese Family and Kinship* (New York: Columbia University Press, 1979), pp.127-128。女性所写的婚姻挽歌表达了这些冲突所带来的情感代价，见 Elizabeth L. Johnson, "Grieving for the Dead, Grieving for the Living: Funeral Laments of Hakka Women," in *Death Ritual in Late Imperial and Modern China*, ed. James L. Watson and Evelyn S. Rawski (Berkeley: University of California Press, 1988), pp.138-139。

④ 孝是指每个孩子的义务：在生活中，尊敬父母和服侍父母。在父母去世后，通过服丧和祭祖的方式持续这种尊敬和服侍。对于男性来说，孝道是清晰的、持续一生的。它包含了所有的义务，包括童年时期无条件的服从、婚后生子来维系父系、父母去世后服丧和祭祀祖先。尽管对孝道的理想描述显现女儿和儿子们的孝行，比如说割股疗亲，但最戏剧化的公开表示孝道的表达还是留给儿子们的。这种公开的孝道在丧葬期间展示。就算是最高官员，也需要在父母去世后丁忧，回家服丧三年。忽视孝道的官员很容易被弹劾。

个主题超越了对孝的赞美。孝道作为一种妇德，在宋代仍然很重要，甚至是教化的重心。但到了清代中期，教化的重点已经转到对丈夫的忠贞和性的纯洁。

这些赞誉妇德的变化，与宋以后（约 1300—1900）中国家庭的组织结构、国家法令的变化，以及男性和女性对妇德意识的觉醒息息相关。宋代强调儿子、女儿都必须孝顺父母，这一点和宋代的家庭制度——伊沛霞称之为“微弱的双系继嗣制”——是相契合的⑤。但到了明清时期，与此形成对照，关于妇德的话语随同伊沛霞所描述的宋以后家庭制度向父系的倾斜而变化。在明清时期，当女儿嫁到了丈夫家中，成为夫家永久的成员时，她的孝道的对象也被理解为随之而转移到她的公婆身上。一旦出嫁，女性生育孩子、丧葬服制⑥、祭祖（作为祭祀祖先者和被祭祀的祖先）等方面的责任和作用，以及割股疗亲、供甘旨等孝行等也被理解为关注在丈夫的父母身上而不是自己的父母身上。

作为妻子，每个女性都是她丈夫展现孝道的必需伙伴：她将是他所有子嗣的母亲。社会的期待是，每个男子需要通过生子来成为父亲，以此履行对自己的父亲的孝行。而完成这一孝行的第

---

⑤ Patricia Ebrey, "Women in the Kinship System of the Southern Song Upper Class," in *Women in China: Current Directions in Historical Scholarship*, ed. Richard W. Guisso and Stan-ley Johannesen (Youngstown, N. Y: Philo Press, 1981), p.125.

⑥ 明清时期，儿子和未出嫁的女儿要为去世的父母服丧三年，但一旦女儿结婚了，她只为自己去世的父母服丧一年。见 Ch'ii T'ung-tsu, *Law and Society in Traditional China* (Paris: Mouton, 1961), p. 31；又见 Maurice Freedman, *Lineage Organizatio in Southeastern China* (London: Athlone Press, 1958), pp. 45, 101。但武雅士(Arthur Wolf)研究台湾地区的服制，发现尽管有礼仪制度的存在，但它的观察者们对出嫁女性的服制有着显而易见的不同见解。见 Arthur P. Wolf, "Chinese Kinship and Mourning Dress," in *Family and Kin-ship in Chinese Society*, ed. Maurice Freedman (Stanford: Stanford University Press, 1970), pp. 201-203。武雅士的发现削弱了长久以来认为的存在于出嫁女性和母家之间的紧张感。也见注释 3。

一步，是在精致的婚礼上把自己未来孩子的母亲带去见父母和祖先。这个连结仪式将每个妻子从母家的谱系转移到了夫家的谱系中。其他女人可以为丈夫生儿育女，但她们只能成为妾，她们所生的孩子称丈夫的妻为“母亲”。妻子和她的丈夫，成为他们自己这一支的后代潜在的祖先，而这一支和她配偶的兄弟之后代产生关系。同代的堂兄弟，即兄弟的儿子们，成为一个群，而每人又各自派生出群中的单支。这些兄弟的辈分等级使得女性不可能在丈夫死后嫁给丈夫家族内的亲戚。因为这个原因，和其他父系制度不同，中国从未支持收继婚。从另一方面而言，如果一个女子在丈夫死后嫁入丈夫家族外的另一个家庭，那她的从祖先传下的身体也将一分为二。这个噩梦成为了鲁迅一部著名的短篇小说里的主题，鲁迅用它来谴责旧社会压迫人的习俗[⑦]。

在明清时期，由家庭实践支持的婚姻的忠贞观念，同时也受到地位等级制和国家权力机构的支持。在中国的婚姻市场中，由于性别比例的失调有利于嫁女之家，初嫁的女性可以上嫁，或者至少是嫁入门户相当之家。但对一个寡妇来说，就只能是下嫁了。自元代开始，国家和皇帝就开始亲自参与嘉奖节妇的活动。明清时期，皇帝把嘉奖证书、银两以及亲手书写的褒扬文字授予那些有记录证明节妇忠贞行为的家庭。

由于这些强大的刺激，明清时期妇德的含义和实践也发生了极大的变化[⑧]。在明代，以自杀保卫贞洁的烈女会被嘉奖，但清代却大力提倡节妇的行为，尤其是对死去丈夫的父系尽心尽力地服务，烈女的行为反被认为自私和不明理而受批评。在这个时期，最大的历史变化是第一次大量出现了贞女的记载。贞女指的是

---

⑦ 见 William A. Lycll Jr., *Lu Hsurfs Vision of Reality* (Berkeley: University of California Press, 1976), pp.141-144。

⑧ 见 Angela Ki Che Leung, “To Chasten Society: The Development of Widow Homes in the Qjng,” *Late Imperial China* 14, no.2 (1993): 1-32。

已经订婚的年轻女性，当失去了未婚夫时，她们宁愿违背自己父母的意愿，发誓为已故未婚夫的父系家庭守节。贞女现象在学者中引起了热烈的讨论。如果未婚夫品行恶劣或在婚前死去，她应该拒绝再次订婚吗[⑨]？她们是否可以完全忽视自己父母的权威？那个时代女性自己留下的文字揭示了她们对于妇德不同看法的痛苦回应，显示出它不光是一场学术争论而已；互相矛盾的价值评判强使女性们——包括年幼的女孩——在两种不同的悲惨生活之间作出道德选择：到底是痛苦地死去，还是凄惨地活着[⑩]？同时在这些记载中，我们也会读到女性作为历史的能动者，是如何拥护并实践这些时代的价值观的。

到底是什么使得无论在乡村或城镇的中国男性和女性认同对贞节的崇尚？又是为什么明代和清代都推崇贞和烈，但却有不同的模式？这些变化标志着妇德的文化含义和社会实践的变迁，是我们接下来讨论的重点。我们的讨论是基于明清时期（约1500—1800年）女性贞节的历史材料。在结论中，我们会回头讨论关于历史性变化这个大问题。

明清以前的妇德

以祖先崇拜为根基的中国家庭体系可以追溯到西周时期。

---

⑨ 最充满激情的评论家之一就是汪中，他在文中谴责了年轻女孩在未婚夫死后坚持冥婚的荒唐，指出她们才是最不讲孝道的，因为她们不顾自己亲生父母的真心恳求。见汪中《女子许嫁而婿死从死及守志议》，《述学》，内编1，台北：广文书局，1970年。汤浅幸彦（Yuasa Yukihiko）对这些批评的检阅强调了这些年轻女子因为没对自己的父母尽孝道而被批判，尤其是被汪中批判，汪中在文中援引了《孝经》。见：Yuasa Yukihiko，“Shindai ni okeru fujin kaihoron：Reikyo to ningenteki shizen”（The discourse on women's emancipation in the Qing dynasty：The teachings of the rites and human nature），*Nikon Chiigoku gakkaiho* 4.（1953）：115。

⑩ 见 Susan Mann，*Precious Records：Women in China's Long Eighteenth Century*（Stanford：Stanford University Press，1997），pp.115-116。

但最早的经典记载，并没有强调女性对丈夫或者丈夫后代的责任。早期经典当然也批判女性放荡的行为，但是在明清时期妇德故事中主导性的女性贞节和寡妇自杀的故事，在早期关于女性的作品中却不见踪影[11]。汉代刘向的《列女传》(约公元前16年)中的女性范例，正反都有，而且未将贞节作为唯一的目标[12]。范晔(398—445)作为第一个将《列女传》放入正史的历史学家也强调，他所选的女子注重才华和美德，并未特意指出节和烈[13]。瑞丽(Lisa Raphals)在研究汉和汉代之前的文本所展现的女性后得出结论，早期对于女性的角色建构是相对平衡的，女性对男性来说是一个相关的、互补的和平衡的角色。瑞丽也注意到，最早至公元前1世纪，由于相对宇宙观的兴起，对阴阳、内外这样的二分法概念的理解开始出现了等级分化，并将男性与阳和"外"相联系，而女性在某些文本里则与阴和"内"相联系，男性在女性之上[14]。

这种将女性从属于男性，甚至将女性描述为烈女或牺牲者的记载在历史中俯拾皆是。六朝至唐宋，正史中包括女性经历重重苦难最终为大义而自杀，或者为捍卫由节、孝和贞所代表的儒家荣誉观而自我牺牲的故事。但这些记载，与主宰明清时期正史的节和烈的故事相比，还是相形见绌。数据统计很有说服力地证明了这些模式。表1展示了鲜明的对比：宋以前对女性贞节冷淡，而元明清时期对女性贞节和自杀狂热。

前人对于女性传记变化的研究，多强调文化和经济的因素。比如田汝康就认为，在某些地区，激烈的科举考试竞争给男性带

---

[11] 见杜芳琴《周礼之兴：父权制初建时的性别关系》，载《发现妇女的历史：中国妇女史论集》，天津：天津社会科学院出版社，1996年。

[12] 见刘向《列女传》，台北：《四部备要》本，1966年。

[13] 见《后汉书集解》，北京：中华书局，1984年。

[14] Lisa Raphals, *Sharing the Light: Representations of Women and Virtue in Early China* (Albany: State University of New York Press, 1998), summary on, p.142.

来的焦虑，导致他们转向以歌颂女性的自我牺牲和自杀的方式来转移自身的焦虑⑮。伊沛霞也强调道学在宋代对精英家庭的影响，尤其是对节妇美德的推崇（正如她指出的，这一点更多是从违背而不是遵从节妇美德的记载中观察到的）⑯。道学对宗族组织的构建以及祖先崇拜的重视，在宋代逐渐兴盛，这加强了父系制度，并在明清时期为节妇的生存提供了经济基础⑰。

表 1　从周代到清代的历史记载中妇女节和烈的记录

朝　代	节	烈	全　部
周	6	7	13
秦	1		1
汉	22	19	41
六朝	29	35	64
隋唐	32	29	61
五代	2		2
辽		5	5
宋	152	122	274
金		28	28

⑮ T'ien Ju-k'ang, *Male Anxiety and Female Chastity: A Comparative Study of Chinese Ethical Values in Ming-Ch'ing Times* (Leiden: E.J. Brill, 1988).

⑯ 见 Patricia Buckley Ebrey, *The Inner Quarters: Marriage and the Lives of Chinese Women in the Sung Period* (Berkeley: University of California Press, 1993), pp.194－212, esp. pp.204－212; and Patricia Buckley Ebrey, trans, and annot., *Family and Property in Sung China: Yuan Ts'ai's "Precepts for Social Life"* (Princeton: Princeton University Press, 1984), p.99.

⑰ Jerry Dennerline, "Marriage, Adoption, and Charity in the Development of Lineages in Wu-hsi from Sung to Ch'ing," in *Kinship Organization in Late Imperial China, 1000－1940*, ed. Patricia Buckley Ebrey and James L. Watson (Berkeley: University of California Press, 1986), esp. pp.188, 204.

（续表）

朝　代	节	烈	全　部
元	359	383	742
明	27 141	8 688	35 829
清	9 482	2 841	12 323

史料来源：董家遵《历代节妇烈女的统计》，1937年。收录于鲍家麟编《中国妇女史论集》第1册，第112页

但这种将节妇推崇和道学兴盛相联系的解释也留下了更多的问题。道学在这个时期如何成为官方学说？道学又是如何影响女性本身对贞节的信念以及自杀的倾向的呢？

所有的证据表明，宋代所有重要的变化综合在一起，为这些新信念的传播提供了一个更大的环境[18]。这些变化提升了男性传承和父系家庭制度的重要性，它们与土地自由贸易的提高、商品经济的发展、城市化的加速以及通过科举考试而增强权力的缙绅阶层的扩大息息相关。士绅阶层通过持有土地和层层交错的联姻来支持新的宗族组织形态，对阶级、社会性别关系以及人际间的关系产生重大影响。正如臧健在本书前一章中所探讨的，规范家族成员行为的家训为我们提供了切近观察这些关系的窗口[19]。

这些书中描述的中国家庭制度，显示了伊沛霞所观察的中国家庭在宋代日趋父系化和婚后从夫居家的状态，而这种状态一直持续到明清时期。宋代的律法显示，在宋代之前，女性与母家的联系更为重要。唐代的律法规定，在所有其他继承者都死亡的情况下，即使是出嫁的女儿也可以继承家产。根据法律，未出嫁的女儿在父母和兄弟都去世的情况下，也可以继承家产。到了宋代，士绅家庭的女儿们仍然拥有继承权，尤其以嫁妆形式的继承。

⑱ 在过去的十年里，伊沛霞已经记录了这些变化，详见：Ebrey, *Inner Quarters*。

⑲ Ebrey, *Family and Property*.

而到了明清时期，家产几乎全部为父系继承[20]。同样，在宋代，未出嫁的女儿在其他继承人去世的情况下，也可以继承家产。尽管这点严格说来在后来的其他朝代仍然成立，但宋代之后，这种情况很大程度上被过继一位男性继承人的做法所取代[21]。

唐宋之际的法律还有其他一些重要的变化。比如，在 10 世纪和 10 世纪之前，交表婚是被容忍许的。而这之后，法律明文禁止交表婚[22]。尽管地方风俗无视这条法律。法律上对交表婚的禁止显现了男性血统的重要性，因为只有父方交表婚被禁止，而和母亲的兄弟姐妹的女儿结婚仍被容忍。另外一个唐宋之际中国家庭制度向父系倾斜的例子是连坐法律定义的变化。在唐之前，女性会同时因夫家和母家人犯罪而连坐；唐之后，女性只会因为夫家人犯罪而被连坐[23]。

最后，宋代的丧服制度也显示了父系家族关系的重要性增强。尽管当时关于礼仪的指南指出，女性对夫家人的服丧要比她的丈夫低一个等级，但实际上，妻子和丈夫服同等的丧[24]。

伊沛霞还指出，宋代对寡妇再嫁的容忍程度逐渐降低[25]。宋代的学者和历史学家将寡妇守节等同为孝子尽孝。她提到："意志坚定的守节女人被视为和孝子一样英雄般的人物，她们在丧期忍受了非同一般的苦行，或割股做药给公婆治病，或维持五代以上不分

---

⑳ Ebrey, "Women in the Kinship System of the Southern Song Upper Class," pp.118–119; Ebrey, *Inner Quarters*, pp.103–109; Ch'ii, *Law and Society*, p.37.

㉑ 赵凤喈《中国妇女在法律上之地位》，上海：商务印书馆，1929 年，第 13 页。宋代女性继承的问题，见 Kathryn Bernhardt, *Women and Property in China (960–1949)* (Stanford: Stanford University Press, 1999).

㉒ Ch'u, *Law and Society*, p.95.

㉓ Ch'u, *Law and Society*, p.110.

㉔ Ebrey, *Inner Quarters*, p.52. 在宋代后期，出嫁的女儿对母家的服制减轻一等，她的母家的亲属对她的服制也一样减轻一等。

㉕ Ebrey, *Inner Quarters*, summary on, p.265.

家。”[26]伊沛霞的观察让我们看到宋代向父系制（patrilineality）的倾斜。在传记文学中，妇德的重心也从女儿转到了妻子和寡妇。

宋代家庭倡导的道学价值观主张振兴三纲五常，认为提高家庭管理是治理良好国家的前提，并极力强调自省修身，存天理灭人欲。在联合家庭（joint family）制度中，这些观念加强了丈夫、父亲和统治者的权力，并且在经济和社会迅速变化的时候为稳定社会秩序提供一个基础，而女性则成为了新的约束对象。

事实上，从女性的角度来看，这些更是天翻地覆的变化。由于出嫁女性逐渐被认为是夫家的一员，传统的出嫁女性与母家的关系也发生了改变。这种变化加强了女性对夫家的依赖，也加强了夫家对女性的掌控。同时，这种以丈夫为中心的婚姻使得妻子要承担更多的责任和任务。伴随着这些责任的是一个逐渐形成的共识：妻子受到了夫家的特殊保护，她的儿子也要非常尊敬她，因为她是母亲。统治阶层的这些家庭制度的变化最终也影响到了皇室。宋代的皇帝要求出嫁的公主尊敬公婆，守夫家的家规。而尽管宋代的太后们承担起维护皇室权力的责任，但有宋一代，从无女主当政或者后妃的亲属把控朝政[27]。

在笔记小说中，我们可以观察到宋代的士绅如何践行这些准则。包拯和妻子劝说新寡的儿媳再嫁，儿媳却哭着拒绝了：“我生为包家妇，死为包家鬼。”[28]这个故事证明她的信念：她的家就是死去丈夫的这个家。同时，妻子和母亲的形象也是宋代很多上层女性故事的核心。譬如，关于三苏（苏洵和他的两个儿子苏轼和

---

[26] Ebrey, *Inner Quarters*, summary on, p.196.

[27] 见杜芳琴《生育文化的历史考察》，载于李小江编《性别与中国》，北京：生活·读书·新知三联书店，1994年，第317—318页；也见杜芳琴《理学出现对元代妇女的影响》，载《发现妇女的历史》，第167—168页。

[28] 见《宋史》卷460，第13479页，转引自杜芳琴《理学出现对元代妇女的影响》，载《发现妇女的历史》，第167—168页。

苏辙)的辉煌仕途和文学成就的故事总离不开苏洵的妻子程夫人,她料理家务,支持丈夫,教育儿子[29]。

在宋代,这些产生于家庭生活背景之下的道学家庭价值观很少得到政府的直接支持。与此形成对照,在元代,道学成为了官方意识形态,国家首次明确地参与到鼓励和表彰女性模范的活动中。元代的统治采用了具有自我意识的策略,遵循《大学》提倡的齐家是治国第一步的教导。在这个政治策略下,元代的政府开始大力提倡女性贞节和妻子的牺牲精神。元代的统治者认为节妇烈女等同于忠臣。"丈夫死国,妇人死夫,义也。"[30]在这种环境下,为了完成对公婆的孝道而拒绝再嫁的节妇数量相比于宋代大大增加了。

元代的另一个同样重要的变化是对女性身体的强调,即一女不事二夫。在对元代法令关于贞节最为严苛的解释中,女性身体的任何一部分,如果被除丈夫之外的任何男性所触碰,都被视为是一件对她个人和她的夫家极为丢脸的事情。这种羞愧感可以引起她自杀。在战事和暴力频繁的元代,自杀的冲动尤其增强了。面临强奸或者可能被强暴的威胁,无数女性选择做烈女。

对《宋史》和《元史》中《列女传》的例子的分析有力证明,从元代开始,国家推动了女性贞节观念的发展,为明清两朝的政策创了先例。可以注意的是,元代的记载突出女性在丈夫死后殉夫,其中包括很大一部分女性反抗强奸而自杀的事例,并对寡妇拒绝再嫁有新的关注(见表 2 和表 3)。

---

[29] 《宋史》中苏轼的传记简单地提到了程夫人作为教师的角色。见《宋史》卷 338,第 10801 页。墓志铭提供了更多的细节。见苏洵《嘉祐集》,《文渊阁四库全书》,台北:台湾商务印书馆,1983—1986 年,第 1104 册,第 977—978 页;苏辙《栾城集》卷 22,上海:上海古籍出版社,1987 年,第 1410 页。前者是司马光为程夫人写的墓志铭,被苏洵收录进文集的附录中;后者是苏辙为苏轼写的墓志铭,其中提及母亲在他们的教育中扮演的角色。

[30] 《元史》卷 196,第 4433 页。

表 2 《宋史》中的列女传记

战争中自杀	34	抵抗/脱险	5
殉夫	2	其他*	3
反抗强奸自杀	3	全部	50
孝顺公婆	3		

史料来源：见《宋史》卷 46，北京：中华书局，1977 年，第 13477—13493 页
* 例如，拒绝卖淫成为妓女。

表 3 《元史》中的列女传记

节	
拒绝再嫁	25
节孝	18
自杀	
殉夫	48
反抗强奸或者暴力	85
其他	
孝女	13
英雄行为	4
全部	193

史料来源：见《元史》卷 200—201，北京：中华书局，1976 年，第 4483—4516 页

詹妮弗·霍姆格伦(Jennifer Holmgren)对元代禁止寡妇再婚的研究表明，那些禁令是为了调和蒙古婚姻习俗和中国价值观的手段。蒙古婚姻提倡收继婚，因为这样可以保证财产留在统治的部落首领手中。她的研究证明，通过提倡寡妇守节以及寡妇的嫁妆必须留在夫家这样的手段，而不是如宋代那样把嫁妆返送回她娘家的习俗，蒙古人试图维护受儒家文化冲击的“脆弱的蒙古制度”。霍姆格伦的论点显示，带有讽刺意义的是，蒙古政府的政策之成功，恰恰是因为通过推崇儒家价值而取得了正当性。正如

她所指出的:"守节的寡妇和公婆住一起,照顾年迈的公婆,渐渐成为被整个中国所拥护的伦理,并取代了女性对父母的孝道而成为了最重要的妇德。"[31]

明清时期的贞节崇尚

明清时期,对女性节烈的歌颂到达了史无前例的程度。这一时期的历史妇女传记不仅记载了难以计数的贞节烈女的故事,而且女儿孝敬亲生父母的事迹被边缘化了,取而代之的是孝敬公婆的事迹,其中充斥从未有过的受难的情景以及奇异而令人恐怖的故事。并且,这些传记中的女性,跟前人相比,似乎更加能够接受并认同儒家所定义的美德。明清时期的传记独特地提供了详细的甚至是形象化的记录,展现出女性的意志和能动性,表明了她们自身的道德准绳。

从表 1 的数据上来看,烈女和节妇的数量(这些数据是不全面的,因为只统计了正史中的案例)在明清时期激增,并且在正史记载中的门类也多了起来。在节妇的类下,不仅有孝敬公婆或抚养后代的,而且还有故意自残的,她们毁容以拒绝再嫁。在烈妇的类下,有自杀以示对丈夫忠诚的寡妇,有战乱中避免受辱而自杀的。还有一些新的类型的烈妇,包括城市和农村的妇女,因为邪恶的丈夫或者公婆企图通过卖妻子或者儿媳的身体来赚钱而自杀。此外,尚有一些其他的案例,当女性被有权有势的乡绅或者恶霸流氓性骚扰后,她们以死来证明自己的清白。最后,除了殉夫的寡妇,明清时期第一次出现了贞女的记载,即"未婚的烈

---

[31] 她在 1303 年的诏书中发现了这些政策的正式介绍,见 Jennifer Holmgren, "Observations on Marriage and Inheritance Practices in Early Mongol and Yuan Society, with Particular Reference to the Levirate," *Journal of Asian History* 20, no.2 (1986): 127-192。引文见第 183 页。

女”为死去的未婚夫殉死。

明清时期，烈女的故事中出现了戏剧化的女性美德的展现。女性不惜用惨烈或异常的自杀手段来维持她们的贞洁，不仅仅是上吊，还有跳井、跳河、沉塘、沉水缸等行为。为了不让身体在死后受到侵犯，很多女子自杀前将衣服牢牢缝紧以防松脱。还有记载，当面对兵匪侵略时，妇女们会集体自杀。慈爱的母亲会在自杀前杀死自己的女儿。同时，几乎如同雪上加霜，年轻的寡妇会划破脸颊或切断手指以示自己拒绝再嫁的决心。然后，她们上侍公婆，下抚儿女，终年纺织劳作，直到体面地安葬了公婆，家族得到延续。没有后代的寡妇，会过继儿子来延续家庭，抚养他成人，安排他成婚并有后代，然后才了却了她的责任。

在所有这些故事中，烈女都是心甘情愿地采取行动，从不怀疑或后悔。这一点，明清的记载与元代的记载形成鲜明对照。在元代的记载中，有时有来自男性甚至女性亲属或者上辈的强迫，比如《元史·忠义传》中关于柏帖穆尔的妻子的记载。当明军1367年临城之时，柏帖穆尔知道城池不可守，引妻妾坐楼上，告诉她们，他将为朝廷而死，而她们应当为他而死：

> “今城且陷，吾必死于是。若等能吾从乎?”皆泣曰:“有死而已，无他志也。”缢而死者六人。[32]

与此对照，明清的记载凸显了女性的自我意识以及她们殉夫的坚定决心。《明史》中有这样一个例子：

> 张烈妇，芜湖诸生缪釜妻。年十八，归釜。越四年，釜病，属张善自托。张泣曰:“夫以吾有二心乎？有子则守志奉主，妻道也。无子则洁身殉夫，妇节也。”乃沐浴更衣，阖户自

---

[32] 《元史》卷196，第4433—4434页。

缢。阅日，而釜乃卒。[33]

明代其他的故事也记载了女子在病重丈夫面前自杀的例子[34]。其中包括下文会提到的赵仁的妻子郑氏，这些明清时期的女性似乎直接接受了道学的“饿死事小，失节事大”的概念。黄谊昭的妻子孙氏就是这样一个例子。在丈夫和儿子均死去后，孙氏一直守节，并负起教导儿媳和孙子的责任。她坚持要他们辛勤劳动，交纳赋税。当一位官员问她为何情愿辛劳而不再嫁，她引了朱熹的话：“饿死事极小，失节事极大。”[35]

社会压力明显助长了寡妇道德的自我认识。在社会上层贬低再嫁女子的明清时期，精英阶层的女子除了守节或者自杀外别无选择。我们可以在郑氏的故事中看到这些压力。郑氏曾收到过一个再嫁寡妇赠送的茶饼，她异常愤怒，不仅让家人扔掉了茶饼，还当面严斥了送饼人。当她的丈夫开玩笑地说，她现在看不起再嫁寡妇只不过是因为她丈夫还活着，并希望她不要责难一个再嫁寡妇时，郑氏发誓说他不必担心相同的事会发生在他身上，因为她绝不会再嫁。之后不久，丈夫生重病，他在临终的病床上睁眼看着郑氏，直到她领会了其中的意思，在病床前自杀，他才安心死去[36]。

读完这个笔记中实证性的例子，现在让我们进一步仔细观察明清时期贞烈和寡妇守节观念的历史性变化。

明代女性的自杀

《明史·列女传》中四百个女性的事迹脱胎于《明实录》和地

[33] 《明史》卷 302，第 7716 页。
[34] 《明史》卷 302，第 7716 页。
[35] 《明史》卷 301，第 7697 页。
[36] 《明史》卷 302，第 7716 页。

方志中三万多个模范女性的记载(见表 4)。但即使是这个小范例也显示出,相比于其他道德事迹,自杀更受推崇。

表 4 《明史·列女传》中美德的类别

自杀	
普通	103
战时	211
全部	314
百分比	78.5
节	
妻	47
女	7
全部	54
百分比	13.5
孝	
全部	17
百分比	4.25
贞	
全部	2
百分比	0.5
义妻	8
义婢	5
全部	13
百分比	3.25
全部	400

史料来源:《明史》卷 301—303,北京:中华书局,1974 年,第 7689—7763 页

表 4 将《明史》中的四百个故事分类排列。它的数据生动地

显示明代对自杀赋予的极大意义。其中有些数据显示了高自杀率和社会动荡之间的联系：百分之六十七的女性在突发动乱时自杀，而只有百分之三十二的女性在通常的环境之下自杀。女性在面临暴乱时期自杀是因为元代以来的信念之继续，即女性在战乱时期必须以死明志，就如同男性自杀殉国一般，换句话说，“忠臣不事二主，好女不嫁二夫”。不同的是，明代出现了大规模的和家庭、家族或社区中的女性一同集体自杀的记载。

明代记载的另一个特点是，女性自身的表达，通常以直接引语的形式出现：

> 妇道惟节是尚，值变之穷，有溺与刃耳，汝谨识之。（游铨妻张氏对女儿所说）㊲
>
> 贼至不死，非节也，死不以时，非义也。（赵氏，汤祖契妻）㊳

这类决心间接地说明，在此类情境下，死比生更受到推崇，而且即使女性可以受到保护，她们也拒绝寻求保护。因此，当太康城沦陷时，汤祖契妻赵氏嘱祖契负其母以逃，而她留下来。她不听家人劝阻，试图自缢，最后被贼所害。母亲们通常不会教女儿在面对这种情况时如何逃脱，而是给她们和上文张氏相同的指示。比如江华的妻子叶氏对嫂子说：“我二人被絷，纵生还，亦被恶名，死为愈。”㊴从这里我们可以看出，很多女性选择死亡，并不是因为要维护贞节，而是逃生后的羞耻感。一个贤妻会理解自己要承担维护家庭名声的责任。

那么，如果没有面临暴力威胁呢？在一般情况下，寡妇又为何要选择自杀？我们只能猜测，有些女性接受了这样的观念，即自

㊲ 《明史》卷302，第7718页。

㊳ 《明史》卷303，第7752页。

㊴ 《明史》卷302，第7718页。

杀是比守节更为高尚的行为。戏剧性的自杀能够获得更多关注，更令人激动。死亡手段越残忍，越被推崇。我们可以从对自杀的赞美中看到这一点。而这些记载是男性撰写的。当安徽桐城的高文学死后，他妻子的父亲王道美给了自己的女儿这些建议：“无过哀，事有三等，在汝自为之。其一从夫地下为烈，次则冰霜以事翁姑为节，三则恒人事也。”[40]王道美认同朱熹的观点，那就是，普通女人可以再嫁，但一个真正懂得妇道的女性则视贞节比生命更重。

明代列女记载如此看重自杀行为，显示出妻子对丈夫的忠诚超过了其他任何责任。正因为如此，我们才会看到年轻的寡妇们在丈夫去世后的三天到七天发誓殉节，立刻自杀，正如有一位所宣称的，她将与丈夫“地下相见”。即使已有身孕，或者已有儿子，也是如此。我们来看龚烈妇的例子。龚氏的丈夫和婆婆都去世了，但家贫如洗，龚氏没钱安葬他们。有人愿意为其提供棺梓，但龚氏怀疑他的意图。她担心自己无法摆脱这个人，于是，她把自己六岁的儿子和三岁的女儿交给母亲抚养，之后举火与丈夫的尸体一同焚化[41]。谭氏的丈夫在他们儿子出世后三个月就去世了。婆婆和母亲劝说她不要自杀。等到儿子七岁进入私塾，谭氏将儿子托付给婆婆，心满意足地说道：“吾今可以遂志矣。”然后自缢而亡[42]。

在某些寡妇殉夫的例子中，寡妇似乎是殉情而死。这些故事中的才女妻子与丈夫不光深情相爱，而且有精神的契合。江苏丹阳姜士进的妻子蒋氏在丈夫去世后，多次服毒自杀，都被家人救起。最后，她接受了她公公的父亲的兄弟——礼部尚书蒋保的请

---

[40] 《明史》卷 302，第 7733 页。

[41] 《明史》卷 301，第 7705 页。

[42] 《明史》卷 302，第 7731 页。

求，续写刘向的《列女传》。书完成后，她投缸而亡。蒋氏还著有《哭夫文》四篇、《梦夫赋》一篇。这些才女的行为，不仅仅是受自己感情的影响，同时也深受他们所处的精英阶层的社会圈以及她们所学的典籍和内化的道德观的影响。蒋氏小的时候，非常不乐意别人将她与宋代诗人李清照和朱淑真相提并论。她认为："易安更嫁，而淑真不慊其夫，虽能文，大节亏矣。"[43]很明显，蒋氏选择自杀是受到了她的学识、阶层意识和夫妇情感的共同影响。

与此相反，我们也看到妻子为待她并不好的丈夫自杀。宣氏是江苏嘉定张树田的妻子。张待她"素狂悖"。张树田死后，她发誓殉死。当他人用其夫不值得她为之死来劝说她时，她叹息道："予知尽妇道而已，安论夫之贤不贤。"随后自缢而死[44]。

在《明史》众多女性自杀的记载中，我们也会读到贞女的记载[45]。有一则很详细的记载是关于扬州刘氏的女儿。她听到未婚夫去世后，泣血绝食，对父亲坚称自己要守丧三年，等弟弟成人后，追随未婚夫而死。一年之后，当得知她的父亲想让她再嫁时，她打开未婚夫家送来的聘礼箱子，找出一条带子，悬梁自尽[46]。另一个更为极端的例子是翁应兆的未婚妻李氏。翁应兆去世后，李氏多次自焚都被父母所救。后来，她搬到了翁家，伺候他的父母，并请求立嗣。然后，她"设夫位，坐卧于旁，奠食相对"。在她丈夫的父母去世后，有一天邻家大火。她抱着丈夫牌位，等待火势蔓延，把

---

[43] 《明史》卷302，第7723页。

[44] 《明史》卷301，第7704页。

[45] 例子有福建侯官林贞女，见《明史》卷303，第7739页；福建瓯宁林端娘，见《明史》卷301，第7709页；江西乐平胡贵贞，见《明史》卷301，第7712页；浙江秀水张氏和向氏，见《明史》卷302，第7729页；《明史》卷301，第7701页；湖北江夏欧阳全贞，见《明史》卷301，第7701页；河南祥符陈氏，见《明史》卷301，第7701页；河南杞县史氏，见《明史》卷301，第7708页；山东安丘彭氏，见《明史》卷302，第7724页。所有这些贞女都在未婚夫去世后，或者绝食而死，或者上吊自杀。

[46] 《明史》卷302，第7725页。

她吞噬[47]。

这些例子似乎表明自杀是女性自主实践道德信念的结果，但有大量其他事例说明女性自杀，是为了逃脱来自丈夫、公婆或者族人的暴力虐待。年轻女性被迫再嫁或做妓女的故事里，总少不了酗酒赌博的丈夫和其他的瘾君子或贪婪之人。其中一则是闻名的由李贽记载的贵池唐贵梅的故事，它曾在学者中引发了对女性所受压迫的激烈争论。唐贵梅嫁给了朱家，她的婆婆与一个富商私通。富商想买通婆婆，占有贵梅。贵梅拒绝后，婆婆恼羞成怒，企图用暴力迫使她屈服。同时，富商买通官员，将贵梅投入监狱。贵梅从监狱放出来时已经几乎受折磨而死，但她从未透露其婆婆的奸情。她最终选择上吊而死[48]。

这种来自婆婆或者来自迫使妻子卖淫的懒汉丈夫的性虐待在女性自杀记载中为数不少[49]。家庭之外，恶少和流氓不断威胁着女性，对女性进行性骚扰，或用敲诈的手段迫使她们就范。陷入这种境地的女性，通常只能自杀以示贞节。而她们短暂的一生，也为那些批评晚明商业主义者提供了攻击晚明道德人伦沦丧的叙述。

从烈女到节妇的转变：清代的列女传

尽管清初政府仍然鼓吹烈和节，并把二者界定为妇德的关键，但对女德的看法发生了变化。对公婆的孝行，成了女德的重

[47] 《明史》卷302，第7729页。

[48] 《明史》卷301，第7700页。

[49] 类似的例子有江苏吴县王妙凤，见《明史》卷301，第7700页；江苏嘉定张氏，见《明史》卷301，第7700页。两人都因发现婆婆与人有私情，反遭受性虐待而自杀。还有江苏上元王氏和松江徐氏，两人的丈夫都是酒鬼赌徒，他们把掠夺成性的男性朋友带到家中，导致妻子被性侵。见《明史》卷302，第7716—7717页。

心，成了绝对忠诚丈夫的逻辑推理的结果和压倒一切的理论基础。在推崇孝敬公婆的过程中，清政府嘉奖“正”和“永”，而不是新的被称为“奇”和“异”的德行。理想的状态是孝与节的结合（节孝），清政府将其视为不偏不倚的、成就儒家所推崇的和谐人际关系的标准。与此相反，自杀殉夫的行为则因为被视为是逃脱人伦最重大责任的懦夫行为而受到批判[50]。这些发展趋势从清代受表彰女性的传记清晰可见（见表 5 和表 6）。

表 5 《清史稿》传记中的典范妇女

自杀/烈	
已婚	70
未婚	23
战乱	275
性骚乱	41
虐待	39
饥饿	4
全部	452
百分比	60
节/忠贞	
已婚	128
未婚	26
全部	154
百分比	20
孝	
全部	66

[50] 《清史稿》卷 515《列女传》，第 11640 页。

（续表）

百分比	9
才	
全部	21
百分比	2
其他	
全部	61
百分比	8
全部	754*

史料来源：见《清史稿》卷515—518，台北："国史"馆，1986年，第11639—11760页

*由于四舍五入，百分比不按百分之百算。

表6　和平时期的女性自杀状况：明清对比

朝　代	明	清	全　部
自杀/烈			
已婚	75	70	
未婚	14	23	
被迫	14	80	
其他	0	4	
全部	103	177	280
百分比	65.6	53.5	57.4
节/忠			
已婚	47	128	
未婚	7	26	
全部	54	154	208
百分比	34.4	46.5	42.6
全部	157（100）	331（100）	488（100）

清朝政策的转折点似乎在学者常提到的1728年雍正帝的上谕中。这个上谕要求停止以死来逃避责任,强调寡妇的两个重要妇职:奉养翁姑、抚养后嗣成人[51]。这则上谕的影响显而易见,《清史稿》中记载的和平时期女性自杀的案例多来自雍正前或者嘉庆道光时期。即使这样,清政府仍对战乱时自杀的女性进行旌表,包括用牌楼的形式表彰。整个清代,自杀的女性仍会得到旌表,包括有些特例的自杀。比如1740年的张氏一例。张氏陪伴犯罪的丈夫到发配地广西后自杀[52]。清代女性自杀的记载中仍然描写着女性承担礼仪的压力,或被挥霍家产的丈夫所拖累,或被迫成为妓女,或寡妇因公婆贪图钱财被迫再嫁,或受性骚扰。欺压她们的,从丈夫和公婆到地方流氓、衙门小吏、和尚道士。在这样的情况下,对女性自杀的记载成了对那些恶人和当时造成她们自杀的社会环境的批判。

宋氏五烈女的故事就是一个特别具有讽刺意义的例子。宋氏五烈女(四个女儿、一个孙女)出身佃农家庭。因为五女俱有姿容,地主想迫使她们成为自己的妾。康熙三十四年的一个晚上,五女同时自杀。这件事被报到了县里,县官畏惧地主的权势不敢将案件上报,而是由政府出资将五女同葬一墓,并为之立碑"宋氏五烈女之墓"[53]。另一个相似的案例发生在1716年,湖北襄城樊廷柱之妻张寡妇被同县的两个兵痞强奸后杀害。她的邻居报官,但县令畏惧兵痞和他们家族的势力,将张寡妇的死归因于她的小叔子对她非礼。由于民众对此明显陷害的抗议,县官被迫将案件

---

[51] 《清史稿》卷504《孝义传》,第11441页。《清史稿》中《李盛山传》中出现了此圣谕,有可能经过一些编辑。原版的圣谕可能在《大清世宗宪皇帝实录》卷67,台北:台湾华文书局,1964年,第1043—1044页。

[52] 《清史稿》卷518,第11731页。

[53] 《清史稿》卷518,第11746页。

改为无法侦破[54]。

尽管清廷公开批评寡妇自杀，但自杀的行为持续不断，传记中明清女性自杀的模式区别还是很明显的。首先，在清代，有关女性自杀数量的记载急剧下降，尤其是在雍正（1723—1735 年在位）和乾隆（1736—1795 年在位）禁止自杀后。其次，清代对寡妇自杀的记载，倾向于强调寡妇已经完成对夫家的职责，尤其是完成对后代的抚养之责任。有一则很详细的记载是关于李氏的。李氏与武稌订婚后，从十一岁起就在吴家长大。六年后，稌堕井死。尽管尚未成礼，李氏挽起已婚妇女的发髻，开始侍奉武稌的母亲，同时要求武家为死去的未婚夫过继一个儿子。“久之，叔弟补县学生，两女妹皆嫁。又数年，为所后子娶妇。”这时，她对兄长说：“妹曩不即死，诚不敢死也。今吾家奉舅姑宗祏幸有人，井中人待我久，我将从之！”在丈夫死后二十年他的生日那天，她跳入了同一个井里[55]。写这篇传记的作者强调，她是在卓越完成她的责任之后自杀的，因而她的德行尤其突出。

其他的例子也证明，清代精英家庭中的地位各异的女性更为看重孝道的实践，而不是自杀。当刘昆的妻子张氏意识到城已破、丈夫已死时，她杀死两个女儿，嘱咐妾吴氏藏好三岁的儿子以延续刘氏的血脉。吴氏先让保姆带着儿子躲到安全处，然后和正妻一同自杀[56]。马雄镇的妻子李氏在丈夫死后，看着妾、媳妇和女儿自杀，把她们的尸首依次序安排好，说道：“姑妇子女，皆幸不辱身，我无憾矣！”然后她自己上吊而死[57]。

雍正朝之后，当节妇的理想取代了烈女的荣光，关于国家和家族的论述更进一步地聚焦在家庭的稳定是国家统治的根基这

---

[54] 《清史稿》卷 518，第 11745 页。

[55] 《清史稿》卷 516，第 11693 页。

[56] 《清史稿》卷 517，第 11707 页。

[57] 《清史稿》卷 517，第 11706 页。

一点上，正如《清史稿·列女传》序言所指出：

> 积家而成国，家恒男妇半。女顺父母，妇敬舅姑，妻助夫，母长子女，姊妹娣姒，各尽其分。人如是，家和；家如是，国治。[58]

在这一环境下，当丈夫死后，妻子成为家庭的核心。不光理学思想突出寡妇为妻和为母的身份，同时，她对自身命运的理解也和她的使命感联系在一起。她必须承担对公婆的孝道；她还必须抚育嗣子成人继承已故的丈夫，并且，如果可能的话，她还要给他教育，让他通过科举获取仕途。

清代的记载充斥着寡妇母亲培养出著名学者的例子。这些故事强调了博学母亲的牺牲或者是文盲母亲崇高的道德，以及使寡妇熬过艰难岁月的道德自豪感[59]。山东临清胡源渤的妻子董氏，十五岁守寡，此后孤单一人生活了八十年。当邻居问她这些年是如何守下来的，她回答：

> 饥而食，倦而寝，不饥不倦，必有事焉，毋坐而嬉。吾尝为人佣，治女红，必求其工。求工，则心专；心专，则力勤；力勤，则劳而易倦。倦即寝，寤即兴，毋使一息闲，久之则习惯矣。[60]

---

[58] 《清史稿》卷 515，第 11640 页。

[59] 根据洪亮吉的传记，洪亮吉的母亲蒋氏在丈夫去世后，教她的儿子读《礼记》，帮他纠正每个字的读音，母亲教导、儿子背诵的场景常常持续到半夜。张惠言的母亲姜氏在丈夫去世后，将两个儿子教育成为著名的学者。女性学者和画家恽珠嫁给了完颜廷璐，在丈夫去世后教子，并以严格著称。即使不识字的寡妇也有能力教导儿子的学业。比如说，桐城胡弥禅的寡妇潘氏，将儿子送到村塾读书。后因为家里贫穷，罢学。“潘不知书，使儿诵，以意为解说。一日，闻程、朱语，叹且起立曰：‘我固谓世间当有此！’闻诵司马相如《美人赋》则怒，禁毋更读。”陈时夏的妻子田氏著《敬和堂笔训》，以授诸子，其自序略曰：“余苟延性命，只以三子一女，冀其能自立，不至辱泉下耳。”见《清史稿》卷 515，第 11643—11644 页。

[60] 《清史稿》卷 516，第 11672 页。

清代妇德中孝道含义的变迁

与清代故事从“烈”到“节”的转向相呼应，是为女之道的弱化。清代的节孝祠把孝和男性联系在一起，而把补充性的节与女性联系在一起。看起来，明清时期，对女儿孝行的看重似乎已经被节的行为所替代。通常被理解成“孝”而被描述成“节”的美德，重点是女性对公婆尽孝，而不是对父母尽孝。

我们可以从《女孝经》地位的降低窥此变化[61]。《女孝经》成书于唐，在宋代配以精致的图画发行。与宋代对此书的重视以及元代不可计数的孝男孝女故事形成对照，清代的“女四书”中，这部《女孝经》以其他的被认为对女性的道德教育更关键的书取代。在清代，寻求道德教育的年轻女性，会被期望阅读班昭的《女诫》和另一部早期的书籍《女论语》以及两部明代的书《内训》和《女范捷录》，但没有《女孝经》。即使是像陈宏谋这样鼓励女教的地方官，也未在自己的《教女遗规》中收录《女孝经》。而之后的编辑们也没有把它加入《教女遗规》的扩大版中[62]。

清代的地方志也证明孝道作为一种女德，已经被节所替代。这一时期地方志的列女传将模范女性按照行为的本质不同进行分类，这些分类反映出当时的社会是如何理解官方论述和朝廷表彰的女德的。在模范女性的章节中，即便有“孝”的事迹，它通常与贞节一起出现。

---

[61] 见 Julia K. Murray, “Didactic Art for Women: The Ladies' Classic of Filial Piety,” in *Flowering in the Shadows: Women in the History of Chinese and Japanese Painting*, ed. Marsha Weid-ner (Honolulu: University of Hawaii Press, 1990).

[62] 并未出现在 1868 年版中，也未出现在 1895 年的再版中。明清时期在中国和日本出版的《女孝经》的不同版本，见 Yamazaki Jun'ichi, *Kyoiku kara mita Chugokujoseishi shiryo no kenkyu* (A documentary study of Chinese women's history as seen from education) (Tokyo: Mciji shoin, 1986), p.341。

这里最好的一个例子是四川成都府1812年版的《汉州志》。书中把《列女传》分成四部分：节孝（节妇和孝妇）、节烈（殉夫的寡妇）、贞女（贞洁的女性）和烈女（自杀的女性）。这些分类专注于已婚的、已订婚的或已到婚龄的女性。孝专属于丈夫死后仍然活下去侍奉丈夫双亲的寡妇，以区别于殉死的寡妇。"贞女"一词看上去似乎是"纯洁的女儿"的意思，指的不是孝女，而是"贞节的女子"，即未婚夫死后，对未婚夫守贞的女性。她们通常不顾父母的反对，嫁入未婚夫家，侍奉丈夫的双亲。此书的序言解释道：

> 妇人之义，从一而终。女子之贞，十年不字。懿夫羞甘进盥，奉事翁姑，侍执巾栉，敬相夫子，职皆分内，礼在则然。是髫龄失偶，三生践同穴之盟；弱息惊魂，一死绝强人之望；其或偶遇狂夫，因而殒命，又或一闻秽语，立即捐躯，只求节义之无亏，克荷纲常之重任。白气冲天，何论金石。彤编著姓，永荐馨香。志列女。[63]

和这个模式稍有不同，山东《泰安县志》的编纂者将列女传记分成三类：贤淑、节孝和贞烈。同样的，孝行专指寡妇守节侍奉公婆[64]。大约同时期编的《博山县志》的"列女"部分如此开头：

> 孝妇之受名旧矣。生而克顺，死而为神，千百年来享祀不绝，自故未有若斯之盛也。[65]

广东1805年的《龙山县志》将烈妇和节妇都归在节妇类下，将她们与烈女和贞女区分开来。赞美孝顺只在这章的节妇故事中出现，而其他门类的故事（烈女和贞女）写的是已订婚的女性或抵抗强

---

[63] 《汉州志》，1812年，卷32，第1页a。

[64] 明清时期的列表，见《泰安县志》，1782年，卷10下，第6页a—25页b。1828年的《泰安县志》，基本延续了此一模式。

[65] 《博山县志》，1753年，卷8，第1页a。

暴而死，或殉未婚夫而自杀。孝道并未出现在她们的故事里。

孝行对女性而言在清代当然也十分重要，“女四书”中有章节讨论孝行，详细描述如何侍奉父母和孝顺公婆。与此相似，完颜恽珠编于1831年的《兰闺宝录》（这是一部历史上模范女性传记的著作）把女德分为六类，而把孝行列在突出的地位[66]。她在第一章编者的序中这样解释：

孝为行始，夙兴步趋。善养父母，曲从舅姑。有宪有诫，勿怠勿斁。葆兹淳始，式乃壶模。[67]

如下面的表格（表7）所示，恽珠对历代妇德的分析表明，相对于贞和节，女儿的孝不受重视。

表7 恽珠《兰闺宝录》中的列女记录（按照朝代和类别分类）

朝代	孝	智	抚	节	谋	才	全部
秦	0	0	0	0	1	0	1
汉	7	7	6	7	2	6	35
六朝	10	15	7	11	30	13	86
隋	3	1	3	1	1	2	11
唐	15	13	10	10	8	11	67
五代	1	4	0	3	1	1	10
宋	11	12	19	13	2	4	61
辽金	4	5	2	4	5	2	22
元	11	8	3	6	1	1	30
明	15	27	4	53	10	3	112
清	9	7	6	30	4	5	61
全部	86	99	60	138	65	48	

---

[66] 完颜恽珠编《兰闺宝录》，红香馆藏版，1831—1832年。序言写于1831年夏天第二月的前十天，可能是六月中旬。

[67] 《兰闺宝录》卷1“目录”一。

对于历史变化的问题，恽珠的记录凸显了明清时期呈现的强调贞节这一变化。在汉代和宋代，孝道和贞节在女德的记载中相对而言是平衡的，而在唐代和元代，孝道比贞节更为重要。但到了明清，全书半数以上的模范女性传记是关于贞节的，而关于女性孝道的传记占不到五分之一（见表 7）。而且，在恽珠记载的关于清代孝女的九个故事中，有五个强调女性对公婆的孝行。

从恽珠选入的女性孝道的故事，我们发现，恽珠对女儿孝行的定义十分宽泛。在一个故事中，一个名叫百顺的女子是她父母唯一存活的孩子。她为了侍奉双亲发誓终身不嫁[68]。汪文澜的妻子恽氏的故事写的是她如何在出嫁后，仍尽心尽力照顾年迈的母亲[69]。一个尚未到青春期的女孩死于救父，而另一个勇敢的女儿带领军队为父报仇，最终靠官府为父伸张正义[70]。

但恽珠关于孝女的记载，似乎不仅仅有关孝行，而是意在表达一些更大的议题。她的记载中有奸诈仆人，有少数部族，有满族女性，还有低微的人物。这些故事戏剧性地表明美德既受性别、民族和阶级局限，又可以超越这些界限。也许更重要的一点是，它们表明无论美德出现在哪里，朝廷都会给予表彰。也就是说，孝行自身并不如它有意表达的普遍性的信号那么明显。

崔峘的妻子欧氏就是一个突出的例子。她是广西一个部落首领的女儿。按照那个部落的习俗，所有的孩子到一周岁时都会获得一个佩戴终身的银项圈。这只银项圈（命圈）会一直保佑佩戴者，直到破损为止。在恽珠的故事里，当婆婆生病后，欧氏在神灵面前许愿后打破项圈，把它卖掉换药钱。婆婆康复了，但欧氏也没有受到灾害。这个故事告诉我们，儒家道德教化之力和儒家

---

[68] 《兰闺宝录》卷 1，第 29 页 a—b。

[69] 《兰闺宝录》卷 1，第 30 页 a。

[70] 《兰闺宝录》卷 1，第 27 页 b—28 页 a。

药物的治病之效已经超越了部族的习俗和信仰。孝女成为了儒家教化部落的典型[71]。

作为女德的“孝”和“节”究竟有何不同呢？如果已婚的孝妇是一位尽心侍奉公婆的妇女，那么守节的寡妇可以被视作一个特殊环境下的孝女吗，也就是一位在丈夫死后继续孝顺公婆的媳妇吗？恽珠的“节烈”妇女传记可以帮助我们理解这个问题。恽珠书中清代部分的三十个节妇故事初看与孝女传中的故事并无不同。在殉夫的妻子[72]和拒绝强奸而自杀的女性的故事中[73]，我们发现一位以命救婆婆的媳妇[74]，一位在找回被谋害的丈夫、儿子和公婆的尸首后自杀的女性[75]，还有其他或多或少有些特异的以贞节为名的死亡。

这些关于美德的故事体现出，清代孝道的重心从娘家转换到夫家是如何消解了由于妇德异见而引起的冲突，并使国家的政令、家庭的责任和女性的行为之间形成天衣无缝的衔接。而妇女的互相矛盾的忠诚也是当时政治冲突的反映。

结　　论

清代节妇崇尚所表彰的忍耐尽责的平凡美德，是此前烈妇故事所推崇的夸张和特异美德的一种变形或者说“文明化”的形式。

---

[71] 关于教化的研究，见 Stevan Harrell, “Introduction: Civilizing Projects and the Reaction to Them,” in *Cultural Encounters on China's Ethnic Frontiers*, ed. Stevan Harrell (Seattle: University of Washington Press, 1995)；关于满族统一的研究，见 Pamela Kyle Crossley, “*Manzhouyuanliu kao* and the Formalization of the Manchu Heritage,” *Journal of Asian Studies* 46, no.4 (1987): 761-790。

[72] 《兰闺宝录》卷 4，第 43 页 b—44 页 a、44 页 a—b。

[73] 《兰闺宝录》卷 4，第 44 页 b—45 页 a。

[74] 《兰闺宝录》卷 4，第 44 页 a。

[75] 《兰闺宝录》卷 4，第 45 页 a—b。

帝国政府下抵基层表彰忠臣节妇的权力，在恽珠的典范妇女中处处体现出来，这一点和其他明清时期的女性传记一样。在清代，妇德已经成为了社会的反光镜，标志着满人所推崇的严格的道德标准，以及这些标准已经被整个社会所实践，包括那些最低微、最边缘的人物。

如果说恽珠关于列女的记载传递的政治信息和道德信息一样重要，那么这些政治信息可以解释为什么在清朝，妻子的贞节要比女儿的孝行更为重要。一个孝女实际上有(或可以有)两个侍奉对象：父母和公婆，但节妇只有一个尽忠对象。如果满族统治者对孝女模棱两可的效忠感到不安的话，那么节妇不容置疑的忠诚可能给他们安慰。孝女可能象征由明入清的臣子。与之相反，节妇可以被选择来象征绝对的忠诚，比如恽珠和其他史书所表彰的马雄镇家妇女的故事，她们责骂了南方的叛军后自杀以示对新的满洲政府的支持[76]。

孝道在中国历史前期的家族制度中(照伊沛霞的说法，那时是轻微的双系继嗣制)是非常重要的妇德。但到了明清时期，女儿的孝行却远远比不上妻子的孝行重要，而寡妇作为烈妇(无论是死或苦守)，在儒家训导文本中几乎成了被膜拜的典范。为什么会出现这些变化？仅从儒教一个方面并不能回答这个问题。有利于父系氏族的法律方面的变化是一个原因，而礼仪实践(婚礼和丧礼)和哲学经典的变化也是重要的原因。这些变化强化并显示了在经济方面以及中国文化中情感象征和创造性的表述方面的变化。我们对这些变化知之甚少，但已经开始感知他们的复杂性。比如白凯(Kathryn Bernhardt)对法律和妇女财产权的研究显示了宋代之后，子嗣传承、财产继承和礼制的责任是如何限

---

[76] 恽珠本身是一个汉人女子而嫁进满族家庭，并且是一个著名的满族官员的母亲。她对此很有自己的见解，见 Mann，*Precious Records*，pp.94-108。马雄镇妻子的传记见《兰闺宝录》卷 4，第 47 页 a—b。

制了妇女对财产的拥有权的。与此同时，她强调，寡妇在财产权上拥有很大的优势，直到辛亥革命以后传入的现代法律制度除去了寡妇享受的儒家特权[77]。白馥兰（Francesca Bray）表明，由于税收和其他因素的影响，女性纺织的文化和物质价值长期呈下降趋势[78]。但同时，鼓励女工劳动（家庭纺织）是清代经世政策的一个特征[79]。其他学者也记录了宋代之后，由于商业娱乐的发展，越来越多的女性被雇用，尤其是歌伎、妓女和艺人。在所有这些场合，女性的才华被贬低，而古典学问被视为文化上成功的唯一标志，同时女性的性行为也愈益成为国家管制的对象[80]。然而明清的才女们却用经典作品和出版作品，来树立她们的文化权威，庆祝自身的才华和美德，尽管她们只占人口极小的一部分[81]。

总而言之，儒教，这个帝国历史上作为文化表述和家庭制度根基的意识形态，与明清贞节崇尚的复杂关系只是更大的历史故事中的一部分。这个故事中还有着经济转向的影响以及明清时期政府对生活在不同地域和族群的男性和女性亲密关系的越来越强的管理控制。

〔原文发表于 Dorothy Ko，JaHyun Kim Haboush，and Joan

---

[77] Bernhardt，*Women and Property*.

[78] Francesca Bray，*Technology and Gender: Fabrics of Power in Late Imperial China* (Berkeley：University of California Press，1997).

[79] Mann，*Precious Records*，pp.143-177.

[80] 尽管很多关于戏剧和妓女的研究可以用来记录这个过程，但单独探讨女性作为娱乐者的研究见王书奴《中国娼妓史》，上海：上海三联书店，1988 年。同样重要的还有苏成捷（Matthew Sommer）对清代娼妓罪名化以及它对女性在法庭上地位的影响，见 Matthew Sommer，*Sex，Law，and Society in Late Imperial China* (Stanford：Stanford University Press，2000)。

[81] 见 Dorothy Ko，*Teachers of the Inner Chambers: Women and Culture in Seventeenth-Century China* (Stanford：Stanford University Press，1994)；Mann，*Precious Records*。

R. Piggot, eds., *Women and Confucian Cultures in Premodern China, Korea, and Japan* (Berkeley: University of California Press, 2003), pp.219-247〕

阚玮玥 译

明清妇女的载德之旅*

明清时期，没有哪个有成就的士人是足不出户的。士人外出求学、赶考、教书、赴任，沿途去拜谒先贤们礼赞过的名胜古迹[①]。通常，男子与女眷们，如妻子、女儿和儿媳[②]，结伴旅行、远离家乡，甚至客死他乡。如果有存于身后的未亡人，她就要担负护送丈夫遗体回乡安葬的责任[③]。这些漂泊异乡的家庭之旅不断地变通着妇女身居家"内"的空间边缘。时值 1847 年春，张纨英从武昌城乘小舟东行至江苏省，她正开启其德行之旅。她的游记，之后被她弟弟刊行，有一些独特之处。纨英的丈夫，一个入赘的男子，虽然在妻子家相安无事却客死他乡[④]。游记中，纨英苦苦地寻找安

---

* 致谢：作者致谢叶保民的建议和帮助，还有方秀洁的重要的建议和学术激发；感谢臧健、王政、卢苇菁、程玉瑛和高彦颐帮助获取张氏作品，还有包筠雅（Cynthia Brokaw）、苏成捷（Matthew Sommer）、艾梅兰（Maram Epstein）、罗丽莎（Lisa Rofel）、裴宜理（Elizabeth Perry）以及"行动中的性别"（Gender in Motion）研讨会其他与会者的批评和评论。

① 见 Richard E. Strassberg, *Inscribed Landscapes: Travel Writing from Imperial China* (Berkeley: University of California Press, 1994); and Pei-yi Wu, *The Confucian's Progress: Autobiographical Writings in Traditional China* (Princeton, N.J.: Princeton University Press, 1990)。

② 曾纪芬回忆这样的旅行，见 Thomas L. Kennedy, trans. and annot., *Testimony of a Confucian Woman: The Autobiography of Mrs. Nie Zeng Jifen, 1852–1942*, ed. Thomas L. Kennedy and Micki Kennedy (Athens: University of Georgia Press, 1993), pp.26–27。

③ 传神的分析见于 Grace Fong, "Authoring Journeys: Women on the Road," chapter 5 of *Herself an Author: Gender, Writing, and Agency in Late Imperial China*。关于曾纪芬描述的四个月的旅行，见 *Testimony of a Confucian Woman*, pp.37–38。

④ 在这个时期的江南地区，入赘婚在精英家庭中并非罕见。见 Weijing Lu, "Uxorilocal Marriage among Qing Literati," *Late Imperial China* 19.2 (1998): 64–111。

置她丈夫遗骸的墓地,其过程如同朝圣一般。该游记宛如承载妻子美德的记录,纨英反复强调她作为一个妇人的特殊身份,其本分职责在居家和守护家人。将这个游记置于其文化语境中,我们必须首先理解纨英同时期男性文人对妇女羁旅的顾虑。

明清时期关于妇女外出的讨论

明清时期关于妇女旅行的记载表现出矛盾的焦虑。一方面,妇女应该居家。理想的妇女是静止或安静不动的,这是明清再现闺秀的强力比喻。关于"静"的理想形象可追溯到《诗经》,它被释为性贞节的象征[5]。王端淑(1621—约1706)在她的诗话集《明媛诗纬》序中写道:"诗开源于窈窕而采风于游女,其间贞淫异态圣善兴思。"[6]

值盛清经学复兴之巅,安静或幽避的妇女受到保守学者的推崇,引人注意的是章学诚,他讥讽地把名声欠佳的袁枚女弟子与闺秀理想形象相对比。章、袁二氏关于理想妇女的争论中心是,女作家的写作是否违背了"妇言不出阃外"的典训[7]。妇女闭门在家被视为对其荣誉的承诺,这一成见主导了各种故事,从刘向的《列女传》至明亡的记事。关于妇女在外族入侵或动乱中的自杀记录,戏剧如《桃花扇》里张扬妇女自杀,不断地提醒当铁蹄袭来

---

⑤ 典出于《毛诗》四十二"静女",始自"静女其姝",接着渲染幽居女子的德行。见James Legge, ed. and trans., *The Chinese Classics: The She King*, vol. Ⅳ (Taipei: SMC, 1991), p.68。Legge论及王端淑暗指的争议,指出评论家对这些诗的含意有不同的解读。宋代诠释者把"静女"和诗九篇的"游女"(*The Chinese Classics*, vol.Ⅳ: 15)相对比。

⑥ Kang-i Sun Chang and Haun Saussy, eds., *Women Writers of Traditional China: An Anthology of Poetry and Criticism* (Stanford, Calif.: Stanford University Press, 1999), p.691.

⑦ Susan Mann, trans., "Zhang Xuecheng (1738 - 1801), Fu xue" (Women's learning), in *Women Writers of Traditional China*, pp.783-799.

时男人逃离，留下来的妇女要站稳了脚跟死在家里。《列女传》把某些妇女的美德纳入典范，如宁可溺水而死也不伸手给丈夫派来援救的男人。这类关于美德的传说有时会被明清作家讥笑，认为她们是“过礼”[⑧]。尽管如此，它们还是夸张地表达了妇女荣誉的重要性，并把幽居家中与之相联。

关于妇德的主张牢固地定位于家庭，但也由此引发关于幽禁妇女才华的不满。章学诚认为，妇女的写作特别的精彩，正是因为她们没有浸染世俗的趣味和感受家外的压力。如钟惺（1574—1624）曾有感于妇女置身家中和纯诗歌的创作，他写道：

> 然之数者未有克胜女子者也，盖女子不习轴仆舆马之务，缛苔芳树、养絙薰香，与为恬雅。男子犹藉四方之游，亲知四方。如虞世基撰《十郡志》叙山川，始有山水图；叙郡国，始有郡邑图；叙城隍，始有公馆图。而妇人不尔也。衾枕间有乡县，梦魂间有关塞。惟清故也。[⑨]

这里妇女无拘无束的想象（不受科举考试压榨）结合她们脱离世俗浸染的自由使得她们成为写作高手。

另一方面，妇女缺乏旅行有时又被用来解释她们在诗文创作上的欠缺。例如，在困惑妇女诗作很少载入集刊时，王鹏运（1848—1904）以为：

> 盖生长闺闱，内言不出。无登临游观、唱酬啸咏之乐，以发抒其才藻。故所作无多，其传亦不能远。[⑩]

---

⑧ Joanna F. Handlin, “Lü K'un's New Audience: The Influence of Women's literacy on Sixteenth-Century Thought,” in *Woman in Chinese Society*, ed. Margery Wolf and Roxane Witke (Stanford, Calif.: Stanford University Press, 1975), pp.19-21.

⑨ 《名媛诗归》序，译文见 Chang and Saussy, *Women Writers of Traditional China*, p.740。稍有不同的译文见 Ko, *Teachers of the Inner Chambers*, p.62。

⑩ 见徐乃昌《〈小檀栾氏汇刻百家闺秀词〉序》，Chang and Saussy, *Women Writers of Traditional China*, p.805。

男女作家同样焦虑幽居的心理和情感代价。19 世纪早期文集编纂者完颜恽珠指出，诗人颜畹思抑郁而终是因为她丈夫"性愚多忿忌"，每当外出就把她锁在家里[11]。诗人郝凤，其归宁诗译在本文中，受困于不幸婚姻引发的自我禁锢的心疾，她拒绝跟她的家长谈论，免得他们担心。骆绮兰，袁枚的女弟子，明晰地批评了幽居及其隐患，写道："身为深闺，见闻绝少，既无朋友讲习，以瀹其灵；又无山川登览，以发其才藻。"她又指出："[自余孀居]间出而与大江南北名流宿学觌面分韵，以雪倩代之冤，以杜妄人之口。"[12]

对幽居的批评者而言，旅行释放了妇女的心智和才华，帮她们从身份和家教的束缚下解脱出来[13]。当经学复兴引起汉学著作再次令人瞩目时，18 世纪跃跃欲试的女性旅行家视班昭为女学者的榜样，因为她提供了游记的范本。班昭的《东征赋》记述了她跟随儿子东行一百八十里，从都城洛阳赴任陈留。班昭此作部分回应其父的《北行》诗，她间接地应和儒家格言"小人怀土"[14]。完颜恽珠是个旅行家的典范，她令儿子带她出游，据她的儿子说，恽珠自己规划旅行线路尽可能地包揽"名胜古迹"[15]。她的漫漫旅途提醒人们，妇女跟随儿子安全壮游，儿子们则借机秀孝顺给大家看，

---

⑪ 完颜恽珠编《国朝闺秀正始集》(1831 年)卷 10，第 18 页上。

⑫ 骆绮兰(18 世纪晚期)《〈听秋馆闺中同仁集〉序》，见 Chang and Saussy, *Women Writers of Traditional China*, pp.704-705。

⑬ Dorothy Ko, *Teachers of the Inner Chambers: Women's Culture in Seventeenth-Century China* (Stanford, Calif.: Stanford University Press, 1994), pp.219, 224, 251-293.

⑭ 译文见于 Nancy Lee Swann, *Pan Chao: Foremost Woman Scholar of China* (1932; repr. Ann Arbor: University of Michigan Press, 2001), pp.113-130，含地图 118 页。关于旅行的重要性见 pp.114-115，注 31；又见 *Analects* 4/11 (Legge, trans., *The Chinese Classics*, 1: 168)："小人怀土"与"君子怀德"相对立。

⑮ Susan Mann, *Precious Records: Women in China's Long Eighteenth Century* (Stanford, Calif.: Stanford University Press, 1997), pp.94-95.

这一点不输于清代的康熙和乾隆皇帝⑯。

随着明代商业经济发展，妇女外出旅行逐渐普遍⑰。名胜风景的视觉图画让幽居的女士们了解到并设法伺机拜访那些地方⑱。不管能否出游，女画家在家中描绘风景画，她们依靠绘画指南并从经典中受到启发⑲。妇女的写作展示了旅行对想象或形象⑳有着确定无疑的影响。吴绡在17世纪中期曾写道：

> 虽游神州之五岳，泛溟海之三山，非女子之事。然睹烟霄，眄日月，不觉远奚。草衣蔬食，聊寄吾志。㉑

丈夫、兄弟或儿子的旅行也把关于远方的想法传递给妇女。精英妇女致远行亲人的“送别”诗及他们之间的通信（常常是诗作）表达了她们清楚地意识到路途遥远以及旅行的艰辛。可以确定，大多数这类诗作创作于闺房或是家庭空间之内。思妇倚栏翘盼远方的佳人成为很多诗歌定位女性身体于庭院建筑中的陈词滥调。寄外诗不重在作者见识广博的知识，而重在她的孤独。留守妻子写的关于旅行的诗作也透露出性感或被性别角色化了，更

---

⑯ Mann, *Precious Records*, pp.197-198.

⑰ Ko, *Teachers of the Inner Chambers*. 又见 Timothy Brook, *The Confusions of Pleasure: Commerce and Culture in Ming China* (Berkeley: University of California Press, 1998), pp.182-185. 关于明清时期女作家的旅行，见黄媛介（她的一个儿子在她赶赴新教职的途中船翻溺水而亡），Chang and Saussy, *Women Writers of Traditional China*, p.358。

⑱ 通过绘画神游，见 Craig Clunas, *Pictures and Visuality in Early Modern China* (Princeton, N.J.: Princeton University Press, 1997), 83ff.; 第83页上的引文。

⑲ 见 Marsha Weidner, "Women in the History of Chinese Painting," in *Views from Jade Terrace: Chinese Women Artists, 1300-1912*, ed. Marsha Weidner et al. (Indianapolis: Indianapolis Museum of Art, 1988), pp.23-24; Ellen Johnston Laing, "Women Painters in Traditional China," in Weidner, *Flowering in the Shadows*, pp.91-93。

⑳ 关于“轿子旅行者”见 Ko, *Teachers of the Inner Chambers*, pp.224-226。

㉑ 《〈啸雪庵稿〉序》, Chang and Saussy, *Women Writers of Traditional China*, p.690。

强调她们的女性气质。江苏娄县诗人陈敬的《远行》[22]诗即是一个例子：

> 大风忽起如拔木，中宵不寐起然烛。亦知风雨事寻常，无奈愁人萦心曲。狂风吹妾妾忧君，今夜扁舟何处宿。

男性关于女性旅行者的小说引发相反的性形象。妇女乘船出行往往会遭遇强奸、抢劫，然后是自杀，向读者渲染妇女出行，即使有丈夫陪伴，也会危及身体并有辱德行[23]。

关于旅行的写作

在对妇女出行的辩论及冲突中，我们可以认定几种妇女旅行的合宜模式，它们也成为妇女精英展示写作才华的机会。最受限制的是女士串门走访，它占据了闲适闺秀的大部分时间[24]。诗社和茶叙把妇女带出家门，走入其他妇女的庭院和花园。在18世纪晚期，她们记述如《偕诸姊妹游城东李园》[25]或回忆友人的不速造访，"正苦闲庭无女伴，诗人恰向雨中来"[26]。诗句间的亲密之音捕捉到一种氛围近似于程玉瑛所研究的优雅闺秀的致谢或致歉便笺[27]，毫不模糊地将她们绑定在守礼而雅致的家庭领域里。

妇女外出的一个比较模糊的模式是出于宗教诉求或精神修

---

[22] 完颜恽珠编《国朝闺秀正始集》卷8，页10下。

[23] 吉田真弓《読み切り 明代白話小説における河と船——転機、死、再生の場として》，月刊しにか7 (July 2001)，第96—103页。

[24] Ko, *Teachers of the Inner Chambers*, pp.226-242.

[25] 完颜恽珠编《国朝闺秀正始集》卷13，第20页下。

[26] 完颜恽珠编《国朝闺秀正始集》卷16，第22页下—23页上。

[27] Yu-yin Cheng, "Letters by Women of the Ming-Qing Period," in *Under Confucian Eyes: Writings on Gender in Chinese History*, ed. Susan Mann and Yu-Yin Cheng (Berkeley: University of California Press, 2001), pp.169-178.

养的“游逛”。游山的诗作让妇女更靠近男性的旅行世界。柳是(1618—1664)皈依佛门后，在描写王微的传记里写道：

> 布袍拄竹杖，游历江楚，登大别山，眺黄鹤楼、鹦鹉洲诸胜。谒玄岳，登天柱峰，溯大江上匡庐，访白香山草堂，参憨山大师于五乳。[28]

陈敬，前引她的寄外诗，可以确定她并没有在家里度过她的全部时光，在《游山寺示诸侍儿》诗[29]中，她自诩为大自然的修行者：

> 辉煌金碧宝莲台，每占溪山胜处开。侬自耽幽为泉石，上山原不拜如来。

在陈诗中，我们看到一个貌似的朝圣者轻蔑佛徒的信仰，自我定位于儒家或道家的淑女游山以求自我修行。类似以朝圣为题的闺秀诗(相对于在家中绣佛经或观音，或打坐、念经的诗作)比较少见。仅见于完颜恽珠编撰的诗集，其中有一篇虔诚的居士陆荷青题为《野寺》[30]的诗：

> 山半齐梁寺，无僧户不开。年年春草色，绿上诵经台。

进香题材的小说道出受人尊敬的女士们惹人耳目的原因。17世纪的讽刺小说《醒世姻缘》里描述了一个懦弱丈夫的泼辣任性的妻子加入泰山进香队伍，发现只有她自己是一个“正经女子”，混在一群佃户妻子、衙门里衙役和孟家的奶妈或康家出嫁的婢女中[31]。她待在这群人中正合适。没有再比这个更恰当地评论

---

[28] Chang and Saussy, *Women Writers of Traditional China*, pp.697-698.

[29] 完颜恽珠编《国朝闺秀正始集》卷8，第10页下—11页上。

[30] 完颜恽珠编《国朝闺秀正始集》卷17，第17页上。

[31] 译文见 Glen Dudbridge, “Women Pilgrims to T'ai Shan: Some Pages from a Seveteenth-Century Novel,” in *Pilgrims and Sacred Sites in China*, ed. Susan Naquin and Chün-fang Yü (Berkeley: University of California Press, 1992), p.56。

她有失妇德。

尽管一些闺秀相当受制于出访或游逛，但当她们为女、为妻和为母的恰当角色需要时，所有的上层妇女都会跨越家门，她们的文字与其随行。对妇女而言，最普遍的、令人尊敬的又可以大肆宣扬的旅行是履行家庭责任。结婚时，妇女搬离娘家，有时还是远行至配偶或他父亲的任所。出嫁的妇女接着出行，至少一年一次礼仪上的归宁，有时甚至更多，取决于妇女居住地的风俗㉜。如果嫁给了一个外任官员，妻子还得陪着配偶履任每个处所，这项责任往往增加其归宁的距离。如果丈夫外任时亡故，作为他的未亡人，她护送其遗骸至老家下葬。

像男性游记一样，女作家的游记借很多隐喻来昭示其德行和才识，用包筠雅(Cynthia Brokaw)的话，它们成为“表达适当情感的载体”㉝。履行职责，服从为人女、人妻或母亲的责任，上层妇女可以免受非议地外出，尽管不无风险和深深的焦虑。一些旅行令人疲惫，特别是举家出动跟随一个漂流的男人。方维仪(1585—1668)在给其秭诗集作序时，同情地注意到负载过重的孟式，嫁给一个县令，“远行北京、福建、楚地、广东、清泉(湖南省)和浔阳(江西省)”㉞。如孟式不幸地证明，文人们无息止地追寻一个像样的差事使得无数家庭漂泊旅途，特别当一家之主的男性外出教书、办事，或谋求其他体面的职位，他们又没有足够的田产或财力去维持一个分开的住所时。如此哀悼，尽管痛心，却被巧妙地用以宣泄最精致的妻子般的情绪，表达了忠贞和坚毅，一种妻子无条件的“相夫”。

已婚妇女可能独自外出，或带着一两个孩子，归省娘家。“归

㉜ Ellen R. Judd, “Chinese Women and Their Natal Families,” *Journal of Asian Studies* 48, no.3 (1989): 525-544.

㉝ 俄勒冈大学 2001 年 10 月 5 号 Gender in Motion 研讨会上评议人的评论。

㉞ Chang and Saussy, *Women Writers of Traditional China*, pp.687-688.

宁”是充斥着妇女文集的伤感诗作的创作机会。两个例子显示出归宁旅行赋予的感情表达。首先是山东诗人郝苹的《归宁》[35]：

> 女行远慈帏，一岁一归宁。兄弟喜相问，姊妹欢相迎。相将入旧室，环坐话离情。阿母把手问，缘何太瘦生。忆昨去膝下，母疾体未平。瘦生动母怜，欲泣还复停。母安儿自安，切勿伤零丁。区区饥与寒，那敢陈母听。

此处诗中表达了母女久别重逢的惊喜，盖过了其他的声音。

潘素心妹妹潘正心写的归宁诗更加伤感和艺术化，它是跟她姐姐的同题诗相唱和。注意诗人是如何小心翼翼地注释诗中出行的原因的[36]：

和虚白姊归宁韵

> 自小同巢燕，分飞各有家。吴头还越尾，地角又天涯。虽得音书寄，无如道路赊。一朝来聚首，悲喜两交加。故里鱼轩责，鸣钲负弩时。人皆称大位，我独重新诗。老手无凡艳，终身有孝思。临歧犹恋恋，夜半上船迟。

钟慧玲对清代女作家的“思归”诗的研究[37]表明此类诗作中有很多途径表达妇女的意识以及展示其才华。比如，思归诗成了追悔自己不是个男子的机会，席佩兰极度痛苦的诗句是抱怨她不能跟母亲一起哀悼故去的父亲[38]。思归创作中，诗人注意到她自己的意志和大的社会秩序的意志的区别；咏物诗中，比喻她的命运

---

[35] 完颜恽珠编《国朝闺秀正始集》卷16，第19页上下。

[36] 完颜恽珠编《国朝闺秀正始集》卷18，第4页上。

[37] 见钟慧玲《女子游行，远父母兄弟：清代女作家思归诗的探讨》，《中国女性书写：国际学术研讨会论文集》，淡江大学中国文学系编，台北：学生书局，1999年，第127—169页。钟慧玲主张这些写作体裁，特别对妇女，产生了一种集体和个人关于性别区别的觉醒，构成一种对妇女困境的抗拒的、批评的模式。

[38] 钟慧玲《女子游行》，同上书，第162页。

就像漂移的柳絮，任由摆布超乎自己的掌控[39]。换言之，旅行诗作也可以写从未成行的想象之旅。想象之旅可以跟实际的旅行一样强劲，浸润着女作家富有创造性的头脑，她们对家的思考建构一个独特的女性认同和女性经验的知识领域以及一种认知方式。在本章的结论中，我们会重提想象和旅行。

19世纪的家庭旅行：以张纨英为例

一个受人尊敬的与世隔绝的妇女最严肃的旅行要属护送过世配偶的遗骸返乡安葬[40]。尽管妻子并不特别担负这项责任，但是张纨英护送丈夫遗骸之旅的文字，显示至少一些妇女觉得必须自己去做，抑或因为儿子年幼，或者其他相关故人的事宜需要未亡人在场或干涉。

张纨英（生于1800年）是江苏常州学派创始人张琦四个女儿中最年轻者。她的弟弟（其父唯一的存活的儿子）仲远（曜孙）是她的终生知己，在她丈夫王曦过世时，他是一家之主（她和王曦是入赘婚）。她育有四个儿子和四个女儿；她的长子和三个女儿在下面的故事中出现。

南归纪程

道光丁未二月廿七日，奉夫子灵榇自武昌归葬。子臣弼、侄臣飏随行，臣谅、臣荩、臣恺，女采蘋、采蘩、采藻、采绿，姬人周氏皆留武昌署。时伯秭孟缇返京师，闻齐豫多盗，改

[39] 钟慧玲《女子游行》，同上书，第163、165—166页。

[40] 见 J. J. M. de Groot, *The Religious System of China, Its Ancient Forms, Evolution, History and Present Aspect, Manners, Customs and Social Institutions Connected Therewith* (repr. Taipei: Literature House, 1964), 3: 834-844.

由大江至京口，北涉淮黄，入牐河，因偕行。是日泊武昌北门外，仲远弟、婉纫秭至舟中话别，日暮始去。廿八日早行，经蕲水之巴河、兰溪，泊武昌、大冶分界处之黄石港。明日，风逜不得行。三月朔，过道士洑，至蕲州。明日，宿新闸口。初三日，大风竟日，泊。明日，过九江关，泊湖口县。明日，风未已，舟人张帆行三百里，抵安庆。初六日，雷雨大风竟日夜，衾枕皆霑湿。初七、初八日皆阻风，明日晓行，宿清溪，明日，经大通驿，遇雨，泊。明日，过铜陵，复遇雨。明日强行，未数里，风益甚。十四日，过荻港，泊板子矶，伯姊感寒疾。明日雨，冒雨行，泊芦席夹，夜半大风作，舟簸荡，不得安卧，与伯姊竟夕话。次日风不止，又次日始行十余里，风又作，即泊江岸。夜半复大风，舟人皆恐不敢眠。明日晓，风止，抵芜湖。明日阻风，凡泊三日。廿二日，伯姊病愈，过关，行至牛屯河。明日，至采石矶。明日，过龙江关。明日，经燕子矶、青山、礬山，而至京口。廿六日，命仆人买舟。廿七日，奉灵登，仍宿旧舟，与伯姊话别。廿八日，别伯姊南下计。计与伯姊同舟竟月，未觉客途之苦，至是形影相吊，黯然伤怀。而伯姊涉清淮，渡黄河，入牐河。牐河迂回易阻，行不能速，长夏炎暑，孤舟郁蒸，益复难堪矣。廿九日，至丹阳。四月朔，抵常州，泊东门外，戚友多来设奠。停舟三日，命臣弼延龚少白茂才偕赴太苍。茂才精堪舆术，故与夫子友善。初四日，舟发常州。初五日，至无锡。明日，至苏州。初七，抵太苍，泊漕池。率臣弼、臣飏谒宅中尊长，见从父念樵先生、小叔勉炎、篆香、从母施孺人、黄孺人暨妯娌辈，仍宿舟中。余家自明以来世居太仓，先舅常出游，殁于陕西。夫子方幼，依先府君，后从先府君官山左，为赘婿。先府君卒后，复客游齐、鲁、皖、越，凡数十年不得归。自余为妇，舅姑已前卒，祖宗祠墓阀阅乔木概未之识，至是始一至焉。而旅殡萧然，麻衣如雪，族党相见，皆咨嗟涕洟，可悲也已。初八日，谒琴君公、永州公墓。明日，命臣弼邀龚茂才赴浏河，相度先舅墓道。明日返，言无隙地可葬，乃定权厝，即奉灵赴浏河。十三日抵浏河，明日雨，明日谒忠贻祁州泾阳公暨先舅岱峰公、占山公墓。十七日卯时，奉安夫子灵榇，厝于岱峰公墓右。次日，奠于厝所。是日返棹。明日，复泊漕池。明日，命臣弼谒文肃公专祠暨大宗祠分祠。明日，辞族人行，泊苏州。廿八日，抵杭州，率子侄至铁线巷兄公子能鹾使寓所，见兄公及伯姒张孺人。孺人止之，宿三日方别。初四日，泊塘西镇。端午日，至石门镇。明日，过嘉兴，至平望驿。明日，过枫桥浒墅关，至无锡。初九日，抵常州。初十日，侨居董甥子远宅。十一日，夫子忌日，至延寿庵，命女尼诵经。夫子之厝先茔也，兄公以为非宜。自杭返，过苏州，即遣臣弼、臣飏赴太仓觅吉壤，未得。六月又遣之。八月书来，言已得，龚茂才往视，未吉也。十一月乃得之于十八都，地宽二亩许，凡费钱八万余。茂才言岁月不吉，未可葬，宜候数年。乃买舟返武昌。十二月初十日，登舟，由东坝芜湖入江，溯流行。风雪间作，寒威凛冽。臣弼感寒疾，数日乃瘳。凡三十五日而达武昌。盖戊申正月十五日也。是行也，水程往返都四千四百余里。居常州者七阅月，在道途者百有余日。自道光甲申随先太孺人从先府君官山左，始识道途况味，阅十年南归，又十年而至武昌，皆不过千余里，未有历时经岁涉路数千如此行者也。浮生靡定，后此当复如何？俯仰身世，殊可慨喟矣。先是，在太仓舟次，仲远弟专役相探，因纪所行历者为书答之，仲远题诗其后。比来武昌，乃删削成此，聊记一时踪迹云。道光戊申二月。[41]

---

[41] 张纨英《餐枫馆文集初编》(1850年版)卷1，第29页上—31页上。

追寻着纨英艰辛旅程的时间表，我们可以看到她记录里的日期道出了一切。她重走着她丈夫先前出行的路，这条路勾引起了各种往事。她收录的诗词包括了几首（夫妻间交相和韵）她丈夫怀念故去母亲的作品《和夫子过无锡忆先姑俞孺人》，他母亲是无锡人，而王曦正在去无锡的路上[42]；一首是她丈夫前往苏州登虎丘[43]，还有1830年代丈夫在杭州时，她跟丈夫交换的诗作《寄夫子杭州》[44]。（在纨英给丈夫生前的诗作中还可见提及他远游至江西九江《寄夫子九江》[45]。）与纨英收录的诗词交相辉映，她简短的游记揭示的远远超出了她意指的妇女的家庭旅行及其意义。

张纨英已故的丈夫王曦是著名画家王原祁的五世后人，而王原祁又是晚明大学士王锡爵的曾孙。这个家族自称是赫赫有名的太原王氏的后代，山西太原的太仓分支。从王锡爵那代人到王曦之间，这支出了两个大学士和九个进士。当纨英称赞夫家"人杰伟绩"时，她并非只是出于礼貌。同时，游记里表示的焦虑和紧张远远超出在季风和冬季旅行所遭受的身心疲惫。

张纨英旅行日志里首要的是她挑选旅伴。她的长子也是她唯一亲生的儿子。纨英生了四个女儿，但她丈夫的另外三个儿子是妾生的。跟她同行的侄子是她丈夫哥哥的儿子，这位兄长曾在杭州款待了纨英。兄长和他的妻子（也称作张氏，可能是纨英的族人）成了丈夫家人中关心他长眠之地的仅有的两位。在王曦父亲的墓地里并没有给王曦留下空地，纨英最终找到的临时遮棚明摆着是个暂时的折中方案，从而揭示了像太仓支太原王氏这样显赫家族墓葬的内幕。当我们看到那些招呼她的亲戚所表现出的

---

[42] 张纨英《邻云友月之居诗初稿》(1829年版)卷2，第1页上。
[43] 张纨英《邻云友月之居诗初稿》卷2，第1页上下。
[44] 张纨英《邻云友月之居诗初稿》卷2，第7页下。
[45] 张纨英《邻云友月之居诗初稿》卷2，第12页上下。

冷漠以及她找到一块能接受的墓地时所遇到的困难，纨英的勇气——她正直地担当此一艰辛旅程并坚决地为她的亡夫找到一块安全的长眠之地——就变得很清晰。我尚未一一确认纨英所拜访墓地的人物名字，但很多并非是王家的亲戚。比如，她曾提及一个墓地，是无锡纪念东林党领袖顾宪诚的。因此，她走遍乡下探访有名的政治家的墓地，同时也给她丈夫找一块值得拥有的墓地。

纨英的日志最详于识别地名和日期。我们可以确切地一天天地追寻她的船踪，沿着长江和大运河，由港口到港口、码头到码头。她扑朔迷离的记录涵盖天气、可怕的船工、仓促地离别太仓、在她姐姐离去后继续旅行的万般痛苦。令我们想见旅途上的巨痛，带着她亡夫的遗骸，路过她自己的满载回忆的出生地，去到一群不认识的亲戚那里，对他们而言，她是一个十足的外人；而且在他们那里是否有她丈夫自己的位置还不确定。太仓支太原王氏傲慢地接待了她，显然蔑视她的家世。（否则，为什么她住在船上呢?）也许像人们以其北方的根源为骄傲，太仓支太原王氏蔑视广泛流行江南的入赘婚。即便不如此，王曦父亲的早逝也令其对手兄弟有可能制造麻烦。纨英在杭州受到她亡夫兄长及妻子的热情款待暗示兄弟二人已经联手对抗对手族人。

张纨英跟亡夫的亲密关系见于其经年无数的诗作和通信，她对他的学识的欣赏，以及他与她的父亲兄弟的亲近关系，只能加重她对丈夫那些不得体的冷漠亲戚的憎恶。但是即使她愿意，她也没有办法直接批评他们，除了轻描淡写地创作出这样一部杰作。在她的旅行日志的后记里，她的弟弟仲远关注的是她在常州的日子，他们的老家，完全避免谈及王家[46]：

---

[46] 重刊于张纨英《邻云友月之居诗初稿》卷4，第4页上。

简淡文章好，栖迟客绪长。梦中应识路，读罢当还乡。白发人俱老，青山[47]约未忘。故园新燕子，知觅郁金堂。[48]

空间故事：旅行作为德行的记录

在米歇尔·德·塞尔托（Michel de Certeau）关于"空间故事"的讨论中，他让我们注意地图和路线之间的关系——在行程上标记的地点和跨越的空间所连接的地点[49]。纨英正是创作了如此的空间故事。她聚焦于往返的路线，但她用地图标记她的行程，那么精确地叫出一条又一条江河，很多至今不曾更名，令多数当代读者可以在现代中国地图上跟踪她的整个行程。那些沿着长江和大运河的小点点连在一起，纨英脆弱的叙述无法阻挡地沿江而下，奔向她丈夫的安葬地，然后自兹迂回至温馨的家中。为什么她觉得自己得如此安排行程？为什么说出那些地方？经过这些地方的读者会想起所见所闻，注意到纨英自己没察觉的事物。纨英拒斥旅行的冒险及其喜悦。反之，她一站一站地关注着她的苦痛以及气候、疾病和刁难的船夫带来的危险。如此，纨英不仅顺从于自己的意志，而且引领着她的读者朝向她行程的德行目标：不惜代价地护送王曦的遗骸至其最终安眠之地。这个简明的安排赋予纨英的旅行叙述极大的力量来展示她的德行[50]。

---

[47] "青山"典出唐代徐凝的《别白公》："青山旧路在，白首醉还乡。""青山"意指年老醉行者的还乡之所。

[48] 郁金堂是诗意地暗指美女的居所，这里仲远借指张家姊妹成长的家园。

[49] Michel de Certeau, *The Practice of Everyday Life*, trans. Steven F. Rendall (Berkeley: University of California Press, 1984), pp.115-130.

[50] 张纨英简洁的描绘与王凤娴的游记相比较而言，王氏自偏僻的赣西返乡之旅的记录则尽览风光，令人大开眼界（在逆流而上的局促驳船上发生的包括一些喜剧性的调剂）。见 Ko, *Teachers of the Inner Chambers*, pp.221-222。相比照，纨英的焦点在于旅行的终点和目的；悠闲的观光在她的叙述中不占一席之地。

如此，张纨英的旅行日志以及“简朴”的语言和平实的观察，涵盖了意料之外的意义。把她的旅行日志和她的诗作交映一处，让我们透过纨英的眼睛看到她的世界，跟随着她丈夫穿越空间，当信差送来他的诗作和书信，她寄出她的回复，常常暗中“和韵”。纨英关于她丈夫和她自己旅行的写作中还有另一层意思。在她诗集的每一篇结尾处有一行小注：“由某某校”，后面列着她的三个女儿和她的长子的名字。作为纨英的孩子，这四位校勘者经历了另一个形式的孝子之旅。跟他们一起，当他们一年一年地翻阅着母亲的诗集时，我们可以想象他们家长度过的生命空间和时间。纨英的诗跟她和韵的丈夫的诗并排刊行，表明诗人在自己的文学档案里成双成对地收藏着，再次在她的遗作中铭记夫妇之义。

这些细节也提醒我们一个旅行的男子和他居家的妻子之间亲密的书信往来在某种意义上会面向更多的受众，如一心想旅行的人、至亲的爱人、羡慕者，当然还有批评者。王曦前往杭州时写给他们母亲的一首诗，会引起张纨英孩子们的一些反思[51]。这首诗描写的是傍门挥泪的情景，王曦的妻妾沉默无言，“娇儿愿偕游，弱女争抱膝”。诗人问道：家里是不是饥寒，他一定得外出？“我非迫饥寒，胡忍遽离别？”王曦在诗的结尾自问自答道：

> 丈夫志四方，胡为气摧折。拂衣强出门，肝肠欲碎裂。凄凄乌夜鸣，残灯对呜咽。

王曦对“丈夫志在远方”困境的评论难于理解。他是在抱怨还是在解释？他是在抒发豪情壮志还是在心怀歉意？不管我们怎么解读他酸楚的末句，他明白地指出家里的男人必须远行，这使得妇女和眼泪涟涟的子女忍受他的离别。在诗集里，列在此诗

---

[51] 重刊于张纨英《邻云友月之居诗初稿》卷2，第7页下。

之前的是纨英的“唱和”之作，它充满深情，意在安慰旅人，让他放心远行。事实上，这两首关于旅行和分别的夫妇唱和之作令纨英享有中心人物的特殊地位，并且怜悯他像个漂泊者的窘迫。确切地说，这些诗作是在入赘的女婿和安全地被娘家亲属簇拥着的妻子间交换的。也许旅行的动力所带来的性别影响有别于武雅士(Arthur Wolf)和黄洁珊(Huang Chieh-shan)所谓的“主流”婚姻中的夫妇[52]。捕捉到张纨英跟她丈夫的唱和允许我们重访本章开头所提及的问题。

首先，在明清时期儒家价值体系里，旅行是男子的世界，至少是属于有闲的精英。为学业、仕途或谋利远行是男人们的事业。名胜古迹之游，既可以是旅行的一部分，也可以专程而往，并成为文人雅士修身养性的一个部分。一些闺秀也同样地向往旅行，把旅行的机会当作她们学术成长的重要过程。但就大的建构而言，置家(家乡)和墓地于每个人的生命周期的中心。这个承载着身心之重的中心，被保留为家庭空间并为妇女所占有，妇女旅行日志并没有呈现为展示自我的载体。换言之，旅行意义的建构在明清士绅文化中，它至少早于19世纪晚期，有着特别的意蕴。要欣赏这层意蕴，我们可以把明清闺秀对比维多利亚时期的英国“女冒险家”，她们向往以旅行来“追求自由，既建构一个身份又隐姓埋名，检视并逃离自我”。在19世纪的英国，妇女旅行成为其品味、阶级和种族的象征，是她们追求独立和自我表述的一部分，对其成长中的文化区别和文明等级的意识至关重要[53]。明清时期的中国闺秀事实上跟维多利亚女性分享着同样的价值(班昭提及孔子的关于“小人怀土”的典故)。在两种文化中，妇女写作是一种

[52] Arthur Wolf and Huang Chieh-shan, *Marriage and Adoption in China, 1845–1945* (Stanford, Calif.: Stanford University Press, 1980).

[53] Maria H. Frawley, *A Wider Range: Travel Writing by Women in Victorian England* (London: Associated University Presses, 1994), p.17.

比喻式的旅行，一种自我描述和自我修养。但是我们需要反思受维多利亚遗产影响，把旅行理解为遭遇外来他者的“冒险”。明清中国大多数男旅行者的自我发现和自身修养并非源于遭遇外来他者，而是通过观瞻仰慕已久的“名胜古迹”。关于旅行的写作以及与旅行者的通信，在家庭网络里广泛流传，羁旅的男人们写作，居家的妇女们应和。以此来强调家庭纽带的重要性，它连接着每一个旅行的终点。

我们不能否认冒险在明清上层男性（偶尔也包含妇女）的旅行中占有一席之地。但其潜指的关于旅行本身的目的和价值更适合跟维多利亚的例子媲美。的确，反思钟慧玲关于思归诗的见解，我们看到精英妇女们在外出旅行中产生了强烈的自我和身份的意识，正因为她们渴望安顿。讽刺的是，不是因为离开家庭，而是思念家庭，激发了她们对自我意志和愿望的觉醒，她们意识到自己在社会秩序中的被动地位，以及跟男子的区别。看到家庭责任如何架构闺秀旅行的想法令我们远离维多利亚的范式并进而理解在明清文化中旅行是如何影响性别身份。家的范围被定义为“内”，为延续的再生和再创造性别区别和性别表现构成一个场域，它在妇女旅行者的想象中表现得如此强大，与足不出户的归属家庭的妇女之实践同出一辙。

〔原文发表于 Bryna Goodman and Wendy Larson, eds., *Gender in Motion: Divisions of Labor and Cultural Change in Late Imperial and Modern China* (Lanham, Md.: Rowman and Littlefield, 2005), pp.55-74〕

李国彤　译

清中叶缙绅家庭中的嫁妆和妇德

罗威廉(William Rowe)给陈宏谋的使命赋名为"救世",意在强调陈氏以"德政"引领其经世思想和政策[①]。作为一名正直的官员,陈宏谋所到之处必惩治铺张浪费。陈氏治理江苏时,风靡当地的重奁成为陈氏整饬风俗的首选[②]。然而,正如传记和回忆录所示,重奁是可以蓄德的。例如,妇人善用妆奁,典卖首饰支付丈夫或儿子购买科举备考之需的书籍。如果新娘的奁妆很简朴,仅限于被子和盥洗用品,相对而言,她就得另觅途径(甚至以体力劳动)来昭示她的妇德。换言之,新娘的嫁妆呈现了两相矛盾的悖论:一方面,重奁会被视为铺张;但同时,它也可能成就某个家庭的学术传衍,成为其名望和成功背后的秘密。

陈宏谋别具特色地认可了嫁妆的货币价值在现实生活中的重要性,他敦促给新娘奁财或者妆资,用以替代首饰和奢侈品[③]。但在陈氏所面向的大多数中产缙绅之家,家庭财产是指定了由男性继承人平分或继承的。转移给女儿的妆奁之财得从家庭财产中分割出去。这一分割原则适用于所有用来做妆奁的财产,包括田地和其他形式的不动产,以及贵重物品,如由母女或婆媳传承

---

① 罗威廉在《救世》(*Saving the World*)中如此命名陈氏的使命,强调陈氏的"德行经世"为其经世思想和政策的原则。

② 《风俗条约》刊行于魏源为贺长龄编的《经世文编》第一版,见贺长龄《皇朝经世文编》第2辑,1752年,卷68,第4页上—6页下。

③ 贺长龄《皇朝经世文编》第2辑,1752年,卷68,第4页下。又见 Rowe, *Saving the World*, p.434。

的首饰或高档衣物等。奁财一经转移就成为“私财”或“私房钱”供新娘带进婆家使用。

另一方面，很多材料强调，奁财通过典卖或投资转化为现金有助于妇人履行在婆家所担当的妻子之责任，如公婆的丧葬费、亲戚的旌表牌坊钱、儿子的学费、子孙的婚姻花费。嫁妆的这些用途可视为善用其货币价值。嫁妆越多，妇德益显。但从缙绅家族看，重奁还有其他使用途径。重奁可以帮女儿缓解婚后的负担，特别是婆家遇到经济困难时，她不必牺牲休闲生活而不得不劳作。一份重奁可以保障妇人和孩子的生活，特别是在她丈夫长期羁旅或不幸离世的情况下。一份价值不菲的嫁妆能让妇人有财力以美食取悦公婆，以尽孝道；同样地可以体面地款待宾客，为丈夫或儿子营造有用的关系；也保证她自己的女儿成亲时有些许同样的安全感。

当陈宏谋艰难地孤军对垒于重奁（被视为导致清代溺女婴的原因[④]），从收到重奁的妇人和付出重奁的家庭的角度看，重奁对妇人遵循儒家的为妇、为妻、为母之道起着关键的支撑作用。

在撰写一本关于19世纪寒门文人家庭的书时，我明显地感受到清代嫁妆所蕴含的相悖性质[⑤]。这个家庭以传奇式的节俭应对其贫困处境，男性为了薪俸而充当塾师、医师及小吏。令我疑惑不解的是，在其清贫生活方式的记录中，常常会出现款待亲朋好友、慷慨资助贫弱，以及家中的妇人不懈地拿出现钱贴补急用的情形。这些钱的来由并未明示。这类被赞以美德和慷慨的不明说来由的家资一定至少有一部分来自嫁妆。换言之，清代新娘的嫁妆构成了一个无记录的、神秘的信用和货币来源，供妇人自主支配，贴补家用，如长辈的丧葬、晚辈的嫁娶，确保自己的女儿

---

④ 郭松义《伦理与生活》，第126—141页；又见毛立平《清代的嫁妆》第93页。

⑤ Mann, *The Talented Women of the Zhang Family*.

出嫁时有私房钱。由于其价值不能量化，嫁妆成为一个秘密。由于嫁妆只属于带着它的妇人，它游离于正式的婚契所罗列的物品之外，嫁妆沉寂于记录之外。此外，因为清代相对很少的嫁妆包括田地或正式财产，所以，大多数嫁妆不受官府监察或收税。逃过官府紧盯的免税财产成了仕宦人家躲避监察的生财之道。

尽管陈宏谋关注于此，清中叶大多数嫁妆在规模和价值上可能还是相当简朴。毛立平总结道："很难估算清代嫁妆的价值。材料中使用模糊的词语，像'千金'或'百万'至多是表示嫁妆的规模而非价值。"她发现了一些例子，用义资支付贫寒人家的女儿治办简单的嫁妆，清早期大约在一百至一百二十两。她还引用了曾国藩在考虑他长女的嫁妆时的想法，指出二百两在当时不视为铺张。毛氏以为，这个数目对于仕人家庭或富商，及富足的农家都不成为负担。当时地价攀升，卖掉一百亩地即入可敷出。毛氏也从义田记录中发现，付五至八两给清贫支系作为嫁女之基金。当然，中国大多农民家庭的年收入(除支付吃穿费用外)约在三至五两白银，在富裕的江南可能高至每年二十两。毛氏的证据昭示一份嫁妆代表了多数家庭一整年的收入[⑥]。

人类学文献曾完好地记载了一份简朴的妆资也能成就妇人的私房钱。孔迈龙(Myron Cohen) 在台湾农村的田野调查认定了私房钱的多种用途，全部由新娘自主支配。孔迈龙指出，"新娘不太想让丈夫知道她到底有多少钱，丈夫要开口问会被认为人品很差"，他强调新娘的妆资对婆家发展的影响。他展示了每一个妇女支配私房钱的能力，通过依托父兄保管或自己亲自打理，使得她能在大家庭管家拒付时有财力支付自己的需求，照顾自己孩子的特别需求，对婆家人适度慷慨相待[⑦]。

---

⑥ 毛立平《清代的嫁妆》，第 93 页。

⑦ Cohen, *House United*, *House Divided*, pp.178-184，引文见第 178 页。

聂曾纪芬(1852—1942)的自传直白地揭秘了嫁妆在缙绅家庭生活中所扮演的角色。聂夫人表达了收到大笔奁资的不安,其远远超出她简朴的父亲的限定。她的父亲,经世重臣曾国藩(1811—1872)是陈宏谋的执着追随者。据罗威廉的研究,曾氏不倦地反复研读陈氏的著作[⑧]。然而,聂夫人也反复表示她如何善用她的奁资,在银行的账户里增生利息。这笔利息稍后支撑了她的家用,特别在她丈夫薪俸微薄却应酬频繁时。“我们靠着我妆奁的利息贴补家用。”之后,聂夫人挑起家庭债务的重任,家庭财务变得岌岌可危。“我们以前只是靠利息贴补家用;现在,动用了一部分本金,我们觉得自己身处财务困境。”[⑨]如周绍明(Joseph McDermott)对聂夫人文本研究所强调的,妇女利用她们财务上的奇才,如机敏的投资、精细的计账和坚定的意志,保证了配偶的收入与需求永远吻合[⑩]。

了解了嫁妆对女儿婚后生活的重要性,使重奁可以理解为投资美德。最近关于清代嫁妆的研究发现用田地和其他不动产作为重奁。如毛立平发现:

> 除了丰富的生活用品外(从家居器皿到衣服、床上用品,及家具),清代一些富家巨室还要陪送店铺、土地、宅院等不动产。[⑪]

毛氏记录了妆奁的给予者——娘家人如何细心地保证新娘和她后人的未来,他们给奁财附加了多种保护条件以便婆家不当使用新娘的嫁妆时娘家可以依法追回[⑫]。她还揭示了奁财在妻子去世

---

⑧ Rowe, *Saving the World*, p.7.

⑨ Kennedy, trans. and annot., *Testimony of a Confucian Woman*, p.40 及各处(*et passim*),引文见第 44 和 48 页。

⑩ McDermott,“The Chinese Domestic Bursar.”

⑪ 毛立平《清代的嫁妆》,第 92 页。

⑫ 毛立平《清代的嫁妆》,第 94—95 页;毛立平《清代妇女嫁妆之支配权的考察》,第 103—104 页。有关富家嫁妆的细节,见郭松义《伦理与生活》第 100—141 页。

后仍然是属于她的“私财”，并以庭审案例证明，在分析家产时，正室的儿子得到份额多于侧室儿子，因为正室结婚时带来了奁田，而这部分财产理当属于她的后人。毛氏从四川巴县档案中发现妇女可以指定其奁财的受益人（儿媳或孙媳）[13]。

如伊沛霞和柏清韵（Bettine Birge）的研究所示，明清的嫁妆习俗可以溯源到宋元转型时期。伊氏认为在后门阀贵族时代攀升中的宋人家庭，为了竞争权力和名望，依靠重奁促成利益联姻并强化父系体制来支撑新兴缙绅级层的崛起[14]。伊氏的材料清晰地提及嫁妆，并在妇人的墓志铭里表扬其善用奁资，这在唐墓志铭里是不多见的。如她所评说的，这些材料“可以合理地用来推断多数妇女警觉地守护她们的奁财，从来没有忽略过自己的资产和大家庭之间的界限”[15]。柏氏指出元律大幅度地削减了妇女的财产继承权，并赋予父系对奁财的直接支配权[16]。但是尽管元律对女性财产权的禁止延续到明清的法律条文里[17]，妇女对奁财的支配与由男性继承人分析或继承的遗产是分开的。它在清代的

---

[13] 毛立平《清代妇女嫁妆之支配权的考察》，第 104 页。我得感谢李国彤让我注意到毛氏的相关研究。

[14] Ebrey, “Shifts in Marriage Finance from the Sixth to the Thirteenth Century.”

[15] Ebrey, “Shifts in Marriage Finance from the Sixth to the Thirteenth Century,” p.109.

[16] Birge, *Women, Property, and Confucian Reaction in Sung and Yuan China (960–1368)*. 柏氏指出法律与日常运作有区别。清代的案例和传记证据清楚地表明妇女持有奁财的支配权，甚至寡妇可以带走奁财改嫁。进一步的证据见民国习惯法调查，司法行政部编《中国民商事》第 3 卷，第 1319、1322、1532、1536 页。

[17] 瞿同祖坚持认为妻子不拥有财产。清代寡妇改嫁，禁止带走前夫的财产甚至她自己的奁财。二者均留给前夫家（Chü, *Law and Society in Traditional China*, p.104）。白凯（Bernhardt）在涉及这个问题时，区别了嫁妆和由儿子分析的家庭财产，认为嫁妆为婚前财产。她指出，“古代妇女在分家时的权利没有改变；自宋以来，她们只拥有并保持嫁妆”（Bernhardt, *Women and Property in China*, p.196）。Ocko（“Women, Property, and Law in the People's Republic of China”）指出清代法律“很少注意嫁妆，并无意妨碍作为维系女儿和娘家关系的嫁妆”。

地方习俗和实际运作中仍受到保护[18]。毛立平、郭松义和定宜庄都揭示妇女在清代继续行使对动产或不动产奁财的支配权[19]。

我本人关于清中叶的个案研究揭示嫁妆在陈宏谋所羡慕的中等士绅家庭中扮演了特殊的角色。其原因有两层。首先是这段时期内随着中第的举子人数的攀升，进入官场的机会减少了。如 1765 年乾隆皇帝所察：

> 每一场乡试中第 1 290 名生员，就意味着包括特别考试（恩科），每十年有超过 5 000 名举人中第。在那十年里，甚至少于 500 人被铨选进入官帏。在那些进京赶考的之外，几千名乡试举人候选。长此以往就导致冗员阻塞，而州府令的人数不会增加。[20]

谋职的多样化是人们应对这些科场压力的出路，如当塾师、医师，投靠达官做幕友，等等[21]。其次，关于 19 世纪一般学者家庭中嫁妆的重要性的原因，即在这种环境中，维持学者的生活方式依靠的是一家之主的妇女在男人长期外出的情况下养家。家庭的女主人还得教育孩子，款待来访的亲友，避免她们自己和女性亲属抛头露面地在家外劳作，照顾婚丧等事宜的礼数。令这样的家庭“书香”续溢需要的是钱。

下文的妇人传记的片段呈现了妇女在配偶难以养家时，善用

---

⑱ 戴维·魏克菲尔德（David Wakefield）清楚地解释这个现象。Wakefield, *Fenjia*, pp.83-84, 136, 203-204.

⑲ 毛立平《清代的嫁妆》和《清代妇女嫁妆之支配权的考察》，第 105—107 页；郭松义、定宜庄《清代民间婚书研究》，第 76 页。

⑳ 皇帝估计多数举人得等候三十多年才能得到第一个官职。见 Man-cheong, *The Class of* 1761, p.278. 又见 Woodside, “The Divorce between the Political Center and Educational Creativity in Late Imperial China,” p.473。

㉑ Rowe, “Social Stability and Social Change,” pp.522-524, Elman, “The Social Roles of Literati in Early to Mid-Ch'ing,” pp.422-426，及其中所引文献。

其奁财至关重要。的确，这些传记所表达的是若非贤妇精心打理其奁财，她所承继的父系支脉早就奄奄一息或赤贫了。同时，这些叙述里有意模糊嫁妆的规模、实际价值和内容，并未言及把嫁妆转化为储蓄、投资和为妇女及家庭生利的交易市场。美德是这些故事所强调的关键，并且因为美德，我们才听到许多这类故事。

首先是荀孺人的墓志铭，她是18世纪晚期经学家章学诚的堂弟媳。章氏作于1768年的传稿长达十余页，其中几次言及荀孺人的嫁妆，告知读者荀孺人出身于富裕人家而嫁入的婆家正在衰败[22]。我们了解到，荀孺人曾卖掉部分嫁妆抵债，来恰当地照顾公婆；她自己衣着简朴，她下葬时穿的是嫁时衣。关于荀孺人嫁妆的更多细节，是在她丈夫长期外出时，她不得不从自己的积蓄里拿钱来打理财务：

> （当丈夫出外）孺人则屏当簪珥先易薪米，随时撙节以佐缓急。当是时，孺人仲兄聿修官江南通州税使，稍稍赡给之；而从女适任肇元为郯州典史亦时周其乏。故所余一二奁物犹得与质库权子母撑柱。岁月艰苦备历。[23]

为了凸显这些财务交易所隐含的美德，章氏强调荀孺人从不谈论钱，她认为借贷是不光彩的事情，所以没人知道她家里的窘境，直到一个婢女向外人透露。

在回忆汤瑶卿（1763—1831）的记录中，她的丈夫和一个亲近的家人也有相似记忆，即瑶卿在财务上足智多谋，自我遮掩，没有特别指向嫁妆：

> 翰风（张琦）晚而远游，孺人以妇工自给，然督课子女，能

---

[22] 章学诚《章氏遗书》，第453—456页[20：28上至33下]。译文详见 Mann, trans., "Two Biographies by Zhang Xuecheng," pp.220-227。

[23] 章学诚《章氏遗书》，第454页(20：29下)。

使皆有学行，知自立。及迎取之官，孺人称贷建君姑节孝坊，营考妣窀穸，经年蒇事乃成行。平昔食贫操作，使夫子不以家累身，能求其志；从宦不事簪珥居积，使夫子不以家累官，能成其政。又时时节俸入以润夫子之族亲交游，老病则加以衣裘，恩旧更为筹长。久此，大较里鄙所知也。㉔

作者事后厘清，当时不为人知的家庭财务压力有多重，而如此重负又都压在汤瑶卿一人的肩头。更多的细节见汤瑶卿丈夫对妻子所作的行略中，其中也反省了他自己长期在外，无力养家的内疚：

孺人性整洁，造次必以礼，然欢欣和易，虽愁苦艰困，不形于色，绝不以贫难告人。亲族来者，必款留无空坐者。虽仆婢，必温语问讯。故外人每不知孺人之艰难。又好施与，居近园，时寄食者日常数人，俭岁升米五十钱，贳贷供之，久久无厌倦。闻人之急，辄以典质钱与之，夕无以炊，不计也。㉕

这个行略从未言及嫁妆。我们仅知道初嫁张琦时，汤瑶卿"未习操作"，嫁入张家后，她被迫"始学中馈"。尽管汤瑶卿的父亲并非成功人士，她幼时生活在她的外祖母家，稍后到她的姑姑家，两家均富足殷实，足以支撑起汤家。这些母系亲属是瑶卿嫁妆的潜在来源。尽管借贷及女婿们的帮助在瑶卿捉襟见肘地应付财务困难时起了作用，但她的慷慨解囊，特别是她丈夫不厌其烦地缕述她如何支持娘家的亲属，直指嫁妆。不管是典卖或投资，奁财可以说明汤瑶卿作为慈善家的精彩人生，好客、自给自足，并且不张扬。

嫁妆清楚地支撑着新娘嫁入的夫妻小家庭的福利，特别是在

㉔ 包世臣，1973：3278—3279(59：17下—18上)。
㉕ 张琦《亡室汤孺人行略》，《宛邻诗文》卷5，第5页上。

儿子不多的家庭，它可以扮演完全正面的角色。但是在有很多已婚兄弟的大家庭，如人类学家所揭示的，一个新娘的重奁可能会引发嫉妒的种子，令夫妻小家庭跟大家庭不和谐。如孔迈龙所发现，算计嫁妆的时候也就意味着分家，每个兄弟要求自己的那份遗产。妻子嫁妆的实际价值小心翼翼隐藏着，甚至丈夫也不知道，直到她的"私财"成为其自理的小家的一部分。孔迈龙的男性消息人称："分家这时候，我会知道我妻子的价值。"[26]杨懋春(Martin Yang)观察到："当年轻的妻子挣到钱(不管是劳动所得还是打理嫁妆)，她们变得自私，其结果引发争吵威胁到大家庭的团结。妻子们常常算计着分家时，每个小家会得到几亩地，几间房。"他继续说："儿子的妻子从她的家长或亲属那里得到礼物，把没有明指给公婆或大家庭的那部分留在手里。她会用这笔钱供自己、自己的孩子和丈夫享用。这威胁着共有的精神。"[27]换言之，妻子精明打理奁财不会总在历史记录中赢得好口碑。相反，如莫里斯·弗里德曼(Maurice Freedman)所指出的，一个精于理财的重奁女子会被指责为毁坏她夫家的家族团结。比如分家时，妻子带来嫁妆的儿子会要求"把小家庭的财产与兄弟共同分析的大家产分开"[28]。自私的指责不会落在丈夫身上，反而指向妻子，如很多族规里警示的，妇人"生来"就是"白痴、小心眼、狡猾、善妒"[29]。

陈宏谋的治世理想是，友好的配偶"慎理财务"[30]，共同维持父系的礼仪。荀孺人和汤孺人很好地符合这一理想模式，特别是她们不张扬奁财，严格用财于合乎礼仪的途径。尽管有些讽刺，在

---

[26] Cohn, *House United*, *House Divided*, pp.210-211.

[27] Martin Yang, *A Chinese Village*, pp.79-80.

[28] Freedman, *Chinese Lineage and Society*, p.55.

[29] Freedman, *Chinese Lineage and Society*, pp.55-56, 引 Hui-chen Wang Liu, *The Traditional Chinese Clan Rules*, p.84.

[30] Rowe, *Saving the World*, p.433; 又见 Rowe, "Women and the Family in Mid-Qing Social Thought."

像她们这样只有一个男性继承人的家庭里，一份重奁起着至关重要的作用，而且没惹什么麻烦。另一方面，在有多个兄弟的大家庭里，妻子的重奁尽管用于帮助丈夫和孩子，也会惹出麻烦。

二者选其一，当一个史家试图解读一个充饬着道德评判的文本，虚伪地赞美贤妇礼仪上的花费，或辛辣地攻击其小心眼、自私自利的时候，都敞开了一扇私密的窗户，通向以作为"家庭财务主管"的妇女为中心的家庭体系[31]内的政治经济及人际关系动态。

征引参考书目

包世臣《皇敕封孺人山东馆陶县知县张君妻汤氏墓志铭》，见闵尔昌辑《碑传集补》，1931 年重印本(台北：文海出版社，1973 年)，沈云龙主编《近代中国史料丛刊》第 100 辑，第 1000 册，卷 59：17 上—18 下。

Bernhardt, Kathryn, *Women and Property in China, 960–1949*, Stanford: Stanford University Press, 1999.

Birge, Bettine, *Women, Property, and Confucian Reaction in Sung and Yuan China (960–1368)*, New York: Cambridge University Press, 2002.

Cohen, Myron L., *House United, House Divided: The Chinese Family in Taiwan*, New York: Columbia University Press, 1976.

Ch'ü, T'ung-tsu. *Law and Society in Traditional China*, Paris: Mouton, 1961.

Ebrey, Patricia Buckley, "Shifts in Marriage Finance from the Sixth to the Thirteenth Century," in *Marriage and Inequality in Chinese Society*, ed. Rubie S. Watson and Patricia Buckley Ebrey, pp.97–132, Berkeley: University of California Press, 1991.

Elman, Benjamin A., "The Social Roles of Literati in Early to Mid-Ch'ing," in *The Cambridge History of China, Volume 9, Part One: The*

[31] 见 McDermott, "The Chinese Domestic Bursar."

Ch'ing Empire to *1800*, ed. Willard J. Peterson, pp. 360 - 427, Cambridge: Cambridge University Press, 2002.

Freedman, Maurice, *Chinese Lineage and Society: Fukian and Kwangtung*, New York: Humanities Press, 1966.

郭松义《伦理与生活：清代的婚姻关系》,北京：商务印书馆,2000 年。

郭松义、定宜庄《清代民间婚书研究》,北京：人民出版社,2005 年。

贺长龄编《皇朝经世文编》,三卷,1827 年编,台北：国风出版社,1963 年重印。

Kennedy, Thomas L., trans. *and annot*, *Testimony of a Confucian Woman: The Autobiography of Mrs. Nie Zeng Jifen*, 1852 - 1942, Athens: University of Georgia Press, 1993.

Liu, Hui-chen Wang, *The Traditional Chinese Clan Rules*, Locust Valley, N.Y.: J.J. Augustin, 1959.

Man-Cheong, Iona D., *The Class of 1761: Examinations, State, and Elites in Eighteenth-Century China*, Stanford: Stanford University Press, 2004.

Mann, Susan, *The Talented Women of the Zhang Family*, Berkeley: University of California Press, 2007.

——, trans, "Two biographies by Zhang Xuecheng (1738-1801)," in *Under Confucian Eyes: Writings on Gender in Chinese History*, ed. Susan Mann and Yu0Yin Cheng, pp. 217 - 229, Berkeley: University of California Press, 2001.

毛立平《清代的嫁妆》,《清史研究》2006 年第 1 期,第 90—110 页。

毛立平《清代妇女嫁妆之支配权的考察》,《史学月刊》2006 年第 6 期,第 103—108 页。

McDermott, Joseph P., "The Chinese Domestic Bursar," *Ajia Bunka Kenkyû* (November 1990): 15-32.

Ocko, Jonathan K., "Women, property, and Law in the People's Republic of China," in *Marriage and Inequality in Chinese Society*, ed. Rubie S. Watson and Patrician Buckely Ebrey, pp.313-346, Berkeley: University of California Press, 1991.

Rowe, William T., *Saving the World: Chen Hongmou and Elite Consciousness in Eighteenth-Century China*, Stanford: Stanford University Press, 2001.

—— "Social Stability and Social Change," in *The Cambridge History of China, Volume 9, Part One: The Ch'ing Empire to 1800*, ed. Willard J. Peterson, pp. 473 - 562, Cambridge: Cambridge University Press, 2002.

—— "Women and the Family in Mid-Qing Social Thought: The Case of Chen Hongmou," *Late Imperial China* 13, no. 2 (1992): 1-41.

司法行政部编《中国民商事习惯调查报告录》,3 卷,台北:进学书局,1969 年。

Wakefield, David, *Fenjia: Household Division and Inheritance in Qing and Republican China*, Honolulu: University of Hawai'I Press, 1998.

Yang, Martin C., *A Chinese Village: Taitou, Shantung Province*, New York: Columbia University Press, 1945.

张琦《亡室汤孺人行略》,见《宛邻诗文》卷 5,第 3 页上—7 页上,1840 年。

章学诚《章氏遗书》,1922 年嘉业堂本,三卷,台北:汉声出版社,1973 年重印。

〔原文发表于 *Late Imperial China* 29.1 Supplement (June 2008), pp.64-76〕

李国彤 译

闺秀与国家：19世纪乱世中的女性写作*

要想了解19世纪危机对中国精英的观念造成的影响，妇女的写作是一处尚待开发的资源。正如近来的研究所强调的，19世纪晚期以降的妇女诗作对国家现状表现出了强烈的兴趣，这些诗作也反映了妇女们对“阃外”事务的敏锐认知，这些事务从传统意义上说属于男性的管辖范畴①。自1840年以后，党争、兵燹、世乱，乃至经世政策都成为女性诗作的主题。在为这些主题创作的诗歌中，女性有意识地通过用词、用典以及特殊意象强调她们的性别地位。她们坚决主张女性关注政治的合理性，这挑战了关于妇言的传统观念：用当时流行的格言来说，即“内言不出阃外”。她们的诗歌成为“新女性”写作的先导，这两者持有一种共同的政治意识。但是即便在今天，研究20世纪女性史的学者也很少向19世纪追溯秋瑾（1875—1907）或者其后的丁玲（1904—1986）她

---

* 作者对李国彤及吴玉廉的协助表示感谢。同时还要感谢 Stephen West、Wilt Idema、Cynthia Brokaw、本书编辑们，以及（特别是）李惠仪对本文提出的宝贵意见。

① 参见 Wai-yee Li, “Heroic Transformations: Women and National Trauma in Early Qing Literature,” *Harvard Journal of Asiatic Studies* 59.2(1999): 363-443；孙康宜《末代才女的“离乱”诗》，张宏生、张雁编《古代女诗人研究》，武汉：湖北教育出版社，2002年，第224—245页；Kang-i Sun Chang, “Women's Poetic Witnessing: Late Ming and Late Qing Examples,” in *Dynastic Crisis and Cultural Innovation: From the Late Ming to the Late Qing and Beyond*, ed. David Der-wei Wang and Shang Wei, Cambridge: Harvard University Asia Center, 2005, pp.504-522；以及李国彤《明清之际的妇女解放思想综述》，《近代中国妇女史研究》1995年第3期，第143—161页。

们杰出的政治写作的先驱。

孙康宜将晚明作为她所谓女性诗人开始参与“诗性历史”的转折点，这种发展趋势体现为一种缓缓出现的“对世界命运的关注”[②]。在晚明，随着女性识字率提高带来的女性意识的改变，女诗人们扩展了她们诗歌的领域，也拓宽了她们知识的范围。这些晚明女诗人，比如王端淑（1621—1685 前），特别为后来的女作家所推崇，比如 19 世纪最杰出的女性评论家之一沈善宝（1808—1862）。晚明女作家与诸如秦良玉（约 1574—1648）、沈云英（1624—1660）之类的女将一起，为乱世时期的女性英雄主义及忠诚提供了鼓舞人心的例子[③]。孙康宜认为那些女诗人用诗歌记录自己在政治板荡时期的苦难是在为当事人及后世之人铭刻“文化记忆”。与李惠仪一样，孙康宜也认为晚明女诗人不再一如既往地一味沉溺于绝望，而是勇于对男性无力挺身而出平定动乱提出尖刻的批判[④]。

本文将紧接上述学者以及现代文集编纂者与评论家如梁乙

---

② 孙康宜认为，在晚明以前，最具影响力的先例是一首冠名为蔡琰所作的诗，它被杜甫及其他男性和女性当作表达政治动乱中悲伤与苦难的典范。参见 Chang, “Women's Poetic Witnessing”，引文见于第 522、519 页。关于女性引述蔡琰事迹的故事，参见 18、19 世纪的百美图。其中一个故事记述了五代时期的美人花蕊夫人，她的“述亡国诗”表达了她被迫离开故土和心爱的君王时的绝望心情。

③ 关于王端淑及其他晚明女英雄的研究，参见 Ellen Widmer 翻译及导读“Selected Short Works by Wang Duanshu (1621–after 1701),” in *Under Confucian Eyes: Writings on Gender in Chinese History*, ed. Susan Mann and Yu-Yin Cheng (Berkeley: University of California Press, 2001), pp. 179 – 194. 以及 Ellen Widmer, “Ming Loyalism and Women's Voice in Fiction after ‘Hong lou meng’,” in Writing Women in Late Imperial China, ed. Ellen Widmer and Kang-i Sun Chang, Stanford: Stanford University Press, 1997, pp.366–396。

④ 参见 Wai-yee Li, “Heroic Transformations”。孙康宜引用了“异性话语”理论（一个与“异性装扮”相对应的术语）来理解这些诗歌中女性的声音，这与男性在关于大臣遭贬的寓意诗中使用女性声音的做法——比如屈原（前 343—前 277）的《楚辞》——反向而行。参见孙康宜《末代才女的“离乱”诗》，第 242 页。

真、苏者聪、沈立东以及葛汝桐的研究，探讨19世纪后半期乱世中女性作品中的意象[⑤]。本文首先指出女性作为政治主体的同时也扮演着得体的家庭角色。这种双重角色定位基于“鲁漆室女”这个典范故事。载于《列女传》中的这个故事为闺中女性关注政治与国家治理提供了合理性，鲁漆室女因此成为19世纪晚期女性诗作中极为突出的一个主题。而且根据纪家珍(Joan Judge)的说法，鲁漆室女也激励了无数20世纪的女性作家及活动家[⑥]。本文接着讨论19世纪中叶的诗歌，这些诗歌涉及对西方列强军事压力的抗议，以及对太平天国战乱的反应。女诗人的作品中充斥着表达愤慨(感事)、绝望(丧乱)以及生离死别、背井离乡的痛苦(避兵或避乱)之类情感的比喻意象。但是，与此类情感形成鲜明对照而有时却并存于同一首诗歌中的是，作者以骁勇善战的形象讴歌女将与她们手中的利剑。一些女性则将注意力集中于不那么激烈却对维系19世纪晚期和平与安全颇具实用意义的事务上，比如为海事地图作注。最后，女诗人也创作针砭时事的诗歌，她们对显要官员的经世大计作出回应，也对引起文人活动家关注的社会问题发表看法。

君王事亦女子事：鲁漆室女

鲁漆室女的故事首载于最早的模范妇女传记经典，即刘向的《列女传》。这个故事的主体部分是鲁漆室女与邻人之间充满忧

---

⑤ 梁乙真《清代妇女文学史》，台北：中华书局，1968年，第216—217页；苏者聪《历代女子词选》，成都：巴蜀书社，1988年，第9—12页。沈立东、葛汝桐编《历代妇女诗词鉴赏词典》(北京：中国妇女出版社，1992年)中有一个“感事讽政”章节，第505—850页。

⑥ Joan Judge, *The Precious Raft of History: The Past, the West, and the Woman Question in China*, Stanford: Stanford University Press, 2008, pp.146, 148-150.

虑的对话。鲁漆室女的高声嗟叹引起了邻人的注意与安抚。关心鲁漆室女的邻人揣测她是因为女子闺中之事而啜泣，最大的可能性——据故事告诉我们——是因为她已过适婚年龄而依然未嫁。然而正相反，鲁漆室女反驳道，她悲戚是因为鲁君老而太子幼。她的邻人对此回应以安慰的话语，说这些事都是鲁国大夫们该操心的，与一介女流无关。这引出了鲁漆室女的一席长论，她解释道，当今鲁君年老昏聩：因为他的无能，入侵的军队践踏了漆室女家的园子，破坏了她的生计。她继续说道，鲁国的太子年少且愚钝，这些问题怎么可能不会影响到她们女子的生活？“夫鲁国有患者，君臣父子皆被其辱，祸及众庶，夫人独安所避乎？子乃曰妇人无与者，何哉！”[⑦]很不幸的，鲁国在鲁漆室女预言的三年后被齐国所灭。

因为鲁漆室女并未站在任何其他家庭成员的立场上呼吁（毕竟她未嫁且无子），她的论调就更加引人注目。她是在为“妇人”发言，而不是为妇人所关心的家庭而发言。我们甚至几乎可以说她将妇人说成是具有公民意义的政治参与者（a constituency of the polity）。我们并不知道这是否增加了鲁漆室女对本文所讨论的这些女作家的吸引力，但是鲁漆室女故事的主旨——即女性的福祉也直接依赖于政府及统治者的能力——是非常明白的[⑧]。

让我们来看两首以鲁漆室女为主题的 19 世纪诗歌。这两首诗的作者是王采苹（1823 前—1893）。她与左锡嘉（1831—1896）

---

⑦ 刘向《古列女传》，3.13，《丛书集成初编》，上海：商务印书馆，1936 年，3400：87—88。译文参见 Rev. Alfred R. O'Hara, The Position of Women in Early China According to the Lieh Nu Chuan, *The Biographies of Eminent Chinese Women* (Washington, D.C.: Catholic University of America Press, 1945), pp.95-97（引文见第 96 页）。

⑧ 瑞丽（Lisa Raphals）认为鲁漆室女是刘向所称道的两个“知天道”的女子之一。因为她的评论预言了鲁国三年后在齐、晋进攻下的覆灭。参见 Lisa Raphals, *Sharing the Light: Representations of Women and Virtue in Early China* (Albany: State University of New York, 1988), p.57。关于 Lisa Raphals 对《列女传》中其他“参与了国家思想及政治活动”的女子的讨论，参见第 233 页。

是同时代人，她也是张緭英（1792—1862 后）的外甥女。这些女作家全都来自江苏常州这个以才女闻名的地区[9]。第一首诗是王采苹在太平天国早期 1854 年前后所作。在太平天国威胁要颠覆清朝首都北京的 1853 年，采苹的姨母张緭英正居住于北京。张緭英给采苹所作诗歌的题目已经遗失，但我们能从采苹的和诗中推测张诗的内容。张緭英应该是该年十月逃离北京的三万人中的一员。王采苹诗中心酸的笔调不仅反映出她对姨母的担忧，也反映出她自己的孤立无援以及末世感（sense of impending doom）。此时的王采苹初为人妇，在开封附近居住，这里远离她的娘家且邻近太平军的行进路线。王采苹的丈夫加入了抵抗太平军的队伍，留下父母由她照顾。在写下这首诗后不久，王采苹便接获了她丈夫的死讯。

和孟缇从母避寇南归舟中感诗

生死难为别，全家痛苦声。原鸰歌急难，风鹤促归程。

---

⑨ 参见 Susan Mann, *The Talented Women of the Zhang Family* (Berkeley: University of California Press, 2007), pp.44-46。作为一个著名女诗人以及诸多有抱负的女作家的导师，张緭英辅导了年幼的王采苹，即其妹的长女。张緭英也教过左锡嘉那个很有才华的姐姐左锡璇（活跃于 19 世纪中叶）。参见 Kang-i Sun Chang and Haun Saussy, eds., *Women Writers of Traditional China: An Anthology of Poetry and Criticism*, Stanford: Stanford University Press, 1999, pp.616-618；施淑仪《清代闺阁诗人征略》，上海：上海书店出版社，1987 年重印，10.5a—6b；以及胡文楷《历代妇女著作考》，上海：上海古籍出版社，1985 年，第 266—267 页。左锡嘉的丈夫深入参与了对抗太平天国起义的战争，锡璇的丈夫则在镇江被太平军所杀。关于毗陵（常州古名）"四张、一王、二左"女诗人的文名，参见梁乙真《清代妇女文学史》，第 228—238 页。其他对于常州著名女性作家的赞誉，可见于诗人藏书家金武祥（生于 1841）的畅销册子《粟香五笔》（上海：扫叶山房，1887—1898 年），2.6a—8b。金氏作为一个江苏南京本地人，重印了包括赵怀玉（1747—1823）在内的许多常州著名作家的诗歌。参见 Authur W. Hummel, ed., *Eminent Chinese of the Ch'ing Period*, Washington, D.C.: U.S. Government Printing Office, 1943, p.72。

消息谁能达，孤舟残雪夜。鲁女忧时泪，曾传漆室吟。携来诗一卷，读罢感难禁。烽火三年戍，音尘千里心。苍茫国家恨，回首欲沾襟。[10]

王采苹另外一首写于 1848 年的诗《读秦良玉传》则带有一种非常不同的基调：充满自信，甚至故作勇敢。这首诗大约反映了她年轻时的理想主义：采苹在那时不过二十出头，待字闺中。更有可能的是，采苹要作这首诗来博得舅舅张曜孙的刮目相看。张曜孙将他对采苹诗歌的注全部收录于他整理出版的采苹诗集中，并将该集作为结婚贺礼赠予采苹。不论从任何意义上说，这首诗都展现出作者的博学：她对历史文献的广泛阅读，以及她将故事编织进一首传达强烈道德意识的诗歌的能力。正如她舅舅在注中所说，这是一场修辞的盛宴。比如说，"遭逢幸际升平世"一句就表现出鲜明的政治立场：它是在歌颂清朝皇帝的伟大成就。采苹的舅舅与外祖父都对皇帝赤胆忠心，而她的舅舅更在不久前得到县令之职开始官宦生涯，采苹这样的陈述必然会赢得舅舅的夸奖[11]。在这首诗中，作者由著名明末女将的传记展开思考，并对女子是否有在世上建功立业的潜力发表评论。这首诗开篇便提及两名关注"公共"领域的女子，首先是鲁漆室女，接着是更为著名的花木兰。

读秦良玉传

鲁女忧时悲漆室，木兰代父为戍卒。古来女子负奇才，

---

[10] 王采苹《读选楼诗稿》(1894)，6.4a—b。"生死别"指与踏上前途未卜的漫漫长路的挚爱的离别，这一别也许是永远。"鸰"象征诗人对《诗经》中"常棣"典故的引用；这首诗描述了家人的分离，歌颂了手足之情。参见注㉞。"烽火三年戍"一句化用了杜甫的"春望"，见《全唐诗》，第 2404 页。王采苹描写与家乡音讯不通的词句来自于蔡琰的经典之作《胡笳十八拍》，见郭茂倩编《乐府诗集》，北京：中华书局，1979 年，第 860—865 页。

[11] Mann, *Talented Women*, pp.108-109.

不独闺帏著芳烈。秦氏将军世无匹，武略文词兼峻节。万里穷边拜总戎，一时动望推人杰。白杆频年事远征，红妆一队作干城。[⑫] ……百战功名成马上，端严想见天人相。象服珠冠一笑空，锦袍剑佩千秋壮。……读史苍茫发遐思，遭逢幸际升平世。姓字谁能汗简留，笄环销尽英雄气。一寸陈编万古心，百年身世漫浮沉。乾坤闲气宁消歇，放眼江山深复深。[⑬]

其舅小注：思以班左之文。抗心千古为一代传。人因秦之伟烈，不觉探喉而出。宜其有"象服珠冠一笑空"之句也。简老沧古，末段高怀远思，顷刻万端，是何等胸次。

这两首诗尽管基调不同，却都让女性作者既牢固定位于家内，又大胆地借助于女将的意象涉足政治领域。

19 世纪诗歌中关于动荡的意象

正如伊维德（Wilt Idema）和管佩达（Beata Grant）曾经指出的："战争这个主题在 18 世纪女诗人的作品中十分罕见。"但在 19 世纪的乱世之中，女诗人却时常将她们的注意力转向战争画面以

⑫ 诗人这里用了《诗经·周南·兔罝》，这首诗歌颂了武士对公侯的有力保卫。

⑬ 王采苹《读选楼诗稿》，3.8b—9a。秦良玉的传记参见《明史》卷 270，北京：中华书局，1974 年，第 6944—6948 页；也可以参考房兆楹（Fang Zhaoying）的出色传记，见 Hummel, *Eminent Chinese*, pp.168-169。房兆楹指出，秦良玉的媳妇也是一个女将领，她于 1633 年在一场歼灭河南叛匪的战役中牺牲。秦良玉的英语传记，见于 Barbara Bennett Peterson et al., eds., *Notable Women of China: Shang Dynasty to the Early Twentieth Century* (Armonk: M. E. Sharp, 2000), pp.306-312。我要感谢 Stephen West 对我英译文的修改。West 提醒我特别注意采苹诗中与男性及女性德行相关的词汇的巧妙并立，及其对二者细微差别的巧妙串用。汗简指写作作品，特别是历史记录，它指用火焰将树汁"汗"出竹子以便准备竹片用于墨书。

及人们对战争的反应[14]。19世纪藏书家金武祥(生于1841年)的评论表明,感事诗在当时已经自成一种文学类型：金氏认为,一流的感事诗在用典时必须准确恰当,措词文雅精练。他最推崇的是何栻(字廉昉)的《鼓吹词》中关于鸦片战争的一首：

> 不用将军霹雳弓,旄头未展已平戎。但凭割地为长策,犹欲贪天冒战功。南海无珠仍苦索,北门有管竟潜通。振振麟趾何穷意[15],尽在吁嗟一叹中。谈笑从容却敌兵,允文真不愧书生[16]。百蛮通市原非计,万里投荒独有名。黑白更谁持大局,东南从此坏长城。惜公不合开边衅,直道长余爱叹声。[17]

金武祥关于诗歌的笔记跨越整个太平天国时期,它们反映出军事危机对文人文化无处不在的影响。这不仅仅是因为动乱中的人员死亡(包括妇女自杀),还因为愈加频繁出现的基督教传教士[18],逐渐增强的对苦力贸易的意识[19],以及在咸丰(1851—1862)、同治(1862—1875)年间他家乡弃笔从戎抵抗太平军与捻军的士

---

⑭ Wilt Idema and Beata Grant, *The Red Brush: Writing Women of Imperial China*, Cambridge: Harvard University East Asia Center, 2004, p.652.

⑮ 这里化用了《诗经·周南·麟之趾》对王室辉煌的比喻。

⑯ Wai-yee Li 指出诗人是在描写精通军事与学术的林则徐。正如她所说的:“这里的暗示是,作为军事主帅的林则徐具备周瑜(正如苏轼在《念奴娇·赤壁怀古》中所写的)或诸葛亮(正如在《三国演义》中的)的淡定自若。”2009年12月12日的个人交流。

⑰ 何诗的编者注为金武详所作(见注⑨),见于《粟香三笔》,5.7b—8a。这首诗指的是林则徐在试图阻止西方鸦片自由贸易后遭贬落魄的经历。诗中对东南及北方情势的提及,明显地将广东的脆弱防守及其对王朝安危的影响摆到了最显著的位置。这首诗的一部分化用了苏轼的词《念奴娇·赤壁怀古》中“谈笑处,樯橹灰飞烟灭”。参见 James J.Y. Liu, *Major Lyricists of the Northern Sung, A.D. 960–1126*, Princeton: Princeton University Press, 1974, pp.138—1390。

⑱ 金武祥《粟香三笔》,3.2a。

⑲ 金武祥《粟香三笔》,6.12a—b。

人人数[20]。阅读金武祥的小集子更加令人觉得和平安定的秩序在19世纪中正无可避免地崩坏。这种感觉也体现在一位常州诗人左锡嘉的诗中：

感　事

谁容狂寇渡江来，此日长城安在哉？河北烽烟连豫晋，津门旗鼓走风雷。军前责状虚函首，阃外专征酿祸胎。事纵难为应竭力，如何弃甲效于思。[21]

19世纪最早的感物诗中有两首出于王采苹的姨母张䌌英。张䌌英写了基调豪放的“念奴娇”[22]。这个词牌下的第一首词，正如上引何栻的诗，记录了作者对鸦片战争及其后果，特别是林则

[20] 金武祥《粟香二笔》，6.4a。

[21] 左锡嘉《冷吟仙馆诗稿》(1891)，2.6b—7a。“于思”典故出自一首由城墙修筑者吟唱的歌谣，说的是一个军队指挥官被他的车夫载进敌方阵列，丢盔弃甲并被对方俘虏。宋国的将领华元以于思为特征。李惠仪赞同 Karlgren，认为它们是“宇”和“偲”的假借字，表示“大”和“强”。2009 年 12 月 12 日，个人交流。关于这个《左传》中故事的译文，见 James Legge, *The Ch'un Ts'ew with the Tso Chuen*, Vol.5, *The Chinese Classics*, 1893-1895, repr., Taipei: SMC publishing, 1991, p.289。

[22] 这个词牌与苏轼的豪放风格相关，为明代忠贞的女诗人王端淑所称道。参考魏爱莲的研究，见 Chang and Saussy, eds., *Women Writer*, p.365。笔者所见的唯一现存张䌌英词作保存于上海图书馆藏沈善宝的《名媛诗话》，寓言报馆，1863 年，8.6a。其他女诗人用该词牌创作的词，包括李清照(译文见于 Chang and Saussy, eds., *Women Writers*, p. 93)；以及张玉娘(译文见 Chang and Saussy, eds., *Women Writers*, p.145)。这首词被张珍怀认为是秋瑾爱国诗的最早先导。参见张珍怀《清代女词人选集》，台北：文史哲，1997 年，第 145—149 页。其他女诗人书写闺阁之外“大事”的例子，参见方维仪(1585—1668)(Paula Varsano 翻译，载 Chang and Saussy, eds., *Women Writers*, pp.284-288，特别是 pp.287-288)，以及王端淑(1621—约 1706)(Ellen Widmer 翻译，载 Chang and Saussy, eds., *Women Writers*, pp.363-366)。秋瑾及其好友徐自华(1873—1935)的诗歌英译文，见 Chang and Saussy, eds., *Women Writers*, pp.632-666。*The Red Brush* 特别选出了张茝馨、张印(1832—1872)及李长霞(约 1830—约 1880)等战争时期女性创作的诗歌。见 Idema and Grant, *The Red Brush*, pp.652-676。

徐受辱被贬新疆的反应(这点与何诗相似)。当时的一个官员王鼎(1768—1842)曾请求皇帝允许林则徐留任黄河水利的临时职位,却为皇帝所拒绝㉓。张缙英的这首词特别暗讽了皇帝对王鼎申诉的拒绝。此外,这首词慷慨激昂的语调,正如 James Polachek 分析的那样,充分照应了我们所知的当时士人中分派对立的政治理念㉔。

念奴娇·感事

秋光正好,甚浮云翳日㉕,才晴还雨。做弄秋容狼藉甚,宋玉悲秋正苦。聒耳商飙,填膺忧愤,咄咄终何补?流波欲挽,何堪更惜迟暮?　　极目衰草紧霜,荒烟独树,摇落浑无主。啼杀鹧鸪行不得,一片精诚难诉。伍相潮飞,汨罗江阔,只共冤禽语㉖。沉埋谏草,谁教饮恨千古。㉗

㉓ 由于林则徐封锁了英国在广东的供给线,英国船只于是在 1840 年 7 月 5 日北上占领了定海、镇江。琦善在天津安抚了英军,随后林则徐在同年 9 月 28 日被贬黜。在流放伊犁的诏命下达后,林则徐在 1841 年秋天被授予了一个临时职位,前往开封协助王鼎处理当年的黄河水患。在这个工作圆满完成之后,尽管王鼎的报告中对林则徐给予了很高的评价,林还是被迫于 1842 年前往伊犁。王鼎后来在北京去世,据说(根据一些材料)他是以自杀来抗议中国对英国的政策,特别是流放林则徐一事。林则徐在 1845 年得到赦免并且在太平天国初年(1850)仍健在,并接受了广西钦差之职。他最终在赴任途中辞世。详情参见 Hummel, *Eminent Chinese*, p.513;以及张珍怀在《清代女词人选集》中的注,第 146—147 页。

㉔ James M. Polachek, *The Inner Opium War*, Cambridge: Harvard University Press, 1992, pp.12-13 et passim.

㉕ 这句话化用了《古诗十九首》第一首中的"云浮蔽白日"。该诗的英文译文及注释,见 Burton Waston, *Chinese Lyricism: Shi Poetry from the Second to the Twelfth Century*, New York: Columbia University Press, 1971, pp.20-22。

㉖ "冤禽"指代的是炎帝女儿的灵魂,她在黄海溺水身亡,而后化成了一只海鸟。这里诗人化用了精卫填海的传说。精卫以石子填海,正是一场徒劳无功的尽心竭力。秋瑾用精卫填海的故事创作了一曲未完的弹词,用来比喻女性对落后政权统治下国家衰弱的不断抗议。参见 Idema and Grant, *The Red Brush*, pp.786—794。

㉗ 载于沈善宝《名媛诗话》,8.6a,也见于张珍怀《清代女词人选集》,第 145—146 页。"咄咄"的典故出自将军殷浩(活跃于 350 年)的故事:他在贬官后住在(转下页)

两年后，张綰英又以同一个词牌写了另一首无题感事词，她来自杭州的诗友沈善宝也为此词添了几句㉘。沈善宝悉心保管了她们的这个共同作品，并称赞张綰英的风格“有烈士之风”：

良辰易误，尽风风雨雨，送将春去。兰蕙忍教摧折尽，胜有漫空飞絮。寒雁惊弦，蜀鹃啼血，总是伤心处。已悲衰谢，那堪更听鼙鼓？（以上为张綰英作）　闻说照海妖氛，沿江毒雾，战舰横瓜步。钢炮铁轮虽猛捷，岂少水犀强弩？壮士冲冠㉙，书生投笔，谈笑擒夷虏㉚。妙高台畔，娥眉曾佐神武。㉛（以上为沈善宝作）

（接上页）浙江西部的新安，每天都要对着空气写一天的字。仔细一看，他写的总是重复四个字——“咄咄怪事”。参见 Richard B. Mather, trans. and annot., *Shih-shuo hsinyu: A New Account of Tales of the World*, by Liu I-ch'ing with commentary by Liu Chun, Minneapolis: University of Minnesota Press, 1976, p. 451。王鼎所谓“尸谏”的内容是一本他准备呈上的奏折，但却为由穆彰阿领导的反对党给压下去了。

㉘ 关于沈善宝，参见胡文楷《历代妇女著作考》，第 366—367 页。关于沈善宝作为女性诗歌的收集者和赞助者，以及作为北京女性教育的资助者，参见方秀洁近来的研究：“Shen Shan-pao,” in *The Indiana Companion to Traditional Chinese Literature*, ed. William H. Nienhauser, Jr., 2 vols. (Bloomington: Indiana University Press, 1998), 2: 138-140; “Writing Self and Writing Lives: Shen Shanbao (1808-1862) Gendered Auto-Biographical Practices,” *Nan Nu: Men, Women and Gender in Early and Imperial China* 2.2(2000): 259-303; *Herself an Author: Gender, Agency, and Writing in Late Imperial China*, Honolulu: University of Hawai'i Press, 2008, pp.142-158。据方秀洁的研究，沈善宝在 1837 年离开她的家乡杭州前往北京，并成立了一个“多由江南地区”绅士家庭出身的女性构成的诗社。参见“Shen Shan-pao,” p.140。1892 年到 1846 年，张綰英和她的丈夫一起生活在京城。沈善宝的部分词作英译文，参见 Chang and Saussy, eds., *Women Writers*, pp.552-555。

㉙ 诗人这里化用了宋代英勇抗金的将领岳飞(1103—1141)所作的《满江红》。

㉚ 化用苏轼的《念奴娇・赤壁怀古》。

㉛ 张綰英(与沈善宝合作)，载沈善宝《名媛诗话》，8.5b—6a。亦见于张珍怀《清代女词人选集》，第 147—149 页。第二首词也回应上引苏轼的词。妙高塔是镇江附近的最高点，这正是宋代韩世忠的侍妾梁红玉击鼓鼓舞抗金士气的地点。关于女诗人对这首词及词牌的用典，见 Chang and Saussy, eds., *Women Writers*, p.623。

在这首处处暗引亡国诗的词作中，我们听到了两个女子在一个作品中的共同声音，这个作品开启了呼吁武装抵抗的先河，这点将在下一节中有所讨论。正如李惠仪指出的，沈善宝对英雄主义的激情表述暗示了她认为张䌌英有所克制的态度在应对国家所面临的危难时是不够有力的[32]。

与女性内闱生活更密切相关的，是数百首关于家庭离散以及逃难忧患的诗歌。在以“避乱”或“避兵”等不同名称为题的诗歌中，女性表达了她们对所爱之人深切的责任感，以及骨肉分离、孤立无援的痛苦。丧乱[33]的画面充斥于这些诗中，这些诗有时会引用《诗经》中的《常棣》[34]这首描述战时家人离散的经典诗歌。这首诗原本是以鹡鸰鸟典型的上下摆动的动作打比喻，歌颂同代亲族间的互爱与忠诚（鹡鸰的身体一头往下坠时，另一头就往上升，正如手足或表亲之间伸出援手相互帮助一样）。鹡鸰鸟通常成群筑巢栖居，有时可达上千只。但是在《诗经》中，一只孤独的鹡鸰因鸟群分散而形影相吊，它因此成为动乱时手足分离的象征：

……死丧之威，兄弟孔怀。原隰裒矣，兄弟求矣。鹡鸰

---

[32] 2009 年 12 月 12 日，个人交流。

[33] Stephen West 在其对元好问的研究中，对丧乱诗作为一种文学类型有所讨论。见 Stephen West, “Shih Kuo-ch'i's Commentary on the Poetry of Yuan Hao-wen,” 《清华学报》10.2（1974）：142－169，esp.143，165 n.10；以及 Stephen H. West, “Chilly Seas and East-Flowing Rivers：Yuan Hao-wen's Poems of Death and Disorder，1223－1235，” in *China under Jurchen Ruler：Essays on Chin Intellectual and Cultural History*, ed. Hoyt Cleveland Tillman and Stephen H. West（Albany：State University of New York Press，1995），pp.281－304。也见于汉语大词典编辑委员会编《汉语大词典》，上海：汉语大词典出版社，1994 年，第 1 册，第 434—435 页。

[34] “棣”是“弟”的同音字，参见《诗经·小雅·常棣》；英译文见 Legge，“Mao Ode 164，” in *The She King*，*Vol.4*，*The Chinese Classics*，1893－1895；repr.，Taipei：SMC Publishing，1991，pp.250－252。

在原，兄弟急难。每有良朋，况也永叹。[35]

无法保持经典V形飞行队列的天鹅也是这些诗中的常见比喻意象，它们被用来命名及指代在战争中失散的男女亲属们分散于各地的逃难之所。

“明清女性作品数据库”(the *Ming Qing Women's Writings* database)中有诸多例子说明避乱诗这种亚文学类型及其影响力[36]。下面这首诗描述了诗人的逃难经历：在《南京条约》结束了鸦片战争，带来了暂时的和平之后，又是动荡不安的十年，期间诗人作为难民，离乡漂泊。这首诗的作者是江阴人陈蕴莲(约1800—1860后)，阳湖(常州)人左晨的妻子。在这首诗中，我们可以看到列强军队在江南地区带来的持续压力。我们也能看到诗人被迫在自己的政治敏感与对个人生命、家庭安危压倒一切的顾虑之间进行权衡：

时平说孝与谈忠，乱世谁能效赤衷？藜蕨可餐瓢可饮，自惭夫婿愧梁鸿[37]。风急津城桴鼓鸣，红旗玉帐四夷营。说和说战都难事，保卫生民石赞清。[38]

诗人跟着写道兄长寄来的一封信中描述的列强进攻淮安的细节、她弟弟逃亡台州的遭遇，以及她熟识的常州望族庄家小姐在城破时投水自尽的惨剧。

---

[35] Legge, *She King*, p.251, translation freely adapted.

[36] Grace S. Fong, ed., Ming Qing Women's Writing, http://digital.library.mcgill.ca/mingqing/.

[37] 梁鸿的传记载于范晔的《后汉书·逸民列传》。他的妻子穿粗麻衣，纺纱织布，与他一起隐居。诗人似乎暗示，妻子放下身段的魄力及人格可能已经超越了梁鸿。

[38] 化用了《左传·昭公八年》对政治危机时期石头开口说话的记载：“作事不时，怨讟动于民，则有非言之物而言”，英译见 Legge, *Ch'un Ts'ew*, p.622。陈蕴莲《避乱藤涝途中即景旅馆言怀共得诗十一章》，《信芳阁诗草》(1895)，5.22a—23b。引文见第22b页，注文见第23a页。

在地处太平天国战火中心的湖南长沙，杨氏姐妹杨书兰和杨书蕙用日记式的诗歌记录了她们逃难的遭遇。她们的母亲李星池是湖南湘阴（离长沙不远）名宦李星沅的妹妹，1825 年她丈夫杨诗墩得天花去世，二十五岁的她便从此守寡。1850 年 12 月，李星沅被任命为钦差，负责镇压太平军。但在次年战役刚刚开始时他便去世，后得谥文恭。李星池的嫂子郭润玉也是个有作品行世的诗人。李星池的弟弟英年早逝，留下一个弟媳周袭芬，也是一位颇有才华的诗人。因此，即使在太平天国的战火烧到他们的家园之前，这家的女性已经为记录太平天国的动荡及其后果做好了准备。这个家庭在太平天国战乱初期、太平军袭击湖南之时就被拆散。正如杨氏姐妹的堂弟、李星池最疼爱的侄儿杨书霖描述的，自那时以后“时艰家难”，而这个家也始终没有重振。在 1863 年，李星池的晚年，她的儿子书鞬因战功而获授县令之衔，其母也因此获得“太宜人”的封号[39]。李星池幸存于太平天国，之后又活了将近十年，终年七十四岁[40]。

在记载她的至亲至爱在叛乱中的苦难与分离的诗歌中，杨书蕙建立了对太平天国战争的记录，它们以 1852 年农历七月太平军进军长沙（但是他们很快就从这里撤离并向北进军）、杨书蕙西逃为始[41]。她的下一首诗作于 1854 年农历二月，它记录了太平军如何在拿下武昌后原路折返，出乎意料地对长沙发起新一轮进攻。她从自己在长沙以西的避难之所（在沩山和宁乡附近）给守寡的弟媳妇写了一封信，其中提及当时弟媳妇正和她自己的母亲

---

[39] 该封号一般授予五品官的妻子。参见 Charles O. Hucker, *A Dictionary of Official Titiles in Imperial China*, Stanford: Stanford University Press, 1985, p.267。

[40] 杨书霖为李星池《澹香阁诗钞》(1878)所作序，1a—3a。关于李星沅及其家庭，参见 Hummel, *Eminent Chinese*, pp.457-459。

[41] 杨书蕙《壬子七月粤贼犯长沙予依母氏避居西乡感而作》，《幽篁吟馆诗钞》(1878)，3.20b—21a。

一起居于长沙以东的一个地方：

> 动地干戈起，疮痍满目悲。羽书纷北走，军马尽南驰。月冷元戎幕，风鸣大将旗。天涯当此夜，搔首泪如丝。[42]

这里值得注意的是，这几行诗将战争、军事策略、大规模的军队等主题与诗人的悲戚的泪流不止并举。

> 异县久为客，故园何日归？乾坤双泪下，亲戚几人违。大地莽榛棘，荒山饱蕨薇。思君不见君，况乃忆庭闱？[43]

诗人在这里加入了一条注说明她的母亲仍然在“城”中，这城大约是指湘阴。我们知道，在战争时期，筑墙的城是最危险的地方。而位于长沙以北的湘阴，就在炽热战火蔓延的沿路上。书蕙的姐姐书兰在1852年农历七月也作了一首诗，该诗表明此时她与幸存的弟弟一起居于“围城”[44]。因此，诗歌或附注中每次提及“城”或“乡”，都是在为至亲至爱之人的安危担忧。

这些避兵诗揭示了一种由逃难者的困境所激发的政治意识，也反映出保卫清王朝的战争如何迫使逃亡中的女性在她们的政治关怀与对家庭的个人关怀间进行权衡。常州的女诗人杨蕴辉(1832—1914)在一首关于太平天国战乱中逃难的诗歌中义愤填膺：

> 片山寸水皆皇土[45]，竟任夷酋汗漫游！[46]

---

[42] “搔首”一语化用了杜甫那首哀悼长安757年失陷的诗歌。见杜甫《春望》，《全唐诗》，第2404页。

[43] 杨书蕙《幽篁吟馆诗钞》，3.21a—21b。“蕨薇”化用自《诗经·小雅·四月》。译文见Legge, *She King*, p.359。注者认为这首诗“痛诉了那个时代的压迫和悲惨生活”。

[44] 杨书兰《红蕖吟馆诗钞》，2.9b—10a。

[45] 用《诗经·小雅·北山》“溥天之下莫非王土”之典。英译文见Legge, *She King*, p.360。

[46] 杨蕴辉《仲秋携儿媳辈避乱吴航志感》，《吟香室诗草》(1897)，2.6b。这首诗作于1862年以后。关于杨蕴辉，参见胡文楷《历代妇女著作考》，第678—679页。

杨蕴辉的词句很明显可以解读为，对朝廷在镇压太平军的后期依靠列强军队提出批评。

这种情绪也充斥于何慧生的诗中[47]。就如左锡嘉与王采苹一样，慧生的丈夫也在太平天国叛乱中被杀。像同时代的许多女性作家一样，何慧生开始将自己想象为“红粉英雄”[48]。在她名为“放言”的诗歌中，她写道：

天涯扰扰尽风尘，欲报君恩愧此身。若使朝廷用巾帼，高凉应有冼夫人。[49]

呼唤武装

正如上引讨论秦良玉形象的诗一样，描写刀剑与女将的诗也称颂了女性的武人形象。伊维德与管佩达在他们关于女性与战争的研究中指出，18世纪风靡一时的歌颂明末女将秦良玉和沈云英生平的那出六十幕的戏剧让女将的意象更容易为女诗人所用[50]。下面的这首诗是这种亚文学类型的一个范例，它是一首长诗中的第一节。在这一诗节中，诗人王采苹思考了姨母张緭英在

---

[47] 参见施淑仪《清代闺阁诗人征略》，9.9a—b/525—526。何慧生和她丈夫的诗歌一起刊刻于1879年。参见胡文楷《历代妇女著作考》，第294页。

[48] 参见梁乙真《清代妇女文学史》，第215—217页。

[49] 参见梁乙真《清代妇女文学史》，第216页。诗的最后一句宣称每个面临亡国危机的国家都需要一个强大的女性领导去保卫它。高凉冼夫人指的是六朝时高凉冼公极富军事谋略的女儿。她在梁大同初年(535年前后)嫁给了高凉太守冯宝。后高凉发生叛乱，她亲自率军平乱，取得了重大胜利。在她丈夫死后，高凉处处都受到叛乱的威胁，而此时冼夫人则肩负起了维持高凉安定的责任。在陈朝及其后，冼夫人得到了身后荣封，并且被当作神来信仰。

[50] Idema and Grant, *The Red Brush*, p.653.房兆楹的秦良玉传记中也记录了关于这两个女将的传奇剧，它是董榕于1751年刊刻的《芝龛记传奇》。见Hummel, *Eminent Chinese*, pp.168－169。关于董榕及该戏剧，见Nienhauser, ed., *The Indiana Companion to Traditional Chinese Literature*, 1：837。

上引词作中表达出的对林则徐命运的关注。王采苹在诗中痛悼林则徐的逝世，并因势不可挡的太平天国叛乱而绝望。采苹写这首诗的时候，她的舅舅在武昌任职，这里在当时被认为是阻止太平军越过长江三角洲的战略要塞。这首诗约写于 1852 年，因为它描述了桂林之围以及叛军即将攻打湖南之事。这首诗尖刻地控诉了朝廷面对太平军势如破竹的攻击时软弱无力的对抗，诗歌的直白令人颇为震惊。

感 事

忠臣节钺镇岩疆，破竹惊闻贼势强。奋险已教过越岭，乘流便欲下清湘。牛车几辈防边郡，马革何人誓战场。谁究盗源推祸始，古来善政在农桑。（此处其舅小注：忧时抒愤，慷慨激昂，识远思深，不独格调之工也。）桂林烽火接南天，匝月围城亦可怜。半夜惊雷飞铁鹳，万家野哭促啼鹃。釜鱼谁使留余逆，原燎终宜救未然。川楚军兴是前事，那堪覆辙又相连。倚柱悲歌百感生，楚云南望思回萦。大江天堑防应亟，七泽烽烟众易惊。决胜空劳千里外，忧时那得寸心平。请缨我愧秦良玉，投笔难为尽室行。[51]

---

[51] 王采苹《读选楼诗稿》，6.1b—2a。“重臣”可能指的是曾国藩，但是曾的湘军直到 1853 年才被充分动员起来。王采苹使用“破竹”一词加重了她讽刺的基调。“破竹”一词经常与王朝的胜利相联系，它指代战争中胜利的天平已经决定性地倾向政府军的时刻。在这里，女诗人却以此描述敌军的有利势头。采苹对落后的武器及盲目依赖传统作战方式的尖刻评论使用了 756 年唐肃宗在对抗安禄山的战争中命令将领仿古法作战的典故。唐军聚集了两千辆牛车，以马兵及步兵配合。叛军以噪声引起牛群的恐慌和踩踏，然后顺风势放火，击溃了唐军的防守。四万唐军战死。正如奚如谷（Stephen West）指出的，鹳不能叫出声来，只能以开合其喙发声。这里指代马蹄声。杜鹃与古代蜀王杜宇的灵魂相关。杜鹃的啼叫在流亡在外的蜀人听来是回家的召唤，因此正好符合这首诗的语境。一些材料也说杜鹃啼血。“倚柱悲歌”化用了《战国策》中齐人冯谖的故事。他被录用为孟尝君的门客，但其他门客只给他粗菜为食，因为他们对贫困且自称无甚才华的冯谖极（转下页）

在这里我们看到诗人挣扎于一种两难：一方面，她意识到自己既没有天赋也未曾接受训练，因而不能成为像诗歌主人公秦良玉那样的巾帼英雄；另一方面，她同时意识到家庭责任使得她那样社会阶层的女性在任何情况下都没有可能考虑上述选择。正如上引王采苹的另一首诗，这一首最值得注意的是诗中将家庭意象与武力意象并举，将鲁漆室女与木兰、秦良玉鲜明对照。同样突出的还有诗中对朝廷军队陈旧的技术及战略的尖刻批判。

如果说女将的英雄主义是女诗人们青睐的一个主题，那么刀剑也令她们为之着迷。革命女英雄秋瑾就以她关于刀剑的诗作闻名，特别是写干将莫邪[52]的《宝剑歌》[53]。19 世纪的刀剑诗歌囊括了各种主题的女性写作，从关于闺阁的到关于战场的。一柄宝剑可以成为杰出的闺中咏物诗的描写对象，也可以在更具政治意

(接上页)尽轻视。他于是倚靠着一根柱子，轻敲着他的剑柄吟唱道："长铗归来乎！食无鱼。"他的唱词传到了孟尝君那里，孟尝君命令手下给他一般门客的待遇。冯谖一直使用这样的方法直到得到所有他想要的：一匹马、辂，以及他母亲的赡养钱物。这里，诗人暗指了这个故事中的一个微妙细节，即冯谖为了担任门客要被迫离开母亲，并且再也无法如一个儿子应做的那样侍奉左右。诗人的最后一句就论及了政治热忱与家庭责任之间的矛盾。关于冯谖故事的其他内容，参见 Paula Versano 的注，载 Chang and Saussy, eds., *Women Writing*, p.393。请缨是表示领军出征的习惯做法，出自汉代终军的故事。他在出征南越前为自己的头盔要求一副缨。他用这缨捆了南越王，并将他带回汉廷交给汉武帝。

[52] 干将生活于公元前 3 世纪的吴国。作为中国历史上两个最著名的铸剑师之一，他所铸的铁剑被认为是有魔力的，因为它们较之旧时的铜剑锋利得多。在一种版本的传说中，他的妻子莫邪将自己作为牺牲投入铸剑炉以保证铸出合格的剑。结果铸成的两柄剑(一阴一阳)就分别以他们夫妇命名。另一个版本是说，干将花了三年时间为吴王铸成了阴阳两柄剑。干将怀疑吴王会在他铸成剑以后杀了他，于是他将雌剑交给吴王，而让怀孕的莫邪保管好雄剑，如果她生下儿子，就告诉他父亲的故事并让他报仇。干将果然被杀，而莫邪也生下一个男孩，他用雄剑为父亲报了仇。鲁迅重写了第二个版本的故事，名为《铸剑》。英文译文见于杨宪益、戴乃迭翻译《故事新编》，北京：外文出版社，1972 年，第 74—95 页。

[53] 由 Li-li Chen 翻译成英文，载 Chang and Saussy, eds., *Women Writers*, p.652。关于秋瑾相同主题的不同诗歌的译文，见 Idema and Grant, *The Red Brush*, pp.774-775。

味的作品中唤起人们对女性英勇豪迈、奉献牺牲形象的想象。

女性诗歌中的经世与时弊

诗歌经典与女性列传都为女性关于战争与王朝命运的写作提供了诗性的、道德的，以及情感的资源。关于经世的女性诗作、女子对洋务的参与，以及女子对家庭以外的社会问题的关注都有更多元的源头可以追溯。在19世纪，这其中的一些源头大约可以追溯到著名的经世学与经学家阮元，他对女性才华的赞许为人熟知[54]。阮元庞大的恩主和门人网络将数百名学者网罗到他领导的广东学海堂书院周围[55]。在那里，他带领着一个由当地的及受邀而来的学者组成的名副其实的智囊团，与西方来的战舰和商船打交道，这些学者都是当时文化的领军人物。

目前，对这些广东官员及地方学者与他们家中女性之间关系的研究正在展开。一个颇具启发的例子是广东学者梁廷枏(1796—1861)的生平。他在阮元的眷顾下起步，并最终晋升于学海堂学长之列。梁廷枏的两个女儿有诗文集刻本行于世，林则徐为之作赞一篇。林则徐询问梁廷枏成于1836年的经典之作《广东海防汇览》中地图、图表的千余注释小字(“细如蝇头”)的由来。梁廷枏告诉林则徐那些都是他女儿们所作[56]。林则徐于是评点了

---

[54] 参见 Betty Peh-T'i Wei, *Ruan Yuan, 1794-1849: The Life and Work of a Major Scholar-official in Nineteenth-Century China before the Opium War*, Hong Kong: Hong Kong University Press, 2006, pp.239-258。

[55] 参见 Steven B. Miles, *The Sea of Learning: Mobility and Identity in Nineteenth-Century Guangzhou*, Stanford: Stanford University Press, 2006, pp.91-126 et passim.

[56] 参见 Robert J. Antony, “State, Continuity, and Pirate Suppression in Guangdong Province, 1809-1810,” *Late Imperial China* 27.1(2006): 1-30；以及 Susan Mann, “Talented Women in Local Gazetteers of the Lingnan Region （转下页）

梁氏姐妹的作品。很难想象梁廷枏的女儿在为地图作注的时候对它们的意义与重要性一无所知；反之，我们很容易理解一个父亲会让他受过教育的女儿们加入他的学术研究项目。

张印(1832—1872)的诗歌保留了关于阮元的经世关怀如何影响女性写作的罕有线索。张印是一个巡抚的女儿，嫁与一个布政使为妻。与那些常州的女诗人不同，她的家庭纽带于北系于山西，于南系于福建。她的作品显示了她对普通百姓的社会、经济困境持久不衰的关怀，它们被伊维德和管佩达大量翻译。她描写战争和贫穷，并且热切关注劳动者的艰难。即使是她描写为人妻的家务与为人母的慈爱这样较为私密与个人的诗歌，都表现出一种令人动容的坦率[57]。张印为回应阮元关于国际贸易和关税的主张，作了下面这首不同寻常的诗。她可能在精读阮元诗集的时候看到这些内容。阮元在其文集内一首简短的诗中描述了他主张的政策。他提议免除在中国港口进口谷物的关税，以缓解广东三角洲地区因人口增长、耕地贫瘠等压力导致的粮价上涨。

读阮云台先生西洋米到纪事有感

浚河要溯源，种本当护根。源窒流不畅，根伤叶不繁。我读文达诗，慨然生愁烦。以茶易外米，意在民事屯。虽云通有无，彼利难具陈。况乃减彼税，悬禁苦我民。我荒彼鼓舞，我丰彼逡巡。价值贵贱间，操纵权在人。何异教子弟，跬步限家门。又不绝其交，奸徒滋攀援。父兄年日迈，子弟智

(接上页)during the Eighteenth and Nineteenth Centuries,"《近代中国妇女史研究》1995年第3期，第134页。

[57] Idema and Grant, *The Red Brush*, pp.656-668.书中翻译了张印的几首诗，并提到了她与继女及婆婆之间的亲密关系，以及她在描写这些亲密关系时的坦率。张印本人对园艺十分热爱，这也就无怪乎她在“种本当护根”、“根伤叶不繁”等句中提到这些与种地相关的词汇。

日昏。一旦有不讳，人将倾我囷。会须辟田亩，努力事耕耘。岂容束手坐，终岁乞诸邻。区区执政者，瞢腾我无论。如何一代贤，亦复口津津？阃言不外出，谁为达天阍。[58]

在这个时期的女性诗作中，对朝廷政策如此直截了当的评论是很罕见的。更常见的是张印偏爱的那类针砭时弊的诗歌。

这类诗歌在太平天国之后获得了新的生命力，这突出体现于内阁大臣张应昌（1790—1874）在1869年出版的诗集《清诗铎》中。《清诗铎》重印了自17世纪中叶明清交替时期以来关于社会、政治问题的诗歌。编者的用意是启发读者批判性地反思王朝所面临的危机：从农民的处境到天灾带来的冲击。这个集子包括了许多批判女性苦难的诗，集中有几章涉及女性与婚姻，有几节涉及妓女、女性契约奴役，等等。当代的出版者因此称赞张应昌认为压迫女性导致清朝孱弱这一观点是真知灼见[59]。

在《清诗铎》收录的近千首诗中，仅有十七首为女性所作。张应昌该集中所有的女性诗歌都发展了19世纪末乱世以前女诗人所关注的主题，包括许多表达诗人们对受压迫女性的苦难的关注

---

[58] 这首诗写于1824年阮元兼任两广总督与广东市舶司之时。这首诗载于金武祥《粟香随笔》6.8b。阮元原诗见其《西洋米船初到》，《揅经室续集》，6.6b—7a。张印应该是读过亲朋好友中传抄的手稿，或者阮元的文集原版。该文集在扬州出版，历道光（1821—1851）、咸丰两朝才刊刻完成。参见《历代妇女诗词鉴赏辞典》，第714—716、1826—1827页。胡文楷将张印的诗都编入目录，见《历代妇女著作考》，第510页。作为一个年轻女子，张印展示了她出色的才华，她除了是一个颇有天赋的画家，有着良好的道德素质，她还是一个记忆高超的裁缝和绝佳的厨师，这与典型富家小姐的形象颇为不同。她的诗歌饱含激情而且经常加入对时事的关怀。她的文集名为《茧窝遗稿》。张印嫁给陕西布政使林寿图作为继室。关于林寿图，参见Hummel, *Eminent Chinese*, pp.305-306。

[59] 见1960年版出版者序，张应昌编《清诗铎》，北京：中华书局，1983年，第1页。出版者认为，这本文集还强调了张氏所处年代中的阶级矛盾，在他们看来，这种矛盾最终导致了声势浩大的太平天国叛乱及其后的农民起义。出版者还赞扬了他的反帝意识，特别表现在关于鸦片贸易与鸦片成瘾的章节。

与同情。我们读到一个穷困潦倒的母亲为了救自己快要饿死的孩子而将他卖掉；一个发誓终身守节侍奉公婆的年轻寡妇在公婆过世后自杀身亡；一个夫在客途的妻子的孤独[60]。但是在这个集子中我们完全听不到本文讨论过的女性抒发义愤、忠诚或时代意识的声音。相反，以女性受压迫为标志的社会问题成为中国面对外侮国力孱弱的体现。

张应昌为三首妇女"悲命"诗作的编者注揭示了这些问题在他眼中的重要性。这些"悲命"诗详细阐述了一些相互联系的主题：年轻女子因为父母的死亡，甚或他们的唯利是图，被迫过上不幸的备受剥削或凌辱的生活，比如沦为奴仆或者侍妾。这三首中的两首都是鲜为人知的女作者唯一的传世之作；另外一首则出自一位多产且受人尊敬的女诗人梁德绳（1771—1847）之手[61]。正如张应昌的编者注所表明的，正是这些诗中对备受性剥削的悲惨女性的描述引起了他的注意。张氏引用了时人林昌彝所写的一本诗评。这位林昌彝是林则徐的亲戚，而且也是鸦片战争时林则徐和魏源在外务问题上的得力助手。林昌彝写道："海口不靖以来，定海宁波妇女被毒最惨。有带至鬼国者，有鬻与他人者，有肆淫后投之于水者，有赠与汉奸者。"张氏还引用了当时一首将洋船抵华与中国妇女受害相联系的诗歌，这首诗宣称这是通商口岸所有政治、军事问题中最为恶劣的一项[62]。

张应昌对入集诗歌的选择可能取决于出版资料的可利用程度。《清诗铎》中的女诗人作品，除了三首外，都来自于 19 世纪早期刊刻的集子，特别是完颜恽珠（1771—1833）的《国朝闺秀正始集》（1831）及续集（1836）。它们之中没有一首写于 1849 年以后[63]。这突出地

[60] 张应昌《清诗铎》第二册，第 573、727、818、875 页等。

[61] 张应昌《清诗铎》第二册，第 959—962 页。

[62] 张应昌《清诗铎》第二册，第 962 页注。

[63] 张应昌选入《清诗铎》的诗歌中只有少数不曾收入于当时著名文集（也不 （转下页）

提醒我们注意到19世纪末以前，诗集编纂者及读者还不能轻易地得到当时女性描写乱世的诗歌。这些诗在别集或者如沈善宝的文集之类的稀有集子中出现，还必须待到重新恢复和平的19世纪60、70年代，以及女性作家及文集编者重新发掘它们的20世纪。

张应昌在清王朝动荡时期对女性诗歌的刻画暗示了在面临危机的时期，精英阶层的男女之间关于女性角色问题观念差别越来越大。张刻画的形象也有助于我们理解，在梁启超（1873—1929）将女性问题列为王朝衰弱最显著根源的同时，秋瑾为何会号召女性同胞在男人已明显无力保家卫国的情况下挺身救国。精英阶层的女性将她们自己看作是尚未开发的资源，等待随时发挥作用。精英阶层的男性却将女性视为昏庸统治的受害者，正如面对着势不可挡的列强武力的清王朝一样，她们似乎只能迎接厄运。

结　语

19世纪乱世中女性书写的诗歌对性别史学者有怎样的启发呢？首先，它们从中国古典典籍史料中挖掘出了革命家秋瑾之类的女作家们看似现代的政治意识的思想根源。这根源之一来自

（接上页）见于“明清女性著作数据库”）；见戴书芬的诗（歌颂一个守节女子在未婚夫死后搬入夫家照顾婆婆，第二册，第727页）；俞照墉的诗（关于一些在明灭亡时自杀的女性，第二册，第729页）；以及汪嫈（称赞她的儿子为救世上疾病而学医，第二册，第875页），还附上了编者对医术不济的大夫的批评（第二册，第875页）。“明清女性写作数据库”中的诗歌多是收录于集子中并出版的，这更说明了要收集女性作家在鸦片战争与太平天国结束这个时间段内的作品是很困难的。十七位作品收录于《清诗铎》中的女诗人包括高景芳、吴兰、马士琪、杨素书、黄克巽、沈兰、冯娴、陈晚永、曾如兰、戴淑芬、阚玉、俞照墉、汪嫈、宋娟、邵梅宜、何桂枝、梁德绳。

于《列女传》中记载的鲁漆室女故事。从那里我们看到了一种古已有之的主张，即女子对家内事物的关注实际上也可以是政治问题[64]。其他的根源，特别是那些与晚明女将秦良玉相关的女性武人的意象，预示了秋瑾富于战斗性的政治意识[65]。尽管学者们早已认为著名的女性历史人物是文学作品的重要主题[66]，但将她们作为女作家们用以表达政治关怀的意象的集合，还需要进一步的关注[67]。

其次，这些诗促使史学家们对女性，特别是那些"新女性"如何标志了中国现代性提出疑问。19 世纪的危机无疑在长江三角洲地区的女诗人群体中引发了一种新的意识。对江南地区来说，欧洲军队对东南沿海的威胁仅仅是江南毁于太平天国战火的一个序幕而已。女性作家及她们的男性亲属所活动的文化圈子（可以用为她们的诗集写序的人的名单来度量这个圈子，比如为王采苹诗集写序的就包括冯桂芬、曾国藩以及其他一些名人）将妻子们、女儿们直接卷入了关于外贸、海防、靖卫战争及地方武装的对

---

[64] "the personal is political"（"个人的就是政治的"）。

[65] 秦良玉是秋瑾的女英雄之一。秋瑾对爱国并富有战斗力的女性英雄模范的兴趣是由 Li-li Chen 所称的"明代文人武士"引发的。参见 Chang and Saussy, eds., *Women Writers*，引文见第 632 页。魏爱莲复制了沈云英的肖像，"Selected Short Works by Wang Duanshu," p.178。

[66] 章学诚在其《妇学》中引用了许多此类例子。章氏并不将她们作为女性模范，他更倾向于将她们作为历史的非常态，认为这些反常行为是不寻常的时代下的产物。但是 19 世纪的女性读者倾向于有不同的解读方式。请参考关于宋代女将杨妙真的研究。杨妙真的故事由吴百益（Pei-yi Wu）重构，"Yang Miaozhen: A Women Warrior in Thirteenth Century China," *Nan Nu: Men, Women and Gender in Early and Imperial China* 4.2（2002）：137-169。章学诚的《妇学》英译文，见 Chang and Saussy, eds., *Women Writers*, pp.783-799。

[67] 参见李国彤《分层与整合：明末清初妇女教育观念之衍变》，新加坡国立大学硕士论文，2001 年，第 70—94 页，特别是第 71 页。李国彤发现女性的词作题材主要集中于著名女性的故事，特别是虞姬（项羽的侍妾）、王昭君、孙夫人、梁红玉等。她发现一些女作家抱怨这些著名女性的历史记录不够齐全，结果是仰慕那些女英雄的女作家转而向戏剧与小说中寻求灵感。

话中。

最后，这些诗让我们注意到古典诗歌中的隐喻性语言如何将女性建构为王朝的主体。女性是这个政权中的一股政治力量——当然不是作为公民，而是作为一个突出的具有特殊关怀的群体，这些关怀来自于她们的家庭角色与责任。“巾帼”这种借代，有时出现在强调女性这种政治力量的诗中。同时，女诗人的创作往往有非常清晰的、从性别角度定义的目标读者。用女将做模范角色确是颇为有效的。女子挺身而出顶替男人浴血奋战的事迹被记载于文献之中，重现于舞台之上，这都令19 世纪的女性更易于对战时的尚武价值产生认同。歌颂杨门女将以及花木兰守边功勋的年画更巩固了这种印象。对于以尚武、阳刚的风格写作的女诗人来说，刀剑似乎是非常值得尊重的对象。

令人不解的是，为什么这种正在觉醒的女性意识在当时极少引起男性作家及文集编纂者的重视。在这种意义上，19 世纪晚期的女性诗作向读者们展示了这样一个事实，即尽管女性也被卷入王朝正四面楚歌的危机意识中，性别的界限依然在被强化。许多破碎的家庭经历了父亲与兄弟在战争中丧命，而女眷们团结在一起，共同为逝者哀悼，共同分担不安的情绪，发泄心中的愤怒。她们强烈意识到自己受到保护而免于战火(体现为她们提到逃难时的理所当然)，这增强了她们的挫败感，并刺激出她们情绪的爆发，正如本文上面所阐述的那样。同时，女性居于战线后方管理家庭事务这一事实更强化了男人们的定见，即女性的位置在家内，因此对保卫国家根本毫无用处。

这些 19 世纪的诗也让我们看到由列强带来的威胁，与破坏力强且旷日持久的太平天国的军事袭击之间的区别；后者将大多数受高水平教育的女作家的家乡江南地区作为打击目标。我们应该在经历过与未经历过太平天国战乱的女性作家作品之间划出界线。1860 年以后，女性关于乱世的诗作迅速增加，这告诉我们，那些在太平天国叛乱中幸存的女性，与“9·11”事件的幸存者一样，被她们经历所改变。正是这一代女性，孕育了 20 世纪早期所谓的“新女性”。

〔原文发表于 Grace S. Fong and Ellen B. Widmer, eds., *The Inner Quarters and Beyond: Women Writers from Ming through Qing* (Leiden: Brill, 2010), pp.283–313〕

林珊　译

《中国现代史中的性别和性》导言：深闺女子和光棍*

当一户人家提亲，要打听可能成为未来儿媳的姑娘是个什么样的女孩时，邻居会说："我们不知道。我们从没见过她。"那是一种对那个女孩的赞美。

宁老太太 (Pruitt, 1945: 29)

白日图奸，多在孤村旷野，邂逅相遇。……十五岁以下之幼女，或可强合。十六岁以上之少妇即难成。但妇女孤行无伴，多非贞节。

县令手册(Sommer, 2000: 108)

在19世纪的中国，那些确保年轻女子贞节的严格界线和确保家庭荣誉的界线是一致的。正如宁老太太的描述所显示，这些界线在18世纪的法律和20世纪初的女子教养中显示得一样清晰。中国早期文献对于女子贞节观念的矛盾冲突的阐发很深刻，其中读者最广的一种即经典的崔莺莺的故事。这个由唐代元稹(779—831)创作的故事简述如下：俊美的张生有恩于莺莺的母亲，后者安排莺莺和张生见面。莺莺芳龄十七，容貌美丽，张一见钟情，设法通过莺莺的丫鬟红娘去接近莺莺。红娘让张生写情诗去引诱莺莺。此举非常成功。莺莺在起初表示愤怒之后，逾墙到

* 译者注：本篇是曼素恩教授《中国现代史中的社会性别和性》一书的导言。书名中的"性"的英文原文为 sexuality。sexuality 是一个宽泛的概念，其意义包括性的表现、表达、状态、经验和取向等。它和 sex 的不同点在于，sex 主要由生物和生理而言，而 sexuality 则侧重于社会和心理等意义。鉴于目前尚未有恰当的中文译词，本篇也用"性"一词翻译 sexuality。在意义易混淆处，则译"sex"为"性别"。

张生下榻处和他共眠。之后的一个月，张生每晚秘密到莺莺幽居的西厢房约会，共度良宵。然而张生后来离开莺莺，去了京城长安科考，并回绝了莺莺情意绵绵的信。他们的故事在长安广为流传，有些渲染其色欲浪漫，有的则侧重张生冷酷寡情的一面。最终莺莺别嫁，张生另娶。

莺莺的故事充满着悔过、怨恨和怀恋。其中有仙灵般结合的激情描摹，也有女性可畏和污秽的强烈形象，还有愤恨和羞愧的倾泻。它被搬上舞台后有多种版本，其中包括 13 世纪的《西厢记》。17 世纪时，由《西厢记》的主题演化出大团圆结局的《牡丹亭》一剧，从《牡丹亭》又激发了丽莎西（Lisa See）撰写出美国的一部畅销小说[①]。本书第一章所分析的矛盾冲突，在《莺莺传》中体现得淋漓尽致：深闺小姐和情欲间的冲突、女性对婚外性关系的羞耻感、独身男子追求心仪女性的决心、肉欲的强大力量和欲望满足时的极度愉悦，以及父母、道德和高墙对炙热的情欲的无力控制。逾越张生和莺莺之间界线的中介丫鬟也是故事中的关键人物，正是红娘引诱莺莺的计策使得故事继续展开。

莺莺和张生的故事给读者提供了思考所有这些矛盾冲突的机会，并对彼此冲突的各种欲望不可解决的本质有新的——也许是不容乐观的——认知。这个故事最早的版本中值得注意的一点是，莺莺不是羞涩的少女——是她来到张生的卧榻，开始他们的性关系，尽管她很清楚这一行为的后果。而关于张生，这个故事说明的是，男子可以相对轻松地摆脱浪漫爱情的失败后果，并在新的关系中找到慰藉。这是一个具有道德教训意味的故事，但其中表达的丰富复杂的情感赋予读者极大的想象空间。正如奚

---

① 唐传奇《莺莺传》的英译本和阅读分析，见 Yu，2000：173-201；《西厢记》，见 West and Idema，1991；《牡丹亭》，见 Tang，2002；Lisa See 撰写的小说是 *Peony in Love*（2007）。

如谷（Stephen H. West）和伊维德（Wilt L. Idema）所分析的，从《莺莺传》发展而来的最早的剧本《西厢记》充分发挥了原作中富于情欲的语言和想象，比如花园、圆月、花朵传递了优美的、可接近的、阴性的性的形象。红色的花，特别是红牡丹花，象征着充血的女性性器官；肉体被比喻成白玉或“羊脂”，男性性器官则是一件“玉物”；琴弦是阴蒂系褶的象征，而弹琴表达的是性高潮（West and Idema，1991：142—146，147）。我们不应当想象养在深闺人未识的女孩对世事一无所知。实际上，只要提及深闺便可让她们联想到莺莺的故事。很多类似莺莺的故事同时也表达了有力的信息：小说中理想的佳人有才有德，但也薄命（Fong，1997：273-275）。

这篇导言分析的是莺莺故事反映的中心冲突：一边是不可违背的历史规则把妇女封闭在家中，另一边是男性在国家的社会、政治和经济体制中不断巡回。19世纪中国的性别和社会性别制度是围绕着封闭女性建立的。把妇女封闭在家庭的那些界线界定了这个制度，而帝国中每个男女的性和地位均由和这些界线间的关系来衡量。这些界线把值得尊重的人（即中国语汇中的“良”）和所有其他的人区分开来。受人尊敬者，必须来自受人尊重的家庭。而一个家庭受人尊敬与否，是由这个家庭的妇女是否贞节决定的。一个贞节女子，用前面引文中宁老太太话说，是一个不为外人所知的女子。我们可以用这个封闭妇女的模式做出一个19世纪社会等级的图形。占据社会等级中心的是闺秀（深闺中的优秀女子），即上层社会的太太和已到婚龄的女儿们。她们过着远离大众视线的生活。所有其他受人尊敬人家的女性效仿她们，而那些没有效仿的女子，她们的社会地位会不同程度地受到影响。

中国社会的家庭建立在男性继承的基础上。那么，为什么封闭于深闺的女子成为性别和社会性别制度的中心？为什么在1911年中国的首次民族革命中，废除封闭女性的制度成为“妇女问题”的焦点？这些都是本书讨论的问题。研究这些问题时，本书关注的是长远性。也就是说，我们注重的不是女性地位的得失，或性别平等的进步或挫折的问题。我们注重的是在中国当代史中，尤其是从明清到现代国家的过渡时期，社会性别和权力之间的关系是如何形成的问题。我们探讨的根本重点是，那些关系是如何在一个历史过程中在中国的文化语境中表达和相互妥协的。从这些问题着手研究，可以使我们通过一种透视镜观察当代中国史。它可以使我们对于结束明清、建立民族国家所带来的社会和文化代价有新的思考。1906 年废除的科举考试比让妇女进入学校学习和进入社会工作的那些政策更重要吗？为什么在后毛泽东时代，一胎政策从文化而言是合理的选择？在多大程度上关于性和社会性别操演（sexuality and gender performance）的古典观念融入了当代的性别行为？本书通过把性作为历史研究的类别来提出并解答这些以及其他问题。这篇导言的余下部分说明性的问题深植于中国文化社会生活的所有方面——从婚姻到社会地位，从空间观念到社会流动形态——尤其是中国政治和政府。

性和社会生活

性 和 婚 姻

19 世纪的中国，结婚育子、继承宗祧是对所有人的期望。然而能否成婚，则因性别和社会地位而定。女性几乎百分之百成婚，而从未结婚的男性可能高达百分之二十。在受人尊敬的稍有财产的家庭，婚姻通常由父母安排。理想的状况是，儿子婚后和父母同住于联合家庭，包括他的妻子、已婚的兄弟以及所有的孩子。他的姐妹则嫁到别的宗系。在婚姻市场上，富裕的父母们有很多优势。他们可以让孩子早些成婚，可以吸引理想的、能带来丰厚嫁妆的新娘，可以给女儿丰厚的嫁妆。他们还可以娶妾，特别是如果妻子没有生儿子的话。就像有一位学者所说："有钱人家孩子多。"因此，富裕的家庭可以实现中国家庭的理想，即世代同堂。即使不怎么富裕的家庭也朝此目标奋斗。19 世纪绝大部分的中国人一生中有一部分时间是在三世同堂的联合家庭中度过的。

结婚生子是社会期望，富裕的人比贫困的人更能实现这些期望，而妇女则比男子更能实现这些期望。妇女一生中早晚会成婚。即便有的女子做了几十年丫鬟或契约佣工也会结婚，因为婚姻市场对生育年龄女性的需求巨大，而富有之家可以用纳妾的办法增加生育成功性。与此对比，大量男子终生未婚，因为他们娶不起新娘。能否娶妻是一个年轻男人生活机遇的决定性条件。每代人中，都有大量贫穷的男子至死娶不起妻子。无妻无子，人们称之为"光棍"。定居的良民家庭看到他们害怕，政府则密切监视他们。他们被视为捣乱者、掠夺者，不受定居的家庭生活规则的束缚。

对新娘和妾的需求从不停止，而太平盛世时期的需求更高，因为父系制度需要男子继承，大多数夫妻有极强的生儿子的愿望。由此，存活下来的儿童的性别比例受到影响，因为有的忽视女孩，有的溺婴，而贫困家庭或困难时期更是如此。其结果是婚姻市场紧缩，贫穷的男子被挤出市场。婚姻市场紧缩和放宽随王朝的盛衰和地方经济形势而变化。因此，在我们所描述的性别和社会性别的制度里，深闺小姐占据连续体的一端，无根漂游的年轻光棍占据另一端。她受道德教育，生活在诸多维持社会秩序的社会关系之中；而他是流动无根的边缘人，他的存在对社会秩序产生威胁。

性和社会身份

从上面的分析，我们可以看到 19 世纪性别和社会性别是如何联系在一起的。但性对于社会身份的重要性仍然超出我们的想象。在明清时期，社会身份可以有多种方式衡量，而最主要的一点是把受尊敬的人（即“良民”）和称之为贱民的人加以区分。每户家庭在户籍登记上，必属其一。这条界线也用于婚姻市场。18世纪之前，贱民家的女子的性是开放的，她们或为娼妓或为歌伎，但不能嫁入良家为妻，而男性贱民不准娶良家女子。贱民男子也不准接受教育——而受教育是提高社会身份的唯一重要途径。他们不能进入当地书院，也不能参加科举考试。

绝大部分的平民家庭是“良民”家庭。他们是稳定的社区成员，男人从事士农工商之职。只有一小部分家庭在赋税登录册上被列在贱民名下。贱民家庭的男女成员因为他们从事的职业被视为下贱而背上污名，这些职业包括衙门差役、艺人、妓女、歌伎、屠夫，以及某些地方性的群类。虽然男女贱民在良民社区提供必要的、有时甚至是很切身的服务（比如女的为新娘做婚礼的准备，男的护送丧葬队伍），他们在住宅、衣着和强大的法律上被隔离于良民的社区之外。

在成千上万的良民家庭中，社会身份由地位、权力和劳动的复杂的平衡衡量，而地位、权力、身份的界定有男女之别。对于男性而言，脑力劳动者（学者精英）和体力劳动者（农民和工匠）截然分开。男性的社会阶层和职业紧密相关，它将学者和官员即脑力劳动者置于首位，其余是农民（或耕种者[②]）、匠人和商人，其次序依声望和受人尊敬的程度而定。农耕者被认为比工匠和商人更受人尊敬，尽管他们更无声誉、权势，更不用说财富了。这是因为农耕是一种生产的劳动。农耕为人们带来食物，为国家带来税

② 汉语中的“农”通常被译为 peasant，我认为 cultivator 一词比较恰当。这是因为“农”所指包括自耕农、佃农以及雇工。“农”的中心意义是以种植农产品为根本的体力劳动者。

收。工匠通过摆弄原材料将之出卖来牟利，而商人则从他人的劳动中赢利。他们在这个社会价值体系中被置于耕种者之后。

对妇女来说，她们的社会地位不仅由父亲、丈夫、儿子的职业（妇女可以因儿子的官职或对社区的贡献而被授予名号），而且由她们的性（sexuality）而定。而社会地位和性二者相互关联。决定妇女社会地位的基本区分线即是那条把良家的新娘、妻子与其他妇女区别开来的线，后者包括妾、婢、尼姑、道姑、歌伎和娼妓。给女儿找一个好婆家可以提高娘家的社会地位，因此，父母在养育女儿成为未来新娘时将这一点放在心上。受人尊敬的新娘可以是受过教育的，也可以是没有受过教育的，但父母把女儿养育成婚姻市场的上等人选时，他们必须教她学会受人尊敬的“女红”技能，也就是说，她可以进行纺织绣花等在家内从事的用手操作的劳动。其他那些必须在家门外操作、和男性有接触，包括下地的劳动，则会影响到她成为婚姻市场上等人选的可能性。无论士农工商之家，显示社会地位的一大标记是他们把妇女深闭在家中，训练她们女红的技能，并给她们安排受人尊敬的婚嫁。

以上我们讨论的职业的尊卑等级中未提到士兵、和尚或道士。当兵在19世纪的中国人看来是最低等的职业，这一点由那句俗语“好铁不打钉，好男不当兵”得知。19世纪的和平时期，部队（通常包括士兵的家属）驻扎在军事重镇和边防要地，和普通老百姓的社区隔开。当暴乱发生或王朝崩溃之际，士兵和土匪一样，入侵平民家庭，闯入妇女居住的闺房。陷入围城的妇女在城池陷落时以自杀来保护她们自身和家庭的荣誉。那些逃出围城寻求在村子避难的则可能在途中受到袭击。不管她们采用何种方式，即使是身处闺房最深处的妇女，在乱世都有被暴露和面临羞辱的可能。一幅制作粗陋的表现太平天国1860年占领江南的触目惊心场景的木版画中有许多这类例子（见图1）。

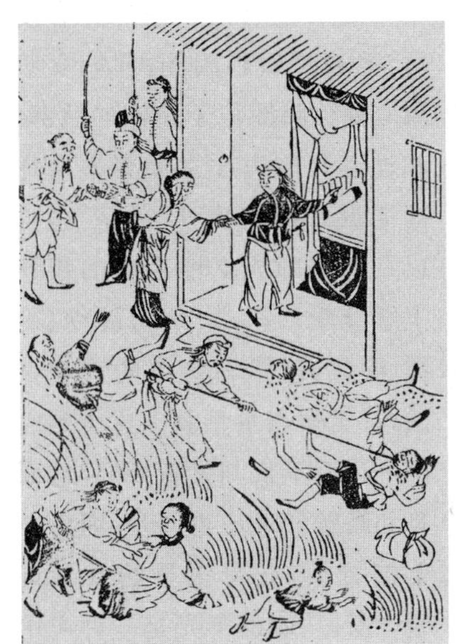

图 1　太平天国之乱（见寄云山人《江南铁泪图》，台北：广文书局，1974 年，第 7、17 页）

性和社会空间

在上层社会，性别隔离的规则从家庭内开始实行。成了婚的儿子和父母同住，理想的家庭数世同堂。这就需要安排空间，使得父亲和儿媳不会单独相处，长者的年轻的妾和性欲旺盛的儿子分开。同理，用餐并非家庭共用，而是分别男女。年长的妇女和佣人负责照应男性的饭桌。

违反性别规范只是令人忧虑的一个部分。同样重要的是教育女儿成为称职的新娘。在儿子、女儿均受教育的上层家庭，女孩在十二岁之前可以和她的兄弟或堂兄弟一起读书③，那是他们

③　年龄按阴历计算，孩子出生即一岁，过年长一岁。因此，一个新年前出生的孩子过了新年就是二岁。

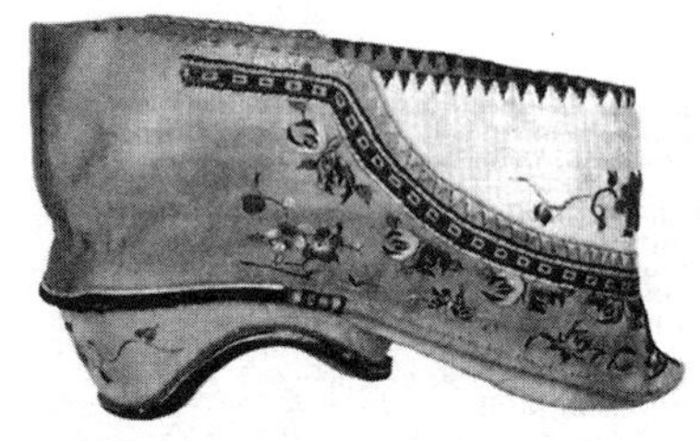

图2　小脚的秀鞋(见 Dorothy Ko, *Every Step a Lotus: Shoes for Bound Feet*, Berkeley: University of California Press, 2001, p.122)

唯一的来往场所。进入青春期后，她被拉回到闺阁，即妇女归属之处。闺阁位于住宅的后部，和过道及前边厅堂里客人来往的情景和声响隔开。她一边可以在闺塾师或女性亲戚的指导下继续学习，一边练习缝纫、刺绣、弹琴，或学写简单的诗和书法，甚至学点水墨画。这个到内闺的过渡不仅和发育期同步，而且和婚嫁的考虑也同步，因为在上层社会，父母很早给女儿订婚。所以，刺绣不光是一种实用的技能或用来消磨时间的方式，而且是为结婚做准备——她开始做绣鞋(图2)和嫁妆的各种饰物。

如果说家庭空间的设计是为了防止——同时也是为了准备——男女之间性的互动，而封闭妇女则是其中最受关注的问题的话，那么在上层社会，养育女孩是准备她到了发育年龄后嫁到夫家，并且培养她的自身想象——想象她是那位已被选为自己未来丈夫的男孩的妻子。对未来丈夫的忠诚可以令有些女孩在未婚夫死亡时殉死。她们无法想象没有恰当的婚姻还有前途可言。为何年轻女子对自己的未来有如此不同一般的想法？要理解这点，我们得提醒自己，女儿和儿子与娘家的关系是不同的。宗族制度下父系继承的礼制认为，所有的妇女婚后成为夫家的成员，而不是娘家的成员。因此，女儿不入娘家家谱，死后在娘家的宗祠里没有牌位。而她在夫家的家谱和宗祠中占有礼制上的永久地位。因此，很多父母在女孩出生后就给她定亲，经常订给好友年幼的儿子。有些良家父母因为担心无法体面地嫁女，尤其是因为出于嫁妆花费的考虑，而选择童养媳的办法嫁女，即未来的夫家把女婴或小女孩接进家门，当成自己的孩子一般抚养成人，一到方便成婚时让她和丈夫同睡一床。不论用何种方法成婚，结果是一样的：一生嫁一个丈夫，深居受人尊敬之家，肉和灵只属于一个父系家族。

如何维护家庭（与外界的）界线始终令人担忧。安全封闭在深闺的女子会不断得到某些妇女提供的上门服务——这些妇女的特别技能让她们有机会接触到良家女子。所谓的“三姑六婆”以及家内的丫鬟组成了出入界线内外的一群人，他们威胁着由围墙护卫的内宅的安全，也威胁着被围在里面的良家女子的贞节④。为什么这么说呢？我们从莺莺故事中的红娘可以看出，这群人可以跨越界定妇女是否受人尊敬的界线。她们可以和外面的世界联系，通报外部世界的信息，设法让深闺女子和外部世界接触。

性和社会流动性

由于封闭和隐蔽妇女的重要性，19 世纪的社会网络基本是同性的网络，也就是说，男性大部分时间和男性在一起，女性大部分时间和女性在一起。妇女照管男女孩童和老人，不过，在受人尊敬的家庭里，这些照管的工作是在闺阁的范围里进行的。男女在公共场合混杂会遭人非议，妇女在街头行走，出入店铺、饭馆或者青楼区域，甚至进山烧香，都会受到批评或嘲笑，损害其贞节形象，或被看成在做性的招徕。因此，出现在封闭女性的家庭之外的空间，就成了婢女、女伶人、女店员、女小贩等低微社会地位的招牌。除了少数尼姑、道姑居住的尼庵、道观之外（这些地方是淫秽小说和下流玩笑的题材），大部分受人尊敬的妇女不从属于家

---

④ “三姑六婆”的九种职业大体如下：牙婆、媒婆、师婆、虔婆、药婆、稳婆、尼姑、道姑、卦姑。见梁，1999：102—105。

庭以外的同性别的团体。没有慈善或其他社团接纳受尊敬的妇女为成员⑤。

与此形成对比，家庭外的男性成员的会社和网络比比皆是。它们有各种形式，向各阶层开放，对社会流动和个人生存至为重要。高踞社会阶层首位的社会关系是“同学”，他们为科举而学习，在地方学校和书院就学，产生亲密情谊。这种情谊不光由共同的学习经历而产生，而且还源于对共同的老师的感恩。科举制度把成功的男子从县选拔到州，从州选拔到省，从省选拔到社会流动阶梯的顶端——北京的进士考场。在每个层级，都会形成新的同学、老师和座师（主考官）关系。同一年考取的另外还会形成一种“同年”的关系。这些情谊伴随终生，成为复杂的社会关系的一部分，使得社会精英们得以在庞大的官僚制度中巧妙运作。

对那些无法就学的人，其他类型的男性网络为他们提供安全、伙伴和支持。行会和同乡会组织给工匠和商人提供建立友情的机制，给旅行者提供生活空间和宗教生活的机会，提供伙食、住宿和友情。在这里，他们还可享受熟悉的本地话和家乡菜。如果不幸客死他乡，这些组织还提供无偿丧葬的服务。农民可以是农作物看护、村镇护卫和寺庙管理等团体的成员，也可以是宗族的一员。这些社会网络把本社区的男子，甚至有时包括不同阶层的男子组织起来。退休官员或仕途困顿的文人学者经常为族人充当社区团体的领头人，或支持造庙修桥、疏通河道等公共服务工程。

那些沦为光棍的人，他们短暂而悲惨的人生或在路上或在海上度过，打短工，干苦力，比如做矿工、船夫或纤夫，或修堤坝，造城墙。秘密会社给他们提供友情和保护，包括共同祭祀本行业的

---

⑤ 广东珠江三角洲的“女儿屋”是一个例外，显示了它的地方文化(stockard，1989)；湖南南部妇女以“女书”结金兰是体现地方文化的又一个例子(silber，1994)。

保护神和分享物质资源(Kelley, 1982)。秘密会社下抵社会最边缘分子，上达地方精英。他们和兄弟帮会的联系对于他们自身、他们的家庭和财产的安全至关重要(Murray, 1994)。其他的更边缘的帮系，像海盗帮，使孤身男子得以在没有家庭和社区归属的情况下生存(Murray, 1987)。那些使他们得以建立跨地区、语言、职业与亲属关系情谊的空间和中央政府的政治秩序的关系极其微弱，有时几乎是对抗性的。辛亥革命的领袖孙中山正是试图把这种同性别的组织——秘密会社——发动起来组成革命同盟。秘密会社一直是民国政府头疼的问题，一直到 1949 年共产党胜利后秘密会社才被清除。

性 和 政 府

家庭是政治和社会秩序的基础。基于这一认识，明清政府以宣扬道德观念来巩固性别和社会性别制度（sex-gender system）。这些道德观有两个中心：忠诚和贞节。忠诚指的是忠于王朝，是一种男性美德。父母培养孝子，孝子成为王朝忠实的臣民。孝敬顺从的儿子在父母生前奉养他们，父母死后祭祀他们，以此显示对父母的尊敬。这样的儿子能成为理想的、驯服的朝廷臣民，即我们常听说的“忠臣出孝子”。妇女结婚时离开娘家，她所忠诚的对象转移到另一个父系家庭，因而需要另一种道德价值。这种妇德即贞节，它和男性的忠诚切合对应。每个受人尊敬的年轻女子从掉乳牙时就开始接受培养，使她未来始终忠诚于一个丈夫。人们会告诉她，“丈夫是你的天”。忠臣不事二主，节妇不嫁二夫。再嫁的寡妇受人蔑视，而年轻的寡妇至死不嫁，甚至以暴力抗拒再嫁，朝廷则会用银两和牌坊来旌表她们。

为了灌输这些道德观念，古代政府强调正面奖励和自觉遵从（给人民“愉悦”）的重要性，而不用惩罚威逼的方式（Nylan, 2001)。在明清，通过父系家庭制度的宣扬和培植，这种治国之道成了一种精致的艺术。整个清代，政府认可的阐扬妇德的书籍图文并茂，在各地广为发行流传。图 3 显示的是一个被洪水包围的“贞顺”的妻子拒绝接受救援，因为她丈夫派去救她的仆从没有携带必要的证明。

图 3　一位贞顺之妻——楚昭贞姜被水淹死。源自汉代的经典的列女传记插图（见刘向《新编古列女传》，1825 年刻本，卷 4，第 9 页 a）

私家出版和发行的家训族规与这些教化书籍同声相应。同时，政府不时地会禁止出版被认为有背妇德的淫乱书籍，尤其是那些有性描写的剧本和小说。满人治下的清政府审查尤其严厉，它用法律重新定义和惩罚某些性行为，并以此清除私人收藏的文学作品。本书的以下章节会具体讨论凡此种种和其他一些影响到性别行为道德规范的国家政策。

明清时期的转化

明清的文化从此前的机构制度、价值体系和治国之道的模式发展而来。在古典时期（从公元前 5 世纪孔子时期到 220 年汉朝结束的周汉两代）流传的关于人的本性、身体和性的观念，成为整个帝国时期乃至 20 世纪的政治理论、医药实践和文化规范的核心。这些理论、规范和实践不单源自儒家，而且也包含道家、医药成分，以及后来成为流传千古的男女英雄（或恶棍和泼妇）故事。

在帝国中叶的宋元两朝，社会性别关系发生了两个重要变化。其一是女子缠足的开始，女子缠足可以追溯到宋代高级宴会中舞女以绸带绕足起舞的风气（Ebrey，1993；Ko，2001）；其二是对寡妇守节的新的热衷，妇女在丈夫死后抵抗再婚受到新的嘉奖（Bossler，2012；Birge，2002）。缠足和守寡是清代女性社会性别身份的两个关键点。

20世纪的剧变——本书的主题之一——到由明（1368—1644）清（1644—1911）两代组成的晚期帝国结束才开始。但即使是这最后两个王朝，在社会性别和性的历史上也代表了非常不同的时期。晚明的作者和读者对他们称之为“奇妙”、“怪异”、“不平常”的行为极其感兴趣。这种对表演性表达的兴趣的一个例子是戏剧表演的激增。从庙会到上层家庭的庭院，从集市到官府衙门，戏剧在各地各个场合上演。明代的剧场和充斥了性的故事情节的各类小说，说明观众对露骨和极度色情的描摹感觉相当自在。不仅是女扮男装、奇装异服，更有对情和欲的痴迷，都是17世纪都市印刷文化孕育成的消费主义和偷窥癖的一部分（Ko，1994）。这些思潮和取材于佛教、道教和儒家的宗教说教相混同，强调普通人也可成为圣人。这些说教反过来又使人清晰地注意到普通大众亦有道德价值（moral worth）。它们改善了普通大众的教育机会，扩大了道德伦理教育的听众，也助长了享乐主义的消费。17世纪的读者和观众对浪漫之爱的热忱成了一种情的崇拜（情可译为感情、激情或爱）。戏曲家汤显祖在著名的《牡丹亭》——此剧的主题从莺莺的故事发展来——的题词中的一段话具有概括性：

> 情不知所起，一往而深，生者可以死，死可以生。生而不可与死，死而不可复生者，皆非情之至也。梦中之情，何必非真，天下岂少梦中之人耶？必因荐枕而成亲，待挂冠而为密

者，皆形骸之论也。(Ko, 1994: 79)

晚明对色情肉欲和浪漫情爱的痴迷在1644年满人入侵时即寿终正寝。清朝由非汉族的满族人统治。由于这段历史提供了后面章节的历史背景，因此我们的讨论从一则目睹满族入侵和明朝崩溃的记载开始。下面这一段幸存者的记录显示清代早期的政治动乱如何通过对妇女形象的描述而被性化(sexualized)：

> 留诸妇置旁室。中列二方几，三衣匠。一中年妇人制衣。妇本郡人，浓抹丽妆，鲜衣华饰，指挥言笑，欣然有得色。每遇好物，即向卒乞取，曲尽媚态，不以为耻。卒尝谓人曰："我辈征高丽，掳妇女数万人，无一失节者。何堂堂中国，无耻至此?"呜呼，此中国之所以乱也。三卒将妇女尽解湿衣，自表至里，自顶至踵。并令制衣妇人相修短，量宽窄，易以鲜新。而诸妇女因威逼不已，遂至裸体不能掩盖，羞涩欲死者，又不待言也。换衣毕，乃拥诸妇女饮酒食肉，无所不为，不顾廉耻。(Struve, 1993: 37)

此外，满人宣告新政府建立时颁发了一系列针对汉人的有关身体装饰的规定，这些规定显示出新的性的意义。它们强迫中国男人剃去头部前部的头发，把后部的头发梳成辫子。那是满人的发型(见图4)。

这个辫子发式取代了从唐代开始就受中国男人青睐、已经存在许多世纪的发型，即把头发梳到头顶，打成发髻，戴上帽子或者发网。换言之，每个服从满人命令剃了发的男人象征性地表明了他已放弃了保护国家的决心，抛弃了中国的文化传统。去发蓄辫大大削弱了男性气概。它的影响在清廷禁止妇女缠足(满族妇女不缠足)而汉族妇女拒不服从时显得尤为突出。当时的那句话"男降女不降"或"男人投降女人抵抗"，象征着男子臣服而妇女抵抗的对比(Mann, 2002: 437)。不过，有些解释缠足为何得以存

图4　20世纪初满族人辫子的照片（见 Jonathan D. Spence and Annping Chin, *The Chinese Century: A Photographic History of the Last Hundred Years*, New York: Random House, 1996, p.18）

在的故事表明男子是妇女的保护者。为了维护妇女的名声，他们牺牲了自身的荣誉。明代官员洪承畴因为降清并带兵镇压南明抗清运动而遭谴责。据称，他在同意剃自己头发时提了一个条件，即不能改变汉族妇女的服式和发型[⑥]。实际上，事实证明满族人禁止汉族妇女缠足是无法实施的，因为要让帝国恢复和平，他们必须允许把妇女安全地封闭在家中。政府禁止缠足的努力被挡在了受人尊敬之家的大门口。几年之后，清政府彻底放弃了这个禁令。

这些政策的结果是，在满族治下，身体举止和服装成了史无前例的种族和社会身份的象征。在它的鼎盛时期，这个中国最后

---

⑥　这个故事在高罗佩(Gulik)一书的序言里被引用到，但不一定真实（Gulik，1951：5）。我接触到的其他有关满族征服中国的文献中都没有这条记载。洪承畴变节对他母亲的影响非常大。他们的关系成了很多故事的主题(Wakeman，1985：卷2，第764、924页注解)。

的王朝动用了独有的、由辫子和小脚代表的形象来表现社会性别。这些形象构架了20世纪的起始。

满族统治者把明代君主的失败归结为纵欲和违背道德所致，他们的目标是重整道德秩序。因此，他们以严格实施儒家道德为名，审查书籍，重建时尚，重整伦理。儒家道德把夫妇关系放在人类社会关系的中心。古典文献一直在提醒读者（Rosenlee，2006：86）："夫妇之道，人伦之始。"（《列女传》）。"夫妇之道，不可不正也，君臣父子之本也。"（《荀子·大略》）"君子之道，造端乎夫妇。"（《礼记·中庸》）不光是节妇，所有在面对威胁时保持节操的贞节妇女，都成为政府重整道德秩序的行动核心。清政府表彰节妇导致了方志中冗长的节烈妇女的名单和比比皆是的贞节祠和牌坊（图5）。

图5　安徽徽州的节妇牌坊（吴玉廉摄）

清代的统治者并不满足于规范性的和物质形式的表彰，他们还通过新的严格的法律来强化道德观念。18 世纪中期，政府通过一系列的诏谕和法规使家庭道德在整个帝国内一统化，并让国家的每个臣民知晓。这些法律取消良贱之间的区别，倡导在最贫穷和边缘的人众中建立家庭。由于这些政策，19 世纪的中国可能是世界上前工业化社会中最"大众"化地传播社会性别和性规范的国家。清政府在传播社会性别的基本价值观、取消性别价值观的等级性上作出的坚定的、不懈的努力，几乎成功地造就了一个无阶级差别和无出身差别的"人民"概念。所有普通百姓在社会性别方面的表现由统一的标准来衡量，所有的人均受制于政府所支持和维护的纪律、压力、激励和褒奖。这种由清朝君主们稳固建立起来的统一化的政府治理方式成为 20 世纪中国民族国家的基础。

20 世纪的转化

自 1842 年的鸦片战争开始，清廷意识到海岸线的军事压力不断增加。起初来自西方列强(英、法、美三国)，后来(1895 年后)来自日本。外国的军事压力并没有立刻引起对性和社会性别规范的挑战。到 1900 年的义和团运动后，当列强企图"瓜分中国"时，紧迫的改革开始了，其目标是把每个普通人的能量都激发起来。这些 1911 年清朝灭亡之前已经开始的改革的焦点是妇女和家庭，它提倡废除缠足。与此并行的是一个大规模的运动，号召妇女走出家门，上学工作，为民族富强作出贡献，并成为养育新一代国民的更称职的母亲。

如果说古老帝国的性别和社会性别制度的核心是把妇女隐蔽起来，那么 20 世纪改革的重点是让妇女进入家庭之外的公共空间。在号召建设富强国家的运动中，妇女教育和从事有报酬的工作是改革和革命的头等目标。封闭妇女已无法继续，特别是对上层阶级而言。在民族主义热忱高涨、生活方式改变和西方时尚进入中国之际，缠裹的小脚看起来就是一种残疾，落后到令人尴尬。因此，缠足失去它的光彩。到民国时代结束的20世纪中叶，缠足已从城市消失。1950年代，共产革命在农村彻底消除了缠足。

然而，封闭妇女的遗风、男女比例的继续失调以及19世纪家庭制度的其他方面的遗留仍然在影响社会性别和性。农村尤其如此，因为国家政策经常向以亲属为基础的家族组织妥协。新娘加入夫家依然是普遍习俗。在当代农村，女性成年时离开本村到一个新的社区生活，其结果是在公共事务中被边缘化（Judd，1994）。虽然农村妇女不再躲避在公众视线之外，但如果她们寻求商务或政治职位时，和男性一同出国时，会遭遇到障碍。女性歧视有时会以关心男女保持适当界限的面目出现，但实际上限制了农村妇女寻求其他职业的机会。虽然农村妇女似乎“主内”（男主外，女主内）（Judd，1994：225），她们负责的事务和男性的相比，对技术的要求低，没有高声望，报酬也比较低。后毛泽东时代的改革开放时期强调男女不同，其结果之一就是把妇女看成家庭妇女的思潮抬头。它加剧了农村里男女之间的差距。同理，那些希望通过嫁到城里打临时工或做合同工，从而脱离农村局限的年轻农村妇女（打工妹）则会面对骚扰和剥削（Jacka，1997）。

这部书的余下部分讨论我在前面概述的由20世纪的变化所带来的社会性别和性方面的巨变。从日本和西方引进的新观念如何影响当代中国关于社会性别和性的概念的建构和社会性别角色的表现？其影响程度如何？在飞速发展的当今中国，这些问题的答案仍在继续产生。这些答案因城乡和民族文化不同而有别。本书章节的安排旨在强调在时代发展环境中性和社会性别的重要性，重点放在源于清末而延续至今的变化。读者将会注意到，有些非常重要的变化尚未得到历史学家们应有的注意。推动改变女性的政治和经济政策——比如号召女孩走出家门上学堂——给性和社会性别的“表演”带来了矛盾和冲突。这些矛盾和冲突影响到婚姻和家庭、个人的自我认知和自信，也触及早在中国经典中已经建立的社会性别区别的基础。这些矛盾和冲突将是本书最关注的问题。

本书运用的分析类别，即社会性别和性，是当今中国研究的学者和历史学家常用的工具。因此，我们认识到这一点很重要，即无论在古文或口语中，中国都没有和“社会性别”(gender)、“性”(sexuality)与“性”(sex) 相对应的词汇。当现代的“性”概念被引进到中国时，翻译家从现代日语中借用并重新定义了“性”这个词。但是这个选择是有问题的，因为中国的表意文字“性”一词最早的意义和性(sex)没有丝毫关系[⑦]。在明清时期有代表性的辞典中，“性” 一词有八种不同的意项，其中无一与性(sex)有关。当然，古代哲学家和阅读古代哲学的清代学者对于性欲有清楚的概念。他们用“色”一词来表达。好攻击传统的袁枚甚至强调性欲和与之相关的情感是人类创造力之本(Schmidt，2003：60)。但是，袁枚所指的也并非性(sexuality)。因此，本书研究的是一个文化类别的历史，而这个文化类别在本书研究的很大一部分历史范畴内几乎不存在。

那么，为什么我们坚持认为性和社会性别是重要的历史分析的类别？这个问题可以在所有跨文化研究均会遇到的挑战中得到回答。为了避免把我们自己的假设强加在我们研究的主体上，我们使用使熟知的——或者似乎熟知的——材料非熟知化的分析类别。如果这些分析类别不适用，我们可以问为什么不适用；

⑦ 阮芳赋，见潘，2006：15。阮引用了中国最古老的字典《说文解字》以及《康熙字典》和《中华大字典》。关于“gender”作为一个分析的概念的引进，见王政，1999。

如果适用,我们可以看到不同、变异以及随着时间而产生的变化。无论两种情形中的哪一种,这些分析类别为我们展示了与我们自身差别很大的存在方式，而在这个过程中,我们领略到人类的多种可能性。就本书而言,把社会性别和性作为分析类别,使我们得以探讨和我们不同的语境中的社会性别和性的文化逻辑，得以用由中国文化规范和价值界定的具体的语汇来研究关于错与对、好与坏、使人愉悦或令人恐惧、有吸引力或令人厌恶、使人敬慕或遭人鄙夷等观念的变化,使我们得以比较清楚地理解——尽管是从一定的距离——文化是如何建构社会性别关系和社会性别化的人格的。持久的中国文化的结构,尤其是父系的亲属结构和国家对家庭关系的控制,使得当代的社会性别关系和性具有独特的中国特点。这一点只有学习历史以后才有可能理解。从这个意义上说,在一个不同的文化传统里研究性和社会性别关系,也是对西方现代性的普适性论调的挑战。

征引参考书目

Birge, Bettine. 2002. *Women, Property, and Confucian Reaction in Sung and Yuan China* (960-1368). New York: Cambridge University Press.

Bossler, Beverly J.. 2012. *Courtesans, Concubines, and the Cult of Wifely Fidelity: Gender and Social Change in China, 1000 - 1400*. Cambridge, Mass.: Harvard University Asia Center.

Ebrey, Patricia Buckley. 1993. *The Inner Quarters: Marriage and the Lives of Chinese Women in the Sung Period*. Berkeley: University of California Press.

Fong, Grace S.. 1997. "De/Constructing a Feminine Ideal in the Eighteenth Century: 'Random Records of West-Green' and the Story of Shuangqing." In *Writing Women in Late Imperial China*, edited by Ellen Widmer and Kang-i Sun Chang, pp. 264 - 281. Stanford, Calif.: Stanford University Press.

Gulik, Robert Han. *Erotic Color Prints of the Ming Period, with an Essay on Chinese Sex Life from the Han to the Ch'ing Dynasty, B.C.206–A.D. 1644*. Tokyo: Privately published in fifty copies, 1951.

Jacka, Tamara. 1997. *Women's Work in Rural China: Change and Continuity in an Era of Reform*. New York: Cambridge University Press.

Judd, Ellen. 1994. *Gender and Power in Rural North China*. Stanford, Calif.: Stanford University Press.

Kelley David. 1982. "Temples and Tribute Fleets: The Luo Sect and Boatmen's Associations in the Eighteenth Century." *Modern China* 8, no. 3: 361–391.

Ko, Dorothy. 2001. *Every Step a Lotus: Shoes for Bound Feet*. Berkeley: University of California Press.

Ko, Dorothy. 1994. *Teachers of the Inner Chambers: Women and Culture in Seventeenth-Century China*. Stanford, Calif.: Stanford University Press.

Mann, Susan. 2002. "Women, Families, and Gender Relations." In *The Cambridge History of China, Volume 9, Part One: The Ch'ing Dynasty to 1800*, edited by Willard J. Peterson, pp.428–472. New York and Cambridge: Cambridge University Press.

Murray, Dian. 1987. *Pirates of the South China Coast, 1790 – 1810*. Stanford, Calif.: Stanford University Press.

Murray, Dian. 1994. *The Origins of the Tiandihui: The Chinese Triads in Legend and History*. Stanford, Calif.: Stanford University Press.

Nylan, Michael. 2001. "On the Politics of Pleasure." *Asia Major, New Series* 14. No.1: 73–124.

Pan, Suiming. "Transformations in the Primary Life Cycle: The Origins and Nature of China's Sexual Revolution." in *Sex and Sexuality in China*, edited by Elaine Jeffrey, 21–42. Lodon: Routledge, 2006.

Pruitt, Ida. 1967. *A Daughter of Han: The Autobiography of a Chinese*

Working Woman; [by Ida Pruitt] from the Story Told Her by Ning Lao T'ai-T'ai. New Haven, Conn.: Yale University Press, 1945; repr. Stanford, Calif.: Stanford University Press.

Rosenlee, Li-Hsiang Lisa. 2006. *Confucianism and Women: A Philosophical Perspective*. Albany: State University of New York Press.

Schmidt, J.D.. 2003. *Harmony Garden: The Life, Literary Criticism, and Poetry of Yuan Mei* (1716–1789). London: Routledge Curzon.

Siber, Cathy. "From Daughter to Daughter-in-Law in the Women's Script of Southern Hunan." in *Engendering China: Women, Culture and the State*, edited by Christina K. Gilmartin, Gail Hershatter, Lisa Rofel and Tyrene White, 47 – 68. Cambridge, Mass.: Harvard University Press, 1994.

Sommer, Matthew H.. 2000. *Sex, Law, and Society in Late Imperial China*. Stanford: Stanford University Press.

Stockard, Janice E. *Daughters of the Canton Delta: Marriage Patterns and Economic Strategies in South China, 1860 – 1930*. Stanford, Calif.: Stanford University Press, 1989.

Struve, Lynn A., ed. and trans. *Voices from the Ming-Qing Cataclysm: China in Tiger's Jaws*. New Haven, Conn.: Yale University Press, 1993.

Tang Xianzu. 2002. *The Peony Pavilion: Mudanting, Second Edition*. Translated by Cyril Birch. Bloomington: Indiana University Press.

Wakeman, Frederic, Jr. 1985. *The Great Enterprise: The Manchu Reconstruction of Imperial Order in Seventeenth-Century China*. 2 vols. Berkeley: University of California Press.

Wang, Zheng. "Research on Women in Contemporary China." in *Guide to Women's Studies in China*, edited by Gail Hershatter, Emily Honig, Susan Mann, and Lisa Rofel, 1 – 43. Berkeley: Center for Chinese Studies, University of California, 1999.

West, Stephen H., and Wilt L. Idema, ed. and trans. 1991. *The Moon and the Zither: "The Story of the Western Wing," by Wang Shifu*. Berkeley: University of California Press.

Yu, Pauline. 2000. "The Story of Yingying." In *Ways with Words: Writing about Reading Texts from Early China*, edited by Paulin Yu, Peter Bol, Stephen Owen, and Willard Peterson, pp. 182 - 185. Berkeley: University of California Press.

〔原文摘自 Susan Mann, *Gender and Sexuality in Modern Chinese History* (New York: Cambridge University Press, 2011), pp.1-23〕

卢苇菁 译

传记史料中的言与不言*

丰富的中国传记史料在许多话题上是沉默不语的。比如说，对于有关妇女生活的家具装潢、衣着时尚和个体外貌的细节都鲜有关注。这些有关视觉文化的描述对英语传记而言必不可少，但在中国传记作者和读者看来似乎无足轻重。他们想要听到的是行为(deeds)。无论是崇高还是世俗，妇女的行为都是衡量她道德水准的准则。有时，才华也能蒙获品藻。在叙述妇女生平并描述她的才华时，她自己的语言，包括独白和对话，常常被直接引用，而她的诗句也往往被选入文中。当历史学家尽可能将大量材料并置在一起仔细倾听时，这些有关行为、才华和话语的纪录即构成了喧哗的传记史料。

经典文言中的传记材料：喧哗与沉默

当我们用英文描述中国妇女生活时，从某种程度而言，当代史家已经被中国经典文献所包含的大量丰富的妇女传记史料宠坏了。这些材料既包括那些地方史和国史中记录“列女”的寥寥数语，也包含那些翔实具体的家族回忆录和悼文。已刊刻出版的妇女诗文集不仅包含妇女创作及唱和的诗歌，同时也含有序言及其他为出版而编辑的颂词。妇女生活及其作品也经常出现在诗

---

* 本文作者诚挚感谢加州大学尔湾分校于 2005 年 3 月 3 日至 5 日举办的“中国历史中妇女传记和性别政治”一会与会者的意见和批评，并特别感谢本书（指游鉴明、胡缨、季家珍主编《重读中国女性生命故事》一书）编者。

话中。作为附益，出版的妇女诗文集常常包含编选者的评点，而他们往往就是女作家的男性亲属（父亲、兄弟、儿子、侄子或孙子）。这些精粹的评点丰富了诗作的情境，即作者当时的感受，或者对于诗作所述情事的怀旧之感。这些史料向我们展示了有关女性家庭和朋友的私人生活，带着精练而丰富的内容，因此而魅力无穷。

具有讽刺意味的是，与此相反，在表彰妇女的正式传记文献中——尤其是朝廷对节烈妇女的旌表，或死后追赐头衔的文书——产生了一些对传记题材而言最空洞乏味的材料。有些表彰性文献记录了受荣妇女的生命统计资料（娘家姓氏、夫家情况、出生地、男性近亲的官职以及/或者头衔、著名子嗣，等等），它们作为男性亲属传记的附庸，冗长乏味地出现在地方志、家谱及官修史书中。虽然被列于“传”的条目之下，大部分此类史料仅仅只是缺乏细节的条项罗列。当然，一些有关妇女的短小传记，如 19 世纪中叶完颜恽珠编辑的女子诗集《兰闺宝录》，记载了烈女贤妇的生动故事，其中（恽珠的选集中）还涉及了一些家长里短的话题，诸如丈夫或公婆的虐待[①]。但是，清代中期史学家章学诚对标准的“列女传”文体颇多微言，尤其对它的程式化更是嗤之以鼻[②]。

作为“列女”传的崇拜者，芮沃寿（Arthur Wright）特别推崇由汉代刘向所作最早的《列女传》。芮教授十分欣赏这些故事叙述典范妇女事迹的方式，即将传主的角色选择，以及由于年龄、政治变革以及其他危机或者挑战而造成的角色扮演和角色转换戏剧化（dramatize）[③]。故事往往从这些妇女的少女时代开始，然后追

① 恽珠选集中的部分章节已被翻译，见曼素恩（Susan Mann），*Biography of Exemplary Women*。

② 章学诚《章氏遗书》，16：74b。

③ Arthur Wright, “Values, Roles, and Personalities.”

述她生命重要阶段的关键性选择，如婚姻（如果是贞女和尼僧则没有这部分），履行妻职，养育孩子，侍奉公婆，寡妇守节以及最后的死亡。通过芮教授对于传记中有关角色扮演、角色转换以及角色选择的分析，我们发现如下几个主题。角色扮演可能表现为女红，尤其是刺绣和纺织，但也包含储蓄和花费（这分别代表节约和慷慨）；她的角色也可以是服务性的，尤其是奉养婆婆和教导失怙的儿子。角色扮演也包含幼年的早慧、成熟的智慧和读写方面的天分。关于角色转换，订婚/结婚和生命中的关键性事件（重要的出生和死亡，尤其是丈夫的去世，或相对少见的孩子的夭折）都为传记作者提供了构建故事的转捩点。

各种传记材料都包含了这些主题：不仅仅是传和墓志铭，也包括（尤其是）非正式的行略、行述和行事。有时，诗话、题画、诗集序言和寿序中也充满了具体详细的传记材料[④]。此外，正如柏文莉（Beverly Bossler）所指出的，记录妇女生平的传记材料往往由男性写成，他们（与传主）的深沉的情感联系激起格外的诚挚（unusual candor）[⑤]。男性作家也喜欢用妇女生平来省察他们自身的问题，或以妇女为榜样来批评男性的缺点[⑥]。

妇女生活的传记材料当然是中国历史记载中喧哗的一部分。但是，如下文所示，重建妇女传记常常取决于那些偶然发现的史料及它们提供的"意外之声"。下面的例子说明，史家是如何通过并置不同的史料，在原本沉默的领域发出声音的。这些主题表现

---

④ 参见 Nomura Ayuko 关于明清时期女性寿序的分析，收录在张宏生编的《文学与性别》中。

⑤ Bossler, "Funerary Writings by Chen Liang (1143-1194)."也请参见 Hsiung, *A Tender Voyage*, pp.128-155。Hsiung 指出母亲往往致力于让她们的儿子长久地保持这些不愉快的记忆。

⑥ Bossler, "Shifting Identities." Bossler 认为宋代歌伎（courtesan）成为一种"陪衬来反衬作为道德典范的文人"，p.36。但是她也注意到作为陪衬，贤德妇女也同样可以反衬道德意志薄弱的文人。

了女性才华和女红、寡妇节操,以及其他一些妇女如何在家庭变故之际实践她们德行的范例。正如这些故事所示,有时候传记材料正是在人们毫无准备时悄然出声,而这正是历史学家需要洗耳恭听的。

早慧和婚姻

在历史材料所记载的有关闺秀生平故事中,描述其孩童时期的成熟迹象和知书达礼总是必不可少的部分,这些关于早慧的描绘大声镗鞳地反映了才女的生活情况。早慧是指一位女孩早早地进入文学界,她的作品被评价和讨论,而她也获得赞誉及文名。文学界总是密切关注那些著名文人——包括男性和女性——的女儿的文学成就,这自然给这些女孩造成了一种压力,与那些正准备参加科举考试的儿子们所承受的压力并无二致。因此,谁被提及、谁被忽略即隐含了貌似不经意的评论,就好比 19 世纪的诗人和诗评家沈善宝(1807—1862)对张纨英(1800—1861 以后)的天才女儿们的评论。她写道:"若绮女王涧香采苹,宫香采绿(此处应该是采蘩——原文注)秀慧绝伦,十一二龄即工韵语……"⑦这一普通的称赞,我们或可认为是对其朋友侄女的贬低(那时,善宝是纨英的姐姐缃英的好朋友),因为它忽略了纨英其他三位女儿的写作,而其中两位正因其诗集而行名于世。这中间还有一个有趣的细节错误:采苹是纨英的大女儿,生前已获文名,有诗集存世。采绿则是最年幼的女儿,且系庶出而非纨英所生。熟悉纨英女儿表字的读者当然会意识到沈善宝的错误:她明显是想要赞扬

⑦ 沈善宝《名媛诗话》,8:4a。虽然采蘩的字筥香是正确的,但是"采绿"是错误的。沈善宝这里提到的是纨英的大女儿和二女儿。有关纨英和她姐姐的情况,请参见 Mann, *Talented Women*。

纨英的二女儿采蘩[⑧]。当时沈善宝居住在北京，远离张王两家所在的常州，但是因为她的评论深刻影响了江南女性文人，我们有理由怀疑，如果不是太平天国阻断了沈善宝著作首次出版时的信息传输，这一错误应该已经在随后出版的著作中被发现并纠正了。

沈善宝的小小错误以及她对纨英五位女儿中两位的赞扬提醒了我们，面对有诸多姊妹的才女们，评论家们必须全部提及并予以褒扬，从而避免贬低余者。这让我们更能领会包世臣(1775—1855)对张琦(1765—1833)四位女儿的著作相对平衡的评论(其中最年轻的是上文提到的纨英，也就是王采苹和她姊妹的母亲)：

> 纬青幽隽，婉纠排奡，若绮和雅，各得先生之一体，恭人则缠绵悱恻不失于愚，属词比事必达其志。节族膏泽，多所自得，被文采而能高翔矣。[⑨]

在这里，包世臣特别赞扬了四位才女中的大姐緗英，但也指出了每位姊妹著作中的过人之处。同时，他也明确将四位才女的才华和她们父亲的学识联系起来。而这正与沈善宝相反，沈更强调母亲或姨母与女儿之间才华的传承。

也就是说，对早慧才女的评论既可以作为忽略或凸显其他女性的方式，又可成为褒扬其父母的途径。同时，对年轻女孩早慧

---

⑧ 许多材料都记录了纨英四个女儿的诗集名，包括胡文楷的《历代妇女著作考》，第234—235页。胡文楷仅仅著录了采苹的作品，对于其他的因未亲见而只著录名称。我也无法找到其他的作品。除了沈善宝的误录，采绿的作品从未被任何材料记录过。

⑨ 在施淑仪对女诗人张緗英的赞扬中，她特地从包世臣的著作中引用了这一段落(《清代闺秀诗人征略》，第512—513页〔包世臣编辑的选集，9：2B—3A〕)。在包氏的原始文献中，他以张琦女儿的表字而非她们的名字来称呼。我在翻译中都采用了名(此处指 Susan Mann 对此段落的英文翻译——译者注)。

的赞扬也可成为她成年后未能获得更高诗学成就的伏笔。

> 天质颖敏,幼喜为诗,不学而成。曜孙七八岁时,先姊诗已成帙,于归后,以襄庀家政,吟咏遂罕,故稿中皆乙亥以前所作居多……⑩

通过对比姐姐结婚以后在文学创作上的空白,这位弟弟褒扬了她的妇德:献身家庭,忠于丈夫和夫家,甚至自我否定(self-denial)。这可能还隐含这样一种暗寓腹诽,即批评丈夫或公婆在某种程度上不能继续培养或者阻碍了年轻妇女的文学成就,关于这点,我们必须阅读更为具体的家庭文献才能得知。值得注意的是,在这一隐喻的写作策略中,才女娘家是其家学的养成一方,而夫家则在无意间(可能)使其才华销声匿迹。

通过倾听这些史料中的声音,史学家突然明白了那些上流社会家庭中年轻妇女所承受的压力。在这些家庭中教育是普遍的,因此,人们对女性的诗学才华寄予厚望。一位拥有众多姐妹的女孩从学习阅读伊始便处于竞争当中。家庭竞赛往往是姊妹们比试的时机,她们或交换诗作,或用同一韵脚来“联”诗,或针对同一物品作“咏物诗”。这些由众多姊妹参与的咏物诗经常在家庭合集中出版,因此读者也可轻易定夺谁最优秀谁最平庸。再者,当年轻诗人的作品受到来自家庭以外的关注时,这些作为外人的选家也参与了其家庭竞赛,这意味着人们必然像等待书评一样热切地(或焦急地)等待诗评。同理,这同一种鼓噪也将压力加在选家和诗话评论家身上。与地方志编撰者类似,这些作者不仅要对其友人及资助者负责,同时也要注意他们评判的准确性,并顾及他们的评判是如何影响被评家庭的内部运作(family dynamics)和家庭之外的文化资本(cultural capital)。姐妹之间的自诩自得、

⑩ 出自张曜孙为他二姐张䌹英的选集《纬青遗稿》所作的跋。

年龄和才华的潜在等第，以及评家自己的感觉，需要共同营造出一种恰到好处的鉴赏措辞——精准地平衡读者所处的情况及他们的个性情感——这正是这些史料传递的声音。

女红

Maureen Robertson已经指出女红和写作是如何与妇女的自我展现联系在一起的，比如她们总是在完成女红的情况下写诗[11]。但是我们也可以找到因女红而废创作的例子，比如张琦的妻子汤瑶卿(1763—1829)。汤瑶卿虽然极具天赋，但是从她的传记中我们得知，她直到四十岁以后才开始写诗。正如她女儿所言：

> 太夫人心思灵巧，工剪彩，为花鸟山水无不毕肖。尝戏以蛋壳为萤灯，灯上剪彩，作《溪山图画》。高峰入云，悬崖白仞，上建浮屠七级，左倚层台，晴辉丽景，金碧照耀，山石掩映，斑驳陆离。东麓巨木槎枒，绿叶葱倩，樵子行唱其间，平隄曲涧，垂杨碧桃，映带村落，小舟泝流，而入恍惚如问津人。隔岸层峦叠嶂，三面临溪，似成山之门入海者。又东长桥垂虹，林木深隐，山亭翼然，乃在树杪，傍则杰阁耸立，溪水澄清，游鳞倏然于荇石间，粲粲可数。径寸之地，几山之类四，树之类十八，亭台房室之类十一，人之类五，桥二，鱼二，草石在水中者七，意态殊绝，偃仰向背，宛若天趣，景色辉映，神怡目愕，不可以缕陈。[12]

这一对材料和色彩的极尽奢华的描绘，与汤瑶卿屈指可数的

---

⑪ 见Robertson, “Changing the Subject,”尤其参见pp.183-185。

⑫ 张緼英将她有关她母亲的丝织物的记忆告诉了沈善宝，因此被《名媛诗话》著录，8：13a—13b。

存世之作——一卷由三十二首短诗组成的诗集——形成强烈的对比[13]。緍英关于母亲手工的回忆中还有一桩引人注目,她注意到母亲的丝绸制品在审美甚至精神上的特征及其质量。这一声音在妇女传记和回忆录中是很罕见的,因为此类文体的重点在于记述对纺织付出的劳力及长夜漫漫的工作时间,而不是展现女红作品如何美丽。总而言之,这一有声(关于刺绣)和无声(关于诗歌)的共现(juxtaposition)让历史学家得以思考汤瑶卿传记叙述中所明指的细节:事实上,她直到四十岁才开始诗歌创作。可能对于在严格家教环境中长大的女子而言,刺绣才是唯一让她们觉得得体的创造品(从其他材料中我们得知,瑶卿的父亲是规范礼仪的卫道士)[14]。

才华

相对于其他艺术媒介,尤其是音乐、绘画和书法,才女的诗歌创作在其作品序言和传记中往往获得更多的关注。下面是关于张琦的三女儿——书法家张纶英(1798—1868以后)的丰富而有趣的传记,由她兄弟写成:

> 姊每晨起盥沐,即据案作书数百字。乃启户理妆,或闭户就寝。尽数百字乃卧。尝中夜不寝,辄起作书。家劝其少休,姊曰:"吾一日不作书,若有所失,欲罢不能矣。"[15]

同时,

---

[13] 汤瑶卿《蓬室偶吟》。

[14] 参见《武进阳湖县合志》传记卷中有关她父亲的记载,26:40b;同时也参见《光绪武进阳湖县志》,23:37b—38a。

[15] 这段引文非常著名,被反复征引在张纶英后期的传记当中,出自张曜孙《肄书图题辞》,见张纶英《绿槐书屋诗稿附录》,4:1b—2a。

> 姊性婉柔，体瘦弱，若不胜衣，而下笔辄刚健沉毅不可控制，为二三寸正书，神彩奕奕，端严遒丽；为分书，格势峭逸，笔力沉厚。[16]

正如汤瑶卿可以将其丝织作品作为另一种途径来释放她无法在诗歌中宣泄的审美情感，张纶英的书法似乎在她心理和社会成长中发挥了各种作用。在她兄弟回忆姊姊的其他作品中，我们发现纶英直到三十岁以后才开始诗歌创作，而她对于书法的迷恋成为抚平失去长姊䌹英的痛苦的主要途径，在她书名远播的时候，“乞书者无虚日”。在她成为寡妇而她兄弟成为鳏夫以后，纶英担任了她兄弟的管家。她教授她侄子、侄女以及养子书法和写诗。当她兄弟曜孙还在为生计奔波的时候，（据家族记载暗示）她的收入成为支撑全家生活的主要来源。也就是说，纶英对书法创作的迷恋未必仅仅出于她对艺术的热爱，而是因为她意识到她的亲人挣扎于贫困之中。

在同时考察有关纶英书法天分的记载和她丈夫的传记材料以后，我们进一步认识到，她丈夫并不认为女性追求书法创作是一种得体的行为，直到数年劝说之后，他才开始欣赏妻子的艺术创作。正如纶英的弟弟（再一次）在他姊夫的传记中所记载的：“先君亲授以北朝书法，君初不喜，以为非妇人事。及学成，君嗟呀，谓足继先君。常出其诗书以示友朋，必大喜乐。”[17]在这里，我们可以看到，他对绵延残存于士大夫之间的反对妇女从事艺术的态度颇有微词，或许甚至还有一点对孙劼自身成就的批评，在这个例子中，他无疑因张家长期的熏陶而变得更有见识了。值得注意的是，孙劼本身是一名失败的学者。在父亲去世以后，他居住

---

[16] 张曜孙《肄书图题辞》，见张纶英《绿槐书屋诗稿附录》，4：2b—3a。

[17] 张曜孙作《孙叔献哀辞》，重印于张纶英《绿槐书屋诗稿附录》，5：3b—6a，引用部分出自5b。

在妻子娘家，受聘为侄子、侄女的家庭教师。因此，对于纶英艺术成就的赞扬可能间接地指出她丈夫的平庸资质。通过讲述女性生平来批评男性是一种常见的传记叙述策略，我们将在下文中再述。

孀居

寡居的痛楚是女性传记中反复出现的主题，作者往往通过《诗经》中简练而深情的柏舟形象来描述。但是有时候，寡妇传记也充满了情节剧般的鲜活事迹。下文是张琦的哥哥张惠言(1761—1802)为其祖母白氏所撰回忆录中的一段，此处意在展现作者如何艺术化地使用直接引语：

> 政诚府君倜傥好学，通六艺诸子之书……屡困童子试，父文复府君命北游，占天津商籍，乡试顺天。俄得疾，卒京师，年三十五，是岁雍正十一年也。讣至，孺人恸绝，是时文复府君年七十一，呼曰："天乎，儿与妇偕亡乎！"顷之，孺人苏，文复府君曰："我老矣，诸孤幼，新妇死耶？"孺人泣谢曰："不敢。"明年，文复府君病，及革，顾孺人泣曰："吾死矣，诸孤与新妇为命。新妇存一日，诸孤亦存一日也。"良久唏嘘曰："贫甚，无可倚者。吾死，新妇存耶？"孺人泣对曰："新妇生死与诸孤俱。"文复府君遂卒。[18]

故事并未就此结束，下文更加精彩。张惠言的祖母活了下来。她有两个女儿，一个十二岁，一个十三岁，她率二女纺织以为食。因为请不起教师，她自己教育三个儿子(分别是十一岁〔张惠言的父亲〕、九岁和六岁)，她把书中不明白的问题攒起来，等伯叔

---

⑱ 张惠言《茗柯文二编》下，21a—b。

父们偶然来访时向他们请教。然后我们看到下面的描述：

> 或谓："孺人家至贫，令儿习他业，可以糊口，今使之读，读未成，饿死矣。"孺人曰："自吾翁而上五世为文儒，吾夫继之，至吾子而泽斩，吾不可以见吾翁。"卒命之学。[19]

这些文字被永久地保存在家族文献中(对于首次记录它时的意义我们已不得而知)，并且成为纪念惠言祖母一生最重要的颂歌，而对祖母的回忆也成为张惠言最著名的文章之一。

当张惠言在给他的母亲姜氏撰写事略时，他脑海中必然呈现了白氏作为寡妇传奇的一生。以下就是包含所有生动回忆的细节描写：

> 先妣年十九归我府君，十年凡生两男两女，殇其二，唯姊观书及惠言在，而府君卒。卒后四月，遗腹生翊。是时先妣年二十九，姊八岁，惠言四岁矣。府君少孤，兄弟三人资教授以养先祖母。先祖母卒，各异财。世父别赁屋，居城中，府君既卒，家无一夕储，世父曰："吾弟不幸以殁，两儿未成立，是我责也。"然世父亦贫，省啬口食，常以岁时减分钱米，而先妣与姊作女工以给焉。惠言年九岁，世父命就城中与兄学，逾月，时乃一归省。一日暮归，无以为夕飧，各不食而寝。迟明，惠言饿不能起，先妣曰："儿不惯饿惫耶？吾与尔姊尔弟时时如此也。"惠言泣，先妣亦泣。时有从姊乞一钱买糕啗惠言。……惠言依世父居，读书四年，反，先妣命授翊书。先妣与姊课针黹，常数线为节。每晨起，尽三十线，然后作炊。夜则燃一灯，先妣与姊相对坐，惠言兄弟持书倚其侧，针声与读声相和也。及漏四下，惠言姊弟各寝，先妣乃就寝。……[20]

---

⑲ 张惠言《茗柯文二编》下，21b。

⑳ 张惠言《先妣事略》，《茗柯文二编》下，23a—25a。

> 尝忆惠言五岁，时先妣日夜哭泣数十日，忽蒙被昼卧，惠言戏床下，以为母倦，哭而寝也。须臾，族母至，乃知引带自经，幸而得苏。[21]

我们很难忽略这篇传记中人物形象的落差(slippage)：惠言母亲的坚毅和决心(在这一点上惠言不断将她和她婆婆进行对比)与她试图自杀的绝望情绪(让人回忆起她婆婆的短暂屈服)。可能作者试图通过这些对比，让读者更清楚地理解惠言母亲及祖母所经历的困难，但这些段落本身彰显了直白坦率(candor)的特征，尤其在显露人性脆弱方面格外引人注目。同样有趣的是整个故事的叙述结构，即通过张惠言的愧疚来讲述。正如我们在下面的例子中将要看到的，这种自我抱怨的形式经常出现在男性对女性的回忆当中。

节俭与慷慨

在对他的继妻汤瑶卿的回忆中，张琦回忆了他离家期间妻子所遭受的种种贫困和艰难：

> 余橐笔出游，至浙后至安徽、河南、山东，最后至京师，馆谷所入先后支绌，或岁一归，或三五岁一归，黾勉有无，皆孺人任之。戊辰己巳间，余客陕州，信不以时达，孺人冬无棉衣，朝夕不给，率四女刺绣以易米，恒不得饱，至屑米为粥，日一食焉。嘉庆癸酉，余年五十，始得一第……

张琦继续写道，在他1814年考中举人后的十年间，他都离家在京城工作。“至孺人三嫁女，内外兼理，秩然井然，无稍误失。

[21] 张惠言《先妣事略》，《茗柯文二编》下，25a—b。

然家日益困，赖女婿章政平、孙劼典质称贷，得以存济。”㉒

在张琦之子曜孙为其父所撰传记中，他抱怨道（这的的确确是一种抱怨），当母亲死后（其母逝于山东馆陶，即他父亲担任县令的地方），他将母亲的遗体运回老家安葬，虽然他父亲已为官八年，整个家庭却无寸田尺宅。“或以劝府君”，曜孙写道：“府君命不孝曰：‘礼，君子将营宫室，宗庙为先。吾家无宗祠，志此数十年矣，汝归营之，祠成然后可及私室也。’”㉓所以，在传记中，曜孙记录他是如何谨遵父命，营造了一座简陋的祠屋（据他所言，实为草创且并未完工），以供其父经常祭拜。总结其父一生，曜孙论道：“府君既不喜理生产，卒之日几无以为敛，归安章先生亦江敩甫任聊城，未识府君也，闻而悯之……乃与（原文此处详细列举个人名字——原文注）共出资以助其行，不孝始得奉丧而南。”㉔

在另一篇纪念汤瑶卿的文章中，这个家庭的好友包世臣（后来成为亲家，将自己的女儿嫁给了张琦唯一幸存的儿子）将张琦的无能与他妻子的能干描绘得略有不同：

> 翰风晚而远游，孺人以妇工自给〔包提到了她非凡的手艺，尤其是对其贴花技艺，在上文中有详细描述〕，然督课子女，能使皆有学行，知自立。及迎取之官，孺人称贷建君姑节孝坊，营考妣窀穸，经年蒇事乃成行。平昔食贫操作，使夫子不以家累身，能求其志；从宦不事簪珥〔汤跟随张琦从宦山东〕，居积使夫子不以家累官，能成其政。又时时节俸入以润夫子之族亲交游，老病则加以衣裘，恩旧更为筹长久，此大较里鄙所知也。

包世臣作此言论，部分是为了谴责自己未能及时意识到这个

㉒ 张琦《亡室汤孺人行略》。作为序言，此文出版于汤瑶卿选集《蓬室偶吟》，见《宛邻诗》附卷，1a—5b，引用部分出自2a。

㉓ 张曜孙《先府君行实》，出版于张琦《宛邻诗》，1a—10a，引用部分在7a。

㉔ 张曜孙《先府君行实》，张琦《宛邻诗》，8b。

家庭经济拮据的状况。在很长一段时间,他都非常享受张家的热情款待,他甚至在张家住了半载,直到他意识到汤瑶卿的艰难处境。一次,张琦久滞京城,包世臣去张家探望,时严寒,汤瑶卿棉衣未具,却装作若无其事的样子向他问候,直到此时,包才察觉她的窘困境地[25]。

在这里,包世臣记述了一个我们非常熟悉的故事。我们早已谙熟成功学者背后必然有一位妻子在他离家时管理家庭,使丈夫"不为家事所累"的故事。而包世臣的故事完全可以写得更加尖锐,但他却并未这样写。毕竟,包氏不仅仅只是一位老朋友(从他写悼文的时候看),他与张琦一家也有姻亲关系,因此,他对张琦不谙理财的温和批评正如张琦自己儿子的评论一般客气。但是严冬时节相遇时,看到受冻发抖的汤瑶卿,包世臣确实大为震惊并愕然("辛苦无此比?"他反问自己)。这其中可能包含了他对自己长期受惠于这个家庭的愧疚,同时也不乏他自己对汤瑶卿的同情。不管怎样,所有这些关于汤瑶卿如何节省和慷慨的故事,在更广阔的层面上,无疑构成了对其丈夫不善理财的反复批评中的一部分。这种通过女性传记来批评男性(或者自我批评)的方式是我们非常熟悉的,最起码可以追溯到孟子和孟母的故事。在这里,包世臣的文章让我们得以体察那些影响男性和他人之间关系的张力,这一张力可能来自于男性与其朋友或亲戚的妻子和母亲的关系,或如下文所示,来自他们的女儿。

提到那些笔锋犀利而较少讽喻的传记,章学诚(1738—1801)撰写的关于女性的回忆文章十分突出。我最喜欢的例子是章为他两位年轻堂侄女所作的简短事略。这两篇文章都作于堂侄女早逝之后,在他看来,她们的死亡都是悲剧。

---

[25] 包世臣《皇敕封孺人山东馆陶县知县张君妻汤氏墓志铭》,17b—18a。包引用了历史上贤母"截发剉荐"的典故。

从兄……〔章父亲的兄弟的儿子——原文注〕有女二，嫂荀出也。长适大兴监生……次适涿州附生……俱贤孝，有家法，而皆不得所遇，悒郁以歿，可悯也！初予自乾隆二十五年庚辰始游京师，馆兄家，兄嫂饮食余意甚厚。二女出拜，长者年十三(她比章学诚年幼将近十岁——原文注)，次才十岁，容止端庄。虽处闺闼，如学子在书塾中。于时兄嫂年且五十，无子，族党过从，见二女方学诵诗，声庄以雅，相与叹息。

乙酉北来，长女归胡为继室〔她丈夫的前妻已逝〕。胡氏为人筹盐筴，习见富厚家所为，女为人妇，举动必以礼，舅姑颇貌敬之。抚前室遗女，与夫之妾，俱有恩。已而胡徙家丰润，去京师远，女悒怅思父母。间岁一归，强为欢笑纾母意。问壻家事，无所言。未几，以娩身，遇疾卒，年甫二十(如果从实岁来看，她可能还不到十九岁，或许只有十八岁)。后媵婢归，乃云：女事姑能几谏，姑尝取爨粟易瓜食，且与女。女言家未析爨，瓜不足遍给家中人，因婉谢不食。〔这个故事的重点是：婆婆自私地用家里的爨粟换取了昂贵的瓜果，媳妇并不赞同婆婆的自私自利，或许还有她的奢侈〕其姑为之折服，或笑其迂。则言予：去父母远，敢不戒慎，贻父母忧。既死，胡氏人无少长，莫不恸哭失声。

次女生十一年，即缔姻于赵，壻家世农业，至国泰始读书为生员。登堂拜兄嫂，予适过兄，见壻貌似可教，因为兄嫂庆。岁丁亥，长女卒胡氏，嫂伤悼得疾，日夕支离床笫间，次女捧持搔抑，定省起居，数月无少懈。明年嫂卒，家益落，兄逐食东西，女年十八，支持门内事，肃然有条，兄亦剧爱怜之。尝以爨粟不充，欲僮婢减餐啜粥，女辄先僮婢粥食，谓处穷约时，不可不与下同甘苦也……㉖

章学诚用同一种笔调继续写道，当他奉母来京师时，这个堂

㉖ 章学诚《章氏遗书》，20：16a—18b。

侄女对他母亲就像亲孙女一样亲近，章学诚还毫不掩饰地指出她丈夫是如何无赖行事。不出所料，和她姊姊一样，这名小堂侄女最后也在孤独和冷漠中死去了。更不幸的是，她的公婆甚至因不能理解她而埋怨她。章学诚带着巨大的痛苦详细叙述了他们是如何嘲笑他堂侄女致力礼制以及她高洁的举止。这个悲哀故事的关键部分，可能是结尾处章的训诫：

> 兄二女俱晚得，父母珍爱之……皆颀然白皙。[27] ……族孙心耕晓相术，亦尝谓二女必昌其家，惜不男子耳。不知皆止于此。嫁女择壻，古人所慎，有以哉！……[28]

通过详细的描述，章学诚用这些年轻女性的生活作为镜子来点评男性的生活。文章中对盐商及筹盐筴的提及，对于农家始读书的评论，对于大女儿作为继妻的地位和对小女儿入赘婚的评述，以及对于丧失爱女的母亲的悲痛讨论——这些都与章家女儿熟谙礼仪的情景形成了强烈对照——所有这些都揭示了一个事实，即章家女儿嫁给了低于她们身份的人家。那么，谁是镜子中那个道德上的罪人？不是母亲，她的抑郁而逝正表达了对其女儿命运的强烈批评。显而易见，两位年轻妇女的悲惨遭遇向读者显示，她们的父亲才是罪魁祸首：正是他决定将她们嫁入不可靠的环境当中。以大女儿为例，他明显没有考虑夫家的名声，而只对建立有权势的关系感兴趣。在小女儿的例子中，这位父亲最关心的是如何"入赘"，因为他家里缺少男性继承者。他无视同阶层人士在安排此类婚姻时经常考虑的因素[29]。盐商以及获得盐专卖特

---

[27] 这是左思《妇女诗》中的典故："吾家有娇女，皎皎颇白皙。"

[28] 章学诚《章氏遗书》，20：18b。

[29] 参见卢苇菁，"Uxorilocal Marriage among Qing Literati"。卢氏强调入赘女婿与其丈人和新娘在思想和学识上产生共鸣的重要性，在此基础上，通过这种婚姻，新娘的父亲得以让自己心爱的女儿留在家里。

权的政治是权势的标志，但是在学者士人眼中，盐商的社会地位总是卑微的。同时，在章学诚看来，将女儿作为继妻嫁出，就和让一个农家男孩入赘到自己家作为女婿一样，对新娘来说都是“下”嫁。

章学诚从未给自己的堂兄弟，也就是这些女孩的父亲写过传记。但是正如我们所见，他采取了更具表现性的方法：他不仅撰写了女儿的传记——这两篇传记本身详细描述了两位本可能在历史上无声无息的年轻女性，因而显得不同寻常——同时也为其堂兄弟的妻子（也就是因伤心过度而去世的两位女孩的母亲）撰写了一篇极长的传记。这篇传记更为明显地反映出这位堂兄弟的一无是处——不负责任，不可信赖，自我放纵，并且毫无能力——总之，他完全依靠家中女性而苟活于世[30]。章学诚的女性传记俨然是他呵斥毫无远见的堂兄弟的审判地。

章学诚所撰写的女性故事小心翼翼地行走在对符合礼制的得体行为的记录和发表闲言碎语（gossip）之间，其怨恨的闲话就是为了打击他的目标。除此之外，若从章学诚哲学写作的广大背景中来考察，章的女性传记以及他的《女学》一文为他提供了一个场所，让他得以戏剧化（dramatize）并展示他对同时代文人的道德堕落和唯我独尊的批评[31]。此类传记是“肥皂箱传记”（biography-as-soapbox）（biography-as-soapbox是英语中的固定用语，指那些表面为传记，其核心是为了宣扬作者个人看法的传记——译者注）的典型例子。任何一位读过魏源为那个在锺人杰起义中被害的倒霉地方官所作的墓志铭的读者，对这类的传记都是非常熟悉的，当然，现在这只是孔飞力（Philip Kuhn）的教材中一份不起眼

---

[30] 章学诚为荀氏所写的传记已被翻译，参见 Mann 和 Cheng 合编 *Under Confucian Eyes*，pp.220-227。

[31] 参见 Mann 的文章，“Women in the Life and Thought”。

的清代史料[32]。

章学诚掷地有声的回忆录向我们展示了女性亲属的痛苦可以激发男性作家细致入微的描述，并且在这种激情中记录他们对人性性格和弱点的评判。另一篇同样细致琐碎却截然不同的回忆录是另一位学者为包孟仪（1808—1844）撰写的厝志。包孟仪是前文提及的包世臣的养女，她嫁给了包的朋友张琦唯一的儿子，却在诞下二子后的三十七岁过早去世了。她的故事集中描述了她的夫家特殊的组成情况。她的丈夫是前文介绍的张家四位女儿的小弟弟。他的两位姊姊是入赘婚。因此，当孟仪结婚时，她面临与两位已经出嫁的大姑以及她们的丈夫共同生活的特殊挑战。这本身已与一般父系家庭的常情不同。一般而言，父系家庭都是新娘嫁入她丈夫父母的家庭。但是，孟仪还要面临更为复杂的情况。孟仪的丈夫曾经有一位在少年时期夭折的哥哥，他在行冠礼之前去世，却已订婚。这位哥哥的未婚妻法氏作为贞女已在当时嫁入张家[33]。换言之，包孟仪嫁入的夫家包括她丈夫哥哥忠贞的未婚妻，她丈夫的两位姊姊，以及她们入赘的丈夫。孟仪的公婆已经去世，而她的丈夫是唯一的儿子，作为一家之主的妻子，她本应享受作为张家掌权女性的地位。但是她的情形却非常复杂。她比大姑子要小几岁，并且从包氏的传记来看，贞女法氏已经宣称她是资格更老的媳妇，因为她是亡故长子的遗孀。

任何得以掌控这一局面的妇女都有资格成为儒家眼中的圣

㉜ 在为师县令所撰墓志铭中，魏源用了大量笔墨严厉批评了中央政府错误的行政指令，直到最后才简单介绍传主生平。如何将这两部分联系在一起，基本上取决于读者自己的直觉和背景知识。见 Kuhn 和 Fairbank 合编的 *Introduction to Ch'ing Documents*。

㉝ 在撰写女性生平时，贞女作为不太协调的角色总是默默无声。卢苇菁为本书撰写的一章以及她的著作以贞女为主题，这些年轻女性或者自杀，或者终身不嫁，以实现对其已订婚却未能举行婚礼的未婚夫的忠贞。参见卢苇菁著作，*True to Her Word*。

人，但作者却在厝志中以字斟句酌的细节向我们展示包孟仪所面临的特殊考验及其成功。厝志的作者方骏谟（于1861年间有影响）意识到（或者因他人授意而明白）：如果他可以将孟仪的生活与某一个礼制问题联系起来，并且用她的生活来展示礼的成功实践，那么他就可以自由讨论包孟仪情况的任何细节。方氏选择的这个问题正是塚妇（长子的妻子）和介妇（小儿子的妻子）之间的礼制等级。（这个案例所倚仗的文本是《礼记》中的一个段落："舅没则姑老，塚妇所祭祀宾客，每事必请于姑，介妇请于冢妇。"）在其墓志铭中，方氏进一步解释，依据经典中的这一段落，包孟仪的情况不仅仅只是微妙的。他指出贞女法氏有心疾。她常陷入不可控制的盛怒而拿包孟仪出气。方骏谟解释道，当法氏发怒时，孟仪总是以其一贯的恭敬态度来满足她的每一个要求，在暗自流泪的同时承担任何让她嫂子不高兴的责任，并且找到平息她怒火并让她恢复平静的方式。方氏写道，正因为孟仪的巨大成功，贞女法氏自己曾骄傲地说："叔姒厚我。"这里有必要全文引用方骏谟自己在结尾处的评论：

> 妇人贤性恒征信于家人之口，人之称孺人也。内外无异词，孺人亦荣矣。然其所以能贤，则于屈事法孺人而知其得礼之本焉。《礼》曰："舅姑若使介妇，勿敢敌耦于塚妇，不敢并行，不敢并命，不敢并坐。"古人特以严介妇塚妇之分，使之知有所常尊，以泯其凌替之渐，而归乎能敬以和，意至微也。后世宗法亡矣，礼教亦渐夷，于是各挟其私，以争胜于家庭。甚者或矜其夫之贵富，把持闸内，祭祀宾客，未尝一请于塚妇，于是有各不相下之势。谇语起，而家道乖，乖则不祥，孰大焉。法孺人疾甚，不自持，孺人独能恪守介妇之礼，委屈承顺，以格其心度，必有隐忍于万难自解者。推斯意也，尊于姒者而纯孝以事亲可知；亲于姒者而贞顺以相夫可知。及至协

和家人，慈惠婢妾，皆可知无他。深探古人制礼之意，以为不如是，不足以成妇道，而非有矫揉好名之见存乎其间。是故通于上下，无不得其欢心；施诸行事，无不当乎理要。家国天下之治，未有不基于此者也。呜呼，是可以告天下，后世之为妇者也。故曰：惟孺人为能知礼之本。[34]

贞女法氏本身是寂寂无声的传记人物。对于大多数处于正常家庭秩序之外的贞女，我们往往只能在旌表材料中找到些许记载。作为一名被帝国政府表彰的贞女，法氏的生平已是相对而言记载得比较详细的，虽然也只有短短五行的纪录。其中的一些纪录就如上文方氏的评语一样，强调了其他人是如何容忍或放纵她对礼制的献身。比如，在张琦为其妻汤瑶卿所作的墓志铭中，他提到法氏以突出汤氏的品德："孺人哀之，迎归俾成其志。"[35]在1879年的常州地方志的列女传中，也只有一句记载："二十八年旌……贞女法氏"及简单介绍"贞女法氏字张玨孙"[36]。张家家谱曾提到法氏两次，都只是一句话的记载，在给她的一位小姑的生日贺词中，人们讨论了关于法氏亡夫玨孙的子嗣问题。

我已用多年时间来寻找法氏的材料，因此当我偶然发现方骏谟的厝志时，自然对他文中的空谷足音(noisy revelations)无比兴奋。但与此同时，我也震惊于方氏的描述和其他任何与张家及包孟仪婚姻有关的公私材料中关于这名贞女的沉默态度(包世臣有许多机会来评论，但他却从未说过一个字)之间的对比。而这一沉默本应是人们大肆宣扬的所在：赞扬年轻法氏的贞德，尤其是她获得旌表殊荣的原因。正是这一沉默让我意识到方骏谟所突

[34] 方骏谟《张君妻包孺人厝志》，见赵震编《毘陵诗录》，12a—b。方氏是一名地方学者，我们并未找到史料记载他是如何获知这些信息的。

[35] 张琦《亡室汤孺人行略》，见《明发录行略》，6a。

[36] 参见《光绪武进阳湖县志》，9：6a。

破的禁忌，同时也让我欣赏他如何在关于记述什么和如何记述的道德丛林中熟练地开辟出一条新路。

方骏谟的厝志显示了传记叙述是如何从道德评述和编年记载中跳脱出来，而成为类似《人物》杂志的琐碎往事回忆。有一些传记让读者找到，或者说允许作者揭示秘密，以打破那些将自己私人生活隐蔽于公众视野之外的著名或地位显赫人物生活的沉默。我曾经非常羡慕苏成捷(Matthew Sommer)和戴真兰(Janet Theiss)，因为他们研究的刑部案例揭示了许多平常人家的内部生活[37]。但是宫廷文献的大门对我们这些关注士大夫家庭的研究者是关闭的，因为这些士大夫往往可以让他们的私生活远离衙门的审讯。但是阅读传记向我开启了新的角度。虽然沉默仍然是许多有关闺秀生活的出版材料中的严重问题，但是诸多传记材料仍然充满着有意为之的喧哗之声。

征引参考书目

包世臣《皇敕封孺人山东馆陶县知县张君妻汤氏墓志铭》，收入《碑传集补》，台北文海出版社，1973(据1931年版重印)，卷59，第17页a—18页b。

Beverley Bossler, "Funerary Writings by Chen Liang (1143 - 1194)." In *Under Confucian Eyes: Writings on Gender in Chinese History*, ed. Susan Mann and Yu-yin Cheng, 71 - 85. Berkeley and Los Angeles: University of California Press, 2001.

Beverley Bossler, "Shifting Identities: Courtesans and Literati in Song China." *Harvard Journal of Asiatic Studies* 62.1 (June 2002): 5-37.

《光绪武进阳湖县志》，江苏常州，1879年。

胡文楷《历代妇女著作考》，上海：上海古籍出版社，1985年。

Kuhn, Philip A., and John K. Fairbank, comp. *Introduction to Ch'ing Documents*, part one, vols. 1 - 2, rev. ed. Cambridge, MA: Harvard

---

[37] Sommer, *Sex, Law, and Society*; Theiss, *Disgraceful Matters*.

University, Harvard-Yenching Institute, 1993.

Lu, Weijing. *True to Her Word: The Faithful Maiden Cult in Late Imperial China*. Stanford, CA: Stanford University Press, 2008.

Lu, Weijing. "Uxorilocal Marriage among Qing Literati." *Late Imperial China* 19.2 (December 1998): 64-110.

Mann, Susan. *The Talented Women of the Zhang Family*. Berkeley and Los Angeles: University of California Press, 2007.

Mann, Susan. "Biographies of Exemplary Women [Selected by Wanyan YunZhu]." In *Reader of Traditional Chinese Culture*, ed. Victor Mair, 607-13. Honolulu: University of Hawai'i Press, 2005.

Mann, Susan, and Yu-Yin Cheng, eds. *Under Confucian Eyes: Writings on Gender in Chinese History*. Berkeley and Los Angeles: University of California Press, 2001.

Mann, Susan. "Women in the Life and Thought of Zhang Xuecheng." In *Chinese Language, Thought, and Culture: Nivison and His Critics*, ed. Philip J. Ivanhoe, 98-105. Chicago: Open Court Press, 1996.

野村鲇子《明清女性寿序考》,收入张宏生编《明清文学与性别研究》,南京:江苏古籍出版社,2002 年,第 19—33 页。

沈善宝《名媛诗话》,1845 年,北京图书馆。

Robertson, Maureen. "Changing the Subject: Gender and Self-Inscription in Author's Prefaces and 'Shi' Poetry." In *Writing Women in Late Imperial China*, ed. Ellen Widmer and K'ang-i Sun Chang, 171-217. Stanford, CA: Stanford University Press, 1997.

施淑仪《清代闺阁诗人征略》,上海:上海书店,1987 年。

Sommer, Matthew H. *Sex, Law, and Society in Late Imperial China*. Stanford, CA: Stanford University Press, 2000.

汤瑶卿《蓬室偶吟》,收入张琦编《宛邻诗文》,1840 年,1891 年重印。

Theiss, Janet M. *Disgraceful Matters: The Politics of Chastity in Eighteenth-Century China*. Berkeley and Los Angeles: University of California Press, 2004.

《武进阳湖县合志》,江苏常州,1842 年。

章学诚《章氏遗书》,刘承干辑,嘉业堂 1922 年本,台北：汉声出版社,1973 年重版。

张惠言《茗柯文二编》,1869 年序。

张纶英《绿槐书屋诗稿》,2 卷,宛邻书屋刻本,1845 年,北京大学图书馆;《附录》,出版日期不详,上海图书馆。

张琦《明发录》,1840 年,收入张琦《宛邻诗文》卷 5,1840 年,重印于 1891 年。

张琦《宛邻诗文》,1840 年,重印于 1891 年。

张緍英《纬青遗稿》,《宛邻书屋丛书》版,1829 年序。《江阴丛书再版》,金武祥编,粟香室版,1907 年。

赵震《毘陵文录》,江苏常州：华兴书社,1931 年。

Wright, Arthur F. "Values, Roles, and Personalities." In *Confucian Personalities*, ed. A. F. Wright and Denis Twitchett, 2-23. Stanford, CA: Stanford University Press, 1962.

〔原文发表于 John Judge and Hu Ying, eds., *Beyond Exemplar Tales: Women's Biography in Chinese History* (Berkeley: University of California Press, 2011), pp.17-35〕

吴玉廉 译

附录一

全球视野下的地方史：17 世纪港口城市泉州的地方精英社群*

李国彤

泉州的大清真寺——清净寺由波斯传教士始建于 1310 年。作为社区中心的清真寺，以宗教、职业和教育等纽带紧密地维系着居民，并延伸其寺区功能跟其他寺区共同塑造穆斯林身份及其在华少数族群的身份。1607 年，泉州发生大地震，位于涂门街的伊斯兰教清净寺部分毁坏。1609 年，由泉州当地著名的儒家学者李光缙（1549—1623）亲自出面倡议重修泉州清净寺。此举见证了 17 世纪泉州地方精英群的活力，其中包括三位著名的儒家学者，李贽（1527—1602）、李光缙及何乔远（1557—1633）。本文所用"社群"（fellowship）参照田浩（Hoyt C. Tillman）讨论道学"同道"的例子。它聚焦于社会关系及成员之间志趣相投的群体感[1]。曼素恩师于此有更细致的讨论（参见本书第

---

* 本文的初稿曾宣读于 2014 年 6 月由华东师范大学和中国旅美史学会联合召开的学术会议。笔者对会议的主办者及与会者表示感谢。草稿写作于 2013 年秋季，值加州州立大学长滩分校奖励的学术休假期间。修订期间得到亨利·卢斯（Henry Luce）基金会和全美学人学会（ACLS）颁发的中国研究博士后资金（2015—2016）的支持。笔者向所有审阅过拙作并提出修改建议的学者们表示感激。

① 见 Hoyt C. Tillman, *Confucian Discourse and Chu Hsi's Academy*, p.3。1920 年代，燕京大学的刘廷芳曾创造性地用"团契"一词翻译"fellowship"。笔者以为"社群"无论于古义（物以类聚，人以群分）或今义（微信群）更切合本文所表达的意向。

九章)。本文所研究的三位儒家学者同城而居,一些证据表明他们曾有交游或私人情谊;然而,其著述都深切地关怀着地方文化的多样性,包括宗教和族群关系,以及经济繁荣。并且他们跟泉州城内外的穆斯林邻里联系紧密。李光缙和地方史学家何乔远曾以细腻的笔触记载了商旅,特别是穆斯林商人和传教士。虽然,他们的史笔未能涉及明朝以外的穆斯林学者;但伊本白图泰(1304—1378)的著名游记里曾提及泉州的穆斯林社区[②]。这一群体里的另一成员李贽,出身于一个穆斯林商人家族并成为有名的道学批评者,且于 1588 年剃发为僧。他是明代学者中颇受非议的一位。

本文跟踪这个精英群体足迹考察泉州与全球商业和宗教网络世界的广泛联系,从而开启地方社区生活研究的窗口。这一研究视野展现了地方与全球之间的相互影响,表明泉州交相辉映的文化遗产得益于悠久的海洋文化及其所植根的三教合流的宗教开放性。这些儒家学者大胆地表达其独特的见解,对海外贸易和商人赞不绝口。这多少受到其穆斯林邻里价值观的影响。

近期的明清史论著表明,对于早期全球化和南海世界经济的关注丰富了有关中国社会及其在世界的角色的理解。相对而言,中国漫长的 18 世纪研究已经硕果累累,史学工作者建议展开研究“漫长的 17 世纪”,大致上起万历元年(1573)下至雍正元年(1723),以考察明清易代之际的变化规律[③]。就全球来看,1500 至 1800 年间,世界被跨洲际的互动、大规模的商业扩张及文化冲突重新划界。近来许多学者将其研究重心从欧洲扩张转移到跨

② Ross E. Dunn, *The Adventure of Ibn Battuta: A Muslim Traveler of the Fourteenth Century*, p.260.

③ John E. Wills, Jr. “Contingent Connections: Fujian, the Empire, and the Early Modern World,” p.77.

国网络、文化交汇以及物质和知识的流通[④]。称“漫长的 17 世纪”为“早期全球化”，意味着这段时间为近代全球化打下了基础[⑤]。

在漫长的 17 世纪，位于中国东南沿海的省份福建，以其悠久的海洋文化传统融入拓展中的世界经济强林。学者们跟踪闽商远洋足迹遍及太平洋和印度洋的广阔世界[⑥]。卜正民（Timothy Brook）依据地中海欧洲史学家布罗代尔（Fernand Braudel）的定义，主张南海的跨国贸易网络应称之为“世界经济”[⑦]。15 世纪下半叶，南海世界经济由有组织的中国商人南下及穆斯林商人北上交汇而成[⑧]。郑和航海对其贡献卓著。来自云南穆斯林家庭的郑和曾引起学者们瞩目于穆斯林商人及其与中国社会的文化交汇。近来的研究中，泉州被置于中世纪以漂泊离散的穆斯林商旅为背景的东亚海洋世界的中心。

与此同时，世界史学者已经在讨论如何在全球史语境下来描述地方史。侧重于沟通地方和全球的地方史研究不仅突破了某些地域性的局限，而且跟世界史研究的关联性更紧密了。进而言之，全球化导致的密集的物质和文化交流促使地方史学者思考地方与全球之间的互动，从而丰富我们对世界的微观及宏观的理解[⑨]。沿印

---

④ Eric Tagliacazzo and Wen-Chin Chang, eds., *Chinese Circulations: Capital, Commodities, and Networks in Southeast Asia*.

⑤ Gang Zhao, *The Qing Opening to the Ocean: Chinese Maritime Policies, 1684–1757*, pp.2–3.

⑥ Anthony Reid, *Southeast Asia in the Age of Commerce, 1450–1680*; Louise Levathes, *When China Ruled the Sea: The Treasure Fleet of the Dragon Throne, 1405–1433*.

⑦ Timothy Brook, *The Troubled Empire: China in the Yuan and Ming Dynasties*, pp.225–229.

⑧ Timothy Brook, *The Troubled Empire: China in the Yuan and Ming Dynasties*, p.227.

⑨ Jürgen Osterhammel, “Globalizations,” pp.95–97. Jerry H. Bentlry, “Cultural Exchanges in World History,” pp.349–353. Anne Gerritsen, “Scales of a Local: The Place of Locality in a Globalizing World,” pp.213–226. Heather Streets-Salter, “The Local Was Global: The Singapore Mutiny of 1915,” pp.539–576.

度洋和太平洋贸易圈传播的宗教思想昭示了中东、南亚、东南亚及东亚之间的跨区域的流动性。一些世界史学者谨慎地认定这一整合为全球化的原始阶段[⑩]。当下关于泉州港口跨国穆斯林商人社群的探讨定会有益于更广阔的世界史研究。

近来关于中国穆斯林的研究特别注意到长江下游地区儒家学者对伊斯兰教经典的翻译介绍、清朝政权对穆斯林起义的镇压和同化政策以及西北回族的抵抗和整合策略，所有这些都在18世纪末的历史舞台上露出端倪[⑪]。在其关于盛清时期长江下游中国穆斯林学派的研究中，兹维·贝尼特(Zvi Ben-Dor Benite)指出，在漫长的17世纪晚期，中国穆斯林学者能“在中国社会里嵌入其和谐的身份”，调和其中国身份又保持了自己的穆斯林教育网络[⑫]。不同于民族主义史学者的外在审视，贝尼特运用内在视角考察“伊斯兰华东”区域内伊斯兰思想的汉文著作的结集和传播。

依循“伊斯兰华东”概念，本文聚焦于港口城市泉州，另一个漫长的17世纪中国穆斯林的“混居社会”(patchwork society)，而非以回族为主体的西北的小范围多族群社会。对照穆斯林在蒙元统治时期的鼎盛和之后对抗满清的西北战乱，本文试图揭示17世纪穆斯林在泉州相互调适共存的复杂画面。本文考察穆斯林商人和地方士人宗教生活的史料以期解答如下问题：在调适成为中国人的过程中，沿海的穆斯林如何融合社区内的宗教和世俗生活？新大陆的白银从西属殖民地吕宋流入福建又如何影响了泉州穆斯林的社区生活？

---

⑩ Osterhammel, “Globalizations,” p.96.

⑪ Ben-Dor Benite, *The Dao of Muhammad*; Dru C. Gladney, *Muslim Chinese: Ethnic Nationalism in the People's Republic*; Jonathan Lipman, *Familiar Strangers: A History of Muslim in Northwest China*.

⑫ Ben-Dor Benite, *The Dao of Muhammad*, pp.11, 38, 63.

宗教开放性：宗教和世俗生活的融合

在漫长的 17 世纪东南沿海地区，宗教和社会的评论家们常常谈及佛儒道的各种形式的融合。林兆恩(1517—1598)，出生于福建缙绅家庭，三次乡试落第，后成长为宗教领袖。林氏强调三教同源，并认为三圣孔子、老子、释迦牟尼都已悟道，却从未分立三教。因而，林氏归三教合一并组建自己的三一堂⑬。三一教在福建及东南亚福建移民社区中颇为盛行，因为它满足了多元文化社会的需求。

关于儒释道的讨论或多或少地影响了李贽。他出身于穆斯林家族，遵循很多回族精英家庭所走的途径，即以科举考试为目的来学习儒家经典。他曾入职官场，而后辞官，毕其余生于道学批评。李贽知云南姚安府期间(1577—1580 年间)曾撰写自传，其中没有谈及自己的穆斯林家庭背景，仅追述早年跟随父亲接受了儒学训练。他坦言年幼时虽熟读儒家经典，但对孔子本人知之甚少。李贽在回忆中表示尽管自己并非朱熹道学理想的追随者，但因聪慧善记道学时文，故能于 1551 年一举中第。随后，他决定与其继续参加会试获取功名，不如迅即谋职来养家糊口⑭。

在入职之初，李贽曾企望能在长江下游一带谋个美差，但未能如愿以偿，遂于 1556 年至河南辉县补了个不入流的县学教谕。此后，在北京和南京的国子监教书数载，他又被发往艰苦的边省云南，令他感到仕途一片黯淡。失望至甚，李贽写下自传以了结自己的官场生涯。行文中，李贽坦言自己对于儒学的务实态度。

⑬ 马西沙《林兆恩的三教合一思想》，见《世界宗教研究》1996 年第 2 期，第 25—28 页。

⑭ 李贽《卓吾论略》，见《焚书　续焚书》第 83—88 页。

芸芸学子严守儒家典训，虽从未进入官场，却一生恪守儒家理念。李贽虽然中举，却始终把研习儒学当作官场的敲门砖。之后，他决定辞官不做，转而站到道学的哲学意义上的对立面[15]。

不同于贝尼特笔下长江下游地区的穆斯林学者，他们就学于儒学学校，获得生员身份，然后转而攻读伊斯兰教典籍，泉州学者李贽辞官后转向佛学研究。1581 年后，李贽带着妻子和两个女儿流寓长江中游的湖北省。他以做塾师或讲学谋生，居无定所。一个女儿饿死，儿子刚刚出生不久即殇。在妻子和仅存的女儿返回泉州后，李贽就寄居于佛寺，并最终于 1588 年削发为僧。有意思的是，他没有受戒，也从不参与其他僧人的常规法事。李贽视佛寺为他斩断俗念之所[16]。身为佛门中人，李贽不断指摘道学的缺陷。他同意林兆恩和其他学者关于三教同源之说。他也认为，三圣都是求道，孔子曾感叹："朝闻道，夕死可矣。"[17]李贽主张既然三教的终极目标都是求道，信徒们就该脱离俗世以"免富贵之苦"。他以为，出家为僧是得道的唯一途径[18]，而道学家们通过教授儒学而求富贵则颇令人厌恶。他尖锐地指出，这些学者没有商人、工匠那样的本领或才能，也就只能援道学以求富贵。

李贽首先对儒学抱着务实的、世俗的态度，却未能如愿以偿地得到他梦寐以求的江南美差，反而饱受贫困之苦。这一经历直接导致其对儒学的抵触。李贽酸楚地观察到那些执掌儒家教化的达官显贵很少严于律己。这些假道学官僚成了李贽攻击的靶子，李贽的三教合一立异于假道学信徒，最终导致他以佛门为精

---

⑮ 李贽《卓吾论略》，见《焚书　续焚书》第 83—88 页。李焯然《论李贽在明代思想史上的地位》，见《明史散论》第 153—168 页。

⑯ 李贽《与曾继泉》，见《焚书　续焚书》第 52—53 页。泉州回族家谱里所载回族家庭拜佛并不罕见。

⑰ 李贽《三教归儒说》，见《焚书　续焚书》第 75 页。

⑱ 李贽《三教归儒说》，见《焚书　续焚书》第 76 页。

神归宿。

李贽晚年没有选择伊斯兰教作为研究对象，但其遗言详细地为自己安排了穆斯林葬仪。他描述了墓穴的尺寸并拒绝用棺材，尽管他知道挚友马经纶付得起费用。他要求用自己的绑腿布替代白布缠上遗体，在一大早用木板抬出，置于墓穴里，以土覆盖，再把木板归还其主[19]。比较李贽的葬礼遗嘱与泉州回族家谱里的葬礼记载，显然李贽选择了穆斯林葬俗[20]。浸润于三教之后，李贽最终回归了中国穆斯林家庭的礼俗。

泉州精英社群的另一位，地方史学家何乔远晚生于李贽三十年，二者有四十年相重合；何氏曾于李贽身后去通州潞河祭墓。何乔远于1586年进士中第，他编纂的地方史《闽书》颇具影响。其中我们发现了李贽的传记，其中记载了李贽的学官履历及其对道学家的挑战，他被描绘为援佛求道的学者。传记里显示李贽的布道在长江流域一带影响颇巨，吸引了大笔募捐修建寺庙，很多士家妇女皈依佛门，在家礼佛[21]。何乔远还转引另一位福建学者薛世远和湖北学者袁中道(1575—1630)的评价来赞扬李贽的哲学著作和特立独行的精神。何乔远将李贽的传记列于“蓄德”类，表明他视同乡李贽为有德望的学者，迥异于某些道学家指责李贽失德且背弃了儒学[22]。

不难设想，作为李贽同时代的同乡，何乔远应当了解李贽的穆斯林家庭背景，然而却未在传记中提及此事。对此可能的两种解释是：一方面，如贝尼特所言，中国穆斯林学者由于通常接受儒家文化教育，并参加科举考试，所以在大文化背景下自我认同“华

---

⑲ 李贽《李卓吾先生遗言》，第101—102页。

⑳ 《荣山李氏族谱》，第415页。

㉑ 何乔远《李卓吾传》，见《闽书》卷252，第30页下—31页上。

㉒ 如李贽的前友人耿定向对李贽的非正统行为和思想表示异议。见李贽的《焚书》。

夏”[23]，就李贽而言，他曾中举并在云南姚安任四品知府长达三年；另一方面，我推测，为了协助中国穆斯林学者在汉族社会里建立起和谐的认同，地方精英不会有意点出同乡的非汉族家庭背景。

然而如我们所知，何乔远的确讨论过泉州的伊斯兰文化。他在《闽书》的“灵山”条目下非常细致地追溯了中国伊斯兰教的历史，其中还特别涉及泉州。灵山位于泉州东南，是早期伊斯兰传教士的圣墓所在。据何乔远记载，唐高祖年间（618—626），先知穆罕默德的四位圣徒来华传播伊斯兰教，一位前往广州，另一位去了扬州，余下的两位来到泉州。这两位伊斯兰教圣徒死后就葬在了灵山[24]。何氏在灵山祭墓，倾情赋诗。

何乔远在“灵山”条目下征引了元代学者吴鉴的《清净寺记》来追溯泉州大清真寺的历史。吴鉴之文简单地介绍阿拉伯及其风俗。他向中国读者介绍了阿拉伯的地理、文字、文学、医药、几何、音乐和工艺。吴文特别谈到伊斯兰教先知穆罕默德及其教义和经典，从中我们了解到大清真寺由波斯传教士建于 1310 年。这位传教士搭乘商船抵达泉州，买地置产以供泉州穆斯林社区之需。在蒙元朝廷的支持下，该寺于 1349 年得以重修。吴鉴应邀撰写此文以记重修之举[25]。

何乔远对早期伊斯兰教来泉州的描述及其征引吴鉴的《清净寺记》（全文未存）成为泉州大清真寺历史稀有的史料[26]。由于材

---

[23] Ben-Dor Benite, *The Dao of Muhammad*, p.8.

[24] 何乔远《灵山》，见《闽书》卷 7，第 21 页上下。许多学者引用何乔远的记载作为早期穆斯林来华的史实依据。

[25] 何乔远《灵山》，见《闽书》卷 7，第 21 页下—22 页上。

[26] Shinji Maejima, “The Muslims in Ch’uan-chou at the End of the Yuan Dynasty,” pp.36—38. 元代吴鉴记文碑的部分已于 20 世纪早期被发现并破译。全文有 1 100 字。何乔远的引文共 493 字，加上后来破译的，已有近 766 字被复原，其余则不知下落。

料的稀缺，近人还在争论此寺的具体街道及其修建时期[27]。鉴于其地方史研究，何乔远对这座城市及其乡里非常熟悉，他挖掘每件史料和传说来编写福建的历史。关于早期伊斯兰教传入泉州及大清真寺的历史的现存史料全部归功于何乔远，他继承了地方史研究的家学，辛勤地收集了多文化的泉州地区的地方史料。

此外，何乔远还以其宏大的明代历史研究《名山藏》在同侪中脱颖而出。尤其是他详细记载了跟明代朝廷往来纳贡的外国舆地，包括邻邦蒙古、建州女真、朝鲜、日本和越南，也有远方交往。何乔远特别留意伊斯兰教在明朝的西北陆疆和东南海疆的传播。他提及回族的历史及其宗教的来历[28]。我们发现其文与吴鉴的《清净寺记》及其他相关记载类似。如果保存伊斯兰教地标性建筑的举措置于其宏大的朝代史研究背景中，无疑何乔远是位博闻广记而又心思缜密的编纂家。他清晰地追述了伊斯兰教在明代及以前的传播过程，我们可以从其行文中窥见地方和全球的某些关联。

与何乔远的志趣相近，他同时代的同乡李光缙积极赞襄 1609 年大清真寺的重建之举。李光缙 1549 年生于泉州，晚李贽二十二年，早于何乔远九年。李光缙于 1585 年举人中第。因其继承了研究《易经》的家学，李光缙名扬泉州乡里。他撰文为重建大清真寺募捐，文中坦言其儒士身份："窃以吾儒之道，东鲁为尊。异氏之端，西天各别。"[29]他比较了伊斯兰教和佛教的教义及实践，明确表示不赞同佛教徒的行为。他指出，与佛教教义不同，伊斯兰教并不迫使教徒牺牲其世俗的生活，不必"内弃其亲，沿衣钵而他父"[30]。李光缙以为，穆斯林可以过世俗生活，立身为学者、农夫、工匠和商人，且跟家人一起，不用出家。李光缙也讨论了穆斯林

㉗ 《泉州伊斯兰教研究论文选》，第 83—114 页。

㉘ 何乔远《王享记》，见《名山藏》第 6167—6169、6274—6289、6339 页。

㉙ 李光缙《重修清净寺募缘疏》，见《景璧集》第 498 页。

㉚ 李光缙《重修清净寺募缘疏》，见《景璧集》第 498 页。

的食物禁忌和斋戒："所宗者法而无像，何烦迎骨之讥。"[31]他还指出，因为伊斯兰教的经文很难译为汉文，这使得制造伪经（不像佛经那样造假）难上加难。其文中贯穿了以针砭佛教而彰扬伊斯兰教的主旨。

有意思的是，李光缙不仅为重建伊斯兰教的清真寺撰文募捐，也还涉及佛庙的重修。他在言及佛庙的序文中表明该文是为了应和两位同侪而作。比照他重修清净寺的文章，李光缙在另文中很少言及佛教教义和实践，反而聚焦于公私观念的比较。他以为佛庙较之私家建筑能得以重修及保存长久，是因为任何人不得私有佛庙，"惟其不以为己私有，是以可千百年而不废"[32]。李光缙插入一段逸事来说明即使僧人也不能把寺庙当其私产。话说宋代大学者苏轼（1037—1101）要将其先人的一幅珍贵的画捐给寺庙，某位受赠的僧人表示要建个厅堂专门供奉这幅画，并在生前及身后都来守护它。苏轼对僧人纠正道，他这么做是视画卷为其私有，完全违背了自己艺术共享于公的初衷。李光缙讲述这段逸事来讽刺僧人无知，不能分辨公私之别。总之，李光缙坚称，庙宇之所以得以修葺可行是因为其建筑不属于某一个人或某个家庭，它是广泛意义上的社区公益事务。

在某种程度上，李光缙为伊斯兰教清真寺募捐之举可视为地方精英带头保护泉州公共遗产的多彩光谱。然而，李光缙在文中明晰地指出："诚净教之存亡攸系，亦斯文之兴废所关。"[33]他显然试图展示伊斯兰教清真寺是地方遗产的一部分，可与汉族"斯文"和谐共处，尽管事实上他倾向于伊斯兰教多于其他宗教。李光缙明白这个清真寺是伊斯兰教遗产，换言之，李光缙作为募捐发起

---

[31] 李光缙《重修清净寺募缘疏》，见《景璧集》第498页。

[32] 李光缙《净寺纪序》，见《景璧集》第224页。

[33] 李光缙《重修清净寺募缘疏》，见《景璧集》第498页。

人，有意地嘲讽佛教以讨好穆斯林及那些没有某一宗教认同或随意混同的人们。在当时的泉州，以后者居多。许多地方精英关注一个伊斯兰教清真寺的保存并且关心其他宗教之举表明他们对地方宗教和文化的开明心态和中立姿态，大体象征了与狭隘的地方主义相对的某种全球主义。

无论以中国传统世俗散文来记述宗教事宜和圣迹，还是推广世俗观念和公共事务，泉州精英何乔远和李光缙似乎一直致力于其所奉行的宗教和世俗的统一。与李贽不同，他们都没有皈依儒教以外的任何宗教，他们以儒家的或史学家的眼光观察各种宗教事宜。李光缙的儒士视角不免偏颇，而何乔远的史家眼光则相对中立些。何乔远留下了李贽的传记，而李光缙给很多同乡作传写序，却忽略了李贽。也许李光缙对佛教的反感导致了他无视皈依佛门的李贽，这一猜测在李光缙给李贽的姐姐及其婆家的传记中得到证实。

据李光缙所载，李贽的姐姐嫁给李贽父亲的学生、泉州学者苏存淑，苏氏号艾斋。苏家世居儒林里的燕支巷。李贽的父亲对这位学生相当满意，就作主把女儿嫁给了他[34]。李光缙继承研习《易经》的家学，而苏存淑则专治《诗经》。苏李两家在学术上有交往。李贽的姐姐和苏存淑育有二子，都获得功名并入仕。在传记中，李光缙以儒家的道德尺度衡量李贽的姐姐，表彰其如何孝敬婆婆，如何像对待婴儿一样照顾其失明且多病的公公，又如何教导儿子读书和交友。李贽的姐姐被邻里视为“苏(轼)母”，一位严于母教的典范[35]。李光缙遵循传记传统，对李贽的父亲加以溢美之辞，但对李孺人的兄长李贽虽然提及却无称赞：“李孺人，世所称李卓吾先生之妹也。”[36]比照史家何乔远将李贽传记于“蓄德”一

㉞ 李光缙《封君艾斋苏先生传》，见《景璧集》第 652 页。

㉟ 李光缙《苏母李孺人传》，见《景璧集》第 672—674 页。

㊱ 李光缙《封君艾斋苏先生传》，见《景璧集》第 652 页。

类而加赞扬还撰文祭墓，李光缙则选择对李贽的道学批评和大胆的皈依佛门保持沉默。在李光缙的笔下，李贽的父亲被描绘成一位有学问的儒家学者，他的姐姐也成了儒家妇女典范，因为他们被严格的儒家价值一再表现，可以说，李光缙有意表明李家父女二人比起李贽更加纯洁和融洽。

地方精英关于中国穆斯林的记载表明，在漫长的17世纪，泉州的穆斯林商贸家庭已经认同了中国身份，其族谱显示他们是如何适应了中国的教育和习俗。在此期间，中国穆斯林家庭开始效仿汉人编纂家谱，许多族谱的编纂者取得了科举功名或接受过儒学教育。穆斯林子弟的常规路径是先接受儒学教育，然而这并不意味着这些穆斯林子弟会全然被同化。尽管江南地区的中国穆斯林精英视伊斯兰教研究为儒学基础研究之外的训练，这些家庭依然遵循穆斯林的家礼。例如在祭祖仪式中，穆斯林家庭不在祖先牌位前供奉猪肉；在葬礼上，他们不用棺材，而是白布裹尸直接下葬于墓穴（如李贽遗言中所述）[37]。泉州穆斯林也依照回历斋戒和开斋，并在灵山祭拜先贤传教士。1609年，泉州大清真寺的重修显示了中国穆斯林宗教生活的持久性。

在世俗世界中，中国穆斯林家庭采纳了汉人的教育和习俗，而在宗教世界中，泉州的穆斯林努力遵循宗教行为，尽管他们受到宗教融合或福建地区三教合流的影响，以及汉人精英关于伊斯兰教的世俗描述的熏陶。正如在何乔远和李光缙的文字中所见，泉州精英怡然地致意于伊斯兰教与三教的共存。李光缙在大胆地指摘佛教徒的某些行为时，却又表达了对伊斯兰教教义的细致理解，并对清真寺的重修给予了强有力的支持，以自己的地方声誉在乡里募捐。修葺清真寺的善举表明，至少在那一时段泉州曾存在世俗和宗教统一的大环境。

---

[37] 黄秋润《浅谈泉州回族风俗》，见《泉州伊斯兰教研究论文选》第196—197页。

都会视角：穆斯林航海社区的海洋遗产

作为蒙元时期世界上最大的海港，泉州曾在蒙古人近百年的统治下持续地吸引了外国的航海家和商人。蒙元朝廷将中亚流寓中国者名为“色目人”，并给予相对较高的社会经济地位，仅次于蒙古统治者，远远超出于南北汉人之上。色目人包括穆斯林商人、海员及其与当地汉人妇女婚后生育的孩子，并形成了中国的一个新族群——回族。14 世纪晚期蒙元衰落，代之而起的是又一个本土汉族王朝，由此产生的变化影响了明清回族的运势。“少数族群”的新身份取代了过去的特权流寓身份，他成为明代同化政策及其后清朝边疆的“华化策略”对象。

我们再回到何乔远。他曾为大名鼎鼎的穆斯林商人蒲寿庚作传，并将其收入《闽书》。据何乔远所载，蒲寿庚的祖先来自西域，迁徙至华南沿海并供职于市，与广州诸番交易。蒲父由广州迁徙至泉州[38]。近来研究指出，蒲家是阿拉伯商人，“蒲”姓源自阿拉伯姓[39]。因蒲寿庚及其兄长协助宋朝官府平定了洋面上的海盗，他们被授以福建安抚沿海都指挥史的职位。在宋朝末年，蒲寿庚改弦更张，背弃宋廷转而支持蒙古人。更有甚者，蒲寿庚还戕害多位皇室成员及大批宋军，此举引起泉州百姓的愤恨。当明代肇始，明太祖朱元璋禁止蒲氏子弟读书做官[40]。

何乔远的记载昭示了穆斯林蒲氏家族在泉州的起起落落，他们

---

[38] 何乔远《蒲寿庚传》，见《闽书》卷 152，第 14 页下—15 页上。

[39] 黄天柱《漫谈泉州地区阿拉伯穆斯林的后裔及其遗迹》，见《泉州伊斯兰教研究论文选》，第 204 页。又见，Billy So, *Prosperity, Region, and Institutions in Maritime China: The South Fukien Pattern, 916–1368*; Lin Chang-Kuan, “P'u Shou-Keng.”

[40] 何乔远《蒲寿庚传》。

积极地投身官府事务，并卷入朝代更迭之中。蒲家在宋元两代得呼风唤雨之势，但失势于明代。由于他们在宋元易代之际改弦更张，其家族并不能真正代表泉州穆斯林家庭的走势。然而，何乔远在《名山藏》中指出，蒲氏许多后人移居文莱[41]。伟杰夫(Geoff Wade) 也发现了明代泉州和海外文莱彼此联系的物证，如墓碑等[42]。泉州穆斯林家庭移居文莱的现象表明海外贸易港口与全球间的结合。

自 1368 年明代肇基至 1567 年，明朝廷禁止私人海外贸易[43]。像蒲氏一样，很多穆斯林商人离开泉州。尽管在元明朝代更迭之际不少穆斯林逃离泉州，但这里仍保留了穆斯林社区，其中很多家庭可溯源至元代商人或 15 世纪初跟随郑和下西洋的航海人员。朝廷上关于海洋政策的争论及军方卷入违禁贸易都表明了反对海禁的强劲呼声。何乔远是反对派之一，主张以贸易为手段重塑以华夏为中心的世界秩序[44]。16 世纪晚期海上弛禁及持续的走私和以海盗为形式的私人海上贸易迎来一个新的纪元，并被后来学者视为早期全球化的一部分[45]。

由于李贽家庭也有漫长的海洋贸易历史，堪为泉州蒲氏的参照对象。近人研究表明，李贽的先人曾为富商，经营海内外贸易，皈依伊斯兰教并娶西亚妇女为妻[46]。据李氏族谱记载[47]，李贽的族人并非一致欣然接受并皈依伊斯兰教，其二世祖先之一曾出面反对。家族由此一分为二，一支姓林，一支姓李，没有皈依的一支遂

---

[41] 何乔远《名山藏》，第 6131 页。

[42] Geoff Wade, "Southeast Asian Islam and Southern China in the Fourteenth Century," pp.128-130.

[43] Li Kangying, *The Ming Maritime Trade Policy in Transition*, *1368-1567*.

[44] Li Kangying, *The Ming Maritime Trade Policy in Transition*, *1368-1567*, p.151.

[45] Zhao, *The Qing Opening to the Ocean*.

[46] Hok-lan Chan, *Li Chih 1527 - 1602 in Contemporary Historiography: New Light on His Life and Works*, p.8.

[47] 《荣山李氏族谱》，1899 年版，后由厦门大学历史系重印。

可以相对保持其特有的民族认同[48]。现存证据不足以详细地追溯这段故事，然而族谱本身可视为李贽祖先对宗教认同的表态，其先祖不仅娶了穆斯林妇女，而且也皈依了伊斯兰教。他们接受了泉州大清真寺的宗教仪规，一些人还葬在泉州伊斯兰墓地。

关于李贽家族贸易活动的研究揭示了他的几位先人都曾在 14 世纪晚期远航波斯海湾的霍尔穆兹。在 15 世纪中叶，李氏先人将其贸易拓展至琉球[49]。直到李贽的祖父及父亲，其家庭才转向以学术和入仕为业。有意义的是，李贽成为首位科举中第的家族成员，如李光缙在其传记中所示，这昭示着李氏穆斯林商人家庭成功地转型为学术家庭。作为穆斯林商人的后裔，李贽也许在某种程度上自然而然地对三教合一持开放和大胆的态度，并且表达求富应从商而非援道的主张[50]。他并没有以儒家眼光来看待财富和商人。关于中国穆斯林（包括在汉人精英中）对公私之别的讨论中，凸显公私财产界线表达了他们对官僚以公谋私的指责，揭示了无官职的地方精英以私财投资公共设施（如布施佛庙或伊斯兰清真寺）获取社会权力的现象[51]。

李光缙对泉州商人也很开明和尊重，与李贽对财富和商人的态度相似。李光缙出身于学术官僚家庭，其父曾供职户部。在李氏大家族里，出了几位成功的商人。在李氏族谱序言里，李光缙声明族谱编纂者常常以贫穷和经商为禁忌，而他并不以为然，他明白经商是家庭脱贫致富之路[52]。他的一位族人十二岁时迁徙至

---

[48] Hok-lan Chan, *Li Chih 1527 - 1602 in Contemporary Historiography: New Light on His Life and Works*, pp.8-9.

[49] Hok-lan Chan, *Li Chih 1527 - 1602 in Contemporary Historiography: New Light on His Life and Works*, p.14.

[50] 李贽《三教归儒》,《焚书　续焚书》,第 76 页。

[51] Timthy Brook, *Praying for Power: Buddhism and the Formation of Gentry Society in Late-Ming China*, pp.23-28.

[52] 李光缙《儒林李氏族谱序》,见《景璧集》第 233 页。

广东。出身于下贾，移至南澳跟外商贸易，收益倍增，升至中贾。吕宋和澳门开埠，欧洲殖民者需要中国商人前往贸易，但响应者寥寥无几。李光缙的族人出洋致富，许多泉州府的同乡跟随他，他们都成了上贾。李光缙的族人有语言天赋，“兄伯身所之夷，与语辄习之”。当其他人还觉得人生地疏、交流困难时，这位族人已经跟当地有势力的土著交了朋友，于其生意颇为有利。“是以征贵贱不复问译，而取信于兄伯。”[53]像李光缙的族人一样，很多泉州商人过番贸易，加入所谓“早期全球化”[54]。

李光缙生动地描绘了南海跨国贸易网络。来自荷兰、西班牙和葡萄牙的商人漂洋过海，以白银换取中国商品，漳泉商人和海员则过番交易前往吕宋、澳门。某时，闽商曾建议巡抚循葡萄牙开埠澳门为例，闽海岸也应该向荷兰人开埠，但出于海疆安全考虑，此建议并没得到朝廷的许可。因而，闽商和航运商不得不远渡重洋至吕宋跟荷兰商人交易[55]。西属殖民地吕宋，特别是马尼拉遂成为欧洲商人与闽粤商人的交易中心。在 1570 至 1600 年间，“百分之七点五秘鲁矿产白银流入中国，相当于中国国内白银储备的 8 倍”[56]。马尼拉华人社区的规模在漫长的 17 世纪暴增，由 1570 年开海禁前的四十人，增至 1600 年的一万五千人[57]。

李光缙不仅记录了海外商人的活动，还特别留心他们的家庭。泉州府安平县人往往愿意长途贸易，吕宋开埠后，安平一地十之有九的男人过番贸易。1603 年，值殖民政府暴力排华，前往

---

[53] 李光缙《寓西兄伯寿序》，见《景璧集》第 120—121 页。

[54] Angela Schottenhammer, ed., *The Emporium of the World: Maritime Quanzhou, 1000-1400*. 关于明代私人贸易的概述，见 Zhao, *The Qing Opening to the Ocean*, Chapter One。

[55] 李光缙《却西番》，见《景璧集》第 414—417 页。

[56] Richard von Glahn, *Fountain of Fortune: Money and Monetary Policy in China, 1000-1700*, pp.135, 141.

[57] Valarie Hansen, *The Open Empire: A History of China to 1600*, p.405.

吕宋的安平男子无一幸免于难[58]。李光缙写道："讣至，家哭相闻，妇人、女子不知其几人称寡。"[59]李光缙评论已婚妇女和订婚女子的自杀，虽是中国礼教禁锢的结果，但丧夫带来的经济问题也不容忽视。尽管跨国贸易网络的确给泉州带来过财富，但同时也招致过灾难。

贸易的风险并没有阻挡泉州人在海内外追逐利益。李光缙的传记作品指出，经商是科场失意者的第二选择。晚明福建晋江学者张会宗早期受到良好的家庭教育，他在邻里间以文学才能著称。"就督学使者试，使者亦奇其文，第为先生繇他涂取，帮削其名，而先生坐困矣。"[60]偏逢此时父母双双过世，家徒四壁，一贫如洗，于是张会宗决定迁至粤东，自海路抵潮州谋生于市井[61]。他有幸在潮州发达，之后占籍考试。与张会宗和李贽相似，许多泉州人谋职均以儒业为先而经商其次。

据李光缙所述，"安平市独矜贾，逐什一趋利，然亦不倚市门……丈夫子生，及已弁，往往废著鬻财，贾行遍郡国……或冲风突浪，争利于海岛绝夷之墟"。他接着说："近者岁一归，远者数岁始归，过邑不入门，以异域为家。"[62]这些商人大多发迹后才荣归故里。李光缙指出，安平商贸社区里无人歧视商贾，进而关于商贾的传说激发人们的财富欲望并鼓励更多人仿效[63]。在这个商贸社区里，个人的社会价值并不取决于士农工商的社会等级体系。

李光缙甚至援引汉代太史公司马迁（公元前 145 或 135 年至

[58] Denis Twitchett and Frederick W. Mote, eds., *The Cambridge History of China*, vol. 8, *The Ming Dynasty*, part 2, p.358.

[59] 李光缙《二烈传》，见《景璧集》第 684 页。

[60] 李光缙《中宪大夫云南按察司副史澄江张先生行状》，见《景璧集》第 725 页。

[61] 李光缙《中宪大夫云南按察司副史澄江张先生行状》，见《景璧集》第 725 页。

[62] 李光缙《史母沈孺人寿序》，见《景璧集》第 183—184 页。

[63] 例如，广东海员谢清高（1765—1821）的口述题为"海录"，记载了其在前近代海洋世界的际遇和冒险。若干位著名清代学者参与《海录》的编辑出版。

公元前 86 年)的观点来支持其重商思想。李光缙曾为许多商人及其家人作传，在他们传记的末尾，李光缙都引司马迁的《货殖列传》来表彰商人的贡献。李光缙援引司马迁的经典权威来挑战贱商的传统。

然而，这种贱商传统的确也影响了泉州商贸的成长。如傅衣凌(1911—1988)的研究所揭示，尽管安平商人擅于经商，很多人还是亦农亦商，他们以商求富，随后回归农耕以蓄德。一些人把儒业和商业并举[64]。不同于其欧洲对手，傅衣凌认为很多情况下，泉州商人并不把积累的财富用来追加商业投资，相反，他们受儒家观念影响，更在乎道德修养，买田置地回归农耕。一些史家指出，正是这种重土重农的观念拖了后腿，影响了中国商贸在南海的健康发展[65]。

自《古兰经》之始，伊斯兰教对经商谋利持积极态度，其法规鼓励信徒的物质追求，并敦促所有的穆斯林在生活中努力营生[66]。伊斯兰教的财富理念与儒学观念的互动，以及官方调节银行、商贸、习俗等的政策与中国穆斯林知识分子思想的关联值得进一步研究。近来研究表明，早期福建作家，如赵汝括(1170—1228)和汪大渊(1311—1350)，这些何乔远和李光缙的先行者，都曾广泛地就彼时的商贸跟伊斯兰教对话[67]。这些联系对何乔远和李光缙也同样重要。

结语：地方史的全球视野

关于地方精英社群的研究揭示了 17 世纪泉州既缜密又庞大

---

[64] 傅衣凌《明代泉州商人史料辑补》，见《傅衣凌治史五十年文编》第 229 页。

[65] 傅衣凌《明代泉州商人史料辑补》，见《傅衣凌治史五十年文编》第 229 页。

[66] Patricia Crone, *Meccan Trade and the Rise of Islam*, pp.207-208, 245.

[67] Hyunhee Park, *Mapping the Chinese and Islamic World: Cross-Cultural Exchange in Pre-modern Asia*, Chapter 3.

的社会网络，其中包括李贽家族的穆斯林家庭网络和李光缙家族儒商混合的家族网络。这些微妙变化有助于我们对地方精英世界的理解，并厘清其道学批评和重商思想的社会根源。泉州精英的地方史书写重构了新视角下的社区历史。在地方史家何乔远和著名学者李光缙的笔下，泉州在 1500—1700 年代早期或原始期全球化的南海所扮演的领军角色跃然纸上，穆斯林商人家庭和众多航海家族一起组成了此时兴盛的商贸社区。此外，这种连绵不断的跨区域接触及文化交流在经济和宗教层面上极大地影响了泉州社区生活和文化多样性，如伊斯兰教清真寺与佛庙和儒家书院共存于一个社区，见证了全球化的渗透。

在这个繁荣的商人社区里，如何理解地方精英社群的性质？有意思的是，17 世纪泉州社群的运作不像阿拉伯语及波斯语地区的穆斯林社会那样高度复杂，形成全球扩展的网络[68]。像其他儒学社区一样，绝大多数泉州精英接受了不同程度的儒家文化教育。在儒家科举考试中，李贽和李光缙都是举人中第，何乔远则通过更高层的会试获得进士功名。然而许多泉州精英出身于独特的商贾家庭，地方史家何乔远不同于李贽和李光缙，并没有直接的商人家庭背景，但也受到社区的商贸文化影响。受过儒学教育的地方精英不仅推动了商贸发展，主张平等对待商贾，还维护福建地区流行的三教合一。这种合流的思想绝对不会讨好伊斯兰教中主张与基督教合流的知识精英。从西班牙至波斯，在伊斯兰神学界存在一股反对合流的逆流，特别是在 1200 年代后，他们对抗伊斯兰教的“流行”趋向。

中国地方精英以不同方式利用三教合流，例如，林兆恩认为儒教应为三教合一的归宿，而李贽则以为追求道的最佳途径是皈

[68] Marshall Hodgson, *The Venture of Islam: Conscience and History in a World Civilization*.

依佛门，远离世俗。其他人如李光缙、何乔远均表现出对宗教多样性的开明态度，其中也包括了社区里保留的伊斯兰教。17 世纪泉州精英既是地方的，同时又具有全球眼光，因为他们观察到南海的世界级经济的发展，并深知泉州商人在此一跨国商贸网络中的领军角色。

明代以前中国和伊斯兰世界交往的史料，与泉州地方精英的记录交相辉映，如英国地理学家裕尔爵士（Sir Henry Yule，1830—1889）于 1866 年发表的《中国之路》（*Cathay and the Way Thither*）。该书有大量关于中世纪亚洲早期中西接触的记录，如早期旅行家的传记、报告及其充满好奇心的通信。裕尔将中国和阿拉伯的关系追溯至 5 世纪，那时中国和印度的船只已抵达幼发拉底河上的希拉（Hira）港。据裕尔说，波斯和阿拉伯商人在 8 世纪抵达广州，并于 14 世纪在广州和泉州修建了清真寺[69]。这一记录与地方史家何乔远关于早期伊斯兰教来华和 14 世纪在泉州重修大清真寺的记录相符。

近来有关前近代中国和伊斯兰世界交往的研究表明，双边学者都始终保存往来的各自记录。最早的关于中国的阿拉伯文地理记录见于 9 世纪。1673 年，叙利亚科尔伯特（Colbert）图书馆中发现的《中印纪行》，从阿拉伯人的视角见证了中阿商业交往。《中印纪行》成书于 851 年，其作者仍然未知[70]。据其译者介绍，两位 12 世纪的阿拉伯作者整理了 9 世纪阿拉伯和波斯商人的中印记录，其中叙述了波斯至广州的海路、流通的物品、地方风俗及政府法规。这一史料与中国官修史书中所记载的针对穆斯林起义及态度的材料相吻合，也旁证了地方史家何乔远笔下的中国穆斯林蒲氏家族自广州徙至泉州的记录。近来有关蒲氏的研

---

[69] Sir Henry Yule, *Cathay and the Way Thither*, pp.66, 77.

[70] Park, *Mapping the Chinese and Islamic Worlds*, pp.63, 65.

究凸显了阿拉伯史料对于重建东南沿海中国穆斯林历史的重要性[71]。

近期研究也揭示了福建在商贸和知识大网络中的地位，特别是在宋元时期穆斯林商人和海员在港口城市获利丰厚。比较而言，稍后的明代如1500—1600年代的记载，即本文研究的核心材料则揭示了地方与全球间联系的延续性，也再现了在明代同化政策下"转变成华人"的关键时刻，中国穆斯林及其邻里的社区生活。此时，儒家知识分子多以开放的眼光博采外国文化，在三教合流的地方环境中，理解外来宗教信仰的世俗化。在他们的传记作品中，穆斯林知识分子及其家庭被纳入儒家道德框架之中。

注意地方与全球联系及文化碰撞的历史，会改变我们对地方史的理解，地方史范围的扩展有助于其国家表述和全球表述。以漫长的17世纪的泉州港口城市为例，在全球视野下探寻地方史的研究揭示了中国穆斯林应对王朝同化政策，自我调适其社区生活，也反映了在泉州由帝国边镇崛起为繁荣的南海世界经济中心时，穆斯林所作的持续贡献。

征引参考书目

Ben-Dor Benite, Zvi, *The Dao of Muhammad: A Cultural History of Muslims in Late Imperial China*, Cambridge, MA: Harvard University Asia Center, 2005.

Bentley, Jerry H., "Cultural Exchanges in World History," In *The Oxford Handbook of World History*, Edited by Jerry H. Bentley. Oxford: Oxford University Press, 2011.

Brook, Timothy, *Praying for Power: Buddhism and the Formation of*

[71] Siraf Abu Zaid and al-Mas'oudi, *Travelers' Accounts of China and India*.

Gentry Society in Late-Ming China, Cambridge: Harvard-Yenching Institute, 1993.

——*The Troubled Empire: China in the Yuan and Ming Dynasties*, Cambridge: The Belknap Press of Harvard University Press, 2010.

Chaffee, John, "Muslim Merchants and Quanzhou in the Late Yuan-Early Ming: Conjectures on the Ending of the Medieval Muslim Trade Diaspora," In *The East Asian Mediterranean: Maritime Crossroads of Culture, Commerce and Human Migration*, Edited by Angela Schottenhammer, Wiesbaden: Harrassowitz Verlag, 2008.

Chan, Hok-lam, *Li Chih 1527–1602 in Contemporary Chinese Historiography: New Light on His Life and Works*, New York: M. E. Sharpe, Inc., 1980.

Crone, Patricia, *Meccan Trade and the Rise of Islam*, Princeton: Princeton University Press, 1987.

Dunn, Ross E., *The Adventures of Ibn Battuta: A Muslim Traveler of the Fourteenth Century*, Berkeley: University of California Press, 2012.

傅衣凌《明代泉州商人史料辑补》，见《傅衣凌治史五十年文编》，北京：中华书局，2007 年。

Gladney, Dru C., *Muslim Chinese: Ethnic Nationalism in the People's Republic*, Cambridge: Harvard University Asia Center, 1991.

Glahn, Richard von., *Fountain of Fortune: Money and Monetary Policy in China, 1000–1700*, Berkeley: University of California Press, 1996.

Gerritsen, Anne, "Scales of a Local: The Place of Locality in a Globalizing World," In *A Companion to World History*, Edited by Douglas Northrop, Wiley-Blackwell, 2012.

Hansen, Valerie, *The Open Empire: A History of China to 1600*, New York: W. W. Norton & Company, 2000.

何乔远《闽书》，《文渊阁四库全书》。

——《名山藏》，北京：北京大学出版社，1993 年。

Hodgson, Marshall, *The Venture of Islam: Conscience and History in a*

World Civilization, Chicago: University of Chicago Press, 1974.

黄秋润《浅谈泉州回族风俗》,见《泉州伊斯兰教研究论文选》,福州：福建人民出版社,1983 年。

黄天柱《漫谈泉州地区阿拉伯穆斯林的后裔及其遗迹》,见《泉州伊斯兰教研究论文选》,福州：福建人民出版社,1983 年。

李焯然《论李贽在明代思想史上的地位》,见《明史散论》,台北：允晨文化实业股份公司,1987 年。

Levathes, Louise, *When China Ruled the Sea: The Treasure Fleet of the Dragon Throne*, 1405-1433, Oxford: Oxford University Press, 1994.

李光缙《景璧集》,福州：福建人民出版社,2012 年。

Li, Kangying, *The Ming Maritime Trade Policy in Transition, 1368-1567*, Wiesbaden: Harrassowitz, 2010.

李贽《焚书　续焚书》,北京：中华书局,1975 年。

Lin, Chang-Kuan. "P'u Shou-Keng." *Encyclopaedia of Islam, Second Edition*. Edited by P. Bearman, Th. Bianquis, C.E. Bosworth, E. van Donzel, W.P. Heinrichs. Brill Online, 2014. http://referenceworks.brillonline.com/entries/encyclopaedia-of-islam-2/p-u-shou-keng-SIM 6144

Lipman, Jonathan. *Familiar Strangers: A History of Muslims in Northwest China*. Seattle: University of Washington Press, 1997.

马西沙《林兆恩的三教合一思想》,见《世界宗教研究》1996 年第 2 期,第 25—28 页。

Macjima, Shinji, "The Muslims in Ch'uan-chou at the End of the Yuan Dynasty," *Memoirs of the Research Department of the Toyo Bunko* 31 (1973).

Osterhammel, Jürgen, "Globalizations," In *The Oxford Handbook of World History*, Edited by Jerry H. Bentley, Oxford: Oxford University Press, 2011.

Park, Hyunhee, *Mapping the Chinese and Islamic Worlds: Cross-cultural Exchange in Premodern Asia*, London: Cambridge University Press, 2012.

《泉州伊斯兰教研究论文选》，福州：福建人民出版社，1983 年。

Reid, Anthony, *Southeast Asia in the Age of Commerce, 1450-1680*, New Haven: Yale University Press, 1988-1993, 2 vols.

《荣山李氏族谱》，见泉州历史研究会编《泉州回族谱牒资料选编》，铅印本。

Schottenhammer, Angela, ed. *The Emporium of the World: Maritime Quanzhou, 1000-1400*, Leiden: Brill, 2001.

Siraf Abu Zaid and al-Mas'oudi, *Travelers' Accounts of China and India*, Translated by Mu genlai and etc., Beijing: Zhonghua shuju, 1983.

So, Billy, *Prosperity, Region, and Institutions in Maritime China: The South Fukien Pattern, 946-1368*, Cambridge: Harvard University Asia Center, 2000.

Streets-Salter, Heather, "The Local Was Global: The Singapore Mutiny of 1915," *Journal of World History*, 24: 3(2013): 539-576.

Tagliacozzo, Eric and Wen-Chin Chang, eds. *Chinese Circulations: Capital, Commodities, and Networks in Southeast Asia*, Durham: Duke University Press, 2011.

Tillman, Hoyt C., *Confucian Discourse and Chu Hsi's Academy*, Honolulu: University of Hawaii Press, 1992.

Twitchett, Denis and Frederick W. Mote, eds. *The Cambridge History of China*, Vol. 8, *The Ming Dynasty*, Part 2, Cambridge: Cambridge University Press, 1998.

Wade, Geoff, "Southeast Asian Islam and Southern China in the Fourteenth Century," In *Anthony Reid and the Study of the Southeast Asian Past*, Edited by Geoff Wade and Li Tana, Singapore: ISEAS Publishing, 2012.

Wills, John E. Jr., "Contingent Connections: Fujian, the Empire, and the Early Modern World," In *The Qing Formation in World-historical Time*, Edited by Lynn A. Struve, Cambridge: Harvard University Asia Center, 2004.

Yule, Sir Henry, *Cathay and the Way Thither*, Translated by Zhang

Xushan, Beijing: Zhonghua shuju, 2008.

Zhao, Gang, *The Qing Opening to the Ocean: Chinese Maritime Policies, 1684-1757*, Honolulu: University of Hawaii Press, 2013.

〔原文发表于 *Frontiers of History in China* 11.3 (2016), pp.376-399〕

掌上明珠：被忽视的清代父女情*

卢苇菁

本文的研究始于对明清时期很流行的关于女儿的两个名词的思考——“掌上明珠”和“赔钱货”。这两个对比鲜明的形象代表了对父母和女儿关系的两种完全不同的文化叙述。根据前者，女儿为父母所珍爱，但后者用商品化的语言表达，女儿对父母而言无利可图，受父母冷落。“掌上明珠”（掌珠，掌中珠）一词起源于一千多年前，使用时无性别和年龄区别，可以被用来形容男性或女性、成人或孩童①。但在清代，“掌上明珠”往往用来形容女儿②。“赔钱货”这个比喻可能始于元代，植根于这一理解，即女儿出嫁后成为夫家的一部分，无法回报父母的养育之恩，而父母却要为她准备嫁妆③。在清代，这两种说法已成中国文化习语，显示其修辞意义的力量和流行性。

20 世纪的大部分时间，学者对这两者的关注是不均衡的。“掌上明珠”几乎被完全忽视，而“赔钱货”这个比喻成为女性受迫害的有力象征——女性受压迫是大多数学术论文和媒体表述

---

* 感谢曼素恩教授、《清史问题》的两位审稿人，以及 2009 年美国史学年会的一个会议小组的评论和建议。笔者谨以本文纪念施坚雅师（G. William Skinner，1925—2008）。

① 最早使用这个词的文学作品包括晋代傅玄的《短歌行》，见郭茂倩编著《乐府诗集》。还有南梁吴均的《碎珠赋》。

② 例如，蒋士铨《忠雅堂集校笺》，第 297、675 页；尤侗《尤太史西堂全集三种》，《四库禁毁书丛刊》第 129 册，第 114 页。

③ 这个词已经出现在《西厢记》中，还出现在其他一些元代和明代的戏剧和清代的小说中，例如蒲松龄的《聊斋志异》。见王实甫《西厢记》，第 79 页；蒲松龄《聊斋志异》，第 658 页。

的主题[④]。从“五四”运动时期到20世纪80年代早期，女儿的困境成为讨论中国女性在父权制、父家长制、婚后入住夫家(patrilocal)的家庭制度下所受的苦难和边缘化地位的潜台词：她是溺婴的受害者，她不被父母重视，她被迫成为妓女或者奴婢，她被夫家虐待，或婚后被母家抛弃[⑤]。部分由于高额嫁妆——这是“赔钱货”这个比喻的来源——而导致的溺婴行为，以令人毛骨悚然的方式被大量地描写。这些描述至今仍能引发很强的情感反应，以至于一位学者感到有必要为中国文化辩护，强调溺婴并不暗示着中国人民本身或者中国文化习俗本身的劣根性[⑥]。这类描述在过去的二十年里才被复杂化，受到挑战，因为新一代的研究已经指出女儿和年轻女性并不总是被忽视，被剥夺尊严；她们得到养育，受到爱护，给予良好教育。在婚后，也与母家保持着紧密的联系[⑦]。

这些新的发现引导我们注意到被忽略的父女关系。尽管最近的研究主体将女性放置于家庭关系中进行讨论，但除了童年史

---

④ “赔钱货”以及类似的一些词，比如说“没用的女儿”，被普遍运用在20世纪中国文学中，来说明中国女性在封建时代所受到的压迫。美国学者在中国台湾进行的人类学研究加深了这种观念，例如，Arthur Wolf，“The Women of Hai-san，” p.96。

⑤ 这些主题很长一段时间都在历史学和人类学研究领域占主要地位，不论是在中国国内还是国外。英文的著作中，认为女儿与娘家联系松散的论点在一些非常有影响力的研究妇女史和中国家庭家族关系的著作中都出现过，包括 Margery Wolf, *Women and the Family in Rural Taiwan*；Arthur Wolf，“The Women of Hai-san”；Johnson，*Women, the Family, and Peasant Revolution in China*；以及 Honig and Hershatter 在 *Personal Voices* 中认为，“在解放前的中国，一个女性出嫁后，她与母家以及村庄的人际网络的联结会被切断”。p.166。

⑥ Mungello, *Drowning Girls in China*, p.127. 一些研究认为溺女婴的比例是全体女性的五分之一或四分之一，见 Lee and Wang，*One Quarter of Humanity*, p.51.

⑦ 这些著作包括 Ebrey，*The Inner Quarters*；Ko，*Teachers of the Inner Chamber*；Mann，*Precious Records* and *the Talented Women of the Zhang Family*；Judd，“Chinese Women and Their Natal Families”；Bossler，“A Daughter Is a Daughter All Her Life”。

的研究，父女间的互动和连结仍被大多数学者所忽略[⑧]。当母亲和儿女的关系，尤其是母子关系成了非常重要的研究课题时，父女关系的研究被忽视就更加显而易见了[⑨]。但毋庸置疑的是，女儿和父亲的关系，就如同她和母亲的关系一样，都是其生命历程中极其重要的一部分。同时，对于历史学家来说，这个研究也可以为家庭结构中其他关系的研究提供参照。

本文从阅读清代男性书写的关于女儿的作品来发掘有关父亲-女儿关系的观念。那些观念曾丰富地蕴含在“掌上明珠”的比喻中，然而后来却被遗忘。当清代的父亲们使用这种比喻的时候，他们在思考什么？或者说，他们如何表现与女儿的关系？这种关系对他们的情感、经济和文化学术生活又有什么影响？我认为，当我们转向思考这些问题的时候，我们可以开拓妇女史和性别关系新视角，跳出受压迫者-压迫者的两元论或将父系制度一概视为摧残性制度的思维，以新的复杂的概念关注男性和女性的生命经验。从理论上和权力分配而言，在一个家庭中，父亲和女儿分别处在天平的两端，一端是父系制下的家长，而另一端是最微弱的家庭成员。这种社会等级的定位使得父女关系成为一个特殊的联结：权威的使用、社会规范的影响以及人类天性中的爱都会在这一关系中发挥作用。事实上，来自于男性作品中的父亲形象与道德规训中的无父爱可言的父亲形象大相径庭。由文人

---

⑧ 一个让人欣喜的例外就是曼素恩关于张家女儿们的叙述，例如关于汤瑶卿的那一章。尽管并不是直接聚焦于父女关系，但研究儿童史和童年史的学者对这个话题也给予了较多的关注。例如，Pei-yi Wu，“Childhood Remembered”；Ping-chen Hsiung，*A Tender Voyage*，esp. chap. 7，“Girlhood”。

⑨ 一部关于母子关系的经典著作是 Margery Wolf 的 *Women and the Family in Rural Taiwan*。在这本书里，她提出了在父权制家族中，以母子感情为维系的“子宫家庭”的概念。最近，熊秉真也介绍了非常精彩的资料，其中母子之间深深的情感联系也是重点。见 Hsiung，“Constructed Emotions，” and *A Tender Voyage*，pp.110-155。

建立的、已经长时间存在于文化叙述中的柔情的父亲形象，很难在以道德规训为导向的作品中找到，也不被儒家的社会规范所推崇。在儒家规范中，指导父亲与孩子关系的是等级和责任。

诚然，我们可以说接下来本文所描述的父女之爱显示出爱惜女儿是人性使然，即使是在一个重男轻女的社会中。它是普遍的、无时间性的。这里我想强调的是清代的特性：清代的父亲对女儿的爱，是一个政治和社会体系以及性别系统构建的结果。这篇分析让我们去重新思考一个父系制的、父权制的、婚后入居夫家的家庭制度究竟可以对女性产生何种影响。我的证据显示了一个悖论：历史学家深信的那些造成性别不平等的政治和社会力量，同时也造就了父女之间关系的亲密。给予男性特权和地位的政治系统，将父亲和儿子置于无尽追求成功的压力中的、竞争激烈的考试系统，还有女儿嫁入夫家的婚姻系统，都对父亲和他的子女间的关系产生了不同层次的情感张力。这个张力在很多情况下转化成了父女关系亲密的催化剂，使女儿成为了父亲学术和情感生活的一个特别角色。

生男欢喜生女怜

我们并不缺少中国父亲喜爱女儿的历史记录[10]。这一点在诗歌传统中由晋代诗人左思（250—305）发挥到极致。他的《娇女诗》生动地描述了他的两个幼女娇憨活泼的形象，她们深受父亲宠爱。即使女儿们制造了很多麻烦，这位父亲也乐在其中。正如前人一样，清代的诗人们在写到自己的女儿时，也不断地引用左

---

⑩ 例如说，Ebrey, *The Inner Quarters*, p.61; Pei-yi Wu, "Childhood Remembered." 熊秉真认为在帝制晚期有一个趋势，就是父母对待和教育年轻女孩子时更温暖、更慈爱。她还发现在这个时期，最为私人的记载都提到家里最受宠的常常是女孩，而几乎不是男孩。见 Hsiung, *A Tender Voyage*, p.199。

家的小女的典故，使“左家小女”成为文人间流行的表述方式。他们自豪地将自身置于这项传统之中，并通过自己的作品，在对年轻的女儿的文学再现中，重新生产并发扬这一文化密码。

值得注意的是，这种对年轻女儿的诗歌呈现（父亲作为一个记录者和赞赏者，记录着女儿的每一个举动），与渗透其他文学种类的道德和伦理说教大相径庭。当道德规训说到女性的成长时，完全是另一种口吻。经典的规训教材和传记强调年轻女孩要沉默寡言和克制，因为这些是妇德和教养的标志。例如，班昭的《女诫》要求女性控制言语和笑颜，她们应该“清闲贞静”，“行己有耻”，“不好戏笑”[11]。清代对有德女性的传记描写，无例外地强调传记主角在年少时，拒绝与其他孩童玩耍，不苟言笑，不随便启齿[12]。父亲们被期待承担教育女儿德行的角色。在18世纪，给女儿们提供一个良好的道德教育是精英家族维持其社会地位的一个重点[13]。女性的传记展现了父亲教女儿阅读经典和女教书的情景，而父亲们的努力也被女儿们所感激[14]。

但是诗歌中呈现的女儿形象，比如18世纪著名学者郑虎文（1714—1784）在诗里所描写的，贞静的女儿却很少见[15]。他的女儿们活泼可爱，喜欢玩耍，无忧无虑。郑虎文发现有她们在周围陪伴非常舒心：

梦中不知愁，欢喜入怀抱。娇痴如平时，笑语忘衰老。镊白竞挽须，搔背浼撮蚤。衾裯问燠寒，衣裳互颠倒。琐屑

---

[11] 陈梦雷编《古今图书集成》，第47550页。

[12] 见 Weijing Lu, *True to Her Word*, pp.182-183。

[13] Mann, "Grooming A Daughter for Marriage," pp.213-216.

[14] 在一首纪念父亲的诗里，任婉华回忆起父亲教她读《诗经》第一章的情景。见王延梯编《中国古代女作家集》，第841页。

[15] 郑虎文是浙江嘉兴人。考取进士后，他去了北京和其他省份做官。他以诗出名，在文人圈子里，他因教导或提携有才华的学者而备受尊敬，这些学者中有黄景仁、戴震和章学诚。

岂嫌烦，怜爱不辞恼。[16]

郑虎文承认自己十分喜爱女儿，在其他几首诗中，他自豪地宣称他比任何人都爱女儿，而且爱女儿甚至超过爱儿子[17]。他对大女儿郑庄感情尤其深厚。他说他的妻子在二十多岁的时候嫁给了他，那么按照当时的情况来看，这已经是晚婚了。当郑庄出生的时候，整个家庭都在热切地期盼着一个孙辈的到来[18]。除了是家里的第一个孩子外，郑庄的受宠还因为她出生在一个有着珍爱女儿传统的家庭中。郑虎文的父亲有六个女儿，据说也非常喜欢女儿[19]。郑虎文的妻子之后又生了三个女儿和四个儿子（郑似乎没有纳妾），而从郑在作品中提及他们的程度来看，他非常享受他们的陪伴，无论儿子还是女儿。但这并不意味着只有有儿子的父亲才会喜爱女儿。诗人吴伟业（1609—1671）就是这样一个例子。在他的妾给他生了三个儿子和两个女儿之前，他的妻子生了七个女儿[20]。在儿子未出生之前，吴伟业可能就是不断面对着一个接一个的失望。以下的诗句反映了他当时的心情：

生男欢喜生女怜，嗟我无子谁尤天？[21]

子嗣对父系家庭的延续是至关重要的。儿子，而不是女儿，生来就承担着延续祖姓和生育后代的责任。而女儿在出生的那一秒，就被认为是属于未来夫婿的家庭。相比于她的兄弟们，她的弱势

---

⑯ 郑虎文《吞松阁集》，《四库未收书辑刊》第 1014 册，第 365 页。

⑰ 郑虎文《吞松阁集》，《四库未收书辑刊》第 1014 册，第 93、397 页。清之前的男性也喜欢用类似的表达表明对女儿的喜爱，见 Ebrey, *The Inner Quarters*, p.61。

⑱ 郑虎文《吞松阁集》，《四库未收书辑刊》第 1014 册，第 339、365 页。

⑲ 郑虎文《吞松阁集》，《四库未收书辑刊》第 1014 册，第 365 页。

⑳ 吴伟业去世的妻子至少生过一个男孩，吴伟业称这个男孩的死是“下殇”，这意味着男孩是在八岁到十一岁之间去世的。最终吴伟业的一个妾生了三个男孩。他总共有三个儿子，九个女儿。见吴伟业《吴梅村全集》，第 1023、1439、1409 页。

㉑ 吴伟业《吴梅村全集》，第 260 页。

还在于，无论是思想或制度都不允许女性正式参与政府管理和公共事务。尽管一个有着极高道德水平和文学素养的女儿可以提高母家的名声和地位，但只有一个成功的儿子才能给他的家庭、家族和祖先带来科举功名和官职。

很显然，吴伟业认同这些价值观，但他的失望并没有成为他爱怜女儿的障碍。诗的第一句话抓住了生儿和生女的微妙的感情不同：儿子的出生带来喜悦，女儿的出生让他的内心充满怜爱。尽管生女儿没能引起和生儿子时同等强烈的喜悦之情，但是父母对她的爱仍然充沛。在接下来的诗中，吴伟业的感情得到了栩栩如生的展现。诗创作于政治动荡不安的清代早期，此时他的妻子已经去世。诗中写道，三个女儿已经出嫁或订婚，但没有一个生活安定，其他的孩子们尚在稚年：

> 伤心七女尽亡母，啾啾乳燕枝难安。一女血泪啼阑干，舅姑岭表无书传。一女家破归间关，良人在北愁戍边。更有一女忧烽烟，围城六月江风寒。使我念此增辛酸，其余灯下行差肩。见人悲叹殊无端，携手游戏盈床前。相思夜阑更剪烛，严城鼓声振林木。众雏怖向床头伏，摇手禁之不敢哭。

这首诗充满了对女儿们的伤感担忧思绪。吴伟业跟其他失去妻子的父亲一样，哀叹她们小小年纪就被剥夺了母亲的照拂，将她们比作天真活泼却已失去了母亲的乳燕[22]。时代的漩涡给她们的童年和青年时期投下了阴影，剥夺了父亲本来期望她们所能拥有的生活，令他不胜哀伤。

清代的诗歌还留下了大量关于父亲如何宠爱女儿的故事。女儿幼年时，父亲和她们做游戏。那些富裕的家庭则给女儿们买大把的玩具。当女儿们长大了一些，能举着书本模仿父亲读书

---

[22] 例如，赵怀玉《亦有生斋文集》，《续修四库全书》第1469册，第432页。

时，父亲们就开心地宣称女儿早慧。小女孩的纯真举动——模仿母亲的妆容，或者学习刺绣，或者心不在焉地帮着父亲找书——都令父亲开颜。在灯下或者月光下教女儿们读书激发了父亲们的诗意。离家一段时间往往是伤感的，父亲们会哀叹即使是小女儿们也能感受到这种伤感，或者女儿们太小还不能理解父亲的哀愁㉓。

女儿的生日意味着一场庆祝，亲密的朋友会送来礼物。在一个朋友的女儿十岁生日的时候，著名的戏曲家和诗人蒋士铨(1725—1785)送去了一把扇子，扇子上是他亲笔写的六首诗㉔。富裕的家庭，比如说尤侗的家，精心准备女儿的一岁生日，给佛和菩萨烧香供果品，陈列玩具和其他的一些物件给女儿玩㉕。尤侗(1618—1704)写了一篇文采绚烂的长文向佛祖祈祷，保佑女儿长寿富足。他在文中引用真实或传说的因才华和良好教育出名的女性人物，还给女儿取了字和号，并给她八类有象征意义的物品。这些物品制作精良，其意义在尤侗的长文中细细加以阐述，我们由此了解到精英家庭如何培养一个淑女：

> (1) 一本书；(2) 一套毛笔、一张纸、一方砚台、一碇墨；(3) 一张古琴、一管长笛；(4) 一捧香；(5) 一束秋花；(6) 一枚镜子、一对手镯、一对耳环；(7) 一方尺、一把剪刀、六条丝线；(8) 一套绣衣和一双鞋。

书象征着，尤侗希望女儿能够成为一名学者，通晓经典和历史；文房四宝则表达她能成为像谢道韫和卫夫人一样的诗人和书法家

㉓ 见吴伟业《吴梅村全集》第111、125页；郑虎文《吞松阁集》，《四库未收书辑刊》第1014册，第93、366页；蒋士铨《忠雅堂集校笺》，第297页；黄景仁《两当轩集》第68页。

㉔ 蒋士铨《忠雅堂集校笺》，第395页。

㉕ 这个庆祝可能是我们熟知的抓周。《红楼梦》第二回中也出现了类似的场景。

的希望；乐器寄托她精通礼乐的期望；香象征着她被芳香围绕；花象征着她能欣赏花的美，并写出芬芳的诗句；镜子让她学化妆，珠宝为她增加女性的优雅；尺、剪刀和丝绸让她做出精美的刺绣；而送她漂亮的衣服和鞋子，是希望她的女性魅力闪闪发光[26]。

如果将这八类物品以用途分类的话，其中的五类仅限于女性使用（一类为女红，其余为了外表美丽），剩下三种不分性别的物品尤其值得一提。通常情况下，这些物品属于一个受到良好教育的男性学者，比如尤侗自己：书、文房四宝和乐器。但这三类却恰恰放置在这个家庭送给小女儿的礼单的最上面。很明显，对于尤侗这样的学者父亲来说，培养一个淑女至关重要的是精通文史。与此形成对照，道德教育并不是首要的，尤侗只在文章的结尾表达，他希望女儿能像唐代的宋家五姐妹一样——她们以才华和妇德而出名[27]。把尤侗似乎是错置的优先观放在历史背景中看，他所生活的17世纪的江南，见证了士人家庭中历史性的女性才华概念的兴起。叶绍袁的女儿们、桐城方氏家族的女性以及蕉园诗社的成员，都在男性主导的文学世界里留下了自己的名字[28]。在18世纪，女性才华不断的显示导致了对女性教育的两种争论，一种强调道德内容，而另一种则强调文学修养[29]。

清代的史料展示了父女情感的连接起始于女儿的幼年时期。在明清时代，养育孩子的责任并不仅仅落在母亲或者家庭中女性成员的肩上[30]。在富裕的士人家庭，父亲们也参与孩子的养育，他们不仅是为了帮助妻子，也想享受与孩子们的亲近交流。一位18

㉖ 尤侗《尤太史西堂全集三种》，第114—115页。

㉗ 五姐妹中的大姐宋若莘著有《女论语》，妹妹宋若昭为之作注。五个姐妹皆未出嫁，因才华被召入宫中。她们的哥哥据说并不聪明。

㉘ 叶家女儿和蕉园诗社的女诗人的故事，见Ko, *Teachers of the Inner Chambers*；方氏家族的女诗人，见许结《明末桐城方氏与名媛诗社》第349—362页。

㉙ 见Mann,"Classical Revival and the Gender Question," pp.379-411。

㉚ Ping-chen Hsiung, *A Tender Voyage*, p.114.

世纪游历中国的朝鲜学者记录显示，小女儿们备受喜爱。在他拜访翰林院一位叫吴祥的官员在北京的家时，主人和客人都非常愉快地以笔交流（对话是通过书写汉文实现的，双方都能看懂），他们能听到隔壁女人说话和玩笑的声音。吴祥进去了，抱着一个小女孩出来。他告诉客人，这是他四岁的女儿。在场的吴的另一位朋友把女孩放在膝头，和她玩笑，然后三人继续着他们关于两国学者、政府和社会风俗的讨论[31]。

也是在18世纪晚期的北京，在政府就职的考据派学者卢文弨（1717—1796）在给朋友的信件中描述了自己是如何度过夜晚的：

> 饭讫，稍处分家事，即取旧所读书就灯下读……妇抱幼女在旁，女半岁，略识眉目，向予嫛婗欲语，予取置诸膝，女似喜读书声，谓若予与之语者。然久之，渐不耐，跳跃转侧不可抑按，乃抱之徐徐行，覆诵所读书，有不接诵处即开卷正之，腕力倦则还其母。儿早睡，予读书至寝，以儿醒索乳为率，则夜已过中矣。[32]

卢文弨对小女儿的温馨、耐心和细心跃然纸上。而他不厌其烦地将这些细节描述给朋友，证明了他对此时此刻的享受。正如今日的父亲们，清代的学者父亲也爱花时间和年幼的孩子们在一起。正是在这种亲密的交流中，温柔的父女关系开始建立。

嫁　女

> 女本非男儿，始近终必远，曾闻叶归根，几见弩留箭。而我岂不知，癖爱终莫变。未解造物心，可肯如我愿。此愿尚难期，离别已成渐。（作者原注：时贞女将于归。）感兹心怔

[31] Yŏnhaengnok sonjip (A selection of records of travel to Beijing), p.236.

[32] 卢文弨《抱经堂文集》，第245页。

忡，独悲客谁劝。[33]

这些诗句出现在郑虎文给外甥女（姐姐的女儿）的长诗中。郑虎文惊喜于外甥女诗作的进步，而这又让他想起了他的二女儿，也会写诗的郑贞，已到了快要出嫁的年纪。他非常清楚，这种时刻无法避免，因为送女远嫁的传统似乎是永久的存在，但这种理智思考给不了他多少安慰。他在诗中模糊地暗示，希望能找到一种方法来摆脱这种不可避免性（或许可以通过入赘的方式让女儿在家待久一点），但时间紧迫，无论他是否能想出解决办法，郑贞都快要出嫁了。

如果说，女儿出嫁这个过程会超越文化和空间的区分，引起许多父亲的情感波动，那么，由于他们所处的家庭和婚姻制度，清代父亲的这种情感尤为强烈。造成像郑虎文这样的男性苦恼的并不是婚姻本身，而是婚姻所带来的父女分离。在清代，正统的普遍的婚姻形式是新娘嫁入新郎的家中，并在那里度过一生。因此，婚礼也标志着女儿和母家的一生分别的起点。她是否能够或者说隔多久能看她的父母，取决于两家的地理距离和一些其他的因素。伴随着分离之痛的还有担心女儿是否能平稳地过渡到她的新角色，以及她的新家人是否会善待她。从那一刻起，女儿被交到了他人手中，而她的命运父亲已无力把握。正如郑虎文在另一首给女儿的诗中叹息的："去住由他人，焉得常在斯。"[34]

父母们会采取一些措施来降低遭遇糟糕婚姻的几率，全力以赴尽他们的能力争取一个好的婚姻。交叉表亲婚的盛行和其他一些在家族内的联姻会减弱父母的担忧[35]。另一个策略就是将女

---

[33] 郑虎文《吞松阁集》，《四库未收书辑刊》第1014册，第74页。

[34] 郑虎文《吞松阁集》，《四库未收书辑刊》第1014册，第366页。

[35] 这些婚姻形式在宋代已经很普遍，见 Ebrey, *The Inner Quarters*, pp.65-73。

儿嫁给当地的他们知情的家庭。本地的婚姻有很多好处：父母们会更加了解女婿家的情况，这样风险就会小一些。如果女儿没有被善待，他们也能够介入。最后一点，他们还可以继续维持和出嫁女儿的亲密关系，继续为她的情感和物质生活提供支持。我们可以在赵怀玉（1747—1823）给他女儿安排的婚姻背后看到这些考量。他向逝去的前妻保证他会把女儿们嫁给离家近的出色的年轻人[36]。事实上，他四个女儿中的两个都嫁入他儿时玩伴的家中，离家只有一条小溪的距离[37]。因为住得近，女儿们频繁回家，就像他给二女儿写的一首诗里说的那样："上堂奉尊章，暇则归宁亲。"[38]三女和最小的女儿没能嫁在本地，这大概是因为赵怀玉在缔结这两个女儿的婚约时，刚好在远离家乡的任上。但他还是让其中的一位女儿以入赘婚的形式出嫁了，女儿和她的丈夫直到生了一个男孩以后，才搬到男方的家里。看着他们离开时，赵怀玉流下了伤心的泪水，但他也不无满足："嫁仍骨肉三年聚。"[39]

在结婚的头几年，以入赘的形式住在岳父家是士人中很普遍的一件事。通常情况下，这是新娘、新郎双方家庭向上社会流动或维持地位的策略。在这种精英阶层的入赘婚形式中，一个来自较低社会阶层、经济实力较弱或者没落家庭但是有才华的男性，经常会被一个富裕的家庭选中，以入赘婚的形式娶他们的女儿。在岳父家里，岳父为他提供不易得到的教育和社交网络的机会，他因此也承担起了两个家庭的希望：通过科举考试博得功名，来提高两个家庭的地位[40]。

---

[36] 赵怀玉《亦有生斋集》，《续修四库全书》第 1469 册，第 315 页。

[37] 赵怀玉《亦有生斋集》，《续修四库全书》第 1470 册，第 194 页；第 1469 册，第 390、638 页。

[38] 赵怀玉《亦有生斋集》，《续修四库全书》第 1469 册，第 517 页。

[39] 赵怀玉《亦有生斋集》，《续修四库全书》第 1469 册，第 433 页。

[40] Weijing Lu, "Uxorilocal Marriage among Qing Literati."

这种策略，也同时可以把爱女在她结婚的头几年留在家里。潘耒(1646—1708)在十七岁的时候，由于兄长潘柽章牵涉到明史案中(柽章那年被清廷处死)，导致被迫离开家乡吴江。在淮阴，一个叫王起田的富人收留了他。当发现潘耒来自一个精英家庭，才华横溢，人品出众时，王提出以赘婚的形式将独生女嫁给潘耒，并亲自去吴江说服潘耒的母亲接受赘婚[41]。但也不是所有的入赘婚背后都有着向上层阶级流动的考量，对女儿的爱本身就是一个足够的理由。蒋士铨在女儿幼年去世后写道，对她的爱，已使他早已决定将来为她安排一桩入赘的婚事[42]。对女儿的喜爱也是王源(1638—1710)的家族以赘婚嫁侄女的原因，因为这位侄女十分受喜爱，尤其是受祖父喜爱[43]。

清代的士人阶层实行入赘婚的普遍程度才刚刚被历史学者所认识。有一些婚姻发生在门当户对的家庭中。例如曼素恩(Susan Mann)新书中提到的常州的张氏家族，是出嫁的女儿和女婿留在母家的又一例子。(父母去世之后，张家的姐姐们又带着丈夫和孩子，跟随其弟弟去了新上任的地方。)[44]精英家庭，包括政治和社会地位极高的家庭，经常会让儿子去岳父家成婚和生活，或者让女婿进入自己的家中[45]。这样的安排可能有很多考虑，但其中很明显的一个好处，就是女儿在结婚的头几年可以留在家中，而这几年通常被认为是女性最为困难的时段，因为她需要适应新的角色。

---

[41] 潘耒《遂初堂诗集》，第 21 页。

[42] 蒋士铨《忠雅堂集校笺》，第 298 页

[43] 王源《居业堂文集》，第 236—237 页。

[44] Mann, *The Talented Women of the Zhang Family*.

[45] 袁枚和赵翼可以说是 18 世纪最出名的两位诗人，和蒋士铨一起被称为“乾隆三大家”。他们就是按这个风俗让儿子娶亲的。阮元与孔璐华的女儿在阮元任两广总督时在其官邸成婚。见袁枚《袁枚全集》第 22、23 页；赵翼《瓯北集》，第 686 页；阮元《揅经室集》卷 6，第 34 页 a。乾隆三大家，见蒋士铨《忠雅堂集校笺》第 1 页。

在郑虎文家中，入赘婚保持了两代，并且儿子、女儿均有。郑的一个姐姐是入赘婚，守寡后，和她的孩子们随郑虎文一起生活。这个姐姐的一个女儿也是入赘婚[46]。郑自己的三个儿子和三个女儿中，二儿子在岳父家成婚，而两个女儿，郑庄和郑贞，婚后还是在家中[47]。在郑虎文的文集《吞松阁集》中，我们能发现女儿郑庄和朋友儿子古渔婚姻的一些蛛丝马迹。郑庄订婚时，古渔仅六岁。但郑虎文从古渔的书法中看出这个小孩很有前途。古渔的家庭很有地位，古渔的父亲是个知府，哥哥是举人。根据郑虎文所述，古渔的父亲十年不在家中，古渔在年轻时就由郑虎文亲自授课(我们并不清楚他是在结婚前还是结婚后住入郑家的)。郑虎文把他带到了北京、湖南和广东的任上。他们也有分离的时候，这时郑虎文会担心古渔是否在学习上能继续进步。当他在一封家信中读到古渔的诗时，就大为放心，于是开怀地给古渔回了一首诗："爱女因爱婿，情好同所生。"[48]

在郑庄婚礼的前夜，郑虎文辗转难眠。他写了一首充满着伤心、自豪和紧张的长诗。对女儿的喜爱之情在开篇就可以读到："有女无不爱，爱汝情独痴。"这首诗描述了她的女德：她是母亲的帮手，承担了家里的责任，从缝衣浆洗到庭前洒扫无一不会。"事事俱在心，巨细咸待治。"她从不拒绝累活，冬日里手冻开裂，夏天里大汗淋漓。她还很节俭、正直、端庄：尽管别的年轻女性会要奢侈的衣服首饰，但她却从不在意这些东西。而且她还知道自己的父亲需要什么，无微不至地照料他："事我尤曲谨，委折罔不宜。如彼形与影，转侧不忍离。"[49]

---

[46] 这是从这个侄女和郑虎文一家同住，她的丈夫和郑虎文一起旅行等迹象推断而来。郑虎文《吞松阁集》，《四库未收书辑刊》第 1014 册，第 75、84、85 页。

[47] 郑虎文《吞松阁集》，《四库未收书辑刊》第 1014 册，第 138 页。

[48] 郑虎文《吞松阁集》，《四库未收书辑刊》第 1014 册，第 74、242、243 页。

[49] 郑虎文《吞松阁集》，《四库未收书辑刊》第 1014 册，第 365 页。

既然郑虎文如此珍爱郑庄，入赘婚就是一个自然而然的选择。他在下一段描述了准备这场婚礼的喜悦。婚姻掀开了女性生命中的重要篇章，父亲在此时给予女儿教导是必须的：他指导她做一个丈夫的好帮手，尊敬并鼓励丈夫，待丈夫如同待一个“尊贵的客人和老师”，还要做一个像孟母一样的良母。他强调，他知道她一直“贤淑”，不会让他担心，但因为自己深深爱她，他还是深深地担忧，所以他必须重复这些话。在诗的结尾，伤感又逐渐弥漫：“嗟我年已暮，冉冉霜入鬓，今虽不遽别，别亦须臾期。”在这个最喜庆的时候，他还是不能抑制地想，女儿在家的时间仍然是短暂的：“念此不能语，含毫泪先滋。”[50]我们不清楚郑庄和她丈夫在郑家里留了多久，但看来在郑庄回到夫家之后，又回了一趟娘家，以迎接即将卸任的父亲，让郑虎文很是高兴[51]。在此前住在父母家时，郑庄生了第一个孩子，是个男孩。郑虎文那时并不在家。对女儿怀孕的焦虑和担心让他无法专心政事。他不断梦到女儿。为了减轻自己的担忧，他开始占卜。当得到了吉兆，他又太过紧张不敢相信。所以，当他收到家信，得知女儿平安生产，孩子相貌堂堂的时候，他的喜悦之情溢于言表。他回了一首诗，告诉他们：“远道难遽即，遥思到家时，忍惜提抱力？”[52]

郑虎文的紧张是可以理解的，如果我们考虑到当时产子时，母亲或者婴儿的高死亡风险。郑庄很幸运能够平安生产，但她到夫家生活了八年后，尚在盛年便去世了。郑虎文在给女婿的诗集作序的时候，简短地提到女儿已亡故。他说，读女婿的诗引起太多回忆，以至于泪流满面却不自知[53]。郑虎文的诗文集里未收为庄写的诔文或悼诗，我们只能想象他的悲伤。

---

[50] 郑虎文《吞松阁集》，《四库未收书辑刊》第 1014 册，第 365 页。

[51] 郑虎文《吞松阁集》，《四库未收书辑刊》第 1014 册，第 117 页。

[52] 郑虎文《吞松阁集》，《四库未收书辑刊》第 1014 册，第 366 页。

[53] 郑虎文《吞松阁集》，《四库未收书辑刊》第 1014 册，第 242 页。

悼　女

在正常情况下，女儿活得比她们的父亲要久。但在清代，儿童夭折并不少见。天花是导致儿童死亡的一个普遍原因。赵怀玉发现，在北京，每三年会爆发一次天花传染[54]。每一次，蒋士铨都会沉痛地描述这场灾难，“十家襁褓一二全”[55]。实际上，蒋士铨自家在七天内就失去了三个孙女，全部死于天花[56]。李绂（1673—1750）八岁的儿子和五岁的女儿在三天内接连去世[57]。

以文字哀悼逝去孩子的传统，至清代至少有千年之久[58]。在清代，这样的文字分散在文人集子中，大部分在诗歌、悼辞、传记，包括传、圹志或者圹记中。这些作品留存了父母的哀伤以及他们如何面对失去女儿的悲痛。龚自珍（1792—1841）就应一个失去年轻女儿的悲痛的朋友之请求写了一篇墓志[59]。尽管女儿去世时，这位父亲远离家乡，但据说他感觉到女儿的逝去，好像冥冥之中他和女儿的灵魂跨越空间的阻碍而联系在了一起。亲密的朋友会给失去女儿的朋友寄一首安慰的诗[60]，父亲为逝去的女儿画一幅肖像，并在肖像上题诗是另一种形式的回忆。郑虎文就在已逝女孩看书的图上题了诗[61]。1750 年，一个刚失去爱女的朋友请蒋士铨喝酒。月光皎洁，朋友流泪不止，蒋写了一首诗来安慰他。[62]

---

[54] 赵怀玉《亦有生斋集》，《续修四库全书》第 1469 册，第 517 页。

[55] 蒋士铨《忠雅堂集校笺》，第 864 页。

[56] 蒋士铨《忠雅堂集校笺》，第 2244 页。

[57] 李绂《穆堂初稿》，《续修四库全书》第 1421 册，第 523 页。

[58] 见 Pei-yi Wu，“Childhood Remembered，” p.137。他认为从唐代开始至少延续到 15 世纪，中国对儿童的书写比欧洲的要多。

[59] 龚自珍《龚自珍全集》，第 157 页。

[60] 蒋士铨《忠雅堂集校笺》，第 300、675 页。

[61] 郑虎文《吞松阁集》，《四库未收书辑刊》第 1014 册，第 83 页。

[62] 蒋士铨《忠雅堂集校笺》，第 252 页。

一年后，蒋自己也经历了同样的哀痛。他的大女儿宁意，在十五个月时夭折。差不多同时候，另一个朋友也失去了年轻的女儿，蒋也为他写了一首安慰的诗[63]。

蒋创作了八首诗哀悼女儿宁意的死。在诗中，他提到，宁意的降生给家庭带来了巨大的欢乐，而她的死，又让家庭陷入深深的绝望中："悲煎肠转轮，心与造化争。"蒋的母亲因过度悲哀而晕过去。家人将宁意所有的衣服和她埋在一起，将玩具焚化希望它们能在另一个世界继续陪伴着她。他们把她的坟墓选在城内，希望她的魂魄在想念母亲乳汁的时候能够找到回家的路。蒋士铨对女儿许下诺言，在他们回老家之后，会将她重新埋在家族坟地中[64]。在宁意死后一年，蒋士铨又写了五首诗来纪念[65]。这并不是蒋家第一次失去年幼的女孩。在上一代，也发生过同样的悲剧。那个女孩是蒋士铨的姐姐，非常受他们父亲喜爱。她在五岁的时候死于天花，当时举家在山西旅居。根据当地的习俗，家人为她安排了冥婚。他们找到了一个死去的男孩，为他们举行了周到的冥婚仪式[66]。

除了葬礼、诗歌和悼辞，父亲们还会通过服丧来哀悼女儿。这是一个非常正式的抒发哀悼的渠道。儒家称孩子的死为"殇"，而服丧时间的长短取决于孩子死去的年龄。一个孩子在十六岁到十九岁之间去世称为"长殇"，十二岁到十五岁间称为"中殇"，八岁到十一岁称为"下殇"。八岁以下的死亡叫作"无服之殇"。这四种殇的服期逐渐缩短，都比成年人的服期低一个等级[67]。

---

[63] 蒋士铨《忠雅堂集校笺》，第 300 页。

[64] 蒋士铨《忠雅堂集校笺》，第 297—298 页。

[65] 蒋士铨《忠雅堂集校笺》，第 320 页。

[66] 蒋士铨《忠雅堂集校笺》，第 298 页。

[67] 服制是指死者的亲属按照与其血缘关系的亲疏和尊卑而服不同等级的丧服丧礼制度。例如，男子为去世的父亲服丧二十七个月（三年），而为儿子服丧十三个月（除非是长子）。不同等级的服制对穿衣饮食有不同的要求。但为殇者（转下页）

在17世纪，当儒家礼教成为思想史前端主题时，如何遵循古礼在学者圈备受关注[68]。但对女儿的爱，却可以让一个谨慎的儒家学者忽略礼仪的规范。张佩葱是一个理学家，他为去世的女儿服了一年丧，超过了礼法的要求。张为自己的行为辩解，声称女儿已经订婚，按照礼法，这可以让他服丧一年。这个理由并不能说服他的朋友张履祥(1611—1674)，另一位著名的理学家。他认为那条规则已经不适应他们这个时代。张履祥指出，在古代，女孩子到了成熟的年纪才会订婚，但现在，女孩订婚年纪提前了很多。张佩葱无视礼法的真正原因，正如另一个朋友指出的那样，是过于伤心和后悔：他的女儿早已失去母亲(所以没能享受到母爱)，而她生病的时候，他没能好好照顾她，因为他当时离家教书[69]。以一个更高的等级给女儿服丧，是张佩葱用来弥补自己女儿缺失父母之爱的方法。

如果失去年幼的女儿会导致悲痛，那么失去盛年的女儿则更是一个惨剧。而如果这个女儿是唯一的孩子，并且才华横溢，那这种绝望就更严重了。朱浚谷是一个进士、词作家，并且精通音乐。他没有儿子，因此把所有的知识传授给了他唯一的女儿，并为她选择了一位才华相配的女婿。但女儿婚后不久去世，他“无法控制自己的悲伤”，含泪烧掉了她谱的曲子和为他抄的诗稿。女儿死后，他不仅失去了生命里唯一的希望，还失去了对音乐的热情[70]。

年轻女性的死因往往是由于体弱多病、难产、过度操劳家事。比如，为大女儿庆祝婚事仅仅七年后，赵怀玉就哀悼她的去世。

(接上页)服丧会比为成年者服丧低一个等级。比如说，父亲会为长殇(十六到十九岁去世的)的儿子服丧九个月而不是十三个月。

[68] 见 Chow, *The Rise of Confucian Ritualism in Late Imperial China*。

[69] 张履祥《杨园先生诗文》，《续修四库全书》第1399册，第176页。

[70] 郑虎文《吞松阁集》，《四库未收书辑刊》第1014册，第250、251页。

这个女儿很受夫家喜爱，但操持丈夫的祖母和父亲的葬礼，照顾生病的儿子都使她的健康每况愈下。最终，她的儿子恢复了健康，而她自己却身亡。她的夫家和母家只隔着一条叫白云的小溪。赵怀玉写道："送过云溪如送死，比邻嫁得亦徒然。"[71]明清的父亲们尤其担忧女儿们的生命，因为随着女性贞节的盛行，许多人无助地看着女儿年轻守寡，或者更糟，看着寡妇女儿自杀（即"殉死"）。这是一个普遍的现象，在某些地区尤其如此[72]。贞女的守贞或自杀特别引发学者父亲们的感情痛苦和道德冲突感。父亲们不愿接受贞女守节，不仅是基于对礼仪的不同看法（认为守贞过于极端），更是因为女儿未婚守寡，或盛年死去，让他们非常痛苦[73]。

尽管父系制度和婚后居住在男方家的家庭体系将女性的健康幸福放在了夫家的手里，但某些时候，母家仍然会是她的避风港，父亲仍是她的守护者[74]。对女儿健康的担忧并不会随着她嫁人而停止。比如说，赵怀玉给她的二女儿写了一首养生方，包含以下三条准则：保持平静的心情，不要焦虑或者生气；注意天气变化；小心饮食。他后悔自己没能遵守这些准则，但他希望这个方子能对年轻的女儿起到作用[75]。有的父亲会把守寡的女儿接回来，帮他们抚养孩子。还有一些在女儿生病严重的时候，也会这么做。比如说，赵怀玉的第一位妻子，结婚九年后，因为生病住回

---

[71] 赵怀玉《亦有生斋集》，《续修四库全书》第1469册，第432页。

[72] 比如在福建有寡妇搭台自杀的风俗。通常有她的亲戚们的支持，有观众围观。见 Tien Ju-k'ang, *Male Anxiety and Female Chastity*, pp.48-56。这个地区还盛行预先通告的贞女自杀，通常在去世的未婚夫家进行。Weijing Lu, *True to Her Word*, pp.116-118.

[73] 见 Weijing Lu, *True to Her Word*, chap. 7。

[74] 关于出嫁的女儿和母家的关系的，见 Bossler, "A Daughter is a Daughter All Her Life."

[75] 赵怀玉《亦有生斋集》，《续修四库全书》第1469册，第517页。

了娘家，一年后去世[76]。孙星衍(1753—1818)的妻子王采薇，也是在病重时被父亲接回家照料，并在父母的家里逝去[77]。这些故事都表明，至少在江南，一个共识是没有比父母能更好地照料一个已经出嫁的生病女儿。

很多清代的学者都有不同程度的医学知识，用来照料家人，但当一个这样的父亲不能拯救自己的女儿时，其绝望可以想象。潘德舆(1785—1839)的长女潘藻，自孩提时就缠绵病榻。在父母的长期照料下，身体渐渐有了起色。潘德舆相信自己的医学知识最能够来判断孩子的病情。但当潘藻在1829年的酷暑旧病复发时，他相信了医生的诊断和用药，没能及时认识到那个处方是有问题的。当时潘藻已经成婚。潘德舆想象着女儿在生命最后时刻的痛苦，悲伤不已，责怪自己："每一念此，辄手拍几案欲碎，叫天呼吾父母，而终无救于汝。"和女儿死亡所带来的绝望一起来的，还有对女儿美德的回忆：她的柔顺、她在辅佐家事和照看弟妹上的尽心尽责、她"相父母喜憎为进止"[78]。潘德舆本希望，因为她嫁在本地，父女可以经常相见。他唯一可能的安慰，女儿是在娘家去世的。

这里，我们可以比较父亲们在书写儿子去世和女儿去世时感情的细微不同。失去儿子是一个巨大的悲剧，可能相比失去女儿更甚。男性表达对儿子死亡所带来的打击，不总用私人的词汇来强调情感创伤，而倾向于从失去家族的未来和希望看这个死亡，尤其是如果去世的儿子已经表现出成功的希望。李绂在写到自己八岁儿子的死亡时，强调幼儿在相貌、行为和学业上都拥有出色的品质的苗头。他极其聪慧，非常热爱学习，在六个月内就完

---

[76] 赵怀玉《亦有生斋集》，《续修四库全书》第1470册，第282—284页。

[77] 孙星衍《孙渊如诗文集》，"小传"，第1页b。

[78] 潘德舆《养一斋集》，第153页。

成了基础的学习，之后又要求在课程里加上《诗经》[79]。郑虎文用来描述去世儿子师雍的语调和语言，也和李绂惊人地相似。他强调师雍“白皙丰颐，眉目如画，见者目为伟器”，从孩童时就表现出非同寻常的成熟和智力。其他的三个儿子都无法与他相比。郑虎文对他抱着极大的期望，相信他的才华能够给祖上带来荣耀[80]。师雍在十七岁去世的时候，已经是个举人了。在他死后，郑虎文也失去了荣耀家族的热切希望。

情藉非男慰，此言良未虚

在儒家正统的五伦规训中，父亲—女儿的关系并没有很清楚的定位，但一般情况下，他们归属在父子关系之下。父子的关系可以指父亲和孩子或者父母和孩子的关系。由于五伦是有等级区分的(除了朋友一伦)，父子关系中，父母与孩子有着截然不同的责任和义务。一方面，父亲的权威不容置疑；另一方面，孩子的服从是无条件的。父亲掌管着孩子们的生活，照看他们的利益，而作为交换，孩子需要服从。在这个正统的规训中，爱和情退居二线，但是父亲们关于女儿的深情写作与此种表述相矛盾。这意味着，这种表述不能帮助我们理解父女之间的复杂关系。

很明显，父亲对女儿和儿子在生活中起的作用的看法是不同的。“情藉非男慰，此言良未虚”[81]，郑虎文的这句诗抓住了父子关系和父女关系的最主要的区别：女儿和父亲情感的特别联系是儿子所不具有的。根据他对儿子们的书写和为他们所做的事来看，郑虎文当然也是个深爱儿子的父亲。他带他们去远足，参加文人

---

[79] 李绂《穆堂初集》，《续修四库全书》第1421册，第523页。

[80] 郑虎文《吞松阁集》，《四库未收书辑刊》第1014册，第298页。

[81] 郑虎文《吞松阁集》，《四库未收书辑刊》第1014册，第93页。

朋友的聚会，享受跟他们一起玩“联句”的文学游戏[82]。正如当时许多的文人父亲一样，他指导他们学习，抚养他们成长[83]。但是，轻松的父子关系常常会被来自父亲的认真叮咛所切断。在给大儿子师亮写的诗中，郑虎文责怪他过快就想写八股文。他建议儿子和女婿要打好坚实的学习基础之后再学习写八股文。他认为八股文只是获取功名的工具，并不是真才实学[84]。在另外四首诗里，郑虎文表达了对和二十岁的儿子分离的伤心，但这种情绪很快被教育儿子要承担家庭责任、培养个人修养的叮咛所代替。郑虎文提醒儿子不要忘了清明节的祭典，并希冀早日抱孙。他让师亮照顾好叔叔（郑的长兄，郑待他如同父亲）。最后，他提醒儿子好好读书，不要耽于酒乐[85]。

郑虎文的《吞松阁集》里有给两个女儿郑庄和郑贞写的八首诗，大多写于他远在他乡的时候[86]。其中至少有一首是回应女儿们寄给他的诗的。在她们的诗里，女儿们描述梦到了父亲。而梦到女儿们也是他给她们的诗里不断出现的主题。在分离的孤单中，梦见女儿既是安慰，也是悲伤。以下这首《寄两女》就是如此：

昼夜不得寝，偶此休我劳。汝何不我舍，寝辄见汝曹。山多障远目，江深隔惊涛。神魂倚形影，不惮千里遥。汝来

---

[82] 相关例子见郑虎文《吞松阁集》，《四库未收书辑刊》第1014册，第120、122、151页。

[83] 父亲如何指导教育儿子的细节可见熊秉真 Ping-chen Hsiung, *A Tender Voyage*, pp.113-114。她的研究显示，父亲总会带着年幼的儿子上任，这样他们可以亲自教导儿子。

[84] 郑虎文《吞松阁集》，《四库未收书辑刊》第1014册，第73页。

[85] 郑虎文《吞松阁集》，《四库未收书辑刊》第1014册，第97页。

[86] 我们没找到郑虎文给他的幼女的诗，但郑虎文在其他地方好几处提到了这个女儿。这点让人疑惑。一种可能的解释是，在他为两个女儿写诗的时候，她还小或者还没出生。另一个可能是在文集出版的时候，他给这个女儿的诗已经找不到了。在文集的前言里，出版郑作品的学生和儿子们提到，郑虎文的很多其他作品已经找不到了。

情脉脉，汝去心忉忉。此怀谁与共，离泪湿青袍。[87]

在1742年考取进士的十七年后，郑虎文任翰林院庶吉士、学政、左赞善等职。他还担任过河北乡试考官、顺天乡试同考官和会试同考官。退休后，他主持徽州和杭州的紫阳书院及崇文书院[88]。在郑虎文的职业生涯中，他偶尔带着一二亲属同行[89]。在他的诗文中，渴望与家人团圆是永恒的主题，但是留在家中却是一项不可能的选择。他伤感地向他的两个女儿描述了这种困境："人生团聚与富贵，二者相左难兼持。"[90]他称前者乐而后者苦。但是后者代表着一个男人对家庭和祖先的责任，是社会衡量男性成功的标准。从实际考虑，郑虎文没有任何选择，只能通过仕宦和主掌书院来追名逐利。他的传记作者描述郑虎文为一个仁爱而慷慨的人，经常为穷困的族人和朋友提供住处和食物[91]。做官和主掌书院很可能使他有足够的收入来帮助他人。

这里最值得注意的是，当郑虎文在孤单岁月里渴望着情感慰藉的时候，他是转向女儿们而不是儿子们的。他似乎觉得，他的女儿是他情感的最好聆听者。他很乐意告诉她们在任上发生的新鲜事，以至于他的一些诗写得特别长。比如说，在给郑庄和郑贞的诗里，他事无巨细地描述了广东春天的美景、山川河流、潮湿的夏天的气候，还有不得不忍受的凶猛的虫咬。他就像在给一个知音写信一样。

如果他的女儿们没有受到古典文学的很好的教育，她们就不能欣赏他的诗和感受。但她们从很小的年纪就开始学写诗。当

---

[87] 郑虎文《吞松阁集》，《四库未收书辑刊》第1014册，第366页。

[88] 郑虎文《吞松阁集》，《四库未收书辑刊》第1014册，第5页。

[89] 例如，一些诗表明他哥哥的儿子们还有姐姐的一个女婿是和他在一起的。郑虎文《吞松阁集》，《四库未收书辑刊》第1014册，第84、85页。

[90] 郑虎文《吞松阁集》，《四库未收书辑刊》第1014册，第367页。

[91] 郑虎文《吞松阁集》，《四库未收书辑刊》第1014册，第4页。

他开始教她们的时候，他还有些担心妻子不会支持他。首先，女孩子们太顽皮了，她们用毛笔玩耍，墨渍沾满了衣服；并且，这会影响她们的针线活。但让他惊奇的是，他的妻子不仅没有阻止，她自己也参与其中，对写诗感兴趣起来。因此，家里的每个人都学习写作[92]。当然，女孩子们也没有放弃女红。郑虎文在家里最开心的一点，就是女儿们在他的身边翻阅书籍，在母亲的身边给长裙绣花[93]。

与郑虎文给儿子们的告诫形成对照，他说起女儿尽是好事，而且不吝啬对她们的赞扬。我们在他给郑庄的诗里已经看到了这一点。他给郑贞的诗是另一个例子：

> 侍我温与凊，时我渴与饥，我劳汝不怨，我欢汝则怡。譬之形共影，行动相追随。[94]

他提到，当郑庄出嫁的时候，郑贞还在和其他孩子们嬉戏。但从那之后，她就承担起了责任，和她的长姐一样，细心地照料父母。作为父亲，郑虎文充满了同情。他开始担心郑贞得独自面对孤单，因为在这之前，两个小姐妹可以互相陪伴。这样细腻的情感很少能在给儿子的书写中看到。

和郑虎文写给儿子们的诗相比，他写给女儿们的诗在书写方式和基调上以及情感传达上都很不同。这些不同解释了他与女儿们特殊的联系，而这种联系是在他和儿子们的关系中缺乏的。回到他之前的评论，即儿子并不是能够安慰父亲情感的人，我们

---

[92] 郑虎文《吞松阁集》，《四库未收书辑刊》第 1014 册，第 73 页。除了他的妻子和女儿们，这个女性诗社至少还有一个成员，她是郑虎文姐姐的女儿。这位姐姐是以入赘婚的形式成婚的。鉴于郑虎文也给姐姐写诗，她可能也接受了良好的教育。郑虎文的文集包含了给姐姐和外甥女的诗。见《吞松阁集》，《四库未收书辑刊》第 1014 册，第 71、74 页。

[93] 郑虎文《吞松阁集》，《四库未收书辑刊》第 1014 册，第 93 页。

[94] 郑虎文《吞松阁集》，《四库未收书辑刊》第 1014 册，第 366 页。

现在可以有一些结论了。首先，父子关系被家庭观念、政治和社会形态之间的张力深深影响着。儿子继承宗祀，肩负家庭的未来。在精英家庭，家庭持续兴旺几乎完全依靠儿子科举考试的成功。而儿子成功的重要性给父亲和儿子都带来了很大的压力。在他努力打磨儿子的性格、引导他走上正确的道路时，父亲必须注意克制个人情感，不可露出宠爱之情。正如施坚雅所说，作为一个父亲，"他的文化塑造他成为一个严厉、冷漠和权威的人"，把"规范的慈爱"隐藏在"规范的严厉"背后[95]。熊秉真在对明清儿童的研究中也提到一个学者父亲和孩子们交往时的"矛盾的特质"：既拒绝又渴望在情感和身体上与孩子们分离。父亲在"孩子的幼年时期很容易亲近他们"，但他的社会责任又要求他"将一个男孩培养成一个男人"[96]。

父亲们很明白这些压力所造成的情感疏离。尤侗在一篇非常哀伤地悼念二十八岁儿子尤瑞的祭文中，承认他的妻子温柔地爱着儿子，但尤瑞却因为父亲的严肃而害怕他[97]。尤侗并没有写出他如何教育儿子的细节，但他记录他的祖父如何教育他父亲的情景，却可以给我们一点线索：

> 先祖素刚严，虽独子不姑息。一经口授，彻丙夜不休，稍倦则夏楚随之，平时一言拂意，辄推案呵叱，索大杖。府君涕泣长跽，久之方解，退而咿唔如故，无怨色。[98]

这里描写的祖父的暴躁脾气是为了体现父亲的孝顺：尤侗的父亲并没有因为被如此对待而怨恨父亲。我们没有理由相信尤侗也以同样的态度对待自己的儿子。但是，社会行为准则要求父亲严

---

[95] Skinner, "Seek a Loyal Subject in a Filial Son," p.960.

[96] Ping-chen Hsiung, *A Tender Voyage*, pp.163–164.

[97] 尤侗《尤太史西堂全集三种》,《四库禁毁书丛刊》集部，第 129 册，第 389 页。

[98] 尤侗《尤太史西堂全集三种》,《四库禁毁书丛刊》集部，第 129 册，第 375 页。

格教育孩子，而母亲温柔地抚育，即所谓的严父慈母[99]。即使父亲幸运地有一个非常聪明的儿子，他也不可能公开像称赞女儿那样赞扬他，因为他担心儿子会放松学习。而如果儿子没有那么出众，失望和担忧一定会使父子关系变得紧张。

熊秉真提到，明清时期的父母对女孩相对较男孩仁慈和蔼，而男孩子们容易受体罚。她把父母的不同态度从这些方面作解释：年轻的女孩子们本质上“更为温和和温柔”，她们为家务多有贡献（可能从三四岁就开始了），还有对于女儿在成人后会遇到的可以预见的不公平对待的同情（因此，性别不平等成为了女孩子们的优势）[100]。我们也可以推断说，更为轻松的父女关系是家庭结构作用的结果，并和男性与女性在培育儿子和女儿中扮演不同的角色有关。尽管父亲也有将女儿培养成受人尊敬的淑女的责任，但相比于他要培养一个承续家族命运的儿子的责任，这个责任就没那么紧急了。此外，在教育女儿方面，他的妻子才是最重要的角色，这也减弱了父亲的家长责任。培养女儿的女红和管理家务的能力，是母亲的责任。父亲对有教养的女儿感到自豪，但是他从训练和规训她的主要责任中解脱出来，从而也规避了这种训练可能所引起的紧张。在父亲这一方，压力越小，失望越小，从而能享受一种更为轻松的父女关系，尤其是如果女儿的才能超过了她的兄弟。清代的学者常提到他们希望聪明的女儿是个儿子。这样的希望不仅仅可以解读为对女儿才华的赞赏，同时也是对不怎么满意的儿子的失望。

---

[99] 这一点在贞女的传记中很明显。当面对一个要成为贞女的女儿时，父亲们都被描述成没有母亲那么慈爱和善解人意。见 weijing Lu, *True to Her Word*, p.108。熊秉真也认为明清时期有一个共识，就是“严格教导孩子代表着父母的关注和社会的重视”，而且这点被更多地用在男孩子身上。见 Ping-chen Hsiung, *A Tender Voyage*, pp.202-203。

[100] Ping-chen Hsiung, *A Tender Voyage*, pp.202-203.

这种将父亲和女儿紧密联系的感情还有另外一面：女性的气质和女儿的服务。当女儿长成一个充满魅力的年轻女子时，父亲们并不羞于提及她们的外表美丽[101]。但他们写得最多的，还是女儿始终如一的温柔、善解人意的体贴和奉献。父亲们与其说强调女儿的顺从，不如说强调她们的成熟和善解人意：她十分了解他们的需求和情绪，做的每件事都恰当妥帖。女儿的柔顺是社会推崇的女性美德的组成部分。因此，我们可能认为这样的描写只是修辞性的，因为父亲们会用一切最美好的辞藻来描述他们的女儿。不过这样理解的话，我们会忽略非常重要的关于父女之间深深连接的一条线索：女儿的服务是父亲们日复一日的生活中最被珍惜的一部分，像郑虎文一样的父亲会发现没有了女儿，他们的生活就不那么舒适了。父女之间关系和父子关系在这里再次形成对照：在父女的互动中，一个父亲可以退居一边，纯粹地放松和享受。不过，还有一些问题需要考虑。

在一篇有关姐妹在中国家庭中的影响的社会学和心理学研究论文中，施坚雅认为"姐妹们将他们的父亲和兄弟人性化，从而从两边促进父子交流"。根据他在四川和爪哇的田野调查，他发现："在中国家庭里，女儿享受父亲关爱、认同父亲目标的情况并不少见。" 而且，"一个女孩有时候会比父亲更有效地以她独有的方式达到他的目标。一个思维敏捷的、敏感而忠诚的女儿能够补充父亲直接拥有的策略，以此提高父亲培养一个孝子的效率" [102]。清代的父亲们经常按照她作为长姐的角色和她对兄弟姐妹的正面影响来展现大女儿的美德[103]。她照看兄弟姐妹，从而减轻了父

---

[101] 例如，郑虎文的诗中有一首描写了他的大女儿十三岁时，开始展现了年轻淑女的文雅举止。在另一首诗里，他注意到她优雅的身姿和雪白的皮肤。郑虎文《吞松阁集》，《四库未收书辑刊》第 1014 册，第 365、366 页。

[102] Skinner, "Seek a Loyal Subject in a Filial Son," pp.961-962.

[103] 例如说，蒋士铨《忠雅堂集校笺》，第 675 页；潘德舆《养一斋集》，第 153 页。

母的负担（还有由此引起的她的兄弟姐妹和父母之间的紧张），而她楷模般的行为使她成为了兄弟姐妹的模范。我们不难想象这类女儿对父亲的“人性化”的影响。这里尚需提到，女儿的特质总能令一个父亲的心平和温暖，在清代，对这种特质的需要更加强了，因为许多文人学者父亲们在家内和家外都面临着多种责任和压力，包括不停歇的旅途、工作的责任，还有写作的忙碌——我们今天之所以能看到他们的作品集，就是他们严格不懈写作的证据。他们心理上和身体上的双重疲累更使得女儿的影响和服务对整个家庭来说尤为珍贵。

在帝国晚期，一些地区比如江南的文人家族越来越重视给女儿一个好的文学教育。女孩子们跟父母们学习写诗。以郑虎文为例，教女儿学会使用毛笔和学会写诗被描述成一件很愉快的事。教儿子写诗则自然是一件更重要的事情。这里需要注意的是，写诗是成为文人社会成员所必须拥有的才能，而让儿子掌握这项艺术是父亲们的责任。但教女儿们写诗，则只是一项文学训练，它允许失败：她不必诗文出众。但当她诗文出众的时候，这会让她的父亲满心欢喜。例如，阮元亲自教女儿写诗，读经典和学习语言训诂。他非常惊喜地发现，他的女儿是一个聪明出众的学习者[104]。蒋士铨的母亲也是从小就和兄弟一起受父亲教导。蒋士铨两岁的时候，因为她生性不羁的丈夫又开始启程旅行，她搬回她的父母家。蒋回忆道：

> 先外祖身长白髯，喜饮酒，酒酣辄大声吟所作诗，令吾母指其疵。母每指一字，先外祖则满引一觥，数指之后，乃陶然捋须大笑，举觞自呼曰：不意阿丈乃有此女！[105]

[104] 阮元《研经室集》“二集”，《四部丛刊》第 6 册，第 32 页 b—34 页 a。

[105] 蒋士铨《忠雅堂集校笺》，第 2047 页。

清代女性教育的普及给父女关系带来了意想不到的结果。教育为女儿们展现自己的才华创造了一个合理的场域，而这个展示打破了男性认为女性智力低下的传统观念。正如刘咏聪所指出，女性的教育也为父女的交流提供了一个场所，通常情况下，这种交流只存在于男性之间[106]。它将父女的智力和情感都拉近了。正是这种新发现的亲密使毕沅说出了"生女胜生儿"[107]。有知识、有才识的才女们现在能够进入她们父亲们的智力世界中。使用同样的文学词汇和概念来交流，这使他们跨越了辈分和性别鸿沟，从而变得更为亲密。

结　论

历史学家已经思考过历史是如何影响父母与孩子之间的关系这个问题。比如，武裴义(Pei-yi Wu)讨论了王阳明思想中"童心"(the cult of the child)的正面影响，提出晚明以来，父亲在关于孩子的写作里出现了越来越多深情的口吻[108]。熊秉真认为帝制晚期年轻的女儿们所受到的父母的爱和女性所要面对的社会不平等有很大的关系。它是一种私人对女性在公众和社会层面的不幸待遇的补偿或解毒剂[109]。阅读清人关于女儿的作品也给我们思考类似的问题提供了另一种途径。

在父女关系的例子中，很明显，熊秉真所说的私人补偿对父女双方都起作用：尽管父亲有意用他的爱和仁慈去补偿女儿，无论是功用上还是情感上，他自己也被补偿了，因为他获得了一个聪明、有责任感、周旋在身边的体贴的女儿。父女之间的关系常

---

[106] 刘咏聪《德、才、色、权：论中国古代女性》。

[107] 毕沅《灵岩山人诗集》卷 29，第 21 页 a。

[108] Pei-yi Wu, "Childhood Remembered," pp.145-153.

[109] Ping-chen Hsiung, *A Tender Voyage*, p.201.

常以公开的喜爱和享受来表达。相比较而言，父子之间的关系特征是更为紧张而结构化的。这两种关系都是当时社会、文化和家庭制度的结果，并被性别角色以及父母不同的角色所塑造。

我们可以说，如果女儿没有良好的教育，文人父亲和女儿的关系对父亲们来说，也许就不是那么令人精神上满足了。有一点很清楚：在明清时期，女性教育的提升和女性才华的显现打破了男人和他们女儿之间的智力上的阻碍。女性教育的拓展创造了一个文学交流的文化空间。这一过程通常起始于家中父母教育女儿学习写诗和其他形式的艺术（书法甚至是音乐），而终于女儿和父亲之间的诗书往来，这种往来滋养了父女之间的感情连接。正如20世纪的诗人、文学家冼玉清（1895—1965）指出的，在清代，一个出色的父亲会成为女性在文学上取得成功的三因素之一，因为她可以受到父亲的亲自教导[110]。如果我们把教育视为父女关系中的平衡器可能太过了，因为本质上父女关系是有等级的，但教育的影响却是显著的：它有效地弱化了性别和辈分等级的严苛边界。

这篇文章的关注点是在清代，但我们可以想象清之前的父亲同样有着某些清代男性所表达的情感。有一些制度，比如说父系家庭结构和婚后居住在男方家中，并不是清代的特例。而士人逐渐开始培养女儿写诗的兴趣是从晚明开始上升的。但清代仍有一个前所未有的历史背景：人口暴涨，使父亲们面临着前所未有的压力，要把儿子培养成成功的竞争者，而对女性文学和才华的欣赏也更为普遍。这两种趋势给清代的父女关系注入了新的因素，塑造了这种关系的实践和表达。清代的父亲们公开书写对女儿们的喜爱，或许可以被解读成为一个晚明文化的遗风。和武裴义所研究的“童心”一样，晚明对“情”的推崇、赞颂可能给士人如

---

[110] 冼玉清《广东女子艺文考》，第1页。

何感受和书写他们与女儿之间的关系留下了微妙的印记。也就是说，晚明士人所推崇的感觉性（sensibilities）和往往有浪漫意味的情，到了清代，以不同的色彩被引入了家庭领域。但本文不具体讨论这个问题。

正如精美的珍珠一样，女儿是宝贵的，需要被珍惜、被爱护。清代文人所书写的“掌上明珠”，与“赔钱货”的比喻截然不同，而这种不同所提出的历史问题是我们如何调和这两种看法。如果我们否定后一种说法，那未免太简单粗暴了。后者正如前者一样，都是更为广阔的文化叙述中的一部分，而且后者也代表了一些女性的生活经验。但显而易见的是，一个“父权制”社会并不能排除父亲爱女儿，实际上，正是父家长们渴望在与女儿的关系中寻找情感安慰。

和性别一样，阶级也可以用来解释这两种女儿形象的矛盾看法。考虑到本文史料的本质，我们甚至可以说父女关系中，社会和经济因素扮演了关键性的角色，无论是观念上还是实践上。和社会经济因素交织在一起的是人文地理：很大一部分清代的士人，包括这篇文章所引用的大部分的例子，来自富裕的江南核心地区。这些人中有的拥有很高的科举功名，经济富足（虽然不是全部或任何时候都如此），而这种经济上的安全不仅让他们摆脱了为了维持家庭而卖女的命运，还开启了父女之间精神和智力上交流的一个途径。大体上，这种经济保障使他们能感受不一样的父女关系，这种关系是那些社会下层时刻面临贫困的家庭的父女关系所无法具有的。

但是，如果说亲密的父女关系是经济保障作用的结果，或者说文人视他们和女儿的关系和其他人的完全不一样，那就未免夸大其词了。这里，史料的局限性体现在另一方面：直到 20 世纪，经济和社会低下的人很难在历史书写里发声，因为他们自己没有留下文字。只有在为了家庭生计而卖儿卖女、溺婴或者陷入法律纠葛中，他们的故事才会被放到聚光灯下被记录。20 世纪的研究，以及文化和政治的活动，寻回了一些失去的声音，但我们需要注意到这些材料被构建的本质，以及在解读这些故事时有意或者无意的偏见。

征引参考书目

毕沅《灵岩山人诗集》，经训堂刻本，1799 年。

Bossler, Beverly, "A Daughter Is a Daughter All Her Life: Affinal Relations and Women's Networks in Song and Late Imperial China," *Late Imperial China* 21.1(2000): 77-106.

陈梦雷编《古今图书集成》，北京：中华书局，1985 年。

Chow, Kai-wing, *The Rise of Confucian Ritualism in Late Imperial China: Ethics, Classics, and Lineage Discourse*, Stanford: Stanford University Press, 1994.

Ebrey, Patricia, *The Inner Quarters: Marriage and the Lives of Chinese Women in the Sung Period*, Berkeley: University of California Press, 1993.

龚自珍《龚自珍全集》，上海：上海人民出版社，1975 年。

Honig, Emily, and Gail Hershatter, *Personal Voices: Chinese Women in the 1980s*, Stanford: Stanford University Press, 1988.

Hsiung, Ping-chen, "Constructed Emotions: The Bond between Mothers and Sons in Late Imperial China," *Late Imperial China* 15.1 (1994): 87-117.

——, *A Tender Voyage: Children and Childhood in Late Imperial China*, Stanford: Stanford University Press, 2005.

黄景仁《两当轩集》，上海：上海古籍出版社，1998 年。

蒋士铨《忠雅堂集校笺》，上海：上海古籍出版社，1993 年。

Johnson, Kay Ann, *Women, the Family, and Peasant Revolution in China*, Chicago: University of Chicago Press, 1983.

Judd, Ellen, "Chinese Women and Their Natal Families," *Journal of Asian*

Studies 48(1989)：525-544.

Ko，Dorothy，*Teachers of the Inner Chambers：Women and Culture in Seventeenth-century China*，Stanford：Stanford University Press，1994.

Lee，James，and Wang Feng，*One Quarter of Humanity：Malthusian Mythology and Chinese Realities*，Cambridge，Mass.：Harvard University Press，1999.

李绂《穆堂初稿》,《续修四库全书》本。

刘咏聪(Ho，Clara Wing-chung)《德、才、色、权：论中国古代女性》,台北：麦田出版社,1998 年。

卢文弨《抱经堂文集》,北京：中华书局,1990 年。

Lu，Weijing，*True to Her Word：The Faithful Maiden Cult in Late Imperial China*，Stanford：Stanford University Press，2008.

——，"Uxorilocal Marriage among Qing Literati，" *Late Imperial China* 19.2(1998)：64-110.

Mann，Susan，"Classical Revival and the Gender Question：China's First Querelle Des Femmes，" In *Family Process and Political Process in Modern Chinese History*，vol. 1，ed. Institute of Modern History，Academia Sinica，379 - 411. Taipei：Institute of Modern History，Academia Sinica，1992.

——，"Grooming A Daughter for Marriage：Brides and Wives in the Mid-Ch'ing Period，" In *Marriage and Inequality in Chinese Society*，ed. Rubie S. Watson and Patricia B. Ebrey. Berkeley：University of California Press，1991.

——，*Precious Records*：*Women in China's Long Eighteenth Century*，Stanford：Stanford University Press，1997.

——，*The Talented Women of the Zhang Family*，Berkeley：University of California，2007.

Mungello，David E.，*Drowning Girls in China：Female Infanticide since 1650*，Lanham，Md.：Rowman & Littlefield Publishers，2008.

潘德舆《养一斋集》,《续修四库全书》本。

潘耒《遂初堂文集》,《续修四库全书》本。

蒲松龄《聊斋志异》,济南：齐鲁书社,2000 年。

阮元《研经室集》,《四部丛刊》本。

Skinner, G. William, " 'Seek a Loyal Subject in a Filial Son': Family Roots of Political Orientation in Chinese Society," In *Family Process and Political Process in Modern Chinese History*, vol. 2, ed. Institute of Modern History, Academia Sinica, 943 - 993. Taipei: Institute of Modern History, Academia Sinica, 1992.

孙星衍《孙渊如诗文集》,《四部丛刊》本。

Tien Ju-k'ang, Male Anxiety and Female Chastity. Leiden: E.J. Brill, 1988.

王实甫《西厢记》,上海：上海古籍出版社,1987 年。

王延梯《中国古代女作家集》,济南：山东大学出版社,1999 年。

王源《居业堂文集》,《续修四库全书》本。

Wolf, Arthur P., "The Women of Hai-san: A Demographic Portrait," In *Women in Chinese Society*, ed. Margery Wolf and Roxane Witke, 89 - 110. Stanford: Stanford University Press, 1975.

Wolf, Margery, *Women and the Family in Rural Taiwan*, Stanford: Stanford University Press, 1972.

吴伟业《吴梅村全集》,上海：上海古籍出版社,1990 年。

Wu, Pei-Yi, "Childhood Remembered: Parents and Children in China, 800 - 1700," In *Chinese Views of Childhood*, ed. Anne Kinney. Honolulu: University of Hawaii Press, 1995.

冼玉清《广东女子艺文考》,长沙：商务印书馆,1941 年。

许结《明末桐城方氏与名媛诗社》,张宏生编《明清文学与性别研究》,南京：江苏古籍出版社,2002 年。

Yonhaengnok sonjip (vol. 1) (A selection of records of travel to Beijing). Seoul: T'ŭkpyŏlsi: Sŏngyun'gwan Taehakkyo Taedong Munhwa Yŏn'guwŏn, 1960-1962.

尤侗《尤太史西堂全集三种》,《四库禁毁书丛刊》本。

袁枚《袁枚全集》,南京：江苏古籍出版社,1993 年。

张履祥《杨园先生诗文》,《续修四库全书》本。

赵怀玉《亦有生斋集》,《续修四库全书》本。

赵翼《瓯北集》,上海：上海古籍出版社,1997 年。

郑虎文《吞松阁集》,《四库未收书辑刊》本。

〔原文发表于 *Late Imperial China* 31.1 (June 2010), pp.62-97〕

阚玮玥 译

“使民有所观感”：盛清时期徽州的石质牌坊和贞节崇尚*

吴玉廉

> 内开旌表节义，给银建坊，民间往往视为具文，未曾建立。恐日久仍至泯没，不能使民有所观感。
>
> ——雍正皇帝，1723

1723年，雍正皇帝（1678—1735）在其登基的第一年即在谕旨中颁布了上文。作为收录在《钦定大清会典则例》中法令的一部分，这份谕旨强调了如何通过建造牌坊来推行倡导儒家道德[①]。此文的关键词是“观感”。在雍正皇帝看来，牌坊被当地民众日日凝视，是其日常生活的一部分。因此，牌坊可以成为朝廷向普通民众传递其价值观的重要媒介（medium）。在皇帝眼中，普通民众需要被这些由全国甄选出来的道德楷模的行为所感化。但是与此同时，这份史料也揭示了皇帝对地方民众是否能真心接受这些道德感化心存怀疑。因此，这份谕旨展现了观、感、德行以及皇室项目（imperial project）之间的丰富联系，而这些联系正是通过石坊这一纪念性建筑来实现的。

本文考察了盛清时期（High Qing，1680—1830）建立在徽州六县之一的歙县的贞节牌坊[②]。徽州位于安徽省东南部，距离上海

---

* 原为英文发表，收入本书时，作者在翻译过程中对某些语句词汇进行了细微修改。

① 允祹（1686—1763）等编纂《钦定大清会典则例》卷71（重印乾隆本《四库全书》第622册，台北：台湾商务印书馆，1983年），第9页a—b。

② 徽州六县包括歙县、休宁、绩溪、黟县、祁门和婺源。

大约230英里，因18世纪富甲一方的徽商而闻名。囿于其特殊的山川地理情况，徽州不适合农业生产，因此大量徽州人去江南富裕之地经商[③]。清代江南的大部分盐商即来自歙县，尤其是歙西。

除了这些成功的商人，徽州也因其大量高质量的牌坊而闻名[④]。徽州目前所存牌坊129座，其中101座在歙县[⑤]。这些牌坊中大部分是表彰个人德行的单人牌坊[⑥]。这些牌坊根据表彰的不同典范行为分成四类：名宦和进士、节妇、义男和百岁。其中，贞节牌坊有41座，占了所有歙县牌坊中的大多数[⑦]。如下文表格所

---

③ 许多学者已经指出，因为徽州自身的自然地理情况，经商成为徽州人赖以生存的最佳和最实际的选择。徽商经营各种物品，其中盐、木和茶最为重要。总体而言，学者认为徽州盐商在明代晚期开始发挥重要作用。见范金民《明代徽州盐商盛于两淮的时间与原因》，《安徽史学》2004年第3期，第5—11页。又见Guo Qitao, *Ritual Opera and Mercantile Lineage: The Confucian Transformation of Popular Culture in Late Imperial Huizhou* (Stanford: Stanford University Press, 2005), pp.9-86。

④ 魏则能关于徽州牌坊的研究探寻了徽商是如何建立牌坊的。魏则能《贞节牌坊：以安徽省徽州的贞节牌坊为中心》，《多元文化》2008年第8期，第227—241页。

⑤ 卞利《徽州牌坊》，《寻根》2001年第1期，第72—76页，见第73页。

⑥ 徽州现存两个木牌坊，见晋元靠和宋子龙《徽州牌坊艺术》(合肥：安徽美术出版社，1993年)。这本书记录了徽州的97座牌坊，这些只是清代建立的牌坊中的一部分。根据地方志记载及现存的牌坊数，我们估计清代建立的牌坊可能在1 000座以上。卞利通过对地方志的查阅指出在1820年以前，绩溪就有147座牌坊，而休宁有187座。卞利《徽州牌坊》，《寻根》2001年第1期，第72页。绩溪现存14座石牌坊，而休宁现存3座。有关现存牌坊的数量来自晋元靠和宋子龙《徽州牌坊艺术》一书。据笔者在徽州当地的田野调查，大多数石坊在1949年以后尤其是"文革"时期已经被破坏。自1980年以后，许多石牌坊则被拆毁，它们高质量的石头被用来修桥修路。许村潘强访问，2010年8月29日。呈坎地方学者罗来平也指出1978年以后，呈坎有一座石牌坊被推倒，因为当地政府希望用这些石头作为政府建筑的基石。罗来平《徽州文化古村：呈坎》(香港：天马出版有限公司，2006年)，第148页。

⑦ 牌坊通常分为三类：第一类是门坊，即作为一个建筑群的第一道门；第二类是桥梁和道路的标志；第三类是得到皇帝允许的用来表彰地方人物品德的纪念性建筑。潘谷西主编《中国古代建筑史》卷4(北京：中国建筑工业出版社，2001年)，第416页。在徽州第三类牌坊最为流行。

示，这些贞节牌坊中的大部分是在乾隆（1736—1795）和嘉庆（1796—1820）年间建立的：

时间	明（1368—1644）	顺治（1644—1661）	康熙（1662—1722）	雍正（1723—1735）	乾隆（1736—1795）	嘉庆（1796—1820）	道光（1821—1850）	咸丰（1851—1861）	同治（1862—1874）	光绪（1875—1908）	朝代未知
数量	4	1	3	3	15	5	2	2	3	1	3

徽州歙县目前所存贞节牌坊。数据来源于晋元靠、宋子龙《徽州牌坊艺术》第 1—95 页及笔者 2010 年 8 月的田野调查。

如本文开头引用奏折所示，皇帝对当地民众是否愿意建立贞节牌坊心存疑惑。那么，徽州盐商以及徽州当地村民又是如何与这些牌坊"互动"（interacted）的[⑧]？这些牌坊在不同社会阶层产生怎样的影响？在何种程度上，牌坊让各个社会群体追求他们各自的利益？本文认为，清廷试图将这些牌坊作为一种媒介，在全国范围内推广它的道德教化理念。这些纪念性牌坊不仅让当地士绅引以为豪，同时也指向缺乏读写能力的普通民众，试图让他们树立忠于朝廷的理念。与此同时，作为牌坊建造的主要资助人，富裕的歙县盐商则通过这些石坊来展示他们在徽州当地的权力[⑨]。作为这一教化的潜在受众，当地民众也和这些石牌坊以各种方式进行互动。

学者已经大量讨论了"贞节崇尚"（chastity cult）的兴起。简而言之，节表现为寡妇不再嫁，是寡妇忠诚的理想和实践。从宋

---

⑧ 笔者在此处选择"interact"一词，因为它包含了人与物之间所建构的各种关系：人们不仅观看和触摸这些牌坊，同时也基于它们的物理特征进行思考并做出判断。前人学者已经使用"interact"一词来描述人与物之间的关系。比如说，Leora Auslander 曾写道："历史学家可以从与人们每天互动（interact）的物品中和其他学科的启发中获益良多。"见 Auslander, "Beyond Words," *American Historical Review*, 110.4 (2005): 1015-1045，引文见第 1044 页。

⑨ 关于徽州盐商的行为，见王振忠《明清徽商与淮阳社会变迁》（北京：生活·读书·新知三联书店，1996 年），第 2—119 页。

代(960—1279)到康乾盛世，贞节崇尚不断变化发展。柏清韵(Bettine Birge)指出在蒙古统治的元代，游牧民族一直信奉妻子财产在丈夫亡故后仍属于夫家，这一信条限制了女性的财产权并因此阻碍了寡妇再嫁[⑩]。柏文丽(Beverly Bossler)探讨了在宋、元(1279—1368)时期大量出现的节妇现象，指出宋元易代之际，各种社会因素——比如如何在南宋高度竞争的社会中保持家族繁荣、宣扬得体的家庭价值观以及汉族士人在元代统治下如何免除劳役并保存汉族文明——让寡妇忠诚成为新的关注[⑪]。作为结果，如伊懋可(Mark Elvin)所论，自元代起中央政府即通过国家奖励将寡妇贞节制度化(institutionalized)，并同时在普通民众间推广女性贞节，最终在明清时期演变成寡妇忠诚的“普世化”(democratization)[⑫]。

明代(1368—1644)即通过旌表来表彰节妇行为并慢慢地发展出界定女性忠诚的更为精确的定义，基于此，朝廷可以更好地识别女性德行并进行系统化表彰[⑬]。但是，史料显示在明代，国家并没有在推动贞节崇尚中起主导作用。与此相反，明代地方士绅

---

⑩ Bettine Birge, *Women, Property, and Confucian Reaction in Sung and Yuan China (960-1368)* (Cambridge: Cambridge University Press, 2002), pp.200-282.

⑪ Beverly Bossler, *Courtesans, Concubines, and the Cult of Female Fidelity: Gender and Social Change in China, 1000-1400* (Cambridge, MA: Harvard University Press, 2013), pp.414-416.

⑫ Mark Elvin, "Female Virtue and the State," *Past and Present* 104 (1984): 111-152;曼素恩(Susan Mann)也注意到“贞节崇尚”在清代的扩张。见 Mann, "Widows in the Kinship, Class, and Community Structures of Qing Dynasty China," *Journal of Asian Studies* 46.1 (1987): 37-56;又见 Susan Mann, *Precious Records: Women in China's Long Eighteenth Century* (Stanford: Stanford University Press, 1997), pp.23-26。

⑬ 费丝言详细讨论了在明代有关女性贞节的旌表系统是如何发展和变化的。见费丝言《由典范到规范：从明代贞节烈女的辨识与流传看贞节观念的严格化》(台北：台湾大学出版委员会，1998年)，第67—127页。

不满于朝廷大量遗漏贤德寡妇事迹，于是通过积极撰写和出版节妇传记"将节妇从淹没无名中拯救出来"⑭。费丝言认为，这些文人的行为"成为'普世化'贞节行为的核心途径"⑮。与此同时，贞节的含义也从保障父系家庭的经济稳定——保证寡妇对其亡夫的性忠诚并服侍亡夫其他家庭成员——逐渐成为一种"以夫妻关系为中心的父权制家庭的情感基础"之极端表现，这一表现往往以自杀的方式实现⑯。

有清一代，国家关于贞节的概念及它在推广这一理念中所起的作用逐渐变化。由于英勇自杀的烈女典范与忠于明代的汉人士大夫间千丝万缕的关系，以及清代政府特别关注如何维持父系家庭的经济稳定与秩序，清初统治者在定义贞节概念时更倾向于终其一生的寡妇贞节。更重要的是，清廷希望通过推行道德教化来有效地展示它的权力⑰。的确，与明廷"缺乏有力统治"相对，清朝统治者"主动承担起推行贞节崇尚的角色，并颁布实践贞节中的细节"⑱。清政府对女性贞节的推崇是它在全国宣扬儒家道德的族群政策中的一部分。作为知晓汉人轻视其"夷人"身份的外族，满洲统治者通过接受并推崇中国文化，包括孝道、政治忠诚、和睦家庭以及贞节来证明他们是懂得并支持儒家道德体系的合法统治者。与此同时，清廷对女性贞节的大力支持也揭示了满洲的族群政策"具有性别的双重性（subject to a gendered bifurcation）"⑲。

---

⑭ Fei Si-yen, "Writing for Justice: An Activist Beginning of the Cult of Female Chastity in Late Imperial China," *The Journal of Asian Studies*, 71 (2012): 991-1012.

⑮ Fei Si-yen, "Writing for Justice," p.1007.

⑯ Janet Theiss, *Disgraceful Matters: The Politics of Chastity in Eighteenth-Century China* (Berkeley: University of California Press, 2004), pp.26-27.

⑰ Theiss, *Disgraceful Matters*, pp.26-38.

⑱ Fei Si-yen, "Writing for Justice," p.1009.

⑲ Mark Elliott, "Manchu Widows and Ethnicity in Qing China," *Comparative Studies in Society and History* (1999): 33-71；引文见第 62 页。

欧立德(Mark Elliott)指出，寡妇贞节同样适用于旗人妇女。从清廷角度来看，“涵化(acculturation)满洲妇女”不仅不会减弱满洲性(Manchuness)，反而会让清廷建构一个它已“文明化(civilized)”的图像[20]。因此，对贞节崇尚的建构是“满洲统治者计划建构一个大一统且兼具多样地方文化的帝国的重要组成部分”[21]。在这一语境中，盛世时期的清政府更严格地控制女性性行为。如苏成捷(Matthew Sommer)所论，雍正皇帝著名的废除贱籍的法令在本质上加强了性管制，让“关于性道德和刑事责任的统一标准”“跨越以前的身份壁垒”[22]。也就是说，以前不需要遵循这一道德的“贱民”也需要遵守这些女性品德了。

前人研究已经显示了贞节崇尚的广泛影响以及蕴含在这一历史趋势后的张力。通过对法律文献的研究，一些学者也指出无论是士人还是不识字的农民都懂得贞节的价值[23]。但是，我们尚需进一步研究贞节崇尚是如何在地方上被建构并被接受的。清廷是通过什么样的媒介(media)来传输它想要表达的信息(message)，同时这些信息又是如何被接受的？不识字或者半识字的民众是否参与到贞节崇尚的建构中？如果有，他们又是如何

---

⑳ Mark Elliott, “Manchu Widows and Ethnicity in Qing China,” pp.62－66。欧立德也指出：“曼素恩和其他学者已经让人信服地指出，如果让汉族妇女遵从新儒学严格的有关忠诚的教条对建立王朝形象至关重要，那么将这些价值推广到旗人妇女则是展现(满洲统治者)远非‘未开化’的更好的证据。”引文见第63页。

㉑ Mann, *Precious Records*, p.44。

㉒ Matthew Sommer, *Sex, Law, and Society in Late Imperial China* (Stanford: Stanford University Press, 2000), p.5。

㉓ 苏成捷已经指出，即使是最普通的民众也和清廷共享价值观：“他们知道通过(invoking)这些价值可以保证权力和财产。” Sommer, *Sex, Law, and Society*, p.168。戴真兰(Janet Theiss)也指出，“雍正皇帝的政策导致了贞节崇尚流传的顶峰”。见 Theiss, *Disgraceful Matters*, p.32。戴真兰不仅探讨了清代贞节崇尚的政治重要性，同时也展现了各地对这一崇尚的复杂回应。Theiss, *Disgraceful Matters*, pp.57－97。

参与的?

这些问题建议我们可以对贞节牌坊这一在公共空间表彰女性贞节的纪念物进行深入研究。这些纪念性建筑当然是清代贞节崇尚的重要组成部分。史料已证实满洲朝廷鼓励地方人士建立牌坊,而现存的大量石牌坊则进一步证明徽州士人对这一鼓励的正面响应。同时,在徽州当地,即使在三百年后的今天仍然流传着有关这些牌坊的传说。虽然前人研究已指出贞节牌坊是旌表系统的一部分,是彰显节妇及其家庭所获荣耀的标志,但是学界尚未从这一纪念物自身出发,细致讨论它的用途及作用[24]。

本文采用物质文化的角度来研究贞节崇尚,探寻贞节牌坊在徽州当地的作用。贞节牌坊因其高大的尺寸和繁复的雕刻而被用于公共展示[25]。如布鲁斯·确格(Bruce Trigger)所述:“纪念性建筑和个人奢侈品是一种权力的象征,由于它们是大量人类劳力的转换,因此象征着这些人可以将这些劳力操控至一定程度的能力。”[26]各个社会群体可以通过这些纪念物的尺寸、材质和建造过程来赋予其含义。徽州的例子让我们得以重建贞节牌坊的生命故事(life history),展现它们为什么被建造、如何被建造及如何被接受的过程。通过这些生命故事,我们可以听到那些在历史中“静默”(silent)的人群的声音,比如那些从未留下自己书写的文字材料的商人和农民。

㉔ 艺术史专家郑岩和汪悦进通过对山东省庵上坊的研究,提供了有关石坊的更为细致和完整的研究。通过对文字史料、民间传说以及石坊上的图案进行整合研究,他们探寻了在山东地区,有关这座石坊的论述是如何被建构和转换的。见郑岩、汪悦进《庵上坊：口述,文字和图像》(北京：生活·读书·新知三联书店,2008年)。

㉕ 牌坊的一个实际用途是村子的路标。

㉖ Bruce Trigger, “Monumental Architecture: A Thermodynamic Explanation of Symbolic Behaviour,” *World Archaeology*, 22.2 (1990): 119 - 132; 引文见第125页。

下文的三部分将分别关注与徽州贞节牌坊互动的三个社会群体。我们先讨论中央政府是如何通过牌坊来推进它的政治意图。然后，我们从盐商的角度出发，探讨他们如何通过资助贞节牌坊在家乡展示他们所拥有的权力。最后将讨论地方民众对这些徽州石坊的理解以及他们是如何与这些纪念物互动的。

物质化教化工程
(Materializing the Cultivation Project)

清朝政府当然不是第一个推行道德教化政策的统治者。明朝政府已经建立了旌表制来表彰杰出的典范行为尤其是女性贞节。虽然清代继承了这一旌表系统，但是满洲统治者采用了新的策略。他们对在公共场合使用纪念物来展现道德楷模尤其感兴趣，但是同时也怀疑地方社会是否真正尊崇这些道德行为。基于这些考量，清廷制定了细致的规定来鼓励并支持牌坊建造。在徽州蓬勃而生的包括贞节牌坊在内的各种牌坊，正是对满洲政府这一策略的回应。

明代的旌表系统已经比较细致和完整[27]。但是，在包括孝子、顺孙、义夫、节妇的贤德行为类别中，只有节妇一项“具有专门的表彰标准，也因此以个体来评价”[28]。因此，人们特别专注申请和奖励的程序。中央政府强调候选人必须符合指定的条件，而地方官员需行使他们的职责来申报这些节妇以获得朝廷的认可[29]。

---

[27] 明代初年，朝廷即建立了旌表制来表彰孝子、顺孙、义夫和节妇典范。1457 年，明廷规定“同居共爨五世”和“孝友”这两个类别的典范人物也应获得国家奖赏。申时行(1535—1614)和赵用贤(1535—1596)等编撰《大明会典》(万历本，《续修四库全书》第 790 册，上海：上海古籍出版社，1995—1999 年)，卷 79，第 8 页 a—11 页 a。

[28] 关于其他类别的表彰就比较模糊。见 Fei Si-yen, “Writing for Justice,” p.995。

[29] 有关明代旌表系统发展的细致研究，见费丝言《由典范到规范》，第 67—127 页。

但是明代对如何向公众展示这些寡妇的荣誉则所述简略。明初，洪武皇帝(1368—1398 年在位)规定民间节妇可以“除免本家差役”并且旌表门闾，就是将表彰寡妇品德的匾额挂在门上[30]。旌表门闾的目的就是朝廷通过在公共场合表彰这些德行而“以易风俗”。虽然《大明会典》多次提到这一指示，但是关于它的具体法令则相对模糊：《大明会典》并未指出如何在公共场合认可这些德行。后来，明廷发展出相对具体的表彰这些德行的方式，比如建造旌善亭和竖立刻有这些节妇名字、年龄和家乡的石碑。但是这些方式都是随机采纳，因此也就未能系统执行[31]。当然，作为展示朝廷表彰的贞节牌坊在明代已经存在。《大明会典》也提到了“立坊”[32]。但是，《大明会典》中的“旌表”一章并未具体记录立坊的规定。也就是说，明廷尚未建立一套体系化的普通民众可遵循的立坊制度。

与此相反，满洲统治者对于立坊具有浓厚的兴趣。的确，随着他们不断推进的教化工程，清代文献显示朝廷不断鼓励建立各种纪念性建筑物。《钦定大清会典则例》记录了七类可以获得朝廷表彰的贤德人物：名宦乡贤、节孝、义行、百岁、收养孤幼、一产三男及收埋枯骨[33]。《大明会典》除了收录界定这些分类奖赏的冗长论述，也指出所有这些类别的候选人都应获得具有公共展示性

---

[30] 申时行和赵用贤等编纂《大明会典》卷 79，第 8 页 b。

[31] 1397 年，明廷规定孝子节妇的德行应该被旌善亭记录。至 1511 年，朝廷颁布谕旨在山西有不受贼污贞烈妇女，各地有司应在旌善亭旁立贞烈碑，将姓名、年龄镌刻在石上。最后在 1569 年，隆庆皇帝(在位 1567—1572)奏准孀妇如果寿至百岁者应旌表为“贞寿之门”。见申时行和赵用贤等纂修《大明会典》卷 79，第 9 页 a—11 页 a。

[32] 比如在 1513 年，朝廷规定王府“如有节孝及卓异行迹”，可上报礼部，礼部照例奖励，但是“不许奏请建立牌坊”。这一规定在万历年间有所改动。在 1582 年，宗室中若有孝友及妇女守节的道德典范，可以“立坊旌表”。见申时行和赵用贤等纂修《大明会典》卷 57，第 31 页 b—32 页 a。

[33] 《钦定大清会典则例》卷 71，第 1 页 a—27 页 a。

质的奖励。“名宦乡贤”应被祭祀于地方乡贤祠中。其余类别的典范人物可获得刻有皇帝御书、悬挂于门楣的木匾。“节孝”“义行”和“百岁”这三个类别的受赏人还可获得建坊银三十两[34]。

满洲朝廷也发布了关于每个类别的具体的建坊规则，并最终将它们作为“定式”。比如说，有关“义行”的表彰是雍正二年(1724)首次颁布的，当时皇帝奖赏了三十两银子给湖北黄冈的平民。皇帝特别指出这座牌坊应标为“八世同居”[35]。在其在位期间，雍正皇帝持续不断地题赐各种名头——诸如“敦本厚俗”——来表彰相似的义行。乾隆皇帝继承了这一传统并将其制度化[36]。乾隆曾下旨，“民间有捐资周急惠济本乡者”应获得朝廷赏赐的“乐善好施”的称号[37]。歙县棠樾村即有一座立于1820年的“乐善好施”坊，表彰商人鲍漱芳(1763—?)及其子鲍均(?—?)的义行。

在上文提到的七个类别中，朝廷最关注“节孝”一类。事实上，《大明会典》中的“风教”一章用了三分之二的篇幅来讨论有关“节孝”的规制[38]。“节孝”一类包含了四种典范——孝子、顺孙、义夫和节妇[39]。“节”作为“节孝”中的重要部分，其制度在清代了得到了充分的发展。

康乾盛世时期，判定节妇的标准由模糊变得准确，由严格变得宽松[40]。这些变化扩大了受旌人员的范围，从本质上增强了朝

---

[34] 《钦定大清会典则例》卷71，第5页b、7页a、21页b、23页a。

[35] 《钦定大清会典则例》卷71，第21页b。

[36] 《钦定大清会典则例》卷71，第22页a。

[37] 《钦定大清会典则例》卷71，第22页b。

[38] 《钦定大清会典则例》卷71，第3页b—21页a。

[39] 除了“节孝”，《钦定大清会典则例》也记录了有关“名宦乡贤”的具体条规，这一部分列在“风教”一章的开头。《钦定大清会典则例》卷71，第1页a—3页b。

[40] 雍正皇帝1723年的谕旨导致了大部分变动。一条变化是守节时间长短，从二十年缩减为十五年。在19世纪早期又减为十年。同时，寡妇可以被旌表的年纪由五十岁减为四十岁。见Elvin, “Female Virtue and the State,” p.124; Susan Mann, *Precious Records*, p.23。

廷在公共场合表彰此类典范的能力。据《钦定大清会典则例》，节妇旌表始于1648年[41]。五年后的1653年，顺治皇帝（1644—1661年在位）第一次提到建坊制度，准许给予满洲、蒙古、汉军旌表节孝者三十两银子自行建坊[42]。1660年以后，顺治和康熙皇帝（1661—1722年在位）不断提到建坊银[43]。雍正时期，有关建坊的规定最终成为定例。1723年，雍正皇帝在谕旨中包含了具体的建坊条规。在本文开头引用的段落中，雍正皇帝表达了他对地方民众如何看待贞节崇尚的担忧。如他所述，即使朝廷已经奖赏了建坊银，“民间往往视为具文，未曾建立”。在皇帝看来，民众对建坊的漠视最终会导致德行“泯没”，朝廷也“不能使民有所观感”[44]。

“观感”一词包含了丰富的含义。如谕旨所言，清代皇帝希望通过纪念性建筑物让民众看见并且感受他们宣扬的品德。与此同时，清代统治者也通过贞节牌坊向汉族臣民展现他们的皇权。由皇室向贤德人士赐予名号突出了满洲皇室试图展示他们作为中国合法统治者的目的。当这些石坊被竖立起来时，刻于石坊之上皇帝手书的“圣旨”二字及精细雕刻的龙纹都在提醒地方民众这份荣耀来自于满洲朝廷。也就是说，通过建坊，满洲统治者向汉族民众展示了他们作为少数族裔统治者所获得的天命。

我们可以用当代理论来阐释清代统治者重视和坚持建坊背后的逻辑：那就是个体的社会角色（social role）可以通过一种强有力的灌输方式（a powerful form of indoctrination）而内化（naturalized），这种方

---

[41] 《钦定大清会典则例》卷71，第3页b。

[42] 这些银两来自地方。地方官员应给汉族民人提供资助，满洲、蒙古和汉军则从户部支银。《钦定大清会典则例》卷71，第5页a—b。

[43] 比如说1660年，顺治皇帝同意广西殉难妇女亲属应获得建坊银。《钦定大清会典则例》卷71，第6页b。1672年，康熙皇帝规定强奸不从而身死的烈妇应该和节妇一样获得旌表。地方官员应给银三十两任本家建坊。《钦定大清会典则例》卷71，第7页a。

[44] 《钦定大清会典则例》卷71，第9页a。

式就是身体习惯(bodily habit)。石坊的建立,最起码如雍正皇帝所愿,创造了让民众与理念(ideology)“共同生活”(lived through)的情景㊺。通过建坊,皇帝让民众在日常生活中时时看见这些纪念性建筑,希望他们可以被石坊所彰显的道德和皇权所激励。也就是说,当民众与牌坊互动成为日常生活的一部分时,他们就有可能内化牌坊所包含的社会等级,其中包括男女等级和统治者与被统治者间的差异㊻。

为了通过牌坊这一物来指导地方民众,雍正皇帝制定了建坊规则。他规定政府应该资助两种贞节牌坊。第一种为奖赏同一家庭的一位或多位寡妇的个人牌坊。朝廷自顺治时期便已奖励这种牌坊㊼。第二类为大坊,表彰来自一个区域的所有节妇㊽。雍

㊺ 雍正皇帝的用词提醒了我们关注皮耶·布尔迪厄(Pierre Bourdieu)关于“客观”的社会现实和个体内化“主体的”精神世界之间关系的讨论。布尔迪厄使用了“习性”(habitus)一词来解释人类行为是如何影响世界的。在布尔迪厄看来,习性是“一种后天获得的生成方案(acquired system of generative schemes),这一方案客观地适应它所组成的特殊的情境”。见 Pierre Bourdieu, *Outline of a Theory of Practice* (Cambridge: Cambridge University Press, 1977), p.95。布尔迪厄将“习性”作为一种分析语言,让日常生活中个体行为的体系(system)变得可视化。通过习性,人类对他们身处社会中的机构、规则以及物品做出反应并逐渐适应。本文研究也受到了白馥兰(Francesca Bray)所著 *Technology and Gender* 一书中有关空间和个体行为间关系的讨论的启发。白馥兰试图“获取由技术联系和产物传达的信息,从而观察社会指责是如何通过身体习惯这一最有力的灌输方式而内化的”。Bray, *Technology and Gender: Fabrics of Power in Late Imperial China* (Berkeley: University of California Press, 1997), p.2.比如说,白馥兰分析了房子的结构来展示建筑是如何体现中国社会中因性别、年龄和身份所带来的等级制度。笔者认为,清廷希望用建坊这一融入地方民众日常生活中的行为来影响转化民众的行为。

㊻ 满洲皇帝总是用不同的方式来影响无法读写的民众的道德习惯。比如说,康熙皇帝就让他的官员一月两次在村落宣读《圣谕十六条》。Mark Elliott, *Emperor Qianlong: Son of Heaven, Man of the World* (New York: Longman, 2009), p.35.但是与仍然是以文字材料为基础的宣读不同,朝廷建坊是试图通过与牌坊的直接物理接触使民众更为鲜明地感受道德楷模和权力等级。

㊼ 《钦定大清会典则例》卷 71,第 5 页 b。

㊽ 歙县目前仅存一座大坊,于 1905 年建于县衙所在地,用来表彰徽州地区 65 078 位节妇。

正皇帝让地方官先在"直省府州县位"建立节孝祠,在祠门外建"大坊",并"将前后节孝妇女标题姓氏于其上"[49]。八旗妇女也遵循此条规则[50]。

皇帝也规定了建造这些祠庙和牌坊的资金来源。清廷延续了明代奖赏银三十两的法令,但是满洲皇帝进一步解释了这些资金的来源和分配方式。据清代法令,地方官可以使用"正项钱粮"来资助这些工程,事后从工部奏销。工部也负责八旗的牌坊建造。地方有司负责"不时修葺"这些牌坊[51]。关于这三十两银子,为了防止地方衙役从中贪污,雍正皇帝规定"令本家具领,当堂验发,不经胥吏之手"[52]。

与此同时,雍正皇帝也扩大了可旌表个人牌坊或可留名于大坊上的贤德妇女的范围。据 1726 年颁布的一道谕旨,因躲避流寇而自杀的女性可自行建坊,也可在节孝祠内设位题坊[53]。下一年,以前未被列为可旌表人物的孝妇也可获得朝廷表彰[54]。所有这些条例都被定为成例。

总体而言,清廷极力向公众推崇道德典范。满洲皇帝宣称所有类别的道德典范都可以通过牌匾、祠庙或牌坊等方式向公众展示。在这三者中,皇室对立牌坊最为推崇。它不仅规定三类最重要的道德典范都应该立坊,同时也通过赐予可刻在牌坊上的特定名号来鼓励建坊[55]。对于贞节牌坊而言,满洲君主尤其是雍正皇帝逐步建立立坊的规则,厘清了旌表谁、旌表什么样的牌坊,以及

---

[49] 《钦定大清会典则例》卷 71,第 9 页 b—10 页 a。又见 Susan Mann, "Widows in the Kinship, Class, and Community Structures of Qing Dynasty China," 42。

[50] 《钦定大清会典则例》卷 71,第 10 页 a。

[51] 《钦定大清会典则例》卷 71,第 10 页 a。

[52] 《钦定大清会典则例》卷 71,第 18 页 a。

[53] 《钦定大清会典则例》卷 71,第 11 页 a—b。

[54] 《钦定大清会典则例》卷 71,第 11 页 b。

[55] 值得注意的是,雍正和乾隆皇帝喜欢将他们的手书奖励给旌表人。这似乎说明他们想要更直接地参与到旌表过程中。

牌坊建造的资金来源等问题(56)。也就是说，相对于明廷对于立坊的简要备注，清代皇帝对于这一问题更为关注。

这些具体的定例强调了满洲皇室试图通过物质奖励来推行儒家道德的目的。但是他们的目标是否达成了呢？为什么如雍正皇帝所抱怨的，地方民众有时选择不建立这些由朝廷旌表的可以展示家庭荣耀的牌坊呢？这一问题引发了我们对立坊的现实考量：立坊需要花费多少钱？立坊的机制是什么？追根究底，谁有能力又为什么立坊？下一章节将讨论这些问题。

立坊：作为媒介的商人

盛清时期，富裕的歙县盐商是建立石坊的主要赞助人。当朝廷试图在地方社会彰显寡妇忠贞的品德时，这些盐商成为资助这些纪念性建筑的中间人(intermediaries)。建立石牌坊是一个昂贵、烦琐且复杂的过程。无论如何，许多商人在这一工程中投入了精力与钱财。无论这些商人是否试图传达道德信息，他们当然都明了包含在这些纪念性建筑物中的文化和政治含义。虽然大多数商人未留下出自其手的文字资料，但是这些石牌坊向我们提供了一个可探寻他们思想和动机的窗口。

确定一座牌坊的资助人并非易事。这些资助人往往不会在牌坊上留下姓名，但是诸多证据显示了盐商和立坊之间的关系。地方材料诸如族谱即提供了盐商为其家庭宗族建造牌坊的证据。比如说《潭渡黄氏族谱》就记录了一位活跃于雍正年间的扬州盐商黄以瓆在1723年建立孝子祠石坊的事例。这座孝子坊的题额也证实了黄以瓆的资助(57)。现存牌坊也显示，盐商及其后代热衷

(56) 《钦定大清会典则例》卷71，第5页b—11页b。

(57) 见黄元豹和黄景琯编纂《潭渡黄氏族谱》(黄山博物馆，雍正年本)，卷6，(转下页)

于竖立个人石坊来彰显功德。除了上文已经提到的“乐善好施”坊，另一座于1740年建于潜口村的“恩荣四世”坊即表彰了总商汪应庚一家，包括其祖父母、父母、他自己及妻子，以及他的儿子儿媳[58]。另一座于1762年建于稠墅村的“荣褒三世”坊则是为了表彰总商汪廷璋的祖父、父亲及他自己（图1）[59]。

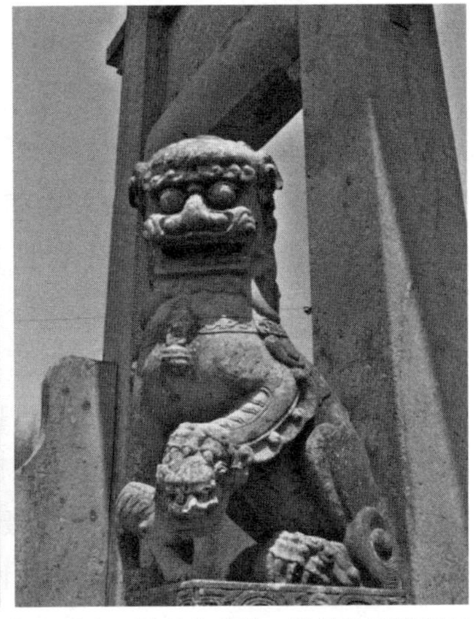

图1 “荣褒三世”坊，建于1762年，表彰盐商汪廷璋及其家庭成员。徽州歙县稠墅村（本文所有照片如非特别注出，均为笔者所摄）

（接上页）第3页。除了黄以瓚的资助，商人鲍志道（1743—1801）于1776年在潭渡邻村的棠樾村资助了两座石坊——慈孝坊和孝子坊。见鲍宜瑗（1718—1760）《重修慈孝孝子两坊碑记》，鲍琮《棠樾鲍氏宣忠堂支谱》（国家图书馆和人民大学图书馆，1805年），卷22，第15页b。

[58] 总商是最富裕的盐商。他们由清政府选中来辅佐盐政处理盐专卖事务。这一称谓是清政府发明的一种半官职称号。在盛清时期的两淮地区，许多徽州盐商曾担任这一职务。见Ho Ping-ti, “The Salt Merchants of Yang-chou: A Study of Commercial Capitalism in Eighteenth-Century China,” *Harvard Journal of Asiatic Studies* 17 (1954): 130—168，见第166页。又见王振忠《清代两淮盐务首总制度研究》，《历史档案》1993年第4期，第101—104页。

[59] 我们很难确定这些牌坊表彰人物的去世时间。这三座牌坊最有可能是这些人物中最年轻的一代在世时建立的。

除了上文列出的徽州地方文献中的记载，《两淮盐法志》也提供了有关贞节牌坊的有用信息。《两淮盐法志》中“列女”部分记载了大量得以奉旌建坊的节妇的名字[60]。她们中的许多嫁给了徽州盐商。有些节妇的丈夫直接被称为徽商[61]。其中一些徽商在盐业事务中扮演了重要角色，所以我们可以确认他们的身份。比如，总商吴家龙的母亲郑氏于1727年获得表彰[62]。吴家龙的商号是吴裕大，他于1757年获得乾隆皇帝赐予的“奉宸苑卿”头衔[63]。

虽然大部分徽州牌坊已不复存在，但是尚存的牌坊进一步证明盐商家庭对立坊的资助。比如，吴自亢在下长林村建了一座纪念家中三位节妇的牌坊，分别是自亢妻子程氏、他的弟媳罗氏和他的儿媳汪氏[64]。又比如，稠墅村有一座纪念商人汪辉祖之妻吴氏的贞节牌坊。据《两淮盐法志》及牌坊上的碑文，吴氏于1744年因其节孝而获旌表，此坊立于1750年[65]。

《两淮盐法志》中记载的节妇传记也向我们提供了盐商是如何申报家中贤德女性的例子，其中最有代表性的是稠墅汪家媳妇方氏的例子[66]。方氏在丈夫汪廷瑞去世后，独自抚养儿子汪勋，并尽心照顾公婆。丈夫死后的二十九年，方氏从未再婚直至去世。在传记

---

[60] 佶山等编纂《两淮盐法志》(1806)卷50—52。

[61] 比如，吴自亢及他的弟弟吴自充就被称为徽商，他们的妻子皆于1668年获得旌表。《两淮盐法志》卷50，第4页b。又见郑鋐和朱琦的例子，《两淮盐法志》卷50，第7页a、16页a。

[62] 《两淮盐法志》卷50，第4页a。

[63] 林永匡和王熹《清代盐商与皇室》，《史学月刊》1998年第3期，第17—24页，见第19页；奉宸苑是内务府三苑中的一苑，掌管皇室狩猎和园林。奉宸苑卿指该苑主管。见 Charles Hucker, *A Dictionary of Official Titles in Imperial China* (Stanford: Stanford University Press, 1985), p.212。

[64] 《两淮盐法志》卷50，第4页b—5页a。

[65] 《两淮盐法志》卷50，第13页b。

[66] 《两淮盐法志》卷51，第14页。

结尾，作者写道“子勋孙承璧世为淮南商总，旗名肇泰”[67]。方氏牌坊立于1775年，至今仍矗立在稠墅（图2）。此传记虽未提到立坊人，但应为方氏之子汪勋所建。坊上刻字显示参与旌表的官员都来自扬州江都县，包括扬州府知府、江都县知县和江都县教谕。根据旌表节妇的申报程序，一般由地方书院的教导（教授、教谕或训导）先从地方收集欲申请旌表的个人案例[68]。乾隆时期汪勋正在扬州经营盐业生意，结合坊上刻字，方氏事迹应该是她儿子在江都县申报的。

图2 方氏贞节牌坊，建于1775年。徽州歙县稠墅

除了查找盐商立坊的证据外，我们也需要思考为什么有些人不愿意建立石坊。史料显示个人的经济状况是影响立坊的重要因素：一些家庭即使在朝廷补助的情况下依然无法支付立坊费用。一份徽州档案中有关盐商家庭的称为节孝事件的材料向我们提供了有关申报节妇过程中的花费。据这份档案所示，一个富裕的徽州盐商家庭需要给参与申报过程的地方官、教谕以及胥吏五十五两银子，以保证成功申报他们的案例[69]。这份材料不仅证

---

[67] 《两淮盐法志》卷51，第14页。

[68] 一般来说，关于汉人的申报，地方州县官负责将案例申府，府申道，道申巡按御史，御史核实后，再申礼部。礼部再次查核后决定是否旌表。《钦定大清会典则例》卷71，第3页b—4页a。

[69] 这份档案是中国历史学家王振忠的私人收藏，见王振忠《牌坊倒了，日出而作》，《读书》1999年第2期，第108—110页，见第108页。

明了徽商对申报节妇的兴趣，同时也揭示了在这一过程中资金的重要性。除此之外，实际建造一座石牌坊也花费巨大。被旌表人家庭需要支付包括购买石材、雇佣运送材料和建造所需劳力等种种费用，因此造价不菲。比如19世纪常州学者张琦（1765—1833）的妻子汤瑶卿（1763—1831），就曾经为了保留一块给张母江氏建造牌坊的石头而费尽心思⑰。汤瑶卿一家并不宽裕的经济情况使得她的行为格外令人尊敬。在现实生活中，许多普通家庭则选择将钱用在其他地方而不是建坊上，比如成功的举子可将三十两银子作为礼物送给高层官员⑱。由此看来，似乎只有富裕的盐商才有能力在盛清时期在歙县建立贞节牌坊。

如上文所述，满洲朝廷将立坊作为道德教化的一部分。那么，这些商人为何如此热衷于建坊呢？首先，商人选择建立贞节牌坊具有现实考量：对于商人而言，获准建立表彰女性的贞节牌坊远比建立男性牌坊容易。在歙县，有两类男性牌坊，一类表彰进士对朝廷的贡献，另一类则彰显士人义行⑲。关于这两类人物的申请相对困难并复杂得多。一些总商的确获得了“义行”表彰，但是这些都是个例。因为朝廷尚未建立审核这些男性典范人物的统一标准，因此每个案例都是被独立评价的。与此相对，朝廷已经建立了清楚而统一的节妇旌表标准，申请过程也因此有依可循。也就是说，性别因素首先决定了这些商人家庭的选择。

但是商人对建造贞节牌坊的投入也具有超越于实际考量之外的其他原因。相对于丰富的、记载清廷意图的宫廷档案，直接

⑰ Susan Mann, *The Talented Women of the Zhang Family* (Berkeley: University of California Press, 2007), p.36.

⑱ 郑岩、汪悦进《庵上坊：口述，文字和图像》，第59页。

⑲ 关于科举制度和社会流动性，见Ping-ti Ho, *The Ladder of Success in Imperial China: Aspects of Social Mobility, 1368 - 1911* (New York: Columbia University Press, 1962), pp.168-194。

展现商人动机的史料则非常稀少。当然，自晚明至盛清时期越来越多受过教育的商人开始参与写作[73]。但是相对于士人，出于商人之手的文字材料仍然稀少，同时他们的书写也很少获得文人认可。但是，商人书写材料的缺失并不代表他们缺乏表达自己的欲望。事实上，前人学者已经指出，与获得科举功名的士人不同，商人在地方社会并不能保证自己的地位，因为他们的身份认同被排除在官职这一传统标准之外。从某种程度而言，这一现状使得商人更渴望表达自己[74]。

本文认为，商人们通过做事(doing things)而不是书写的方式来表达自己。自16世纪徽商开始主导江南盐业起，他们就在江南城市中心和徽州家乡积极参与地方社会文化事务。如学者所言，许多富裕的徽州盐商在江南享受“高雅的生活”(high life)，他们在自己的花园中举办学者聚会，收藏书籍和古董，并资助艺术创作。商人对这些文化产业的投入让他们与学者文人建立联系，并让他们获得朝廷的认可[75]。与此同时，许多商人在移居到江南城市后依然热心徽州事务。比如，出身于显赫盐商家庭的鲍志道

---

[73] 作者感谢柯丽德(Katherine Carlitz)对此观点所提的建议。

[74] 当代学者已经指出，商人采用了各种方式来“拓展其他领域的活动，这些领域处于那些受到国家认可获取功名、官职和儒家学位的道路之外”。Joseph W. Esherick and Mary Backus Rankin, “Introduction,” in Joseph W. Esherick and Mary Backus Rankin, eds., *Chinese Local Elites and Pattern of Dominance* (Berkeley: University of California Press, 1990), pp.1-24，见第9页。

[75] 比如，徽州盐商汪启淑(1728—1798)是18世纪杭州最著名藏书家之一。因为汪启淑将自己的藏书出借给《四库全书》编纂工程，乾隆皇帝赏赐他一套《古今图书集成》。见 Nancy Lee Swann, “Seven Intimate Library Owners,” *Harvard Journal of Asiatic Studies* 1 (1936): 363-390，见第379—381页。汪启淑也收藏了上千方印章并出版了二十八本印谱。他经常邀请学者来观赏他的收藏，阅读他的出版物，并为他刻印。见徐珂《清稗类钞》(北京：中华书局，2003年)，第4240页。有关汪启淑的传记，见闵尔昌《碑传集补》(台北：文海出版社，1973年)卷45，第20页b—21页a。有关徽州盐商在扬州的活动，见李斗著，汪北平、涂雨公点校《扬州画舫录》(北京：中华书局，1960年)。

(1743—1801)，虽然在乾隆年间担任总商一职并旅居扬州，但仍在其家乡棠樾的宗族事务中发挥重要作用。他和其他族员资助撰写了新的族谱，重修了祠堂，并建立了一座彰显自己家庭成就的牌坊[76]。又比如盐商汪应庚在扬州建立了五烈祠的同时，也在家乡资助了一座漂亮的牌坊来展现他从朝廷获得的荣耀[77]。徽商生意与徽州宗族和个人关系密不可分的事实奠定了徽商与徽州间千丝万缕的关系。与此同时，徽州也是许多旅居徽商得以自我认同(identify themselves)的情感依恋[78]。因此，就像鲍氏一样，许多商人始终与家乡保持密切联系。

这些商人在江南和徽州的活动让他们广泛参与与物相关的事务。通过对一定物品在其生产、收集和建造过程中投入金钱、时间与精力，这些商人得以将自己的想法和兴趣投射到这些作为媒介的物上。也就是说，物为商人提供了另一种表达方式[79]。贞节牌坊即为其中之一。此类纪念性牌坊和祠堂皆为公共展示而

---

[76] 有关鲍志道在徽州活动的详细描述，见鲍琮编撰《棠樾鲍氏宣忠堂支谱》卷19，第1页a—2页a、21页b—23页b、24页b—26页a、39页b—44页b；卷22，第14页a—27页b。关于鲍氏一家在扬州的活动，见李斗《扬州画舫录》，第148—150页。

[77] 有关五烈祠，见 Antonia Finnane, *Speaking of Yangzhou: A Chinese City, 1550-1850* (Cambridge, MA: Harvard University Press, 2004), pp.228-229。

[78] 在关于苏州潘氏的研究中，杜勇涛追溯了这些商人在徽州大阜的根源，并讨论了这些潘家人是如何在徽州积极参与宗族建设。这些商人甚至在长期旅居苏州以后依然通过原乡地来建构个人认同。Du Yongtao, "Translocal Lineage and the Romance of Homeland Attachment: The Pans of Suzhou in Qing China," *Late Imperial China*, 27.1 (2006): 31-65。

[79] 许多史料显示商人积极参与书籍印刷，他们是出版经典、版画及学者诗集文集的主要赞助人。印有精美插图的《列女传》即是商人参与出版的明证。见 Michela Bussotti, "Images of Women in Late-Ming Huizhou Editions *Lienü zhuan*," *Nan Nü: Men, Women and Gender in China* 17.1 (2015): 54-116; Katherine Carlitz, "The Social Uses of Female Virtue in Late Ming Editions of *Lienü zhuan*," *Late Imperial China* 12 (1991): 117-148。此处我将书本作为物而不仅仅是书写的材料，因此商人对印刷文化的积极参与也可理解为他们与书籍这种"物"的一种互动。

设(public display)。通过研究牌坊所包含的政治和文化含义以及它们复杂的建造过程，学者可以获得一种探寻商人动机和兴趣的特殊视角。我认为，商人建坊既具实践考虑(practical concerns)，亦是一种炫耀性消费(conspicuous consumption)。通过立坊，这些商人一方面试图在他们长期离家的现状下维持家庭和睦繁荣；另一方面，这些牌坊也让他们得以在徽州本地标榜并实现他们的领导权。

商人对建坊的兴趣首先基于徽州特殊的社会环境。因为盐商离家经商，女性在家中的作用变得尤为重要[80]。如安东篱(Antonia Finnane)所述，商人必须“培养家中妇女持久忠诚的文化，这既安抚了他们自己，同时也有利于徽州社会安定”[81]。当徽州出版商致力于出版有关女性贞节的书籍时，贞节牌坊则向商人提供了另一种推崇妻子和母亲品德的途径。有些牌坊的题额表彰了妇女为了维持家庭和睦繁荣而做出的努力。比如，棠樾一座建于1787年的、表彰鲍文渊之妻吴氏的贞节牌坊刻有题额“脉存一线”，即强调了吴氏抚育独子并保存家族血脉的努力。另一座于1767年建于棠樾的牌坊刻有“立节完孤”和“矢贞全孝”的题额，指出了节妇在家中的另一项重要职责，即照顾公婆。除了这些牌坊题字，旌表节妇的传记也强调了她们对夫家的忠诚。上文所引方氏传记就描述了方氏如何尽心侍奉公婆直至他们去世，并抚养儿子长大直到结婚成家。这些贞节牌坊不仅恒久地彰显女性品德，并且更重要的是，它们不断提醒人们在男性离家的情况下女性维持家庭和睦的能力。

的确，诸多史料证明，商人试图通过表彰女性品德来维持家

---

[80] 有关徽州妇女的经济活动以及她们对公共事务的参与，见阿风《明清时代妇女的地位与权利》(北京：社会科学文献出版社，2009年)。

[81] Finnane, *Speaking of Yangzhou*, p.231.

庭秩序。许多商人邀请学者为他们的妻子和母亲写传记。这些被保存在作者集子或商人的家谱族谱中的传记致力于强调女性的贤淑德行。比如说，棠樾鲍氏族谱就记载了总商鲍志道的妻子汪四德(1742—1803)管理家中及族中妇女的事迹。如传记所述：

> 公业盐扬州，家事事无巨细，一由夫人指画部署，而自奉甚薄，食不兼味。以平时省啬所积置田百亩，取租分给宣忠派群妇，名其田曰“节俭户”。[82]

汪四德管理家政的能力及对宗族的忠诚的确让人佩服，但是我们也注意到，她丈夫鲍志道长期离家的事实让她的德行显得更为引人注目。因为这一族谱是由鲍志道及其儿子资助修纂的，所以志道一家极有可能希望向公众展现他们家中勤勉女性的德行。总之，这种描述具有一石二鸟的功效：它既向外人展现了家庭成员的品德，也在男性成员缺失的情况下维护了家庭稳定[83]。

除了在徽州推崇贞节崇尚，商人也用牌坊所蕴含的符号资本(symbolic capital)、经济实力及处事能力(managerial ability)来彰显他们高人一等的社会地位。建立牌坊的过程即是一种公共展示(public display)，而旌表正是通过这一展示来教化品德，其高光即为女性获得朝廷奖赏的那一刻。著名作者吴敬梓(1701—1754)在他的讽刺小说《儒林外史》中形象地描述了学者和盐商如何通过铺张的形式来庆祝家中节妇荣获旌表。如书中所述，在获

---

[82] 见鲍琮编纂《棠樾鲍氏宣忠堂支谱》卷 10，第 9 页 a。

[83] 鲍氏一家对其女性成员的赞扬只是诸多表彰盐商家庭中劳妻爱母的传记中的一个例子。宋汉理(Harriet Zurndorfer)认为在明代，士人已指出“徽州女性格外勤勉和节俭……这些妇女总是因其贞节而闻名”。见 Harriet Zurndorfer, “The Hsin-an Ta-tsu Chih and the Development of Chinese Gentry Society 800-1600,” *Toung Pao* 67 (1981): 154—251，见第 198 页。有关盛清时期的例子，见总商江春(1720—1789)妻子罗氏的传记，沈大成《罗夫人传》，见《学福斋集》(《续修四库全书》第 1428 册，上海：上海古籍出版社，1995—1999 年)，卷 19，第 13—16 页。

得朝廷批准后，节妇的牌位可入节孝祠，而入祠正是这一仪式的高光时刻。在小说中，一位地方学者计划邀请全族绅士来庆祝这一荣耀，"共有一百四五十人"来观看典礼。与此同时，另一位盐商则为其获得同样表彰的母亲举办了盛大的庆典，其中有戏曲表演，也有丰盛的宴会。作为结果，"四乡八镇几十里路"都来参加盐商的庆典[84]。吴敬梓的小说讽刺了人们对贫穷学者和富裕商人的不同态度，但是他的描述正强调了学者和商人都明了朝廷表彰从本质上是一种公共展现的事实。

相同的逻辑也适用于牌坊建造，而建坊正因为牌坊的宏伟尺寸、持久物质性(enduring materiality)、复杂及延长的建造过程和高昂费用而成为一种更有效的个体表达方式。首先，立坊都必须获得朝廷批准，因此成功立坊本身即展现了朝廷荣誉，这一荣誉正是让盐商得以在地方扩大其影响的符号资本(symbolic capital)[85]。

除了这一符号资本，通过分析牌坊自身的物质性和建造过程，我认为这些纪念性建筑物让富商以一种长久的方式在公共空间展示他们的财富和办事能力。盛清时期在歙县立坊是一件复杂、昂贵且费时的工程，因为建坊所用的石头需从邻近村落开采、购买并运送到徽州。明清之际，牌坊一般使用三种石头：砂岩石、大理石和一种叫茶园青的石头[86]。在这些石头中，"茶园青"是最适合的。砂岩石石质最软，虽易于雕刻，但也极易风化。大理石比砂岩石坚硬，因此不易风化，但其特殊石质导致雕刻时易碎成大的碎片。茶园青的硬度让它得以长时间保存，同时它的高密度

---

[84] 吴敬梓《儒林外史》(陈美林编，杭州：浙江古籍出版社，1993年)，第253—259页。

[85] 有关符号资本，见 Mary Backus Rankin and Joseph W. Esherick, "Concluding Remarks," Escherick and Rankin eds., *Chinese Local Elites and Patterns of Dominance*, p.326。

[86] 此处结论基于笔者对徽州石牌坊的考察，与徽州建筑学家的访谈，以及史料记载。徽州地区也用一种叫黟县青的石头建坊。笔者在田野调查中尚未在歙县看到黟县青牌坊，但是黟县的一些牌坊因使用绿色石头而闻名，所以有可能使用了这类石头。

石质也适合雕刻。

徽州用来建造牌坊的石头不断变化，至17世纪早期，歙县当地大部分选择用茶园青来建坊[87]。据徽州建筑学家程极悦所述，这一变化产生于万历年间(1573—1620)，源于新的牌坊样式的产生和新的建筑工具的使用[88]。建于1584年的以茶园青为材料的许国牌坊是理解这一发展的关键。因为用茶园石建成的牌坊比较难雕刻，所以许国牌坊选择了一种雕刻较为精简的式样[89]。依据这一样式，牌坊柱子的顶端冲向天空。这一设计与明代流行的柱子顶端罩在屋顶下的屋顶式牌坊不同(图3)。大部分清代的牌坊都采用了冲天式设计。

使用茶园青石头增加了建坊费用，因为歙县仅产砂岩石和花岗岩，这就迫使建坊人必须去浙江省淳安县寻找茶园青。徽州著名学者洪亮吉(1746—1809)对这一过程提供了有用的材料。洪亮吉曾作文赞扬歙县盐商程光国在歙县和旌德之间修路的义行。在文中洪亮吉指出："歙石易泐不可用。"[90]洪亮吉虽未具体说明这一"歙石"是哪种石头，但是他指的应该是砂岩石。因为歙县附近山脉没有合适的石头，所以程光国需要去浙江寻找石头[91]。这些

[87] 虽然这一转变产生的具体时间不可考，但是士人记载、田野访谈以及现存牌坊都指向这一时期。如明代学者方以智(1611—1671)的《物理小识》所载，他的学生方兆兖在《奇石》一章写道："茶源石，徽州取作牌坊。"此条中的"源"与"园"发音相同。此书现存最早版本为1664年。因此，我们有理由相信徽州在清代之前已使用茶园石建造牌坊。方以智《物理小识》(《四库全书》第867册，台北：商务印书馆，1983年)，卷7，第30页a。

[88] 程极悦是徽州建筑专家，他与程硕出版了描述明清时期徽州建筑的《徽派古建筑：徜徉古建博物馆》(合肥：黄山书社，2001年)。

[89] 许国牌坊上的雕刻要比一些1584年以后建的砂岩石牌坊保存得更好，以实例证明茶园青的确可保存较长时间。

[90] 洪亮吉《新修箬岭道记》，见刘德权点校《洪亮吉集》(北京：中华书局，2001年)，第1045—1046页，引用见第1045页。

[91] 洪亮吉《新修箬岭道记》，《洪亮吉集》，第1045页。

图 3　左：屋顶式牌坊，这一牌坊建于 1507 年，徽州歙县许村；右：冲天式牌坊，这一牌坊建于 1774 年，徽州歙县蜀源

浙江的石头就是茶园青。据《续修严州府志》记载：“在县东五十里，茶坡溪南两峰相值……其山产青碧坚石。”[92]

因为这些石头产于徽州之外，所以建坊过程也就变得更为复杂。盐商首先需要购买这些青石，即需要先从淳安山中开采，然后再将石头运回歙县。这些茶园青最有可能走新安江水路，这条河在清代是连接徽州和浙江的主要干道。但是大部分歙县村落都在远离新安江的深山中，因此这些巨大的石块先需水路运输，然后再拽拉至村落。整个运输过程必然花费不菲。

除了复杂的石料采购和运输过程，建造青石牌坊也非易事。石牌坊是柱梁结构。为了更好地理解这一结构，我们需先简单回顾一下徽州建筑史及石牌坊的建筑因素。中国历史中大部分的建筑都采用木质柱梁结构，即柱子和梁通过榫卯固定在一起（图 4）[93]。石

---

[92] 《续修严州府志》（万历本，书目文献出版社重印，1991 年），卷 2，第 15 页 b—16 页 a。

[93] 有关中国建筑中的柱梁结构和榫卯结构，见 Nancy Berliner, *Yin Yu Tang: The Architecture and Daily Life of a Chinese House* (North Clarendon: Tuttle Publishing, 2003), pp.116-117。有关徽州建筑中的梁柱结构，见第 128—134 页。

质牌坊结构源于木门坊。元之前，这些门坊用来标志城中的分区。由元至明，牌坊逐渐从门坊转变为独立的建筑。到了明代，牌坊的材料也从木质转变为石质，但是后世的石牌坊依然延续了木门坊的柱梁结构[94]。清代徽州石牌坊也因此仿照木坊的建造过程。

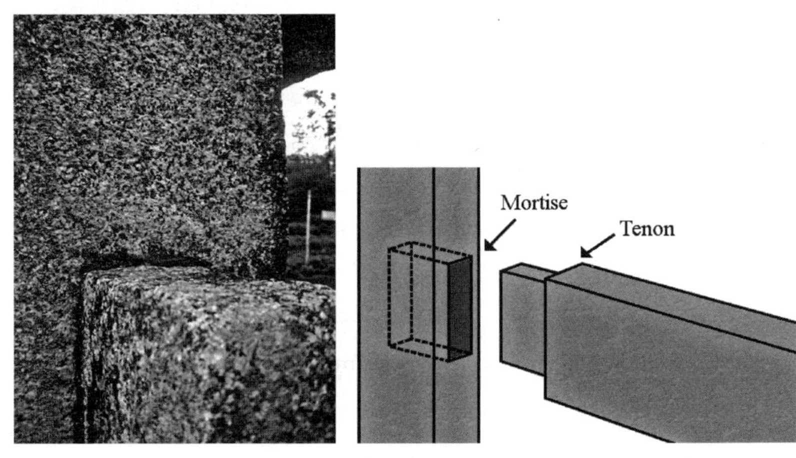

图 4　左：牌坊榫卯结构；右：榫卯结构示意图（Erik Palmer 绘制）

石牌坊的主要结构为一梁二柱。这一结构看似简单，但是实际建造过程相当困难。导致这些困难的根本原因正是石头的物质性，即石头远比木头重，也因此更难移动。基于白铃安（Nancy Berliner）对徽州房屋建造过程的描述以及笔者与徽州石匠冯有进的访谈，我们认为建造石坊包含三个步骤。首先，石匠需准备所有的材料，其中包括在立柱前凿出榫卯及雕刻梁柱上的花纹。其次，工匠竖起柱子，然后通过梯子、绳子和竹竿将石梁提吊至指定高度。冯有进特别指出，基于石梁所需提吊的高度、重量，尤其是石头的不灵活性，在当地工厂使用当代机械提吊前，徽州石匠

---

[94] 潘谷西主编《中国古代建筑史》卷 4，第 416 页。

都是通过堆土的方式慢慢提起石梁[95]。最后，当石梁被提至指定高度，在梯子上的工匠会将其两端的榫插入两根柱子的卯中。这一步骤之后，一座石牌坊就基本建成了。在整个过程中，将石梁插入柱子中不仅是最重要也是最困难的一步。这一步骤不仅危险，同时也需要熟练的技术，因此不难想象，这些牌坊资助者需要雇佣更多技术高超的工匠来完成这一工序。

上文对建造石坊的具体描述是为了帮助我们更全面地了解这一建筑物的生命历史(life history)。从寻找石材到最后连接固定梁柱，徽州商人经历了考虑资金、物质、劳力和技术的复杂过程。如上文所提，资金至关重要：不是所有的家庭都能建立一座石牌坊。但是对于盐商而言，建坊的高昂费用及牌坊的象征性意义反而给了他们表达自己的渠道，也因此而特意建造宏大且雕刻精美的牌坊。而徽州当地人直至今日仍知道建坊所用石头的经济价值。比如，潭渡村一位老妇人黄继珍虽然不知道茶园青石头的名字，但是她清楚地告诉笔者，砂岩石不如那些青石，因为这些青石“光光的”[96]。黄继珍也抱怨道，潭渡现存的牌坊都是白色砂岩石所造，是所有牌坊中最差的。所有用青石建成的好的牌坊已经被推倒了。歙县村民可能并不知道这些石头的具体出处，但是他们知道这些石头是否出于歙县——用他们的话来说，是不是“本地的”。在他们看来，外地的石头更稀有也更有价值，因为它们需要经过长途运输而获得。虽然我们无法对18世纪的徽州居民进行访问，但是我们有理由假设，在18世纪当工具和技术不如今天发达时，当地民众在日常生活中对石头的使用应该比笔者所采访的当代村民更为广泛深入，他们也因此了解石牌坊的物质特

---

[95] 冯有进指出虽然他叙述的都是自己的经历，但是他是从徽州老一辈石匠那里学习的技术。笔者于2010年8月31日在黄山屯溪采访了冯有进。

[96] 黄继珍生于1933年，一直居住在潭渡。笔者于2010年8月29日在潭渡采访黄继珍。

征(material characteristics)及建坊所需的费用。

总之，徽州盐商通过建造贞节牌坊来宣扬贞节崇尚，从而维护家庭和睦及徽州的社会秩序。同时，贞节牌坊也为商人提供了一种理想化的公共途径来彰显他们所获得的朝廷认可、道德名声、商业财富及安排物料和劳力的能力。在这一历史背景中，物——牌坊及它与朝廷的联系、其优质材料及精美装饰——都让商人得以在使用财富的同时也彰显他们的声望，而这一切最终帮助商人实现他们在徽州本地的领导权。因此，这些牌坊是盐商在公共空间展现权力的物质载体。

民众的回应：德与物

满洲朝廷对女性贞节的推崇让富裕盐商可以通过建造纪念性建筑物来展现权力。那么，作为这些纪念物的观众，徽州地方民众对这一公众展示做出怎样的反应？因为大部分村民无法读写，他们无法记录他们想法。历史学家如果希望探讨这些牌坊在地方社会的影响并追寻普通村民与牌坊的互动，那就需要转向不同类型的史料，包括文人书写、民谚传说及牌坊自身的物质特性。将这些材料综合在一起，我们有可能揭示在18世纪的徽州，牌坊是如何广泛地渗入到日常生活中，以及牌坊是如何影响道德感受(moral sensibilities)的。

总体而言，笔者认为贞节牌坊自身的存在即为一个矛盾体，即对寡妇贞节的公共展示与禁止对其性生活窥视之间的矛盾。也就是说，牌坊自身引发了公众对女性品德的怀疑和评判。其结果为普通民众在对待贞节崇尚时所表现出来的复杂且矛盾的态度。笔者在田野调查中收集了一些聚焦于贞节牌坊的传说，其中有关于如何找到适合建坊的石材[97]，也有关于建坊的高额费

[97] 歙县许村流传着一个如何找到建坊石料的传说。这一故事中的牌坊建于(转下页)

用[98]。但是也有一些传说直指道德问题：这些故事往往用牌坊来验证受旌寡妇是否贞节[99]。笔者从不同人群中听到类似故事，包括学校老师、村落长者、老年妇女及偶遇路人。这些传说揭示了地方群众和贞节牌坊间奇妙的互动：虽然这些受旌妇女早已被遗忘，但是她们的行为及其行为的价值仍然存在于人们的记忆中。最重要的是，这些记忆都依附于作为纪念性建筑物的牌坊之上。

这一人、物、德之间的联系首先源于贞节牌坊在徽州大量存在的事实。如下文所示，在清代，这些纪念性建筑物通过申请程序、建造过程及其自身的物理展现（physical appearance）和物质特性（materiality）而深入到普通民众的日常生活当中。首先，清代徽州居民因为复杂的申请过程而知道旌表的存在。清廷在制定细致的旌表过程时已经强调了地方官员的责任。雍正和乾隆皇帝都曾指出各级官员，尤其是那些低级地方官，应该全面寻访这些道德楷模[100]。乾隆皇帝曾下旨："请令直省督抚训示地方有

（接上页）1641 年，现存许村，高 11.5 米，宽 9 米。根据传说，当许村宗族准备建坊时，他们一直找不到一块合适的大石头。一个倾盆大雨的晚上，一位负责建坊的族中长老梦到村子东边的山体滑坡了，一块大石头露了出来。这个梦引起了他的好奇心。第二天，他就去了那个地方并找到了这块石头，并用这块石头建了牌坊。这个故事由汪小六告诉许骥。汪小六是许村汪氏后代，2010 年为五十五岁。笔者于 2010 年 8 月采访许骥。

[98] 笔者在许村收集了一个关于"最小的牌坊"的传说。这个故事是关于两位徽州寡妇如何用她们微薄的积蓄为自己建造一座小而简陋的牌坊。根据这个传说，两位寡妇通过纳鞋底攒了六两银子，但是她们的守节事例已经上报给朝廷，并且准建牌坊的圣旨已经颁布，因此若不建坊就是抗旨。最后人们用这六两银子造了这座小牌坊。这座"最小的牌坊"依然矗立于许村。《歙县志》记载了这两位寡妇的事迹。金氏与贺氏在二十七岁丧夫。贺氏共守节二十年，而金氏守节二十六年。也就是说，贺氏应该在旌表批准之前去世。金氏可能在 1818 年她们同被受旌时依然在世。见许承尧和石国柱纂修《歙县志》（1937 年本；重印，台北：成文出版社，1975 年），卷 11，第 61 页 a—b。

[99] 这些传说将在下文中详述。

[100] 《钦定大清会典则例》卷 71，第 8 页 a、20 页 a。

司，实心体访，咨于学校，询于舆论。”[101]那些渴望树立当地道德名声的地方官往往招揽地方人士来收集和鉴别道德典范事例。通过这些渠道，中央政府得以将其官僚系统延展到社会阶层的最底层，从而将每个家庭都纳入旌表体系中。

徽州文书——包括书信、告示和族谱——则向我们展示了在实际操作中，这些贞节案例是如何被收集的，比如我们将要介绍的标注日期为光绪三年(1877)十月的书信和笔记[102]。这份档案应该是地保和族长留档的材料。其中有两份笔记记载了歙县儒学如何从歙县两村寻找节妇烈女的事例。一位当地儒学要求地保和族长去收集可被嘉奖的例子。这位儒学特别指出地保和族长不应略过那些无后之家。如果一户被嘉奖的人家有后人，那么他们应该付给地保十文钱的脚力费。那些无后之家则可免去这一费用。限十月查清，交于老师，再请旨旌表。

在这些官方收集之外，村民也积极向地方政府申报家中妇女的贤德行为。比如，出版于1744年的《新安徐氏祠规族徵》就包含了一份由约正撰写的有关节妇的家箴。约正是乡约的领导，乡约是由村民和宗族组成的劝善教化的民间组织[103]。据这份族徵显示，一些节妇的亲属，或许是她们的父亲或兄长，主动向约正陈述

---

[101] 有司的字面翻译就是“那些有衙司的人”。它“是对那些在特定环境中负责的政府官员的模糊称呼”。见 Hucker, *Dictionary of Official Titles*, p.587。引文见《钦定大清会典则例》卷71，第20页a。雍正皇帝也指出：“每见直省地方有力之家尚能上达。”见 Hsiao Kung-chuan, *Rural China: Imperial Control in the Nineteenth Century* (Seattle: University of Washington Press, 1960), p.228。又见《钦定大清会典则例》卷71，第8页b。由此可见，清朝皇帝意识到旌表节妇可能会给官员贪污带来机会。总之，清廷对从礼部到地方衙门的各级官员都清楚分配了任务。作为结果，旌表贞节成为一种体制化的常规操作。

[102] 徽州祁门文化局陈琪收藏了这些文件。见陈琪《歙县三十五都潘氏文书辑录与考释》，《黄山高等专科学校学报》2001年第3期，第36—39页，引用见第37页。

[103] 徽州的乡约组织始于宋代，在明清时期逐渐流行。见卞利《明清时期徽州的乡约简论》，《安徽大学学报》2002年第6期，第34—40页。

他们家中节妇的德行并希望获得旌表[104]。

通过以上两种途径，即地方官收集和村民提供，中央政府得以广泛收集道德典范的个案。其中的关键之处是地方政府从地方学校征召儒学的能力，通过这些儒学，地方政府可进一步调动地保和族长。儒学也同时负责将案例上报给上层官员[105]。地方领导人或胥吏比如约正和地保在官僚体系的最下层运作。正是这些人每年走访各家各户来收集典范案例。他们的参与将贞节文化直接渗透到地方民众的日常生活中。这一申旌过程最终指向朝廷奖赏，其中包括皇室颁发的头衔及建坊银三十两。

建造石坊的复杂过程也同样吸引了普通民众。纪念性建筑本身就是一种公众展示，而它的建造过程也是一种表演。如前文所述，建坊是一个复杂且耗时的过程，可能需要耗费几个月。我们可以想象，一位在清代住在歙县的村民，无论男女，可能在不同阶段目睹了一位富商的建坊过程。当进行到建坊的最后也是最关键的一步，也就是将石梁插入石柱时，建坊人需要在工匠吊起石梁的那天雇佣额外的劳力。《儒林外史》记述了商人如何用庆祝仪式来展现自己的权力和提高自己的家庭声誉。我们不难想象建坊人在吊起石梁的那天邀请远近村民来观赏这一过程，并庆祝立坊完成。事实上，如一幅 19 世纪画作所示，许多人——包括享有特权的学者和贫穷的普通人——的确聚集在一起围观这一过程（图 5）[106]。

牌坊的物理特征即其宏伟尺寸和精美雕刻也放大了它的可

---

[104] 徐禋、徐光抡编纂《新安徐氏祠规族徵》，1744 年，见“东海家箴”一章。

[105] 事实上，大部分徽州牌坊记录了参与旌表的官员的名字。这些老师一般被称为教授、教谕或训导，他们的名字往往被刻在牌坊上。有关这些官名的翻译，见 Hucker, *Dictionary of Official Titles*, pp.142, 256。

[106] 吴友如（1830—1897）《吴友如画宝》（上海，1929 年？，哈佛大学燕京图书馆藏），集十二，《古今名胜图说》，第 15 页 a。

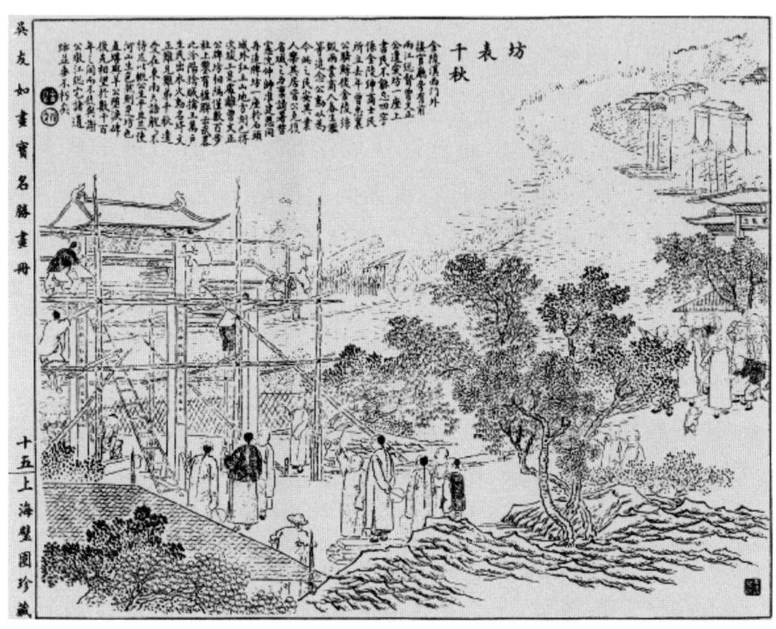

图5 “坊表千秋”图(见吴友如《吴友如画宝》集十二,《古今名胜图说》,第 15 页 a。Harvard-Yenching library 授权使用此图)

视性。大部分牌坊形制宏伟。在歙县现存牌坊中,最高的达 13 米,宽 10.4 米,即使最小的牌坊也高 4.7 米,宽 2.9 米,在 20 世纪前比它周围的建筑都要高。从建坊地点来看,这些石牌坊经常被竖立在开阔且较少高建筑的区域,使牌坊显得尤为高大。牌坊也往往被作为主要干道、进村道路或交叉路口的地标。也就是说,村民每日都会从石牌坊下面或旁边经过。

这些石牌坊不仅可视,并且也通过自身的物质性与村民“对话”。如上文所述,石头是普通民众日常生活中的一部分。当笔者在许村观察石头时,一位豆腐匠刚好路过并告诉我青滑石用来做豆腐最为合适。他解释道,这类石头表面粗糙,所以可以用来磨豆子。但是更重要的是,这类石头在碾磨过程中总能保持相对较低的温度。与此不同,砂岩石也可以用来制作豆腐,但是他不喜欢砂岩石，因为石头本身太容易积聚热量而变热。在潭渡，黄继珍也告诉笔者，村民经常用和牌坊一样的青石头来做豆腐。但是在选择磨刀石时，基本上每户人家都用红色砂岩石，因为这类石头石质较软。当地人甚至给它取了一个猪肝石的昵称。在日常生活之外，牌坊石也被用于村中基础建设，比如桥梁和道路。当代村民与这些公共设施的日常接触加深了他们对石头的认知。他们对牌坊的触摸观感也让他们得以品评这些材料的质量。

但是，村民与石头的互动不仅仅限于观看和触摸。徽州当地对于石头具有道德能动性(moral agency)的信念进一步加深了当地民众与贞节牌坊的联系。虽然史料很少提到徽州有关石头的民间信仰，但是很幸运，清初一位徽州学者汪洪度(1646—1722)记录了有关石头的故事。汪洪度的《新安女史徵》记录了他听说的发生在歙县蜀源村有关裂井的故事。康熙年间，吴氏的丈夫在经商途中不幸逝世，吴氏决定自杀以随其夫。吴氏的父亲试图劝说她并请人日夜守卫。但是在康熙二十年(1681)四月丁未日，吴氏逃离守卫：

> 乘间奔赴井。井口隘，不得下。奋身倒掷，石划然裂，身遂殁井中。[107]

有关吴氏的故事在地方快速流传。据汪洪度描述，“远近趋视，遂称裂井”。清代徽州籍翰林院学者汪士鋐(1658—1723)曾评价当地民众的反应[108]：

> 夫以孱焉懦弱之质量，从容赴井，其气力岂足撼石，而石乃为之裂。愚夫愚妇竟相诧异，以为奇。

汪士鋐的评语揭示了徽州普通民众也就是他口中的“愚夫愚妇”相信石头具有某种神奇的力量。更重要的是，在这些民众的理解

---

[107] 汪洪度《裂井碑》，《新安女史徵》(1706年)，第1页a。

[108] 汪洪度《裂井碑》，《新安女史徵》(1706年)，第2页b。

中，石头可以“理解”女性贞节，因此才会发出某种信号来验证她们的品德。汪洪度的文章进一步肯定了这一石头和道德间的联系。他写道，他路过此井看到裂石，凛然心悸。因此作诗评论吴氏的品德：

> 人亦有言，石破天惊。匪石能破，惟心之诚。……井与石谋，早待其来。彼石能言，或凭于物。彼石点头，为法所说。岂若兹石，因井而裂。得共芳名，千秋称烈。[109]

这首诗清楚地指出石头具有道德能动性。汪洪度能够如此直白地陈述这一信仰正说明在地方民众的信念中，石头自身具有道德感，并且正是这一道德感导致石裂，从而进一步肯定了吴氏的忠贞。

这一有关石头和神力的信仰也被延展到牌坊上。如我们在上一节所提，常州张家曾购入一块石头，以做张琦母亲建造贞节牌坊之用。但是当他们存放石头的江阴地区遭遇一系列流行病事件后，当地民众开始抱怨这块石头。他们觉得这是一块受了诅咒的石头，并因此准备控告它的主人[110]。

与此同时，对文学传统的研究可以帮助我们更好地理解人们如何相信物是具有道德性的。与中国文化中感应这一概念相呼应，人们相信自然现象可以回应或者反映人类道德。这也是中国“石头传说”的一部分。比如，当代文学评论家王瑾已经指出，在中国文学传统中，石头具有各式各样的内在属性：

> 石头被看作是在静止和运动之间不断移动的物质。它的象征意义和物质属性在多产与不育，流动与坚固之间摆动。最重要的是……它具有神性，它既是养料(fertilizer)也

---

[109] 汪洪度《裂井碑》，《新安女史徵》(1706年)，第1页b—2页a。

[110] Mann, *The Talented Women of Zhang Family*, p.36.

是中介(mediator)……[111]

基于这些证据，其中包括传说和关于石头的史料，我们有理由认为，徽州当地民众共享一个认识，就是石头具有能动性(agency)和道德感(moral integrity)，并且它可以产生超越人类所及之上的影响。这一认识不仅加强了当地民众和牌坊之间的关系，并且强调了纪念性建筑物和女性道德之间可能存在的关系。

具有讽刺意味的是，正是这些为表彰女性忠贞而建的建筑物点燃了当地民众对寡妇性生活的兴趣。在所有的纪念性建筑物中，只有贞节牌坊所表彰的是一种无法客观验证的品德。因此，贞节牌坊的存在本身即促使了当地民众对寡妇最为隐私的性生活做出评判。儒家思想强调内外之别是社会秩序的基石[112]。男性负责外在的公共世界，而女性则在内部家庭范围内活动。唯一可让外界听到的有关女性的是她们的品德。但是，贞节这一品德恰恰根植于女性最为私密也最“内在”的私人事务，即女性的性生活。贞节牌坊作为一种强有力的公共展示加强了女性私密生活和它们的公共展示间不可调和的矛盾，也因此使当地民众对贞节文化的接受变得复杂多样。

的确，徽州普通民众对女性贞节抱有复杂的态度：他们怀疑寡妇是否在其丈夫去世后保持性忠诚。这一现象是广泛文化现象中的一部分，即认为性渴望是人性的一部分，往往会导致自相矛盾的后果。许多清代笔记小说就提到节妇因性生活缺乏而产生的烦恼，有时候甚至控诉她们试图引诱其他男性而参与浪荡行为[113]。徽州

---

[111] Wang Jing, *The Story of Stone: Intertextuality, Ancient Chinese Stone Lore, and the Stone Symbolism*, in Dream of the Red Chamber, Water Margin, and Journey to the West (Durham NC: Duke University Press, 1992), p.24.

[112] Mann, *Precious Records*, p.15; Bray, *Technology and Gender*, pp.54-55.

[113] 沈起凤 (1741—?)就记述了几则关于寡妇守贞不易的故事。见《两指题旌》和《节母死时箴》，见沈起凤《谐铎》第 21 册，收录在《笔记小说大观》(扬州：江苏广陵古籍刻印社，1984 年)，卷 3，第 8 页 a—b；卷 9，第 4 页 b—5 页 a。

特殊的社会环境使人们更为关注女性的性生活。在徽州有两类“寡妇”：那些丈夫去世的和那些丈夫在世却长期离家经商的。后一类被称为“守活寡”。无论丈夫在世与否，这些妇女都需要保持她们的性忠诚，并遭受人们对她们是否有这一能力的质疑。

男性离家激发了人们对女性私生活的想象，关于孤独寡妇的传说也就应运而生。著名的“纪岁珠”故事将这一现象表现得淋漓尽致。汪洪度首先记载了这一故事。它描写一位年轻新娘的丈夫在他们新婚三月后就外出经商。自此，新娘每年都用自己做针线而积攒的积蓄购置一颗珍珠，用来标记逝去的一年。这些珠子被称为“泪珠”[114]。这一广为流传的故事既表现了对年轻女性不幸婚姻的同情，也体现了人们对这些女性心理和身体上所经受的痛苦的好奇与想象。

这些故事在激发同情心的同时，也为人们对寡妇不忠的想象提供了丰厚的土壤。如歌谣所记，在徽州普通民众想象中，商人妇一定对自己的婚姻充满悔恨。比如一首名为《宁愿嫁给种田郎》的歌谣以商人妇的视角，表达了她对自己婚姻的不满。如歌中所述，“夜夜孤身睡空床”，她宁可嫁给种田郎，这样可以“夜陪郎哥上花床”[115]。晚清徽州学者戴启文也在描绘休宁县屯溪风俗的《估客妻》一诗中写道，商人长期离家，他的妻子“空房独宿”并最终“难自守”[116]。

在实际情况中，如诸多学者指出，在清代，无论中央政府如何

---

[114] 汪洪度《书洪氏两世节妇事》，见《新安女史徵》，第 2 页 a—3 页 a。后世学者也收录了这则故事，如沈德潜（1673—1769）即收录在《国朝诗别裁集》（上海：上海古籍出版社，1984 年），卷 15，第 608 页。

[115] 方静《徽州民谣》（合肥：合肥工业大学出版社，2007 年），第 174 页。白铃安也在她的书中引用了这首民谣。本文英文原文采用白铃安的翻译。见 Berliner, *Yin Yu Tang*, p.25。

[116] 王振忠《徽州社会文化探微：新发现的 16—20 世纪民间档案文书研究》（上海：上海社会科学院出版社，2002 年），第 309 页。

推崇贞节崇尚，寡妇再嫁依然盛行[117]。一些徽州文书就揭示了人们如何操作再婚，尤其是那些贫苦阶层。如以下文书所记：

> 立社婚书人[　　]，今因身所生[　　]子不幸，娶媳[　　]氏……自愿凭媒将某[　　]氏，出售与姓[　　]名下为正室。三面言定，约聘金洋若干元正。其洋比即收足，某某氏即时随婚过门婚配[　　]。[118]

在实际运作中，这份文书中的空格可填上卖者、买者及寡妇的姓名。此类再婚契约的存在正说明寡妇所在婆家在儿子去世后将其妻子卖给另一户人家是普遍存在的现象。

与此同时，实际的申旌过程也可能引发当地民众对寡妇贞节的怀疑。虽然清廷在全国范围内全力收集贞节妇女的案例，但是在申请过程中难免会出现偏向富裕家庭的现象。如上文所引《节孝事件》文书所示，一位富裕的徽商家庭需要预算五十五两银子作为献给官员、地方教师及胥吏的礼物，以保证他们的案例得以成功申报[119]。

所有这些因素——包括丈夫长期离家、女性孤独以及寡妇再婚的普遍性——都揭示，地方民众并不会轻易相信寡妇守贞的典范行为。在这一历史情境中，我们有理由相信当一座牌坊被用来表彰寡妇贞节时，普通民众也将贞节牌坊作为一种媒介来行使其道德评判。徽州当地至今流传的有关女性道德及贞节牌坊的传说为我们提供了相关线索。

第一个传说是笔者在歙县许村收集的有关一座题为“冰清玉

---

[117] 郭松义《伦理与生活：清代的婚姻关系》（北京：商务印书馆，2000年），第437—478页。

[118] 这份文书记录在王振忠《牌坊倒了？日出而作》一文中，《读书》1999年第2期，第109页。

[119] 王振忠《牌坊倒了？日出而作》，《读书》1999年第2期，第108页。

洁”坊的故事。据故事所述：

> 男人死掉了，女的还在。造牌坊的时候，上中间那根大架，一直上不去。儿子回来以后就问妈妈是不是不贞节，妈妈说我没做亏心事。后来妈妈说我有一个事情做得不对，看到公鸡母鸡交配的时候我笑了一下。妈妈说完这个，大架就上去了。

笔者第一次从当地一位收集许村民间传说的中学教师许骥处听到这个故事的普通话版本。当笔者在许村考察这座牌坊时，当地农民许安民恰好路过，他用方言讲述了类似故事[120]。

另一则类似故事则由来自绩溪县磡头村的中学教师许晓俊告知笔者。据许晓俊所述，在他小时候，曾注意到村中贞节牌坊的右边柱子上有一道裂缝。他问祖母汪杏霞(1918—2005)是怎么回事。他的祖母解释道，这道裂缝是因为这座牌坊的寡妇在看到公鸡和母鸡踏雄时笑了一下[121]。

这些传说显示，徽州村民正是用贞节牌坊作为检验受旌寡妇是否守德的测试物。也就是说，这些牌坊是地方民众对寡妇贞节做道德判断的媒介。当然，我们并不能简单将这些在当代徽州收集的传说作为探讨18世纪地方民众如何对牌坊做出反应的证据。但是，这些传说中的一些因素可以为历史研究者提供研究清代当地民众意识的线索。一些传说中的词汇是徽州方言，比如说鸡公(公鸡)和踏雄(交配)，体现了这些传说的地方性[122]。更重要的是，这些传说直指石头具有道德能动性这一地方信仰，而这一

---

[120] 许安民六十六岁，一直住在许村。笔者于2010年8月28日在歙县许村采访他。

[121] 许晓俊在笔者于2010年8月在徽州做田野调查时告知此传说。关于汪杏霞的更多信息，见许传成、许晓俊《磡头志》(中)，第256页。郑岩和汪悦进也记录了庵上村中有关贞节牌坊的传说。见郑岩、汪悦进《庵上坊：口述，文字和图像》，第130—131页。

[122] 许传成、许晓俊《磡头志》(中)，第296页。

信仰已在清初史料中得到了印证。与《裂井碑》的记述一样，这些传说中的石头也是建坊的参与者：它具备促成或阻碍建坊的能力，或者在其柱子上生发出裂痕来体现它的道德判断。也就是说，石头具有可以检验寡妇品德的内在意识。正是石头的这一道德能动性为当地民众提供了承载道德判断或闲言碎语的途径。

总之，石牌坊在徽州贞节崇尚的展现中扮演了重要角色。这一角色基于牌坊作为公共展示的特质：当地人关注旌表申请，目睹了建坊过程，同时在日常生活中与牌坊互动。与此同时，这一建筑物的存在本身也加深了公共展示和女性私密生活之间的张力。这一张力引发了民众对寡妇性生活的窥视与讨论，并因此而激发了谣传和闲话的产生。从这点来看，通过贞节牌坊，当地民众在讨论女性贞节的同时，也得以表达对政府旌表及受旌人品德的怀疑。

结　论

本文分析了在18世纪徽州女性忠贞的道德理想是通过什么媒介在不同社会群体中传播和接受的，希冀为盛清时期贞节崇尚研究提供新的角度与思路。石坊作为一种物，是连接满洲皇室、地方商人和普通民众的枢纽。朝廷用贞节牌坊教化民众儒家道德，并加强他们统治的合法性。作为对清廷旨意的回应，盐商积极筹建牌坊。建坊不仅让他们提高声望，展现财富，并让他们在地方的权威合法化。这些石牌坊也将地方民众融入徽州贞节崇尚的构建当中。牌坊不仅向未受过教育的普通民众传递了清廷推崇的道德信息，同时也向他们提供了讨论和评判女性私密生活的公共渠道。

通过关注贞节牌坊，本文揭示了盛清时期徽州贞节崇尚中丰富而矛盾的图像。如开头引文所示，雍正皇帝虽然致力于用纪念性建筑物来推广道德教化，但是他也怀疑地方民众对这一教化工程的接受态度。笔者的研究进一步显示，牌坊建造并非易事，往往会遇到许多阻碍，其中包括资金不足、安排劳力和寻找建坊材料琐碎复杂，以及极易出现腐败行为的申旌过程。与此同时，许多富裕徽商建造贞节牌坊并非单纯响应皇室号召，而是为了他们自己的利益。最后，石坊作为一种公共展示——它的存在、坚固长久的材料以及漫长的建造过程——与其所表现的节妇的隐居生活存在不可调和的矛盾。这一矛盾让人们对受旌寡妇是否真正守节产生好奇甚至怀疑。总而言之，徽州贞节牌坊作为盛清时期贞节崇尚繁荣发展的一种表现，既象征皇室荣誉和国家权力，同时也成为让地方民众得以阐述和传递他们自己想法的纪念性建筑物。

〔原文发表于 *Nan Nü: Men, Women and Gender in China* vol.17, no.1 (2015), pp.117-163〕

从“阴阳”到“性别”：现代中国“性”概念的缘起与价值观的转向

王　燕

西汉以降，具有等级性的“阴阳”“男女”等表达两性的概念逐渐成形①。班昭《女诫·敬慎》曾道：“阴阳殊性，男女异行。阳以刚为德，阴以柔为用；男以强为贵，女以弱为美。”②这一区分直到盛清时期仍然盛行，为陈宏谋的《教女遗规》采录③。虽然每个时代、每个阶层的“阴阳”“男女”观不一，但主要通过以对方为参照的、具有差异性的行为维持男女之别。并且，行为差异发生的场域主要为家庭，以便突出人在家庭中的角色，或者为家庭所作的贡献。虽然中医文献也区分男女的生理差异，并意识到了几种“非男”“非女”的存在，但只要他/她能延续父系家族，例如男子通过立嗣，女子通过允许纳妾，维持男女在父系家庭中的行为差异，他/她都符合儒家文化意义上的“阴阳”“男女”。明朝某士子哺乳以抚育幼侄，是因为他孝顺有德，延续父系家族，突然而至的哺乳行为不会影响他继续承担男子的角色，也不会损害他在

---

① “阴阳”这一对从属的哲学观念应用于自然界一切互相对立、依靠又可以互相转化的事物，在西汉时期逐渐从互补的对立走向具有等级性的对立，并且和“男女”挂钩，形成后世熟悉的“阴阳男女”体系。参见 Lisa Raphals, *Sharing the Light: Representations of Women and Virtue in Early China*, Albany, NY.: State University of New York Press, 1998, pp.167-168。

② 班昭《女诫七篇》，叶玉麟选注《历代闺秀文选》，广益书局，1936 年，第 18 页。

③ 陈宏谋《教女遗规》卷上，《续修四库全书》第 951 册，子部儒家类，上海古籍出版社，1996 年，第 65 页。

家族中的位置[④]。同样，被称为“石女”的女子因为天生缺陷，不能完成妻子的责任，也不能生育，但只要她专心服侍舅姑，并无过错，则不能简单粗暴地将她从家庭中剔除，她的责任可以由妾来完成，并不影响她的“妇人”身份[⑤]。完成为人子女、夫妇的角色，才符合阴阳、男女的标准。只有那些被弃于家庭之外的人，才有可能阴阳难辨。

而自从18世纪后期以来，随着生理科学和解剖学的发展，西方逐渐抛弃了女人是男人的不完全发育形态的看法，把两性观建立在性生理的二元对立之上。一个人的性别“sex”是根据他/她的独特性器官来决定的[⑥]。1920年代以后，欧美人又认为，性别不是靠性器官决定，而是靠内分泌、性激素决定[⑦]。等到染色体学说成熟，又认为性别由性染色体决定。在这样一套理论体系中，一个人的性别与其家族位置无涉，只和个人的生理特征相关。

两种文化在清代并行，互不干扰。即使有传教士把西方解剖学、生理学的内容带入中国，也并没有激起多少涟漪。中国的家族本位制度仍然牢固，翻译著作也没有创造出数量可观或者影响巨大的新词汇。一直到晚清咸丰年间，西方的这一套理论在介绍到中国的时候，仍然借用了汉语中原有的语言，并没有创造出超越儒家文化逻辑的新词汇。比如咸丰初年合信氏撰写的《全体新

---

④ Charlotte Furth, *A Flourishing Yin: Gender in China's Medical History, 960–1665*, Berkeley, CA.: University of California Press, 1999, pp.221–222.

⑤ Matthew H. Sommer, “The Gendered Body in the Qing Courtroom,” *Journal of History of Sexuality*, Vol. 22, No.2 (2013), pp.281–311.“妇”和“女”在古文中有一定区别，“妇”为已婚女子，“女”多指未婚女子。清以后“妇女”一词大为增加。但这些词都指称父系家庭中的女人。见牟正蕴《解构“妇女”：旧词新论》，《近代中国妇女史研究》1998年第6期。

⑥ Thomas Lanqueur, *Making Sex: Body and Gender from the Greeks to Freud*. Cambridge, MA.: Harvard University Press, 1990.

⑦ Chandak Sengoopta, *The Most Secret Quintessence of Life: Sex, Glands, and Hormones, 1850–1950*, Chicago, IL.: University of Chicago Press, 2006.

论》，详细介绍了人体的各种结构和功能。在谈到人类的生育功能时，用“男子”“阳经”来概括男性的精液制造、储存，用“女子”“阴经”来说明女性的阴道、子宫⑧。

这样一种平和、平行的文化传播逐渐被剑拔弩张的政治局势所打破。甲午之后，亡国迫在眉睫。中国知识分子全面代替传教士，主动向国内输入西学。1898 年，在维新士大夫中早就流传的严复《天演论》正式由湖北沔阳卢氏慎始基斋初版。一时洛阳纸贵，群情激动。《天演论》如醍醐灌顶，恰在此刻回答了“中国该怎么办”的疑问。虽说 1895 年严复在天津《直报》上发表的《原强》已经阐述过他的思想，但《天演论》系统地意译进化论，借英国生物学家达尔文、赫胥黎的学说，认为世界上的所有动植物都要经历“物竞”，才能被“天择”。中国想要走出亡国的悲剧，必须让每个个人充分发挥自己的能力，开启自己的智慧，变得更有竞争力。严复把每个中国人和整个中国族群放到了西方生物学的理论中来评判。这一评判影响深远，它不经意间打破了中国依靠血缘、家族和地域网络组成的儒家秩序，代之以西方科学生物学的评判标准，把每个人都放到了生物进化论的放大镜下来审视。此时，距离新文化时期“赛先生”的提出还有十多年，但《天演论》是西方科学成为显学的转折点。从戊戌到“五四”，“性”概念诞生，并借着“科学”的话语成为新文化运动剥离家族主义、崇尚民族进化论的利器。“性”概念撬动了“五四”价值观的转向，但此概念本身具有狭隘性，它建构的异性生理“性”观既是“五四”的成就，也是“五四”的硬伤。

---

⑧ 合信氏撰《全体新论》，台北：艺文印书馆，1967 年。原版 1851 年，清道光潘仕成辑刊海山仙馆丛书本，卷 10，第 2—4 页。清末还有许多介绍西方卫生、生理学的著作，也有不少是清人所作，但这些著作并未采用“性”概念，也并未受到“科学”的对待。除了少数精英推崇它们，大多数人将其视为“淫书”。见张仲民《出版与文化政治：清末出版的生殖医学书籍及其读者》，《学术月刊》2009 年第 1 期。

一

在文言文中，本没有“性别”这个词。“性”一直有两重意思。一为“天性”“本性”“人性”等意思。比如，“食色，性也”。若与英文相对照，大约相当于“nature”的意思。二为“属性”之意。物以类聚，人以群分，也就是说，每一种不同属的物品都有其各自不同属性。这两点和现代汉语中的“性”有很大的区别。现代汉语中的“性”除了原有的两种意思之外，还加上了一个常用的但是很暧昧的意思：男女或雌雄的特质，亦指性欲[⑨]。因此，“性”的现代定义可以归纳为：生物体有关生殖的器官、生理或者心理活动，以及一切与其相关的特质，类似文言中“色”或“肉”的含义。“性”和“别”字联合，又形成了一个独特的表达男女不同的中性词汇，成为现代汉语中一个再常见不过的词汇。

“性”和“性别”概念在近代中文中形成并广泛使用并不是一个新鲜的现象。现有研究已经表明，现代汉语中大量的合成词汇都来自于近代中西方文化互通、中日文化交流的结果。“性”和“性别”也是其中的一分子。周作人在1920年代就曾经指出，“性”的现代用法是从日本借用过来的。这一看法近些年也得到了其他学者的肯定[⑩]。但在“性”概念输入和传播过程中还有几个方面没有弄清楚。它是怎么从日本借用过来，如何传播的？“性”和“性别”都是日本来的吗？这一概念进入中文语境后，代

---

⑨ 《辞海》，上海辞书出版社，1999年，第1193页。

⑩ 黄兴涛《“她”字的文化史——女性新代词的发明与认同研究》，北京师范大学出版社，2015年，第14页；宋少鹏《清末民初“女性”观念的建构》，《中国现代文学研究丛刊》2012年第5期，第102—116页；陈雁《从矛盾的翻译到矛盾的立场》，《复旦学报》2013年第1期，第105—114页。但陈雁认为，这些词汇不仅仅是从日本传过来，而是一种综合的结果。

表了一种什么样的价值观念？“性”概念的输入有什么用处？这些都值得再探。据笔者愚见，目前有几位学者有关“性”概念缘起中国的研究较言之成理。一位是翟本瑞，另一位是乐怀璧（Leon Antonia Rocha），还有一位宋少鹏。翟本瑞仔细考察了中国人“性”观的兴起，认为通“色”的“性”开端于清末民国一位保守士绅叶德辉的《素女经序》。乐怀璧则极为出色地梳理了“性”这个汉字如何在明治末期从“人性、本性”逐渐拥有了“色”的含义。在20世纪之前，日文中的汉字“性”有多重含义，其中以“性质”“本性”等含义为主。而从1870—1880年代开始，“sex”的新含义开始更加流行。这在日本的各种字典上也能反映出来[11]。宋少鹏较为仔细地梳理了“性”的几种现代含义，并提出1920年代是“性”的现代含义被广为接受的时期。她还同意汤尼·白露（Tani Barlow）的看法，认为和“性”一起进入中国人观念的是一种科学思维，这和“妇女”“女”等代表的意涵完全不同。笔者较为肯定宋少鹏对“性”含义的判断，但认为现代“性”概念传播在1920年前已经蔚为壮观。再者，笔者认为科学思维的发展与“性”概念的崛起虽然有一定联系，但并未和它捆绑。总体而言，民国初年至“五四”时期，“妇女”“女”和“性”等观念已经广泛地拥有了“群”属的意义，并都和生理学、解剖学为代表的科学挂上了钩。无论是“妇女”“女性”还是“男性”，都是本质主义的个体[12]。“性”概念知识体系完成了对个体认知的改造，也开启了对社会的改造。

---

⑪ Leon Antonia Rocha, “*Xing*: The Discourse of Sex and Human Nature in Modern China,” *Gender and History*, Vol.22, No.3, (November 1, 2010), pp.603-628.

⑫ Tani Barlow 认为“妇女”和“女性”等词汇不同，尤其在党的词汇中，“妇女”是革命的自我主体，而“女性”则被情欲化、资产阶级化，见 Tani Barlow, *The Question of Women in Chinese Feminism*, Durham, Duke University Press 2004, p.38。笔者认为在“五四”时期，“妇女”和“女性”等词一样，含有生理的群属意义。

日本起源

在日本，医学是传播“性”概念的核心领域。据乐怀璧研究，虽然不是很清楚谁首先使用了“性”，但日本的西医首先开始使用“性”的新用法，这是很可信的。森鸥外（1862—1922）是日本近代讨论性问题最多的作者。他十九岁毕业于东京第一大学医科学校，是日本近代史上绝无仅有的最年轻的医学士。他后来担任过陆军军医，并在德国留学学习公共卫生。1902 年前后，他利用他的医学知识广泛地向民众传播有关“性”的卫生知识，并在文章中通篇使用“性”的概念和各种复合词。他认为性欲是人性发展的重要动力，压抑性欲会造成神经系统不可弥补的损伤[13]。

鲁迅的医学讲义也颇可说明医学是日本“性”概念发展的重点领域。根据鲁迅的回忆，1904 年他在仙台医学专门学校里师从藤野先生学习时就发现，日本的医学发展史最先从引进中国的西文翻译开始，后来才有日本学者直接从西文翻译。鲁迅深得藤野厚爱，由老师帮助修改了大量的学习笔记。这些笔记虽然丢失，但鲁迅对它们印象深刻。1909 年，他回国在杭州浙江两级师范学堂任生理学和化学教员期间，编写的生理学讲义就是基于当年的学习。在这份存留下来的讲义中，可以看到，鲁迅所本的是当时日本一套比较成熟、完整的生理学讲义，这套讲义和晚清咸丰年间的《全体新论》有着相似的框架，而且和 1903 年前后商务印书馆翻译编订的一批生理学教科书在章节编排上也非常类似，都按照骨、肌、皮、消化、呼吸、循环、排泄（泌尿）等顺序排列。其不同点在于，商务出版编译的教科书并不含有“性”的新用法，而鲁迅由于认真学过日本的西医，所以照搬了这一概念。他在 1909 年的生理学讲义《人生象敩》中专辟最后第二章讲述了生殖（Generatio）

---

⑬ Leon Antonia Rocha, 2010, p.617.

系统。虽然他其他章节兼用了"男子""女子"的说法，但在生殖专章中特别用到了"男性""女性"：

> 附：mammae。此之位置，在匈骨左右，第三至第四肋间，比至成期，乃顿发达，顾女性为尤著，状约半圆，中央具一突起，谓之乳头(Papilla mammae)，周围有色素沉着，是名乳腺构造。
>
> 滤泡既裂，Ovarium 之膜随之，而 Tuba uterina 之剪彩，时乃向 Ovarium，以受其 Ovum。又因管壁之幺，具有颤毛，故赖其运动，得至 Uterus 中，受尽发育。设其不尔，则遂死亡。Fecundation 此之成因，由于媾会，射尽而后，男性之 Spermatozoon，乃在孳殖官之一处，与 Ovum 遇，贯入于 Uterus，尔时 Ovum 之膜，突然增厚，形素亦忽收缩，用拒其余，使勿更进……⑭

这一章中，鲁迅保留了大量的英、日专有名词，也许是因为这个话题对当时的中国学生还太敏感，也可能是因为没有合适的中文翻译。但从中可以看出，"性"概念是日本医学领域有关生殖问题的专有概念。其他地方还可以用"男子""女子"或者"雌/雄""牝/牡"代替，人类的生殖医学却未必。

"性"概念从日本医学界辐射出去，进入了许多新的领域，不过对它的使用相对缓慢、有限，甚至在近代最重要的进化论思想——达尔文的著作中，也只是浅尝辄止，部分使用。1859 年达尔文出版了他的《论依据自然选择或在生存斗争中适者生存的物种起源》(*On the Origin of Species by Means of Natural Selection, or, On the Preservation of Favored Races in the Struggle for Life*)，震动

⑭ 鲁迅《人生象敩》，见刘运峰编《鲁迅佚文全集》，北京：群言出版社，2001 年，第 250—251 页。

了欧洲的指导神学思想。其中的第四章“Sex Selection”专门阐发了他观察到的自然选择导致的不同性别之间的差异⑮。很快，各国出现了各种翻译本。日本最早于明治二十九年（1896）出版了立花铣三郎的《生物始源一名种源论》译本。他的这个版本在翻译“Sexual Selection”时，采用了“雌雄淘汰”的译法，虽然章节里偶尔使用“雄性”“雌性”“两性”这样的字眼表示对西文“Sex”的理解，但标题却没有使用“性择”⑯。1905 年，第二个日译版本《种之起原（生存竞争适者生存の原理）》出版，但译者丘浅治郎沿用了立花铣三郎“雌雄淘汰”的说法，并和立花一样偶尔使用“雌雄性”⑰。

除了推介达尔文进化论思想外，“性”概念也逐渐辐射出去，为日本的知识分子甚至大众所熟悉。从福泽谕吉等精英到日本的媒体大众记者，都开始使用“性”来表示一种本质主义的生理特征，或者肉欲。福泽谕吉在他的名篇《男女交际论》中就采用了这一概念。而石川半山这位日本近代的著名媒体人，也面向大众推广了“性”。由于这和中国的“性”概念接受史密切相关，将放到下文中讨论。

二

“性”概念虽然发端于日本的西医领域，但随着其辐射范围的

---

⑮ Charles Darwin, *The Origin of Species by Means of Natural Selection, or, The Preservation of Favored Races in the Struggle for Life*, New York: Appleton, 1915.

⑯ 查尔斯・达尔文著、立花铣三郎译《生物始源一名种源论》，东京：经济出版社，1896 年。其“种源论”之称后来成为众多中国读者对达尔文《物种起源》的早期称呼。1902 年《新民丛报》上马君武介绍达尔文的学说之时，即称呼其为“种源论”。又经过各家报纸杂志转载，“种源论”之说便传播开来，成为和严复在 1898 年《天演论》中介绍的达尔文《物种由来》之称并驾齐驱的译法。一直到 1921 年，还有人在用“种源论”指称达尔文的著作。

⑰ 查尔斯・达尔文著、丘浅治郎译《种之起原（生存竞争适者生存の原理）》，东京：开成馆，1905 年，第 140—142 页。

增加，等到中国接受此概念的时候，却主要出现在最具先锋思想的报纸媒体上。中文中目前能够看到最早出现类似生理意义上的“性”是在1900年。《清议报》上刊登了日本一位名叫“石川半山”的人写的《论女权之渐盛》。这篇文章的具体译者是谁，不得而知。石川半山当时是《每日新闻》报的一名非常活跃的记者，“当世人物评”专栏作者，对社会中出现的各种新现象也比较敏感。他曾经描述过日本的各种“高领派”现象，即生活在城市中的一群追求时髦、崇尚西洋化风潮的“老克勒”⑱。石川长年活跃在日本的新闻出版界。后来还做到了东京《万朝报》的理事。此人和中国还有过一定交集。1908年11月，光绪皇帝去世之前一天，他正巧被派到中国，任东京报的新闻特派员。一直到袁世凯当了正式大总统后，他才离开中国，返回日本。期间共有三四年的时间。1923年时，又因《万朝报》想要出中国特刊，故而再次派他来中国考察⑲，并在北京与鲁迅见了面，等等⑳。

《论女权之渐盛》一文开宗便说：“人有男女，时如胶漆，合为一体；时如火水，迭为仇雠。古来两性势力，从时舆地而异。”㉑这里的“两性”，明显所指为“男女”两性，意思与现代汉语中的“两性”一致。从其后文来看，也主要是在描述世界各国男性和女性权利地位的异同。但全篇文章除了这一处使用“两性”以外，并无类似用法，而多以“男女”来表示。

其实，福泽谕吉的一篇《男女交际论》虽然发表更早，且多处涉及“两性”问题，在翻译过程中却全被改为“两生”㉒。翻译中保

---

⑱ [日]森山大道著、金晶译《犬的记忆》，重庆大学出版社，2013年，第105页。其中提到石川半山对“高领派”的批评。

⑲ 《日领事欢迎日本记者之宴会》，《申报》1923年4月16日第14版。

⑳ 王春森、许兰芳编著《鲁迅新闻观及其报界缘》，江苏大学出版社，2012年，第187页。

㉑ [日]石川半山《论女权之渐盛》，《清议报》，1900年，第47期，第3044页。

㉒ [日]福泽谕吉《东洋学说·男女交际论》，《清议报》，1900年，第38期，第2485—2492页。

留了“性”作为“性质”“本性”的用法，却把和石川半山类似的“两性”用法都取消了。看得出译者对“性”的说法尚存顾虑。而福泽谕吉这一名篇到了1907年再次翻译发表的时候，就已经完全保留了“两性”的用法㉓。

有意思的是，笔者查询了《清议报》主编梁启超在1902年前的文字，发现即使他在日本多年，已经较为熟悉日本的新媒体和新词汇，他也没有主动借用过“性”的新概念。在他毕生的文字中，梁启超都倾向于使用“男女”“阴阳”一类词。近代中国第一份鼓吹女子教育的报纸——1898年的《女学报》和1899年陈撷芬开办的《女报》以及1902年后继的《女学报》通篇全部都使用“女子”“妇女”，未见使用“两性”。1899年，单士厘跟随丈夫以外交使节夫人的身份赴日本旅居。单士厘本人很有语言天赋，赴日没多久，就学会了日语，甚至可以兼做翻译。她很开明，让自己的儿媳妇都去日本学习，对新事物保持浓厚的兴趣。她对日本的媒体报纸很感兴趣，还极为关心中国妇女的教育和平权事业，但她也未在其描述日俄旅程的《癸卯旅行记》中使用过“性”的概念。因此，至少在1902年年底之前，“性”概念的新用法在汉语中出现只是昙花一现。

1903年是近代女权主义发展的重要时刻。从日本回国的学生和在江浙成长起来的一批激进人士，开始最大限度地宣扬女权。“性”概念在此时期有了很大的发展。早在前一年入东京实践女子学校的胡彬夏在东京成立了共爱会，要求男女平权。同时，身在上海的金天翮在宣传女界变革的檄文《女界钟》一书中，正式使用了“女性”“两性”等说法。男女两性的平权问题为“性”

㉓　[日]福泽谕吉著、张肇桐译、秦毓鎏校《译论·男女交际论》，《女子世界》，1907年，第2卷，第6期，第1—15页。乐怀璧认为1900年福泽谕吉的译文中已经有“性”的说法，在笔者看来是不合适的。Leon Antonia Rocha 2010，p.612.

概念的出现铺平了道路。

> 异哉！中国普通人民，有一种之**特性**，吾可执此以证女界之必发达者非他，则**女性**是也。法兰西之历史家有言曰：“自法以北之民族，盖杂**女子性**于**女性国民**中，故妇女独得显著之地位。”**女性**者，文学之优美，哲理之深秘，技术之高尚，宗教之翕合，姿势之织美，语言之柔和，疾病之阴郁，恋爱之附着，皆是也。向者吾国民常得**女性**之良，今者得其劣。综合而观之，则皆**女性**也。观其濡染于**女性**之深，而知女子之感化力之大。则异日女子，必立于显著之地位，盖无可疑也。㉔

这段引文中，金天翮六次使用了“女性”。但细细考究之下，金天翮的“女性”只是一个复合词，它所指称的是“女子的特性”，即引文开头的“一种之特性”。文中具体谈到了什么是女性，即“文学之优美，哲理之深秘，技术之高尚，宗教之翕合，姿势之织美，语言之柔和，疾病之阴郁，恋爱之附着”。只有一处“性”的用法有可能是“属”别的意思，即文中引用的法兰西历史家之言：“盖杂女子性于**女性**国民中。”金天翮作为一个鼓吹女界革命的激进分子，虽然在出版《女界钟》之前未去过日本，但他肄业于江阴南菁书院，早就浸淫于西学中，对于梁启超所办的报纸很熟悉。1902—1903年间又与从日本归国的邹容过从甚密，还资助邹出版《革命军》。金天翮非常可能从梁启超和邹容两边获得了“性”的用法。虽然他在行文中还混用了“性”的“属性”用法，可证明“属性”的含义仍然大有市场，但作为一个组合词来说，已经跨越了一大步，科学“性征”的含义已经呼之欲出了㉕。

㉔ 金一《女界钟》，纽约天外出版社，2003年，第92页。

㉕ 在这一点上，笔者赞同宋少鹏的看法，但更强调它的新词义。见宋少鹏《清末民初“女性”观念的建构》，《中国现代文学研究丛刊》2012年第5期，第105页。

“性”字义的第二次比较大的发展和“色”相关。台湾学者翟本瑞根据考证，发现1903年思想保守的湖南士绅叶德辉从日本引进并出版了中国失传已久的古代性学、养生经典《素女经》。此书在日本近代被归为医书一类，因此被认为是“性学”著作之一。叶德辉在《序》中接受了“性学”这个概念：“如《春秋繁露》《大戴礼记》所言，古人胎教之法，无非端性情广似续以尽位育之功能，性学之精，岂后世理学迂儒所能窥其要耶。”此“性学”，毫无疑问是指称“男女交合”等现代意义上的“性”，也即“色”的意思[26]。但叶德辉的序言未发表在报纸等现代传媒，故影响可能不大。

1908年，颜惠庆的《英华字典》值得一提。在他的字典中，“gender”对应了“性”。“gender”作为名词的词条解释有二：(1) 男女或雌雄之别。(2) 属，性(字中指男字女字之别)；as the masculine gender，男性，阳属；the feminine gender，女性，阴属[27]。颜惠庆早在1895年就赴美国弗吉尼亚大学求学，并以相当优异的成绩学成回国。他对英文词汇掌握相当有信心，但是许多翻译仍然要靠他自己去琢磨。有关“gender”的对应中文应当是他受当时的中文词汇影响才翻译出来的。

---

[26] 翟本瑞《中国人“性”观初探》，《思与言》(台湾)，1995年，第33卷，第3期，第27—75页，另见叶德辉《双梅景阁丛书・素女经序》，长沙：叶氏刊，1903年；Leon Antonia Rocha 2010，pp.603-628；宋少鹏《清末民初“女性”观念的建构》，《中国现代文学研究丛刊》2012年第5期，第106页。

[27] W.W. Yen(颜惠庆)，*An English and Chinese Standard Dictionary*（英华字典），上海：商务印书馆，1908年，第993页。“Gender”的英语词义不断变化。20世纪初的英文中只是一个与男、女或其他形容词相连的词缀，见 *Oxford English Dictionary Online*，Oxford：Oxford University Press，2000年至今。颜惠庆在此处使用的是它的词根。它在美国第二次、第三次妇女运动的大潮中才被使用来专门表达社会、文化构建的“性别”。1990年代，“Gender”被翻译成中文的“社会性别”，以区别于中文中已有的生理“性别”。“社会性别”之所以难以融入“性别”，是因为后者经过“五四”的洗礼，其“科学”“真实”的生理观已经深深渗入中文思维，从而否定了科学也是一种建构。

这一时期的“两性”用法，由于缺乏对概念的解释，内涵相当模糊，往往只是新瓶装旧酒，沿用“性质”的旧义。比如，1907 年，何殷震的女权主义思想在《天义》报上发表。在她的笔下，她开始使用了“女性”“男性”，并把它们作为她全面批判的分析范畴。《天义》是在日本出版的，何殷震此时也在日本，与日本读者和学界有交流，所以她应该是从日语中借用了这个词语。但她虽不否认“女性”“男性”含有身体的区别，却极力反对后天的男女之别建立在身体的区别之上，因此她更倾向于“性质”“特点”的旧义㉘。另有一例，1909 年 9 月 11 日，《申报》出现了一篇论说《论近日教育上急宜改良之要点》：

> 况教育者不当仅规规，于个人之**特性**已也。尤当区别于**男女上之两性**。男子则恒富于知而意识较强，其个性别各有不同，然往往以胆汁质为多而粘液质为少，其任事则最善进取，故宜闻国事。女子则恒富于情而意识稍弱，其个性虽未免互殊，然往往以神经质为多，而多血质为少，其任事则最善保守，故宜主家政。㉙

文中此处用到的“两性”，仍然是指两种特性。男子有男子的特性，而女子有女子的特性。所以作者借此提醒教育界要注意到男女各有其特性，不能用同一种方法教育。总体而言，早期“性”的用法比较模糊、零散，不成体系，也几乎不见对它的理论阐释。

杜亚泉的传播

在“性”概念的接受和传播史上，杜亚泉这位近现代中国科学

㉘ 转引自 Lydia Liu, Dorothy Ko, Karl Rebecca ed. *The Birth of Chinese Feminism: Essential Texts in Transnational Theory*, Columbia University Press, 2014, pp.14-17。

㉙ 《论近日教育上急宜改良之要点》，《申报》1909 年 9 月 11 日第 3 版。

知识的传播人扮演了重要的角色。甲午之后，杜亚泉放弃传统科举仕途，转而研习算学，在算学精进后，又自学了物理、化学、矿学、动植物学，等等。1898年，杜亚泉与戊戌变法后返回家乡绍兴的蔡元培交好，两人来往极为密切。蔡元培在绍兴的中西学堂中引进了日语教师，杜亚泉首次学到了日语。他开始大量阅读日文书籍及杂志，他可能由此获得了"性"这个新概念。由于蔡元培这层关系，杜亚泉后来被推荐到了商务印书馆的理化数学部做主任。这对他以后传播"性"概念至关重要[30]。

据目前可见，杜亚泉首次使用"性"是在1909年。他早期创办的化学知识杂志《亚泉杂志》上并没有使用过"性"概念。1909年，他以自己的本名杜炜孙在《东方杂志》第五期上发表了一篇文章《理科小识：雌雄性分别之原因》。杜亚泉并没有解释为什么世界上有雌雄之分，他只是介绍了各种古已有之的说法。比如说，有的解释认为，雌雄性由生育双方的强弱所决定，或者由营养的多寡而决定，等等。他觉得这些解释彼此冲突，但又充分说明了生物界雌雄异态的微妙和复杂性。在其行文中，杜亚泉已经明确使用了"雌性""雄性""男性""女性"的用法。其"性"已经拥有了"性质"和"sex"两种含义。例如：

> 战争之后，多生男儿。俗说以为男儿既多战死，故天多与之男以调剂之。巴里罗谟博士谓，夫妇之中互保护其虚弱者，以传其**性**。
>
> 昔埃及之一部落，其土民间起战争，胜者掳敌妇五百人役之，其后生子。得女四百零三人，男七十九人。盖因其妇为俘虏，身体疲弱，故保存其疲弱之**女性**也。
>
> 就以上各条观之，不少互相矛盾之例。如二三四五六各

[30] 《中国近代思想家文库·杜亚泉卷》"导言"，周月峰编，北京：中国人民大学出版社，2014年，第4页。

> 条，皆谓**女性**之体力强则生女。而七八九条所言则反之。大致就外界之境遇言，则食料丰富，可以长养子孙，则多生**女性**，以期繁殖。若食料缺乏，则须亟谋生计，从事移殖，故多生**男性**，以资操作。[31]

不过，杜亚泉的这篇文章虽然自称为“理科小识”，仍然没有提供什么生理学的“科学”的解释，相反，只是一些粗浅的假说。真正丰富他的“性”概念的著作是他从 1907 年与其他一批学者开始编纂的《植物学大辞典》。这项巨作持续了整整十二年，到 1918 年正式出版。加上稍微晚几年开始编纂的《动物学大辞典》，随着他的工作渐入佳境，他对“性”的理解也更为深刻。

1911 年杜亚泉执掌《东方杂志》，并再次使用“性”概念撰文，他的底气更足了。《论蓄妾》一文中，杜亚泉批评中国的蓄妾制度加重了已有的男女比例失调。“盖男性者，不得女性之调和，其性质易陷于躁妄与暴戾。……男性女性之分配不均，其极必至破坏社会之和平。”在这里，杜亚泉的“男性”“女性”说还部分掺杂了“性质”的意思，但紧接着，他的“性”完全丢弃了旧义。他从近代科学的角度探讨蓄妾制度的不合理，列举了 19 世纪达斯马尼(Tasmania)人种的消亡，他认为人种的存亡取决于身体和道德。身体体格之强健、“知德之进步”是“人种改良”、“民族发展之符”。蓄妾过于消耗“性欲”，不能发达体格、道德：

> 故保种之道，首在节制性欲。盖吾人之身体，大别之为营养机关、运动机关、智识机关、**性欲机关**之四部。**性欲机关**之使用过甚，则他机关萎缩，而传其不良之形质于子孙。灭种之由，即在于此。……[32]

---

[31] 杜炜孙《理科小识：雌雄性分别之原因》，《东方杂志》，1909 年，第 6 卷，第 5 期，第 31—36 页。

[32] 杜亚泉《论蓄妾》，《东方杂志》，1911 年，第 8 卷，第 4 号，第 15—19 页。

这一观点乍看和《素女经》的思想类似，都强调消耗男子的精气，会使人折寿。但其背后的思想已经发生了巨大的变化。首先，道家的“节欲”思想旨在个人养生，指导传统男性士绅如何在一夫多妻的家庭中最大限度地保护个人健康。而杜亚泉的“节欲”之说，针对的目标人群虽然也是士绅阶层，其目的却不仅仅是个人健康，而是建立在个人体魄健壮之上的种族强健。其次，《素女经》来源于本土道家思想，而杜亚泉的思想并非来源于中国本土，主要依据的是近代西方的科学思想。他的“身体四大机关”生理学理论来自于美国的一位医学博士“斯配利皮楷氏”，而“传种”“灭种”思想则来自于达尔文、斯宾塞以来的进化论。最后，《素女经》没有一种文化紧张感，而杜亚泉的跨文化文本，显示了他们那一代知识分子的内在紧张，那种时时刻刻、无处不在的“不进化则灭亡”的恐惧感。从严复以来，形势日趋严峻，虽然进化论带给了知识分子一线希望，但如何将个人的发展与种族的进化结合起来，“性”成了解决这一问题的关键。它既与个人关系最密切，也和种族问题最挂钩。在清王朝的最后一年，身体的“性”科学被杜亚泉描述为解决中国问题的途径之一。当然，他心目中的“性”和“性欲”，其对象都是以“传种”“生殖”为目的的异性“性欲”。

《东方杂志》在清末那几年的影响极大，杜亚泉的这些思想也通过《东方杂志》传播给了大量的知识青年。这期间，他的《植物学大辞典》和《动物学大辞典》频繁使用“两性”“单性生殖”“雌雄性”等词汇，并用具体、清晰、严谨的图像来展示不同性别的动物生殖器官[33]。这两本大辞典在中国科学史上意义非凡，整个20世纪的动物学和植物学都受其影响。虽然杜亚泉后来对他所介绍

---

[33] 杜亚泉等编《家花植物》，《植物学大辞典》，上海：商务印书馆，1918年初版，1933年缩版，第11页；另，《鸟之肾及生殖器》，见《动物学大辞典》，上海：商务印书馆，1922年，第10页。仅举两例，其余散落两部辞典各处。

的西方现代性充满警惕和反省，但他传导的本质主义的“性”这个现代概念已经广为传播并被接受了。

三

民国肇始，不仅政治制度发生了巨大变迁，时人的心理上也起了很大的变化。曾遭围攻的“西学”在清末新政的浪潮下成为了带有褒义色彩的“新学”，共和制度的诞生更说明中国人追求“新学”没有白费。晚清的“新学”此时一变而为“科学”，原因有很多，例如，“新学”积累质变成了“科学”；大量留学生带回了越来越多的西方“科学”知识；“科学”这个词汇本身也在此时输入并被广泛接受。更重要的是，1914 年，第一次世界大战开始，大量的新科技被用在了战争中，欧洲成了新科技的比拼场。有感于此，1915 年 1 月，一群留美学生在“中国科学社”的基础上，于上海创建了《科学》杂志。同年 9 月，在袁世凯鼓吹帝制并组织筹安会的紧急情况下，陈独秀在上海创刊《青年杂志》，开篇《敬告青年》，要求学习欧洲“破坏君权，求政治之解放”，并明确提出和政治责任相比肩的青年人的责任——要学“科学的而非想象的”，比如生理方面，反对“医不知科学，既不解人身之构造，复不事药性之分析，菌毒传染，更无闻焉。惟知附会五行生克寒热阴阳之说”[34]。在“科学”当道的情况下，“性”概念顺理成章地搭上了“科学”的快车，传播更广。

在 1914 至 1920 年间，与“性”相关的组合词汇越来越丰富，例如“性欲”“性交”越来越频繁地出现。务本女塾毕业生，后来在南洋女子师范任教的吴若安 1914 年参考了杜亚泉的《论蓄妾》一文，从生理谈起，介绍美国医学博士斯配利皮楷氏的“人体四部机

---

[34] 陈独秀《敬告青年》，《青年杂志》1915 年第 1 卷第 1 期，第 2、6 页。

关：营养、运动、智识、性欲机关”理论。《青年杂志》发表谈“性欲”的文章《青年与性欲》。有的作者把人类的“性欲”和地理因素结合起来，试图证明地理是影响人类“性欲”的一个重要原因，气温、城乡、人口多寡等地理因素都可以影响“性欲”和人类的文明㉟。还有人讨论嗅觉和“性欲”的关系。作者从下等动物的嗅觉和“性欲”之间的紧密联系，进而谈到人类嗅觉对“性欲”的影响㊱。而周作人在1918年的《新青年》中已经相当熟练地使用“性交”这样的词汇了㊲。

“性别”一词也大约在此时出现。笔者以为，“性”的“sex”含义来自日本，但“性别”词汇可能还是来自于中国本土。当身体的、生殖的“性”含义很明确之后，“性”之分别也就顺理成章地成了“性别”。1917年，《申报》上第一次有了明确的现代汉语用法“性别”。在当时商务印书馆的广告当中，出现了一本小册子，叫作《论植物之雌雄性别及其变化》㊳。其实，这一本介绍植物学的科学小册子，在同一年的《学生杂志》上刊载过。作者名叫张石朋，是广东农林讲习所林学科毕业生。这篇长文是非常典型的植物学的通识作品，旨在介绍植物也存在明显的雌雄性别区分，并且用各种实验和数据，试图说明植物在受精时，其受精的结果与雌雄株的强弱有关系。雌性强，则结为雌性；雄性强，则结为雄性。这篇科普文章的“性”不仅已经完全具备了“sex”的用法，而且“性别”一词也完全成形：

㉟ 帕海（辑录）《地理与人类之性欲》，《进步》1916年第10卷第3期，第4—8页。

㊱ 顾绍衣《嗅觉与性欲之关系》，《东方杂志》1918年第15卷第9期，第99—104页。

㊲ 与谢野晶子著，周作人译《贞操论》，《新青年》1918年第4卷第5期。

㊳ 此则广告在《申报》上刊登了两次，见《申报》1917年5月13日第2版、5月20日第1版。“五四”时期的“性别”概念被认为是“科学”“真实”的，与21世纪以后学术界和女权主义者使用的“性别”已经不是同一个概念了，后者被认为与“社会性别”一样，是人为建构的概念。

> 要而论之，植物**雌雄性别**之原理，虽未能详明，然据前述之种种实验，必其具有先天的原因，存在该植物体内。殆无可疑。无论一种或一株之植物，皆视其**雌雄两性**之根本的强弱为基础。强性每压倒弱性，而弱性每为强性所压伏。此外，受精时之状态及外围之影响，亦不能谓其与**性别**无关，其原理不惟复杂，且一一应于其场所，而不能一致者也。[39]

作者张石朋并非男女平权的革命中摇旗呐喊的激进分子，《学生杂志》也不过是一份专门给学生一个发表自己研究成果的阵地。可见，当时张石朋能够在通篇文章中自如地使用现代“性”属的含义，并且已经使用“性别”，说明这个词在“五四”前后已经为很多普通学生群体所接受了。这一点还可以在当时的其他一些学生读物上找到证据。当时教学生学习英文的文法中就已经明确提到“性别”是将“天然物阴性、阳性分别的方法”[40]。若将这则语法解释和1908年颜惠庆《英华字典》中的解释对比，会发现，除了“性别”一词外，其解释几乎如出一辙，只是更加具体地列举了哪些属于阴性，哪些属于阳性。可见，“性别”一词是这十几年概念引进、重组的结果。

“性”和它的组合词，成为革命时代一种全新的知识体系。这一知识体系宣扬的内容包括生理决定论，它固化了性别的差异。1915年《青年杂志》发表了孟明翻译的文章。原作者为日本的小酒井光次。小酒是东京帝国大学医学博士，此时刚毕业不久。他的这篇《人生科学·女性与科学》的文章从低等生物界的雌虫生殖器问题引出人类的女性问题。他认为，从人体构造、“内脏机

---

[39] 张石朋《论植物之雌雄性别及其变化》，《学生杂志》1917年第4卷第5期，第149—160页。

[40] 《初级英文学生之友：应用文法：性别》，《中华英文周报》1920年第3卷第26期，第747—748页。

关”来看，女性在身体上更接近于儿童。不过，他话锋一转，认为女性身体接近儿童不等于她们“形态不完全”，真正使得男女产生本质不同的是女性的月经和子宫。小酒的这番言论完全继承了19世纪以来西方两性的性征对立的观点。他强调，女子的“**性**的生活，占女人之重大部分”[41]。

“生理决定论”的科学“性”思想也为本土的西医界的认可。晚清无锡人丁福保早年患病，学习了很多中医理论。后来通过江南制造局的赵元益学到了不少近代医学知识。1909年前后他被派到日本考察医学，回国后除行医外，还传播各种医学新知，并创办中西医学研究会。1915年，他在《中西医学报》上发表《论说·医学上之女性观》，他认为，男性和女性在古时候的样貌差别没有现在那么大。劳动分工越清楚明确的人种，其男女性差别也越大。丁福保认为这就是“进化”：

> 非扩张男女间分业之范围不可，若忘此进化基本之分业原理，谓世间之女子，不当立于男子范围之下，是谬论也。盖**女性**为唯一之生殖者，除生殖以外，便失**女性**之价值。又**女性**之身体及精神，受生殖机关之刺戟，而为之动摇，不能为学者或政治家，……只可困守家庭，从事育儿，已尽天职。……此种学说，自外表观之，一若侮蔑一切之妇人，细考之，则大不然。……[42]

丁福保还把月经的周期和女性的日常精神，甚至犯罪、自杀等行为联系起来，以证明女性的行为完全受其“性”的影响。他从西医学、生理学的权威角度认为女性的价值完全在于其生殖机能，这和小酒井光次的观点如出一辙。

---

[41] ［日］小酒井光次著、孟明译《人生科学（一）·女性与科学》，《青年杂志》1915年第1卷第4期，第1—3页。

[42] 丁福保《论说·论医学上之女性观》，《中西医学报》1915年第5卷第10期，第1—8页。

科学“性”概念知识体系还规训了人的“性”活动，宣扬“性”必须受到控制。新文化时期的知识分子继承了杜亚泉的观点，同时添加了大量更加细致、权威的解释。前面提到的吴若安女士将性欲和精力之间的关系做了一番“科学”的梳理。她非常专业地介绍了人体内的各种腺体，比如唾液腺、淋巴腺、甲状腺等，并一一阐明这些腺体的分泌液对身体的作用。她认为，分泌物对性欲机关影响非常大，尤其对男性。阴囊有外部、内部两种分泌的作用，外部分泌就形成精液，而内部分泌就相当于人的精力。如果外部分泌使用过多，内部分泌不足，将会严重影响人的精神，使人“心神沮丧，意气消沉”。因此，从生理上来讲，必须节制性欲㊸。1916年，孟明再次将小酒井光次讨论“性欲”的文章发表在《青年杂志》上。他借小酒井光次之口，向青年男性谆谆教导：根据生理学的发现，一滴精液，相当于八十滴血液。因此，失去精液越多，意味着失血越多，导致“全身异常，失其水分，血潮溷涸，颜色憔悴，形容枯槁，内部神经痉挛的紧张。血液冲上头部，为脑病之原因，记忆力减退，心脏鼓动，肺吸微弱，胃肠机能缓慢，起便秘之症”㊹。小酒劝诫青年人，要达到治国平天下，先要从自己个人修身——控制性欲——做起，坚持忍耐之力。

现代“性”概念还隐含了一个前提：异性的、两性对立的“性”。这必须放在更长的历史时空当中才能被理解。晚清到“五四”初年的“性”讨论很少涉及变性、跨性别等问题，而这在1920年到1949年间是有关“性”讨论的重要议题之一㊺。“同性爱”概念虽

㊸ 吴若安《民族之向上依性欲之节制而得》，《妇女时报》1914年第5期，第38—39页。

㊹ ［日］小酒井光次著、孟明译《人生科学（二）·青年与性欲》，《青年杂志》1916年第1卷第5期，第1—2页。

㊺ Howard Hsueh-Hao Chiang, “The Conceptual Contours of Sex in the Chinese Life Sciences: Zhu Xi (1899-1962), Hermaphroditism, and the Biological Discourse of Ci and Xiong, 1920-1950”, *East Asian Science, Technology and Society: an International Journal*, Vol.2, Issue 3, 2008, pp.401-430.

然已经被创造出来，逐渐代替过去的“姐妹情”“断袖之癖”等词汇，却属于“异常”的性心理和性行为，而受到知识分子的抵制和规训[46]。从晚清到“五四”，“性”是固定的，不可变的，男女的身体内不再有“阴阳”平衡。男性就是男性，女性就是女性，讨论“性”问题就是讨论男女的恋爱问题、婚姻问题、生育问题。杜亚泉担心的是两性的“性欲”造成子孙的退化。吴若安的担心和杜亚泉大同小异，害怕人类和奶牛一样饱暖思淫欲，发生退化后遗传子孙，造成整个种群的退化[47]。而孟明和小酒的眼中，女性各种生理上的准备，包括子宫黏膜破损、行经、子宫黏膜愈合等生理的活动，都是为了和异性生育，“保养人类种族”。总之，“五四”知识分子“性”话语的背后是近代西方二元对立的异性观，同时带有沉重的民族忧患意识。

“性”是必要的、科学的，“性”需要受到控制，“性”还是异性的。以上这些内涵糅杂在一起，会产生什么样的作用？它如何串联起了“五四”时代的个人主义和民族主义？

“性”与家族、民族

“性”概念是新文化时期个人主义的基石，也是“五四”民族主义的基础。“性”如何同时支撑了个人主义和民族主义这两个看似不能兼容的价值观？罗家伦的观点很好地解决了这个疑问。在新文化运动时期一篇宣扬“男女性”平等的文章中，罗家伦用西方生理学的“性”理论，审视亚洲，特别是中国的男女个体。他那一代的年轻人，通过各种生理学术语和图像，已经产生了对自己

---

[46] Tze-lan Deborah Sang, *The Emerging Lesbian: Female Same-Sex Desire in Modern China*, Chicago: Chicago University Press, 2003, p.24; Wenqing Kang, *Obsession: Male Same-Sex Relations in China, 1900–1950*, Hong Kong: Hong Kong University Press, 2009, p.33.

[47] 吴若安《民族之向上依性欲之节制而得》，《妇女时报》1914 年第 5 期，第 38—39 页。

身体的重新认识——或为男性，或为女性（罗家伦拒绝关心变性或者同性问题）。他认为，人都是从一个胚胎，经过两性并存，最终发展成两性分明的个体。男性的个体拥有男性的性器官，女性的个体拥有子宫、卵巢、阴道等，并且还有月经和乳汁等生理现象。那么，这样的有独立生理现象、独立需求的个体，应该效忠的是什么？在罗家伦看来，其目的不是为了个体本身，而是为了一个民族框架下的社会：

> 社会的组织，由于全体的个人，所以社会上的个人皆互相关联，互相影响。没有一个"个人"可以独立存在，也没有一个个人可以独自完善。所以社会的进化，全靠着社会全体个人的完全自由发展。[48]

这一思想几乎是严复于晚清《天演论》提出的思维框架的翻版。严复对斯宾塞的反对欧洲经济集权思想不感兴趣，他的头脑中塞满了中国衰落的困惑，于是把斯宾塞体系中解放了的个体能够催生出一个富强的国家这一逻辑关系无限放大[49]。从晚清到"五四"，从严复到罗家伦，这一逻辑基本没有变化，唯一不同的是，严复的逻辑与男女无关，或者说他只考虑了男性，而罗家伦的逻辑则包括了男女两个性别。每个拥有"性别"的个体，将自己所有的才智贡献出来，服务于集体主义，服务于社会和民族国家，这是一幅多么振奋的画面，中国焉有不兴之理！

按照这一个人主义的逻辑，家族、家庭这一层面的集体主义被抛弃了，原来的"修身、齐家、治国、平天下"的逻辑链已经断裂。严复尊崇的家族观念和孝道，由于"性"概念横空出世，而遭到了抛弃。陶孟和强调："男女之别，sex 之别也，……今之女子，非复

---

[48] 罗家伦《妇女解放》，《新潮》1918 年第 2 卷第 1 期。

[49] 史华慈《寻求富强：严复与西方》，南京：江苏人民出版社，1996 年，第 66—68 页。

一家一族之女子，……而系于国家社会之治乱。”[50]个人主义与中国家庭制度不相容。为什么？因为个体不能同时服务于家庭和国家。胡适、戴季陶、刘大白等“五四”一族指出，如果女子服务于家庭，那么“饮食料理和抚育子女”已经完全占据了女子的全部，女子光满足了家庭的需要，还哪有精力去服务于国家社会！因此，“家庭的解放，最重要是婚姻自由、居住自由、家政自由”，“废除家族制度，尊重个人人格”呼声成为标配[51]。家庭需要，是女性解放的大敌，也是“五四”个人主义的大敌。

“性别”成为“五四”反对家庭制度的动力，还在于它对生理欲望的认可。高举科学大旗的“五四”人士认为，人人都有“性别”，此为科学“事实”。对科学“事实”的认可，促进人们认可了人的生理欲望。这个时期最为广泛接受的就是每个人有“恋爱”“爱情”的欲望。“性别的两个个体，相须冲动，要求同居”，成为婚姻的原动力。同性恋爱则不在考虑之列[52]。在“五四”对未来的想象中，青年男女性可以独身，也可以因恋爱而结婚，但其动力都不应当是“父母之命，媒妁之言”，而是两个完全独立的不同性别的个体。

对两性生理欲望的认可使得“五四”抛弃家族主义的思想基础与晚清有些微妙的不同。从晚清以来，家族、家庭，甚至不自由的婚姻制度已经被大加挞伐，比如康有为大同思想中提倡的男女订立契约、废除家庭功能、子女全部“公育”的想法；谭嗣同基于佛教和自由平等理念而反对家庭压迫，另外，晚清无政府主义者“无父无君无法无天”的废婚毁家论思想一时颇为兴盛[53]。但晚清的

---

[50] 陶履恭《女子问题：新社会问题之一》，《新青年》1918 年第 4 卷第 1 期。

[51] 胡适、汉民、仲恺、蒨玉、大白、季陶、仲九、玄庐《女子解放从那里做起?》，《星期评论》1919 年 7 月 27 日，第 8 期第 1 版。

[52] 冯飞《妇人问题概论(续)》，《妇女杂志(上海)》1921 年第 7 卷第 3 期。

[53] 洪喜美《五四前后废除家族与废姓的讨论》，台湾《国史馆学术集刊》2003 年第 3 期，第 1—30 页。

这些毁家论者所本的思想如大同理想、佛教思想和西方的平等理念都没有触及人类的优生学演化理论。无政府主义者的毁家思想更是因为它们反对一切形式的控制和压迫，绝不会支持“五四”优生学意义下的“两性”结婚，更不会效忠一个民族国家。

添加了“性”与“性别”的“五四”毁家论则认为中国的家族制度造成了严重的恋爱、婚姻问题，而这与民族兴盛需要的优生学价值观相违背。震瀛（袁正英）借翻译俄裔美籍高曼女士之文，反对不以爱情为基础的婚姻造成的痛苦，特别提到儿童会受到婚姻制度的遗毒。而若以爱情的自由规则行事，则会给孩子带来幸福[54]。玄庐（沈定一）坚决反对父母在内的第三者干预婚嫁，他认可婚嫁是“两性的结合”，这种结合有“情”和“欲”的前提，从“情”“欲”中“产生的子女必定更可爱”[55]。高铦更加直截了当，他宣称从整个生物界来看，在两性当中，女性是中心，是“种属根源”，男性被创造出来只是为了让女性完成异质遗传，从而将进化推进一大步。在生物界，女性“自然持重，用那无上权力的选择，静观男性如着自己在堆里乱争，长的长，短的短，各各不同，从那男女堆里，选择最合意的用来遗传到子孙”。他斥责人类，尤其是中国文明剥夺了女性的选择权，违背了自然规律。只有两性自由自主选择，才能符合进化的原则[56]。

高铦的连载长文《性择》说明女性的个体自主性是如何被导向了一种集体的、异性恋的、民族主义优生学价值观。白露据此指出，“性”概念承认了“女性”的生理特征和生理需要，由此承认了女性的自主性，成为“五四”女性主义和个人主义建构中不可或缺的一环，因为社会和种族的进化基于女性能够自由地按照她们

---

[54] 高曼著、震瀛译《结婚与恋爱》，《新青年》1917 年第 3 卷第 5 期。

[55] 玄庐《婚嫁问题》，《星期评论》1919 年 12 月 7 日，第 27 期，第 2 版。

[56] 高铦《性择》，《学艺》1921 年第 3 卷第 5 号，第 1—9 页；第 6 号，第 1—11 页；第 7 号，第 1—13 页。

的异性性欲本能去行事，找到最符合她们的社会生殖的男性[57]。但也正因为如此，这种自主性是极为有限的，按照异性性欲本能行事的个人主义目的已经脱离了个人，转向了优生学意义上的种族进步。

尾　声

晚清以来的中国，在西学东渐的过程中，逐渐发现了"男女、阴阳"论与"sex"论之间的差别，前者被认为是一些模糊不清的理论，后者是经过科学实践的真理，由此引起了从实践到理论再到概念的全方位调整。例如，有感于儒家文化中男女之间明显的不平等，学者们发现汉语中缺乏指称个人的阴性词汇，这一度被认为是儒家文化和汉语低劣的证明。1870年代郭赞生为了弥补这一"差距"，在《文法初阶》中区分了阴阳性。直到"五四"前后，"她"字终于兴起，知识分子们试图通过语言的平等创造认识上的平等，最后达到实践上的平等[58]。现代"性"概念的兴起也是为了弥补东西方之间的差异，抛弃原先模棱两可的"阴阳"论，代之以严谨、直观、基于实验医学的身体两性论。其过程开始于甲午亡国危机和严复《天演论》的出版，发展于杜亚泉和商务印书馆的努力，在1915年反对"二十一条"的浪潮中突然加速，到1919年"五四"运动时期已经趋于完成。1920年代张竞生等人热烈讨论"性问题"只不过是将这个概念广而告之。

"性"的兴起表明中国儒家文化的男女观让位于西方科学、医学指导下的生理两性观，也是以家庭、宗族为本的价值观向个人

---

[57] Tani Barlow, *The Question of Women in Chinese Feminism*, Durham, Duke University Press, 2004, pp.78-87.

[58] 黄兴涛《"她"字的文化史——女性新代词的发明与认同研究》，北京师范大学出版社，2015年，第11、155页。

和民族国家为本的价值观转向的核心环节。从戊戌到“五四”是整个思维方式的转变时期，儒家文化的宗族观越来越遭到批判，个人主义似乎越来越明显。“性”概念楔入中国人的思维方式，为个人主义的兴起奠定了物质层面的认识。然而“五四”的个人主义充满了悖论，通过规训什么是正常的“性”，什么是不正常的“性”，什么是有害的，什么又是有益的“性”，个人主义的边界大幅度缩小，两性性别差异被固化，人只有两种性别，超出两种性别之外的可能性都被排斥，“性”概念被大大地狭义化了；同时，它强调人的行为都应当建立在自然属性之上，所有不符合自然属性的行为都是违逆的，不正常的。“五四”以后，这些“违背自然属性”的行为被异化，国人对其容忍度愈发降低。应当说，“五四”建构起了它自己需要的科学观，而摈弃了对它无用的科学。“性”概念的建构就是极好的例子。通过宣扬民族优生学，“五四”并非真正从科学上阐释了各种复杂多变的“性”现象，而是将它导向了一种民族集体主义。应当说，戊戌开始了一个众声喧哗的时代，“五四”把它结束了。晚清的喧嚣是散乱的喧嚣，而“五四”，虽然众声也喧哗，有一种声音却越来越响亮了。

〔原文发表于《史林》2016 年第 6 期，第 211—222 页。收入人大复印资料《妇女研究》2017 年第 3 期〕

附录二

良师益友，笃志弘道：二十八年忆与思

杜芳琴

1992年2月初，在哈佛大学费正清东亚研究中心召开的"赋中国以社会性别——妇女、文化、国家"研讨会上，我初次认识苏珊·曼(中文名曼素恩，下称"曼")教授，至今已经二十八年了。去年(2019)，曼的登室弟子李国彤博士、卢苇菁博士告诉我，她们在为导师从事学术生涯编辑纪念论文集，嘱我写序。重托之下不免惶恐，自知不是史界中人，更非专攻明清妇女史，忝列中国妇女史研究也心多旁骛，不时游走于农村研究、学科推动，退休后痴迷"草根"行动，学院书写常中辍支离。好在两位编者体谅，又得知明清史兼妇女史当之无愧的名家高彦颐教授作序，我就以同龄后进同行做些回忆思考为文，承蒙应允，于是就释然领命了。

一、适逢其时，因缘际会

二十八年前的哈佛会议，应贺萧、柯临清等四位汉学家之邀，我作为八名中国学者之一出席。首场大会有曼的报告，是关于清代儒家妇学教育家章学诚与招收女弟子赋诗的文士袁枚的论争研究。当时我从事妇女史研究不过五年，首次出国参加国际会议，更不认识曼教授，就很"勇敢"地到台前提问。那时我是有倾向地贬章美袁，前者使妇女受"压迫"，后者"解放"妇女。曼的回应大致如下:一方面要听男性的论争看“妇学”走向,同时发掘、理解女性所发出的声音;另一方面还要警惕西方的“东方主义”视野下把女性定义为受害者。我觉得曼言之有理,只是对东方主义陌生,就连会议主题词 gender 也是第一次听说,尚不知所以然。幸好,来美前我提交给学校一份妇女与发展的中美交流报告,会上与中华海外妇女学会的留美学者达成共识,将 gender 概念引入中国,次年居然成为事实,这也是哈佛会议上我的另一个重要收获。下一个专场一位男教授罗普洛(Ropp Paul)发言,让我既惊讶又兴奋,他操着中文讲演,并抑扬顿挫地朗诵清代农家女贺双卿的诗词,我领略了美国汉学界妇女史研究不分性别的参与和强大阵容。回国后尝试为贺双卿结集写传,也是受曼、罗两位教授有关女性发声研究的启发。

哈佛会议的召开适逢中国改革开放和申办北京第四次世界妇女大会之际,为助推起步不久的中国妇女研究对外交流,我才与曼有更多契机谋面:1996 年 3 月,东京中央大学与中国女性史研究会合办“亚洲女性史国际研讨会”;6 月,美国加州大学圣迭哥分校举办“前近代儒家文化与中日韩三国妇女”;1997 年初,应加州大学圣克鲁兹分校贺萧教授邀请访学,其间到曼任教的加州大学戴维斯分校与她交流;1998 年 6 月,北京大学召开“21 世纪女性研究与发展研讨会”,我们首次在中国聚首;2000 年 3 月,加州圣迭哥举办“美国亚洲学年会”,我聆听了曼作为该届主席的就职讲演;2001 年春夏之交,南京大学与霍普金斯大学《思想史杂志》合办南京“中国思想史”研讨会,曼作了主旨讲演,还在高彦颐教授主持的中美四名学者的妇女史论坛进行评论。整整十年,至少每年聚一回,而“9·11”后再无机遇相逢,但是新的机缘借着中国妇女史学科建设的兴起,曼作为先行者的学术成就(包括其新成果),通过读书研讨、课程教学、著述翻译、学者交往,源源不断地被传递到中国,才一直没有“断线”。我作为 1990 年代末倡导中国大陆妇女学与妇女史学科建设牵头人之一，从哈佛会议至今二十八年的因缘际会、志同道合，曼在我心中良师益友、笃志弘道的学者风范和形象深深刻入脑海，每一思及，这一幕幕场景便纷纷呈现并浮想联翩……

二、良师益友，学者风范

曼之为师，远远超越了“传道、授业、解惑”的书院传承，而是以博采广纳、严谨创新的研究成果传授弟子并影响同行；曼之为友，孔子所说“友直、友谅、友多闻”的三条“益友”标准，始终贯穿于其行动中。

我心目中的良师，首要为治学有方，这是传道、授业、解惑的前提。我以曼的张氏家族研究为例。我是在1996年3月的东京会上才知道曼的常州“张氏家族”研究，2006年她的“发现法氏”讲演文稿发表在我主编的辑刊上，再到《张门才女》中文专著问世，该研究完美收官。曼历经十年，孜孜不倦，锲而不舍，穷尽文献；又以敏锐深刻的分析阐述和持之有故的历史想象力，给读者展现张氏家族的历史画卷。先看东京会上对张氏家族的素描，曼对诗书传家的张氏家族两代男女的生老病死、婚嫁居处、伦理礼仪、责任承担、情感才艺等生活概貌进行描述：家主张琦与妻子汤瑶卿生了二男四女，长子珏孙因就医事故夭亡，高龄妻子生下次子曜孙；之前四女中大女随夫宦游，二女早逝，两个小女儿婚后住娘家建立各自家庭，组成由父母、姐妹与弟弟的联合家庭的家族/亲属系统。天伦之乐与生死无常、才情之茂与礼仪克制、责任承担与感情矛盾等多重内容交织，成为这个诗书传家的大家族的日常。这一叙事因资料缺乏而留下悬案：曼发现张琦为亡妻所写《行状》提及长子珏孙死后十年，未婚妻法氏以“贞女”嫁到张家，其来龙去脉未能说明，文章便戛然而止了〔林玲子、柳田节子主编《亚洲女性史:比较史的尝试》(日文版),明石书店,1997 年,第 448—458 页〕。

曼于是"寻找法氏"的破解及其中深意。2006 年夏,王政教授发我一篇文章,是高、曼、贺萧三位教授于 2004 年在密歇根大学的讲演《书写中国妇女史的问题》的中译,曼的话题是"发现法氏:一个家族史的内与外",搁置八年的"法氏"婚姻"死结"被"盘活"了。曼从《常州府志》找到"贞女法氏,字张珏孙"的婚姻证据新资料,发现行医世家有法姓;又通过访书,回顾、体察张琦失子学中医的心态动机,推断法氏父亲失误与张家的紧张关系,再推论以"贞女"自荐为妇的法氏成为两家替罪羊的尴尬。为找到证据,曼细查文献,发现曜孙之妻包孟仪的墓志铭,作者是张家的朋友方某,盛赞包氏作为"介妇"遵守礼仪,对患心疾(疯癫)的"冢妇"法氏的喜怒无常隐忍且尊重。如此疑案得以破解,所得出的结论更引人深思:传统家族中的"礼教和激情、责任和欲望"在交界处出现断裂;书写家族史,不仅要关注伦理关系、才女写作,同时也要注重寻找像"无声"、疯癫的法氏一类的边缘女性,从而展示家庭内部隐秘世界的完整"外史",才能发现真相和复杂性(杜芳琴主编《社会性别》第三辑,天津人民出版社,2006 年,第 89—111 页)。

最后是《张门才女》的历史画卷,成为张氏家族十年研究的汇总。我认为该书是为张家三代女性(第一代母亲汤瑶卿、第二代四个女儿及其弟媳和以王采苹为代表的第三代)作群传,更是地方家族史与妇女/性别史的理论方法创新。一是创造文史融通的妇女/性别史范式。借鉴《史记》中纪传体和赞评及史家注释,以纪传体叙写三代才女各自成章的叙事传记,每章末的赞评和详注将议题置于宏大社会背景中作为评传,曼敏锐的观察与精到的评论,将个人生活史、家族史和地方区域以及从盛清到清末的政治、经济及社会百年变迁连缀起来,成为综合的地方断代妇女/性别史。二是发现父权家族的复杂性。从对张氏家族的考察过程,曼看到当地家族和亲属关系的多样性，如女儿招婿、表亲通婚不是权变而是习俗，子嗣延续、经济支持、家学传承、感情融通，往往通过女性纽带而实现，有助于女性活动的发展空间及自主性。三是才女文化的普遍性与不同声音交织。一门联吟是时代兼地方的普遍存在和人际和谐，但曼发现并注意到“沉默与女性的声音”，如法氏的悲苦、才女生育的疾病风险（汤瑶卿高龄产子，包孟仪死于难产，二女儿患病早丧）和自主性受到的局限。总之，曼的研究之道就是“把妇女放到历史中，用社会性别眼光看历史，就会看到历史的变化：从时间上看到每个朝代的政策变化，社会、经济的发展；从空间上看阶级、地域、族群的不同……同时从这些历史的变化中考察妇女实际生活情形。这就要求研究者无论在理论模式还是材料方法都要敢于突破旧框框”（杜芳琴《中国社会性别的历史文化寻踪》，天津社会科学院出版社，1998 年，第 187 页）。真乃治中国妇女史之箴言。这一治学之道在《缀珍录》一书中有突出体现，曼认为 18 世纪长江流域下游妇女的地位和生活状况在多元交叉作用下，统治阶级对妇女的建构有政策导向，对女红、女德、女才在不同阶级——中上层的才女书写与底层的劳作女织刺绣可并行不悖，才维持了家国同构性下的延续与和谐。我认为，这就是以治学立基的师道根本，我也从中有所领悟，渐入门道，至今有益于我的华夏族父权性别制度研究。

曼为良师，弟子的回响最有发言权，仅将我认识的几位朋友所亲历者略述一二。王政博士曾是我多年合作伙伴，“点石成金”的故事她多次提及。当年她在加州大学戴维斯分校攻读博士学位，研究“五四”前后的新女性，在写论文最艰难时，面对厚厚的档案材料和访谈记录不知如何成文，教授团队之一的曼老师鼓励和点拨她：“你的博士论文就是老太太的口述呀！”这句话真如醍醐灌顶，王政顺利完成论文通过学位答辩，以英文出版并获得奖项。其后，登堂入室的弟子卢苇菁、李国彤、王燕、吴玉廉等人，我与她们前后有过交往合作，她们个个顺利获得博士学位，前后出版英中文著作，卢苇菁的《矢志不渝：明清时期的贞女现象》(江苏人民出版社，2010年)、李国彤《女子之不朽：明清时期的女教观念》(广西师范大学出版社，2014年)在中国产生影响。卢苇菁说："做曼老师的弟子，既幸运也有压力；她对学生付出的心血，密密麻麻修改的作业、论文，让你不用功自己就觉得惭愧！"师妹们也如是说。曼对学生有教无类的教诲和治学期望，在授业解惑的日常，也在文字中留下印记，从《女子之不朽》序言中我读出她对弟子的赞扬和期望："不仅仅为明清女性追求不朽作传，也为自己在学术史上的不朽地位跨出坚实的一步！"有此动力，弟子们的使命和责任感从50后到80后衣钵相传，三年前新认识的华东师大历史系王燕博士，初次相识便告诉我她是曼与贺萧老师的弟子，导师鼓励她要在中国妇女史研究领域做出贡献。

曼之为友，我所亲历闻见的是她的正直、宽厚、博深而身体力行。这里仅以圣迭戈盛会与戴维斯访学所见者为例。

1996年6月28日至7月2日，美国加州大学圣迭哥分校举办主题为"前近代儒家文化与中日韩三国妇女"的会议，与哈佛会议风格不同，会场简朴，议题集中，信息量大，与会者收获多多。开幕式东道主高彦颐教授(下称"高")主持，欢迎来自中日韩英美的数十名学者，接着曼致辞。她要言不烦，从会议的特殊意义、背景到筹备过程，句句入心，如美国新儒家与妇女研究关系的升温，她旗帜鲜明地引杜维明语，说儒学对亚洲四小龙是好事但对中国妇女而言不是好制度的立场倾向。当提及筹备过程，首创者高从欧美妇女史、文化史研究成果报酬五千美元开始，曼不断从电话中收到高的筹资新资助，才有是日的盛会。与会者对高的执着精神和行动能力感动不已，我尤钦佩美国汉学界女性主义者同行代际间友谊合作的默契。接着，曼主持了一场专题研讨，围绕"儒家与文本"的专题四位学者就中日韩不同方面各抒己见：宋代男性文本对妇女的建构和引导，朝鲜时代古汉语与朝语阶层与性别使用的区分，日本武士家庭的妇女信件中发现嫁入夫家地位稳固、财产继承及与父母关系的灵活性，中国女性以缠足的"文"表示与男性文学之"文 "相区别的独特性。曼归纳各家丰富多元的宣讲，鼓励与会者畅所欲言，她说："讨论时我不调解，你们互相攻击吧！"幽默含蓄的话音一落，气氛马上活跃起来。讨论的焦点集中在缠足为"文"的争论上，曼在点评中与高商榷："妇女为何不选择其他表达的方式而选择'缠足'这一痛苦方式为'文'呢？"直率与幽默的完美结合，深刻又入心。这大概是曼和她的同行在"学术公域"一以贯之的"章法"。

说到这里，我联想到三年后在天津首次妇女史学科建设读书研讨会上，李国彤翻译兼导读曼的《东方主义时代前的中国妇女史》文章(英文版发表于《妇女史》1997 年春季号)，我从书评中体味到曼的一贯传统，既毫不吝啬地赞扬，又一针见血地批评。她欣赏伊佩霞的《内闱》资料丰富，分析细腻独到，高的《闺塾师》立论新颖，资料另辟蹊径，结构严密，结论出人意表，从而二书双双获奖。在充分体现同行惺惺相惜的同时，曼对伊书偏重男性生产的文本而缺少妇女的声音，从而得出对士绅家庭妇女地位权力变化以及妻妾制下嫉妒的论断，并进而推测农妇心理焦虑也缘于此实出于资料局限；指出高著包含过多的女性发声的多种文献实物，更多强调女性的"自由主体理想模式当作每一部妇女生活史的当然内容可能有所偏颇"，给予建设性批评。我认为，这才是真正良师益友在学术共同体中的"公德"风范。再回到圣迭哥会议，在论文结集过程中，我又体会到曼的成人之美所胸怀的"私德"：会上曼发表的论文是关于明清妇女的孝德，我则是关于明清妇女贞德(节烈)的变化。高作为第一主编，提议二文合一。两年后，我收到英文版才知道，曼对整合二文并增添内容尤其新表格数据付出了辛勤劳动，在会上也曾听到她在江浙闽三地调查中发现

“女孝”与“妇孝”时代变化和地域差别的创见；她的弟子程玉瑛重新英译了我的原文。曼的贡献之多显而易见，署名却把我放在前面，至今我内心不安，她虚己成人的胸怀和美德已影响很多人，我也尽力效法，见贤思齐焉(英文版，高彦颐等三人主编 *Women and Confucian Cultures in Pre-modern China, Korea, and Japan*, “Competing Claims on Womanly Virtue in late Imperial China,” 2003, pp.219-251)。

1997 年初，加州大学圣克鲁兹分校贺萧教授邀三名中国学者访学，1 月底 2 月初，我应曼之邀去加大戴维斯校区访学。身为历史系主任，曼精心安排了丰富有趣的活动：两天之内，两场学术交流，到妇女/性别研究中心访问；一场不同寻常的音乐会，半天加州首府观览，一次告别前家庭朋友聚会沙龙。公私兼顾，学术情谊，全面丰收。如此密集活动还包括了来访者每日家庭早餐。

第一天早餐后，曼开车带我们访问加大妇女/性别研究中心，中心是以服务教师和学生为主的机构，无编制，教师都是志愿者，已历二十五周年，因深受师生欢迎，学校刚给了办公房。下午是妇女研究交流，分历史学与社会学两个专题。与会者除了报告人还有不少同行和研究生，著名历史人类学家施坚雅老师也在场。历史学专题，宋史专家柏文莉报告国外宋代妇女史概况，展现了丰富的资料和严谨博学的汉学家风范。我介绍了中国大陆的中国妇女史研究走向和个人所侧重的性别制度研究的进展。曼除了精到点评，还概括介绍了美国汉学界妇女史研究的最新动态。社会学专题，我的两位同行者，谭深报告了改革开放后人口流动大潮中打工妹的状况，方炼分享了定县妇女口述故事的意义。在讨论阶段许多学者发言，对中国研究兴趣浓厚。这次会议认识了曼的弟子卢苇菁，她分享了“妇女与茶叶”的研究。曼为了让我们有更多的学术信息，还安排另一场学术报告，第二天休息日上午，施坚雅老师作了区域人口统计研究的讲演。作为著名的历史人类学家，他对中国研究多有创获，区域系统理论影响世界，九大独立区域从城市到市场和农村，并将农民、市场、村落的乡村基层社会联系起来。那时我们中心刚开始定州、满城等华北农村妇女口述项目，涉及人口生育和经济贫困，施老师的报告侧重区域人口分布和结构数据统计，我不懂数据，讨论中我向他请教近当代区域人口分布与古代区域分野人口性别比有无叠合传承，如《汉书·地理志》九州中扬州“民二男五女”、冀州“民五男三女”等，施老师认为很有趣，值得研究。21世纪第二个十年，我参与了治理出生性别比失衡的国家人口计生委的课题，联想到施老师的区域研究，再次证实了区域人口结构的性别统计分析是父权制度在各地形成的地方差异和流动的结果。对我而言，无论历史研究还是行动研究很是受用；我也理解了曼的研究何以始终没离开区域（长江下游）和时段（明清），以及曼的弟子也多选择区域研究路径。这三场密集的学术活动，让我感受到曼除了分享学术热忱的迫切，还有心细如发的关爱：施老师的最新研究，仅绘地图团队就做了十年，为了我们的造访，加速统计与分析进程，挑灯夜战准备讲稿，以便获得最新信息。还有一些细节，曼在主持妇女研究专题时，对发言的三个人的研究领域精准介绍，并把他们赠送她的书拿来展示。这种尊重关爱发自内心，毫无虚与委蛇的客套，从2000年3月她在亚洲学会的主席讲演可进一步得到证明。

再说私域朋友情谊。第一天（周五）学术访问活动结束，曼邀我们晚上去她家晚餐，曼与施两位老师亲自下厨，热气腾腾的中式面条，让我们顿生客至如归之感。晚上的音乐会，在郊外一间教堂举办，曼的女儿是高中合唱团成员，家长受邀，我们也有幸出席。音乐会为纪念舒伯特诞辰二百周年，教师、学生、家长同台出演，据说女生合唱团在美国高中是首屈一指的。我虽然不懂音乐，但优美的旋律和孩子们的演出打动心弦，曼的女儿演唱时更倍感亲切。第二天中午，曼开车去加州州府萨克拉门托，午饭过后带我们观览市容。州府是个小城,只有五十万人口。道旁的椰子树有点枯黄,曼说:“这个季节,它们有点不高兴!”轻松诙谐的朋友聊天,边走边看边聊,她突然停下来,对我说了至今仍记忆犹新的一番话:“芳琴,我觉得你在中国,竟然在我面前;我不相信这是真的!”由树及人,满满的情味友谊,超越时空和国度的界隔。她又特意带我们参观当年任职墨西哥的一个瑞士人的故址,这里建立了博物馆,展现其当年生活、生产的诸多方面。曼告诉我们,这个瑞士人既利用当地土著印第安人,又与他们为敌,加州独立后反戈与墨军打仗云云。由此可见曼对新老殖民者的态度。接着参观一所很小的印第安人博物馆,十分钟就看完,殖民者对印第安人的暴行展览出来,成为启示人们反省人性的教育场地。晚上家庭聚会,新朋故友,不下十几人。宴饮欢聚中,各叙近况,交流学问,畅所欲言,施老师的中国通男弟子们唱起山西民歌《走西口》,引得大家一时技痒,纷纷拿出绝活献上一曲……次日晨,贺萧和曼来旅店接我们三人去曼家进餐,终于见到曼和施二位老师读高二的十六岁女儿,还有她少年在上海时扮演京剧旦角和孙悟空的照片,以及用稚嫩英文写下她访谈口述的记录。可见,艺术特长和历史爱好的种子从她幼时就萌发了。父母特别为女儿骄傲,曼风趣地说:“她的成功是因为没买电视!”确实如此,曼家偌大空间,生活起居之外,除了书就是一架钢琴。饭后,我们就告别回圣克鲁兹,在门外与曼一家合影,然后恋恋不舍地离开这个温暖、友爱、富于智慧的学术之地。

三、坚信笃志,弘道惠远

曼作为研究女性主义的汉学家,坚信女性主义理念和学术诉求,并致力于价值目标的实现,为此,她矢志不渝地将精心研究的成果视为可分享的“公共产品”,为美国、中国以及世界妇女史研究做出贡献。所谓笃志、弘道、惠远，如孔子所说："言以足志，文以足言；言之无文，行而不远。"(《左传·襄公二十五年》)"人能弘道，非道弘人。"(《论语·卫灵公》)我认为，曼的理念实践并非受孔夫子之道的影响，而是人性之善普遍性的体现；孔子作为教育思想家，他把言-文-行-道的逻辑揭示出来，至于他的实践效果还需考察研究。就我所知，曼的学术实践，就是以言文并茂的研究和传授，承载着信念以完善自己的志向和行为；并能够实现、弘扬自己的理念、学问之道，与更多地区的人分享以至共同实现理想，而不是以自己的道德学问为自己树碑立传。以下是我个人亲历的片段，庶几可作历史见证。

1998 年 6 月，我与曼在北京大学"21 世纪妇女研究"国际学术会上相逢。之前访美回来，我开始与王政、鲍晓兰等讨论中国大陆的妇女史学科建设，并计划以读书研讨活动带动学科发展。曼得知非常高兴，表示全力支持，并把她写的书评和出版的书(英文版)作为读书研讨活动的阅读资料。1999 年 8 月，天津蓟县妇女史读书研讨班开张，曼的新著《缀珍录》和她对高、伊两本书评论文章《东方主义时代前的中国妇女史》很快寄到中国，使参与者获得最新信息。转年"发展中国的妇女学"课题正式启动，曼在该年 6 月亚洲学会主席讲演的《亚洲妇女的神话》，到 8 月已在天津暑期班的翻译-阅读-讨论中产生效果。2001 年，她还托人带来她与弟子程玉瑛合编的《中国历史上的性别书写》，我们将唐宋之后的内容编入"中国典籍的社会性别解读课程"的读本中，作为研究生和研讨班的必读教材。从 1999 年开始，曼的弟子李国彤、卢苇菁等加盟国内妇女史学术活动，李国彤从 1999 年到 2005 年，几乎每次妇女史学术活动她都会参加。2005 年 9 月的研究班，她讲授在曼门下的最新成果——《妇女的"三不朽"：写作、教子与信仰》。她说："我在国内曾是妇女史研究的受惠者，这几年在曼老师门下学习，反馈国内同行是应该的!"卢苇菁于 2005 年 1 月到天津妇女史研究班授课，她告诉我，“曼老师鼓励我们对中国妇女史学科建设做些事情”，她用了近两天时间讲授她的新成果“贞女”等专题。她们来往于中美之间，费用自理，不计报偿，只为贡献，薪火相传而弘道惠远，对中国妇女史学科建设功不可没。

2000 年 3 月 19 日，加州圣迭戈召开美国亚洲学会年会，曼被选为该届主席。当天下午，我们十几个朋友一起聆听了曼的主题为“亚洲妇女的神话”的就职演讲，这是我进一步理解曼的志趣理想、学术立场、博学雄辩、方法创新的重要场合。演讲一开始，曼就申明身份和意图，她是“作为一个历史学家来谈这个议题，而不是作为学习神话或宗教的学生”，她是带着使命感和作为历史学家的女性主义视角，将几千年历史书写妇女形象所覆盖着的厚厚的积淀物予以清除，显示了她治学理念的批判锋芒。接着，她从古今中外研究亚洲包括中国神话研究，旁征博引，讲述“女性神话”的叙事与内涵，从上古女神和女祖先，五帝时代作为尧女舜妻的娥皇、女英，再到汉代刘向《列女传》的贤智贞节与反派的女祸淫娃；然后转向“两位神话人物，花木兰和杨贵妃，让我们看看她们的故事在中国文化宝库中是怎样被隐藏起来和不断重新被打开的”。接着曼从《木兰辞》民歌塑造的女扮男装、代父从军的女英雄，功成回家，继续过平凡生活，看出没有强调“孝”德；到明代徐渭《雌木兰代父从军》戏剧则加入了“女孝”元素，将女英、女孝、女德三者集于木兰一身，从中看出明代风尚变化。曼再引领大家看杨贵妃是如何被塑造的，从白居易《长恨歌》中，可知唐人对美貌、爱情因宫廷政治博弈、帝王沉湎女色所造成的悲剧持某种同情，并没有过多的“女祸”谴责。其后，特别在民间，杨贵妃是以美女形象在民间流传，故事、年画等传播资料中，杨贵妃、木兰与孟母、湘妃一样受欢迎。近代以来，木兰在国难当头和“新女性”传播中，又被界定为抗敌的女英雄，曼举出王政研究的“五四”时期新女性口述访谈中将名字改为“木兰”、共产党早期领导人向警予效仿花木兰献身革命。而杨贵妃一直作为美女的代表，成为消费文化广告的招揽诱饵；现代的“名媛”等于“美人”加上“美德”而一度泛滥。改革开放将革命时期与社会主义时期对“女模范”“铁姑娘”的木兰式的表彰转变为对“淑女”“名媛”的召唤；曼还引用我在哈佛会上的文章中的统计分析20世纪80年代十年间有关女性的出版物，除了宫廷政治的女主后妃、女英雄，更多是从男性出发的理想和行为好恶的欲望对象，如香艳名妓、风流才女写作泛滥。

二十年后的今天，我想如果曼再继续讲最新的女性神话，讲其中的诡异和矛盾之处，就可以发现：一边是张扬女德班，对女性规训，谓之弘扬传统文化；一边则是对女性进行美丽消费，同时控制女性身体/性的消费与暴力相结合，将此视为市场经济商品化的必然现象。我认为，作为中国的妇女/性别研究者，需要将曼的女性神话讲演的深刻要旨和锐利批判继续下去，并从古到今进行话语文本的建构的批判分析，更要用行动去清理曼提出的目标使命——“历史书写妇女形象覆盖着的厚厚的积淀物予以清除。”目前做的，不仅要清理神话论述，更要揭示神话背后的制度结构及其运作所带来的影响，像曼那样，身为学者，精心研究；作为教授，传递薪火；同行朋友，合作分享；对于事业，笃志弘道。这样，女性主义的性别平等、社会公正，一定会实现，美好的世界一定会有期。

2020年2月于天津

后　记

2010年春，曼素恩师即将退休，中国妇女和社会性别史学家，包括我们几位学生，从北美各地聚集加州大学戴维斯校区（University of California, Davis），为曼师荣休举行学术会议。那次学术会议的论文后来编为一集，2015年由华盛顿大学出版社出版。作为曼师的中国弟子，此刻一种使命感油然萌生，如能把老师更多的著述介绍给国内的同好，该有多好！本书的出版，了却了我们一桩长久的心愿。

美国史学界中国妇女史的研究起源于1970年代，至80年代和90年代性别史研究继而兴起，进入21世纪后，中国妇女和性别史成为全球史学界新兴主力学科，成为中国史研究不可或缺的一个组成部分。作为这门学科的创始人和领袖，曼素恩师撰写了中国妇女性别史中具有深远影响的论著，其中包括两部获奖专著：《缀珍录》（斯坦福大学出版社，1997年，获亚洲研究学会列文森奖）和《张门才女》（加利福尼亚大学出版社，2007年，获美国史学学会费正清奖）。

把妇女和性别放在历史考察的中心，放在错综复杂的社会、政治、经济、文化、思想史的交织中去研究，是曼师主导的研究方式，体现在她撰写的所有专著和论文中。曼师的研究时段覆盖明清和民国初期，尤其是18、19两个世纪。除早期的经济史外，涉猎的课题涵盖妇女史和性别研究的理论和方法、精英妇女生活与写作、明清的妇女贞节现象、清代的经世论述与国家政策、清代家庭婚姻、女性旅行、妇女劳动、城市家庭生活、性（sexuality）、阳刚和阴柔的概念与实践的转变等。这些课题或是新创，或从新的角度重审旧的课题，树立了如何运用妇女和性别史的新视角拓展和加深中国史研究的样板。

本书的读者也许对曼素恩师的著述并不陌生，因为以上提到的《缀珍录》和《张门才女》两部专著，分别于2005年和2015年在国内翻译出版。此外，单篇的论文也散见于一些译文集中。本书选录的单篇论文十三篇（包括与杜芳琴先生合著的一篇），除两篇之外，均是首次译成中文。其著作时间几乎贯穿了曼师妇女和性别史研究之始终。我们在选录时，还注意到尽可能在研究的主题和论文的发表时期方面应有大的跨度，以展现曼师学问的涵盖面。书后附录我们撰写的论文各一篇，谨以纪念师从曼师的难忘的学术经历。

我们四位编者，在1990年代至2000年代先后来到位于北加州的小城戴维斯，在曼师的指导下攻读博士学位。初来异域，要熟悉新的文化，尤其是新的校园和学术文化，有一段过程。但是曼师对学生的关爱和培育学生的奉献，使这个过程不仅有挑战，更有温馨和振奋。记得当时每周去曼师办公室见面，有时不免紧张，然而每一次结束时，不但惶恐之感释然，而且心情大好，对师生间平等相待的精神感触尤深，感受到读书和研究的特有的快乐，觉得自己真的可以好好做一番学问。可能是曼师从前求学时受到前辈华人教授影响的缘故吧，她和学生相处隐约间透着中国古风。对待学生，从无疾言厉色，而她对学术的热爱、治学的谨严和温雅的态度所散发的光环，自然感染和激励着我们。曼师对学生，可谓鞠躬尽瘁。比如，即使是在教学、研究和校内校外的各种事务和活动十分繁忙的时候，曼师仍然一如既往地一字一句修改和评论我们的读书报告和论文。从英文语法到观点的说明和材料的运用，她的字迹经常从头至尾布满整篇文章。跟曼师一对一的读书也许是最乐在其中的经历了：点石成金的指导，如师如友的讨论，还有常常在纸上画出复杂的思考图（thinking map），以助讨论。有时则一起从书架上搬下超厚的大词典,解决疑难。诚如高彦颐教授在本书的序言所说,曼师是一位“先知先觉的恩师”。我们这些“后知后觉”的学生,如果没有恩师全身心的指点引领,我们学术生活的一切便无从说起。

戴维斯珍贵岁月的回忆,不光来自课堂和曼素恩师那间典雅的洋溢着中国文化浓郁气氛的办公室。学者来访讲学,尤其是来自中国的学者来访(比如杜芳琴老师的来访),给我们重复寻常的研究生生活增添上一笔笔色彩。时隔多年的今天,当初很多报告的学术内容已经退到记忆的深层,但有一件记忆犹新。报告之后,曼师和施坚雅教授(我们的“师公”)时常在家中款待来访者,邀请学校的同仁和学生们参加。有时,外校的师生也远道前来(比如加州大学圣克鲁兹分校的贺萧教授和她的弟子们)。欢声笑语,历历在目。正是通过这些机会,我们得以见识各方学者和其他学校的学子,慢慢熟悉书本以外的学术文化。

曼素恩师钟情于中国文化(那可能是她乐于招收中国弟子的一个原因吧),不过她的中国情结,不光显现在精深的学问上。戴维斯历史系除曼师外,中国史的专家还有刘广京、贾世杰(Don C. Price)和柏文莉(Beverly J. Bossler)诸位教授。每逢节日,我们留学生和家人常应邀去老师们的家中和他们的亲友共度佳节。这时,老师们都成了平易好客的主人(而对我们的孩子们,曼师便成了和蔼的奶奶)。若是中国传统节日,曼师便身着中式服装,备好美酒佳肴以待。施坚雅教授照例拿出他的好酒,亲自烧煮咖啡(因为唯有他亲自煮的咖啡才入得了他的“法眼”)。有一年春节,施先生还乘兴找出他收藏的一件华美的清代官袍,穿上给大家看。他开怀的笑容,仿佛昨日,而先生作古已逾十年了。90年代,曼师家的中秋是戴维斯东亚研究师生们一年一度的盛会。由厨师掌勺,给上百位客人做美食。当月亮爬上屋后大树的树梢时,孩子们举着灯笼在后院外的大草坪上奔跑,大人们三五成群,在园中持杯漫谈，翘首赏月。此时此景，不啻一幅“雅集图”。当然，我们最珍贵的记忆是，在每位学生毕业之际，曼师都会在家中举办一个盛会，纪念我们学术生涯的里程碑。

说到研究生生活，人们常感叹“可怜的穷学生”。读研诚然辛苦，物质生活也有限。然而对我们说来，在戴维斯跟随曼素恩师读书的岁月如沐春风，充实富足。曼师给予我们的，何止是做学问之道，还有为师之道、为学者之道和为人之道。这些精神财富，将伴随我们终生。

最后，我们借此机会感谢复旦大学中文系陈尚君教授和复旦大学出版社宋文涛先生对本书出版的热忱支持，感谢密歇根州立大学亚洲学研究中心（Asian Studies Center at Michigan State University）Dr. Delia Koo Endowment Awards 提供的慷慨资助，使我们获得本书所译论文的版权，从而使本书得以顺利出版，感谢高彦颐教授和杜芳琴教授赐序赐文，并感谢加利福尼亚大学圣地亚哥校区东亚图书馆陈晰先生和斯坦福大学东亚图书馆薛昭慧先生给予资料的帮助。

卢苇菁　李国彤　王　燕　吴玉廉

2021 年 2 月 2 日

图书在版编目(CIP)数据

兰闺史踪:曼素恩明清与近代性别家庭研究/卢苇菁等编. —上海:复旦大学出版社,2021.8
ISBN 978-7-309-15753-6

Ⅰ.①兰… Ⅱ.①卢… Ⅲ.①女性-研究-中国-明清时代-近代 Ⅳ.①D691.968

中国版本图书馆 CIP 数据核字(2021)第 114171 号

兰闺史踪:曼素恩明清与近代性别家庭研究
卢苇菁 等 编
责任编辑/宋文涛
装帧设计/马晓霞

复旦大学出版社有限公司出版发行
上海市国权路 579 号 邮编:200433
网址:fupnet@fudanpress.com http://www.fudanpress.com
门市零售:86-21-65102580 团体订购:86-21-65104505
出版部电话:86-21-65642845
江阴金马印刷有限公司

开本 890×1240 1/32 印张 14.75 字数 357 千
2021 年 8 月第 1 版第 1 次印刷

ISBN 978-7-309-15753-6/D·1094
定价:98.00 元